國家社科基金項目成果

殷墟花園莊東地甲骨文類纂

YINXU HUAYUANZHUANG DONGDI JIAGUWEN LEIZUAN

洪 飏 主編

洪 飏 王譯然 王叢慧 朱 添 編纂

海峽出版發行集團 | 福建人民出版社
THE STRAITS PUBLISHING & DISTRIBUTING GROUP | FUJIAN PEOPLE'S PUBLISHING HOUSE

圖書在版編目(CIP)數據

殷墟花園莊東地甲骨文類纂/洪颺等編纂.—福州：福建人民出版社，2016.11

ISBN 978-7-211-07443-3

Ⅰ.①殷... Ⅱ.①洪... Ⅲ.①甲骨文—研究 Ⅳ.①K877.14

中國版本圖書館 CIP 數據核字(2016)第 196042 號

殷墟花園莊東地甲骨文類纂

主　　編：洪　颺
作　　者：洪　颺　王譯然　王叢慧　朱　添
責任編輯：賴炳偉
裝幀設計：黄　勤
出版發行：海峽出版發行集團
福建人民出版社
電　　話：0591-87533169（發行部）
網　　址：http://www.fjpph.com
電子郵箱：fjpph7211@126.com
地　　址：福州市東水路 76 號
郵政編碼：350001
經　　銷：福建新華發行（集團）有限責任公司
印　　刷：福州德安彩色印刷有限公司
地　　址：福州金山工業區浦上標準廠房 B 區 42 幢
郵政編碼：350008
開　　本：787mm×1092mm　1/16
插　　頁：4
印　　張：42.75
字　　數：1083 千字
版　　次：2016 年 11 月第 1 版　　2016 年 11 月第 1 次印刷
書　　號：ISBN 978-7-211-07443-3
定　　價：300.00 元

序

由洪飈、王譯然、王叢慧、朱添編纂的《殷墟花園莊東地甲骨文類纂》一書即將在福建人民出版社出版，蒙作者抬愛，讓我在書前寫幾句話。洪飈曾在吉林大學聽過我的課，又在厦門大學讀過由我任聯繫導師的博士後，還同我一起編纂過《新甲骨文編》，故寫序的請求於情於理皆不好推辭。

當今的出土文獻與古文字研究呈現出全面精細化的趨勢。這一方面是因爲各種材料的層出不窮，帶動了學術界對這一學科的熱情持續走高，使得出土文獻與古文字研究内部的分科越來越細密，研究越來越深入；同時也得益於新技術手段之賜，使我們對資料的處理更爲精密快捷。

上世紀八十年代中期，我曾參與《殷墟甲骨刻辭摹釋總集》和《殷墟甲骨刻辭類纂》兩部大型的甲骨著録書的編纂。當時電腦還没流行，複印技術也是剛剛開始應用，因此摹寫全靠手工對臨。編纂《殷墟甲骨刻辭摹釋總集》時還算容易，到了編纂《殷墟甲骨刻辭類纂》時就費勁了。卜辭摹寫好後，因爲每條卜辭可能要收録多次，只能採用複印的辦法，即按需要收録的次數决定複印的份數。當時我們編書是在杭州，複印却只能在吉林大學古籍研究所進行，於是只能靠兩邊不停地郵寄。因爲複印量大，記得用壞了兩臺日本進口的影印機。摹好的卜辭複印好後，還需要把紙上的卜辭一條一條地割下來，先裝到不同字頭的牛皮紙信封中，再按字頭歸類一條一條地貼在紙上。如今出版的《殷墟甲骨刻辭摹釋總集》看上去一頁一頁平展整齊，可很多人想像不到，原稿每頁上的卜辭其實都是一條一條地貼上去的。

當時爲了趕工，最多時顧了六個小姑娘用刀片在玻璃板上不停地切割紙條，刺啦刺啦的切割聲每天在耳邊響個不停。雖然工作异常辛苦繁瑣，可結果還是因參與編纂的每個人寫字風格不同，摹寫水準有差别，摹好的卜辭看上去風格不夠統一，效果也不甚美觀，在一定程度上影響了使用。

在有電腦的今天，上邊所述在編纂《殷墟甲骨刻辭類纂》時遇到的困難，可以説都變得易如反掌。以這部《殷墟花園莊東地甲骨文類纂》來説，所有工作都是在電腦上進行的。書中所引卜辭的所有字形均採用電腦處理，並加以黑白翻轉。處理的字形以拓本爲主，輔以照片，也適當參照摹本，字形模糊不辨的則直接截取原拓。這樣直接選取原形的做法既保證了字形準確真實，又因黑白翻轉的處理，使得字形看去清晰美觀，避免了直接截取造成每個字形都呈現成一個黑塊的弊端。這種用原形編纂甲骨文類纂的方式，可以説是這部書的首創，是值得特别稱道的地方，也是後來的學術史應該留下一筆的重要事例。

上世紀九十年代初發現的花園莊東地甲骨，共有甲骨1583片，其中刻辭甲骨689片，且包涵很多完整的龜板，是殷墟科學發掘以來繼一九三六年YH127坑、一九七三年小屯南地甲骨發現後的第三次甲骨大發現。這批甲骨的占卜主體是稱作『子』的貴族，屬於典型的『非王卜辭』，不僅字體和文例風格獨特，而且卜辭的内容也十分豐富，因此一直吸引着學術界的關注。前此學術界在有關這批甲骨的文法文例、文字考釋、商代家族形態、學校教育、疾病醫療、禮制、地理各個方面都已經有了很多高品質的研究，如今即將出版的這本《殷墟花園莊東地甲骨文類纂》可以説是錦上添花，將爲花東甲骨的研究提供一本更爲準確便捷的工具書，方便大家使用。

洪颺教授在擔任遼寧師範大學文學院副院長，行政事務繁忙的同時，還能擠出時間上課，帶研究生，搞科研，尤其對科研的追求還是那麼執着，這是非常值得稱道的。真心希望她能更好地協調兼顧各方面的關係，在保重身體的前提下，做出更好的成績來。

劉　釗　二〇一六年五月於復旦大學光華樓

目録

凡例

一、本書所録甲骨文辭例一律出原篆，釋文一般採用寬式，如讀爲『妣』的『匕』、讀爲『在』的『才』等分別直接釋爲『妣』、『在』。

二、本書辭條編號沿襲《殷墟花園莊東地甲骨》，釋文主要參照姚萱女士的《殷墟花園莊東地甲骨的初步研究》。

三、本書釋文中，［ ］表示據相關辭例擬補的文字；（ ）表示爲其通用字；〈 〉表示原刻爲錯字，該處給予更正的字。

四、本書所列字頭以單字爲主，對含有該字頭的辭條力求做窮盡式收入，對於習見的詞語組合則附於相應的詞語後面，合文放在最後。

五、本書字頭編排體例參照《殷墟花園莊東地甲骨·索引》，個別地方因爲識字等問題略有調整。對於一字异體的現象儘量合併字頭，辭條則依次排列。字形總表只列篆文，异體字形緊跟其後。

六、本書所收全部辭條字形採用電腦處理，加以黑白翻轉。字形來源以拓片爲主，輔以照片，適當參照摹本。模糊不辨的字形則直接截取原拓或照片。

七、本書不録兆序中的數字，檢字表也不收録不清晰的字形。

檢字表

6	5	5	5	4	3	3	3	3	3	1		
12	11	11	11	10	9	8	8	8	7	7		
19	18	17	17	16	15	14	14	14	14	13	13	12
29	28	28	28	27	27	27	26	25	22	21	21	20
46	45	44	37	35	34	33	33	33	33	30	29	29
57	56	56	55	54	54	53	53	53	53	53	52	46
59	59	59	59	59	58	58	58	58	58	57	57	57
95	94	94	94	93	93	91	89	88	87	87	86	84

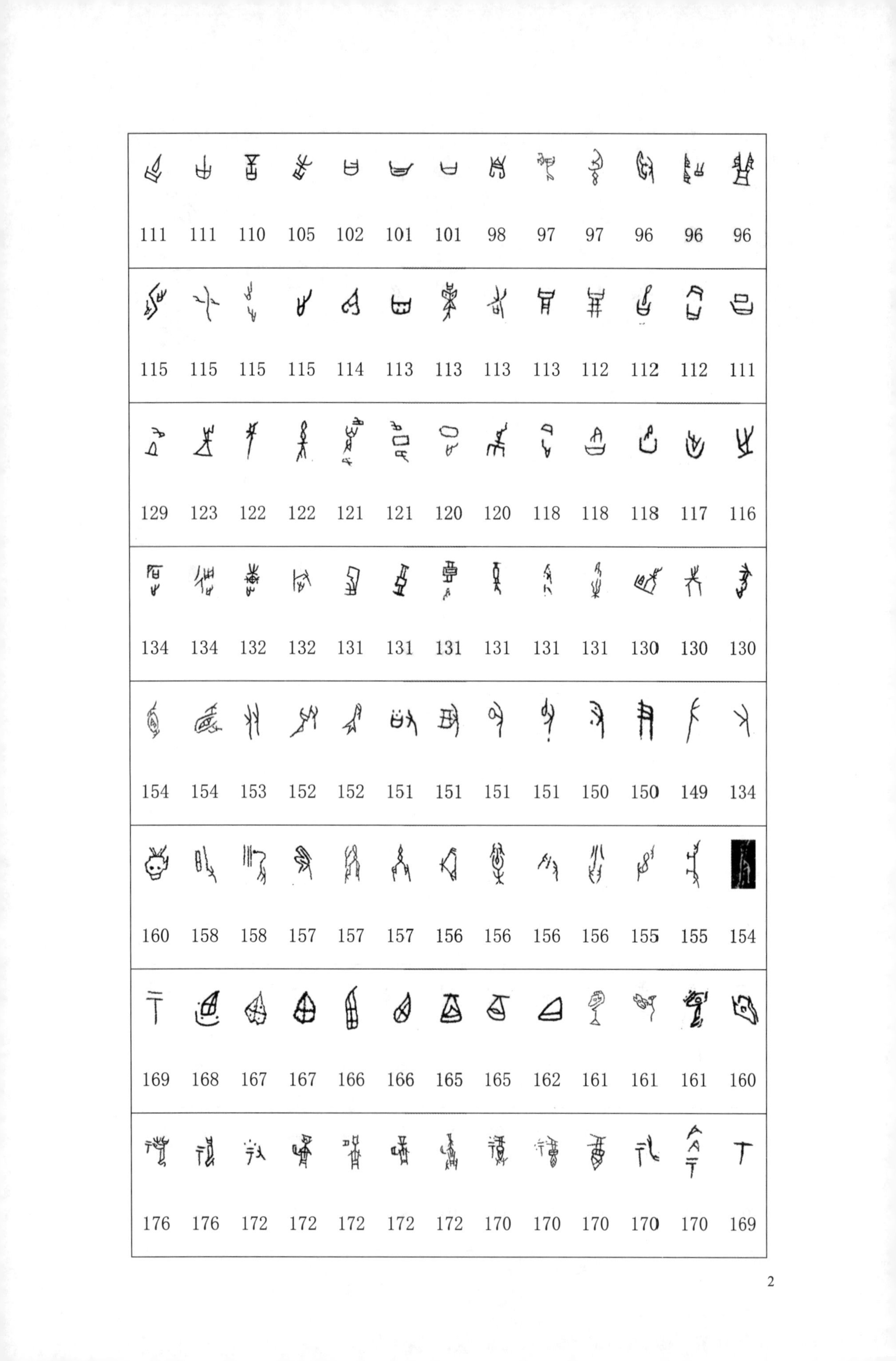

111	111	110	105	102	101	101	98	97	97	96	96	96
115	115	115	115	114	113	113	113	113	112	112	112	111
129	123	122	122	121	121	120	120	118	118	118	117	116
134	134	132	132	131	131	131	131	131	131	130	130	130
154	154	153	152	152	151	151	151	151	150	150	149	134
160	158	158	157	157	157	156	156	156	156	155	155	154
169	168	167	167	166	166	165	165	162	161	161	161	160
176	176	172	172	172	172	172	170	170	170	170	170	169

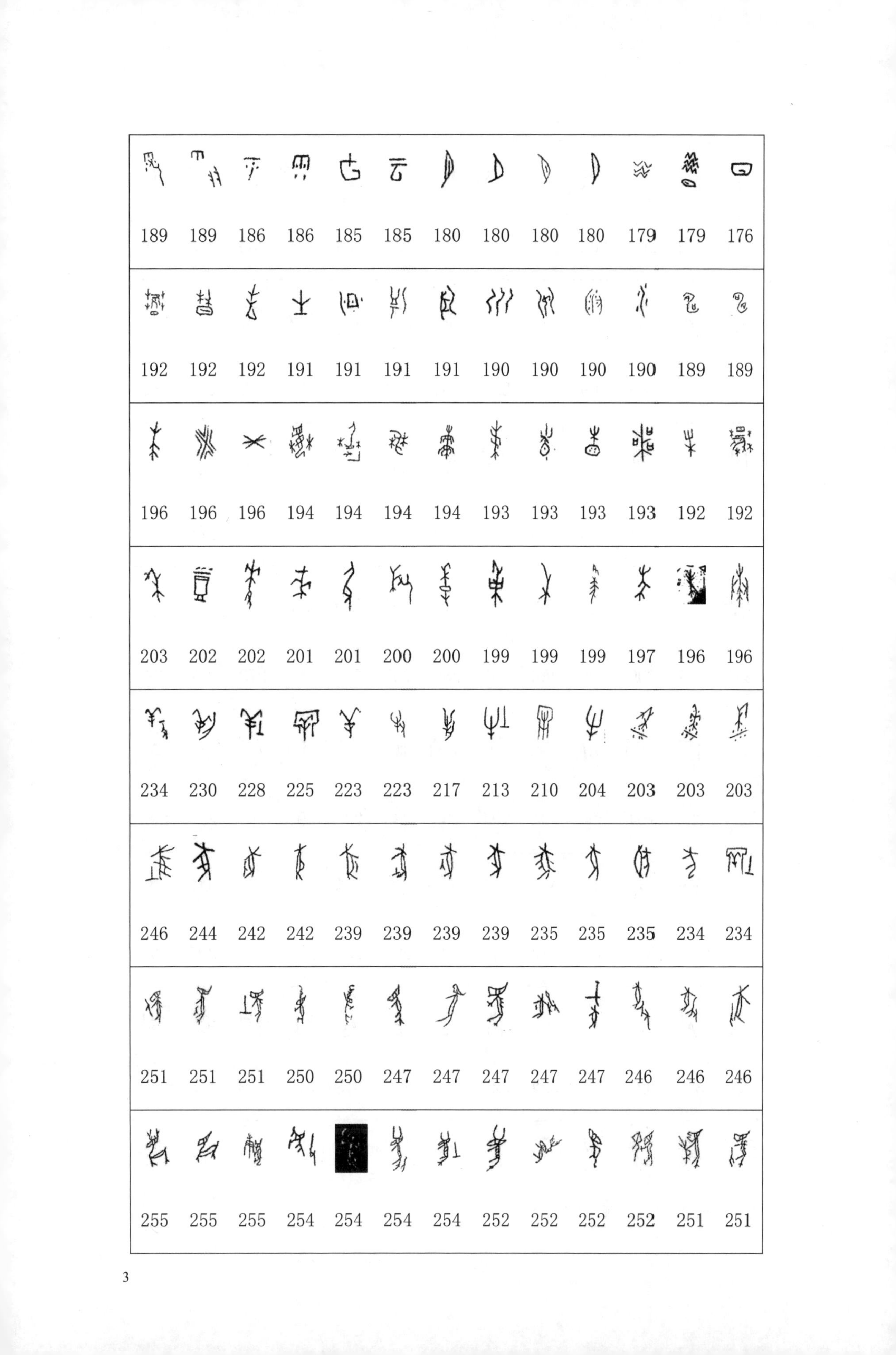

<table>
<tr><td>189</td><td>189</td><td>186</td><td>186</td><td>185</td><td>185</td><td>180</td><td>180</td><td>180</td><td>180</td><td>179</td><td>179</td><td>176</td></tr>
<tr><td>192</td><td>192</td><td>192</td><td>191</td><td>191</td><td>191</td><td>191</td><td>190</td><td>190</td><td>190</td><td>190</td><td>189</td><td>189</td></tr>
<tr><td>196</td><td>196</td><td>196</td><td>194</td><td>194</td><td>194</td><td>194</td><td>193</td><td>193</td><td>193</td><td>193</td><td>192</td><td>192</td></tr>
<tr><td>203</td><td>202</td><td>202</td><td>201</td><td>201</td><td>200</td><td>200</td><td>199</td><td>199</td><td>199</td><td>197</td><td>196</td><td>196</td></tr>
<tr><td>234</td><td>230</td><td>228</td><td>225</td><td>223</td><td>223</td><td>217</td><td>213</td><td>210</td><td>204</td><td>203</td><td>203</td><td>203</td></tr>
<tr><td>246</td><td>244</td><td>242</td><td>242</td><td>239</td><td>239</td><td>239</td><td>239</td><td>235</td><td>235</td><td>235</td><td>234</td><td>234</td></tr>
<tr><td>251</td><td>251</td><td>251</td><td>250</td><td>250</td><td>247</td><td>247</td><td>247</td><td>247</td><td>247</td><td>246</td><td>246</td><td>246</td></tr>
<tr><td>255</td><td>255</td><td>255</td><td>254</td><td>254</td><td>254</td><td>254</td><td>252</td><td>252</td><td>252</td><td>252</td><td>251</td><td>251</td></tr>
</table>

263	262	262	262	261	261	260	259	258	256	256	255	255
270	269	269	269	269	265	264	264	264	264	263	263	263
276	276	276	276	275	273	272	271	271	271	271	271	270
292	291	290	290	288	286	285	285	285	284	278	277	276
295	294	294	294	294	294	293	293	293	293	292	292	292
317	315	314	313	313	297	297	297	295	295	295	295	295
324	324	323	323	322	320	320	319	318	318	318	317	317
335	335	335	335	334	334	334	334	329	328	325	325	324

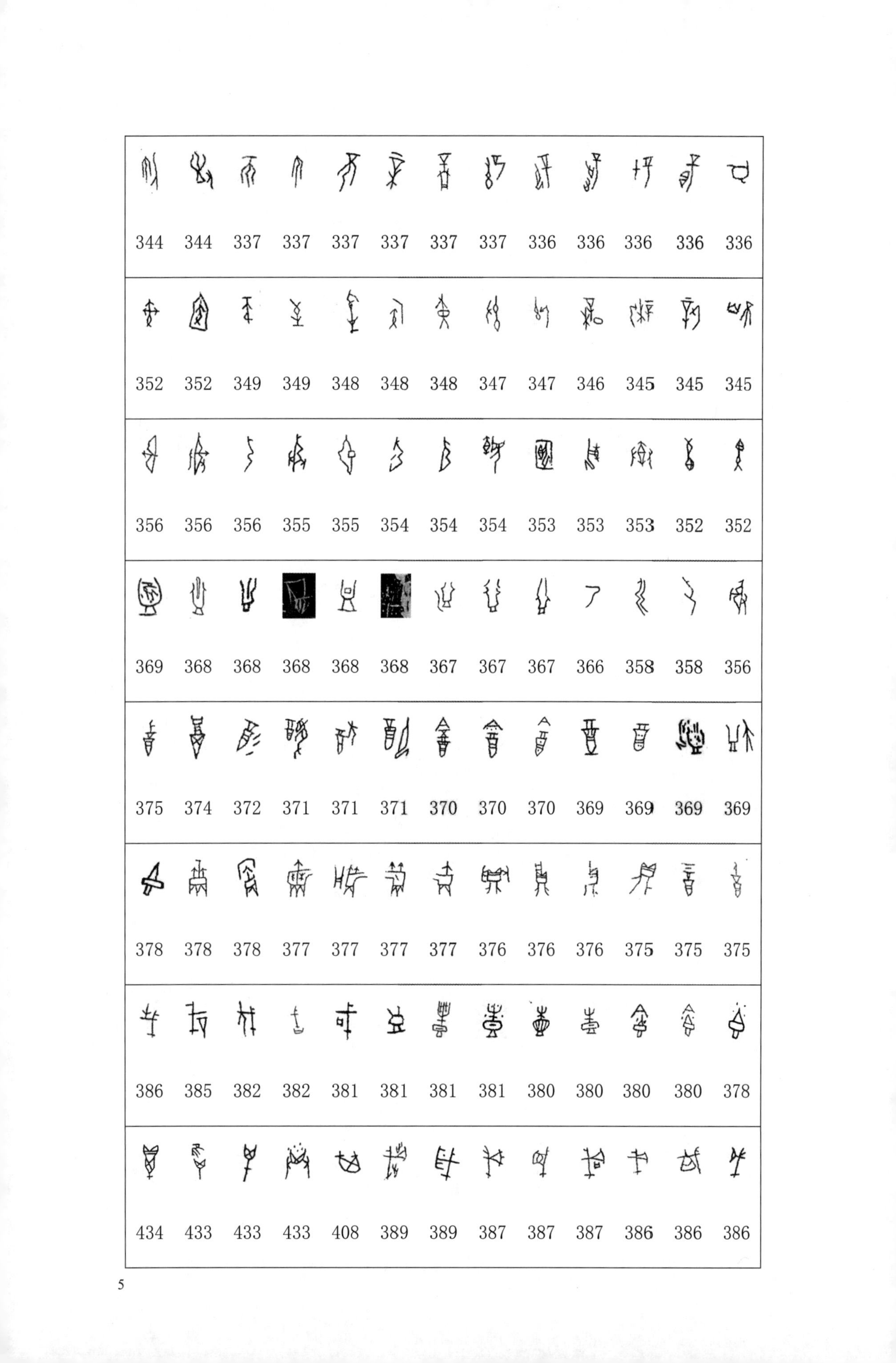

344	344	337	337	337	337	337	337	336	336	336	336	336
352	352	349	349	348	348	348	347	347	346	345	345	345
356	356	356	355	355	354	354	354	353	353	353	352	352
369	368	368	368	368	368	367	367	367	366	358	358	356
375	374	372	371	371	371	370	370	370	369	369	369	369
378	378	378	377	377	377	377	376	376	376	375	375	375
386	385	382	382	381	381	381	381	380	380	380	380	378
434	433	433	433	408	389	389	387	387	387	386	386	386

449	449	446	446	445	445	443	443	442	442	442	442	441
471	470	456	456	453	453	453	451	451	451	450	449	449
478	478	478	478	477	476	476	476	476	475	475	474	471
487	487	486	484	484	484	483	483	482	481	481	481	481
491	491	491	491	490	490	489	489	489	489	488	488	488
494	494	494	494	493	493	493	493	493	492	492	492	492
500	499	499	499	497	497	496	495	495	495	495	495	494
562	562	562	562	561	556	526	515	511	510	509	509	503

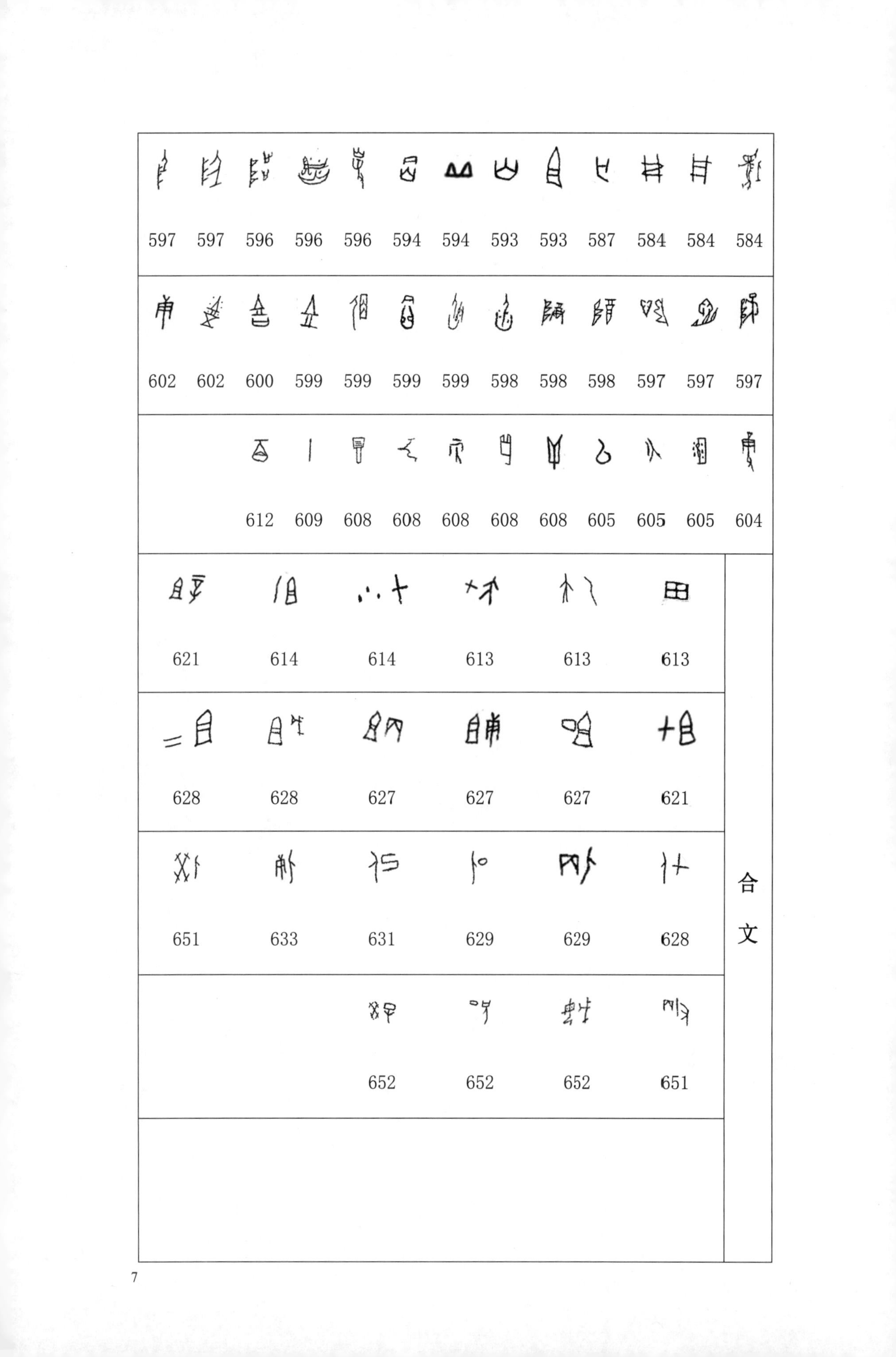

597	597	596	596	596	594	594	593	593	587	584	584	584
602	602	600	599	599	599	599	598	598	598	597	597	597
		612	609	608	608	608	608	608	605	605	605	604

621	614	614	613	613	613	合文
628	628	627	627	627	621	
651	633	631	629	629	628	
		652	652	652	651	

人

出处	释文
14.4	以人，遘豕。
37.26	叀三人。
56	辛丑卜：禦丁于祖庚至□一，𠕋羌一人、二牢；至𬮱一祖辛禦丁，𠕋羌一人、二牢。
113.20	叡人䖵（虣），于若。
125.1	丁卜：子令庚侑有母，呼求囟，索尹子人。子曰：不于戊，其于壬人。
183.16	癸卜：其舟𣪘我人。
183.17	癸卜：我人其舟沓。
183.18	癸卜：我人其舟沓。
195.4	辛亥卜：叀入人。用。
226.8	庚申：禦崖（徵）眔癸子，𠕋伐一人，卯宰。
252.3	丁丑卜：其彈于𡵓，叀入人，若。用。子占曰：毋有孚，雨。

252.4	叀剌（絕）人呼先奏，入人廼往。用。
252.5	叀剌（絕）人呼先奏，入人廼往。用。
252.6	叀入人呼。用。
312.1	戊午卜：我人擒。子占曰：其擒。用。在斝。
340.2	甲午：宜一牢，伐一人。在入。
340.3	莫（暮）彭（酒），宜一牢，伐一人。用。
443.7	□入人□于□牛，歲又□。
149.3	己亥卜：子夢[人]見（獻）子戚，[亡]至艱。
286.3	癸卜：子其告人亡由于丁，亡以。
288.2	乙酉卜：□妫婦好六人，若，侃。用。
455.3	乙丑卜：我人甾友子炅。
494.1	戊卜，在麓：其告人亡由于丁，若。
494.2	戊卜，在麓：于商告人亡由于丁，若。
494.3	己卜，在麓：其告人亡由于丁，若。
494.4	己卜，在麓：于商告人亡由于丁，若。

匕

出处	释文
314.2	乙亥卜：叀賈視眔比。用。
391.7	庚辰卜：叀賈視眔比。用。

企

出处	释文
312.3	戊午卜，在𠷎：子立于彔中[glyph]。子占曰：企梠。

[glyph]

出处	释文
377.2	乃[glyph][glyph]。

旨

出处	释文
88.12	甲卜：□旨□禦□。

允

出处	释文
59.2	壬申卜：目喪火言曰：其水，允其水。

59.3	壬申卜：不允水。子占曰：不其水。
331.1	辛卜，婦母曰子，丁曰：子其有疾。允其有。
351.5	戊子卜，在[illegible]：[illegible]言曰：翌日其于舊官宜。允其。用。
410.2	壬卜，在麓，丁曰：余其肇子臣。允。

臀

209	庚申卜：歲妣庚牝一，子臀禦往。
336.1	甲寅卜：乙卯子其學商，丁侃。子占曰：其有[illegible]艱。用。子臀。
336.2	丙辰：歲妣己豼一，告子臀。
336.3	丙辰卜：于妣己禦子臀。用。
336.4	丙辰：歲妣己豼一，告子臀。
380	庚戌卜：子于辛亥烄。子占曰：舣卜。子臀。用。
487.2	甲寅卜：乙卯子其學商，丁侃。子占曰：有求（咎）。用。子臀。

	襄
195.8	于襄葬韋。不用。
	㞷
208.1	戊卜，貞：㞷亡至艱。
289.1	叀㞷□又璽，若。
372.1	乙酉卜：叀㞷[illegible]。用。
	彭
6.2	乙丑卜：有吉夸（辛），子具[illegible]，其以入，若，侃，有彭徝。用。
267.2	庚子：歲妣庚，在𪉖，牢。子曰：卜未子彭。
333	乙丑卜：有吉夸（辛），子具[illegible]，其以入，若，侃，有彭徝。用。
481.1	乙丑卜：有吉夸（辛），子具[illegible]，其以入，若，侃，有

	彭值。用。

⿱山圭（徵）

63.3	辛亥卜：發肇婦好紤三，⿱山圭（徵）肇婦好紤二。用。往鑿。
195.2	辛亥卜：呼⿱山圭（徵）面見（獻）于婦好。在妭。用。
214.4	其⿱山圭（徵）禦往。
220.8	乙酉卜：呼⿱山圭（徵）鬳，若。用。
220.9	乙酉卜：呼⿱山圭（徵）鬳，若。用。
226.8	庚申：禦⿱山圭（徵）眔癸子，冊伐一人，卯宰。
226.9	辛酉：宜㲋牝眔⿱山圭（徵）豼，昃改。
226.1	辛酉：宜㲋牝眔⿱山圭（徵）豼。
255.4	呼⿱山圭（徵）燕。不用。
255.5	乙亥卜：弜呼⿱山圭（徵）燕。用。
288.4	[戊]子卜：廼□眔⿱山圭（徵）。
290.1	辛卯卜，貞：婦母有言，子从⿱山圭（徵），不从

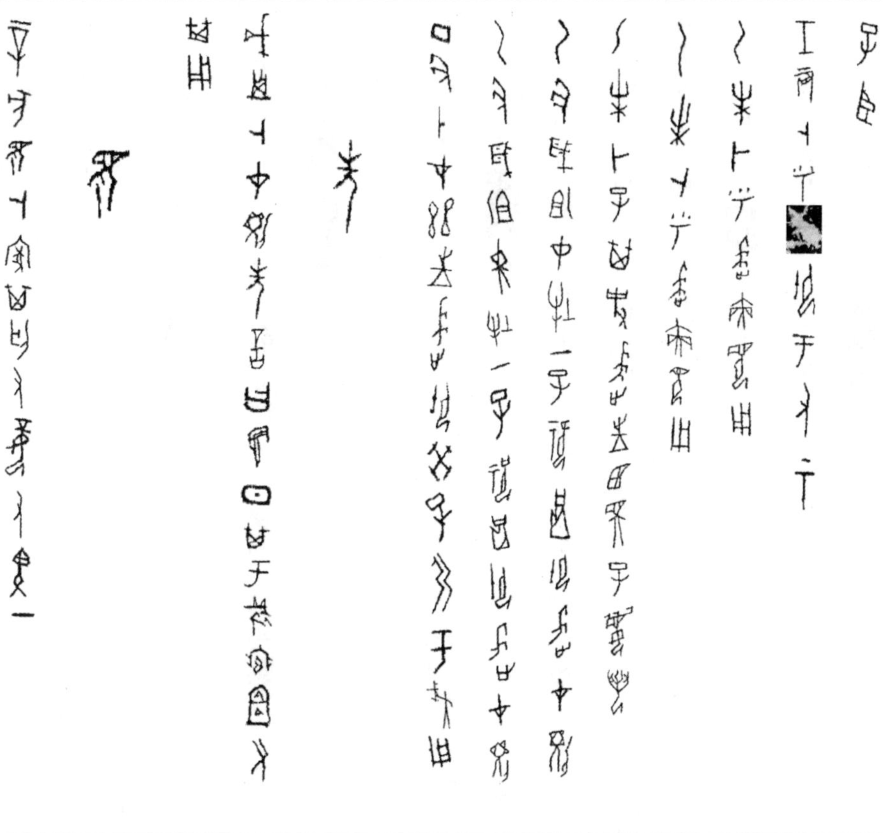

子臣。

290.2 壬辰卜：呼[𡵂（徵）]禦于又示。

290.1 乙未卜：呼𡵂（徵）燕見（獻）。用。

290.1 乙未卜：呼𡵂（徵）燕見（獻）。用。

290.2 乙未卜：子其使𡵂（徵）往西兴子媚，若。

319.1 乙丑：歲祖乙黑牡一，子祝，肩禦𡵂（徵）。在[illegible]。

319.2 乙丑：歲祖乙黑牡一，子祝，肩禦𡵂（徵）。在[illegible]。

427.1 丁丑卜：在茲往𡵂（徵）禦。癸子，弜于[illegible]。用。

351.5 戊子卜，在[illegible]，[illegible]言曰：翌日其于舊官宜。允其。用。

老

490.1 辛亥老卜：家其匄有妾，有畀一。

何

320.5	丁卜：弗其比何，其艱。

羌

56	辛丑卜：禦丁于祖庚至□一，䎽羌一人、二牢；至𤘘一祖辛禦丁，䎽羌一人、二牢。
137.4	羌入，孜乃叀入炋。用。
178.8	己酉夕：伐羌一，在入。庚戌宜一牢，發。
178.9	己酉夕：伐羌一，在入。
215.1	壬申卜：子其以羌暛䎽于婦，若，侃。
215.2	甲戌卜，貞：羌弗死子臣。
241.11	辛亥卜，貞：戚羌有疾，不死。子占曰：羌其死唯今，其〈又〉絞（瘳）亦唯今。
473.1	甲申：子其學羌，若，侃。用。
84.1	羌入，叀妍用，若，侃。用。

345.1		又羌。
345.2		勿又羌。
376.3		己酉夕：伐羌一。在入。庚戌宜一牢，發。

从

9.5		辛未卜：从圭往田。用。
9.6		辛未卜：从圭往田。用。
50.3		乙未卜：子其田，从圭求豖，遘。用。不豖。
316.3		癸丑卜：翌日甲寅往田。子占曰：其往。用。从西。
381.1		戊戌夕卜：曜己，子其[逐]，从圭人嚮（向）尌（虢），遘。子占曰：不三其一。其二，其有邁（奔馬）。用。
395.5		壬申卜：子其往于田，从昔斮。用。
395.8		癸酉卜：子其往于田，从剢（絕），擒。用。
28.5		丙卜：丁樕（虞）于子，由从中。
28.11		辛卜：丁涉，从東兆狩。
35.1		壬申卜：子往于田，从昔斮。用。擒四鹿。

289.7	丁卯卜：子其往田，从𨸏西𧾷，遘獸。子占曰：不三其一。孚。
290.1	辛卯卜，貞：婦母有言，子从𡈼（徵），不从子臣。
295.3	辛酉卜：从曰昔𣂔，擒。子占曰：其擒。用。三鹿。
314.6	子从𢼀𤘽，又𠬝妣庚𦾔。用。

比

237.6	辛未卜：丁唯好令比伯或伐卲。
275.3	辛未卜：丁唯子令比伯或伐卲。
275.4	辛未卜：丁唯多□比伯或伐卲。
416.8	壬辰卜：子呼比射發旋，若。
416.9	弜比旋。不用。
416.11	癸巳卜：子叀大命，呼比發取有車，若。
449.2	辛未卜：丁弗其比伯或伐卲。

并

编号	释文
249.1	甲卜，在𦎫：賈并□子□見（獻）丁。

北

编号	释文
85.1	其呼作𡉚北。
502.4	于北。

非

编号	释文
161.1	辛未：歲祖乙黑牡一，衩（祐）鬯一，子祝。曰：毓（戚）祖非曰云兕正，祖唯曰彔畋不又𩤢（擾）。
241.1	非唯。
369	壬辰卜，貞：右馲弗安，有𧻚，非廌□。子占曰：三日不死，不其死。
372.7	甲午卜：叀子祝。曰：非亏（辛）唯𤵸（疾）。

出处	释文
	非鞎
5.16	癸巳卜：子夢异告，非鞎。
	非[illegible]
181.3	甲卜：子其往田。曰有求（咎），非[illegible]（虞）。
249.23	戊卜：子其往曼。曰有求（咎），非[illegible]（虞）。
	非侃
234.2	丙寅夕卜：非侃。
	兆
28.11	辛卜：丁涉，从東兆狩。
	休
3.12	壬卜：于乙延休丁。

著录号	甲骨文	释文
3.13		壬卜：子其延休。
53.8		戊卜：于翌日己[延]休于丁。
75.8		癸卜：中□休，有畀子。
149.7		庚戌卜：子于辛亥告亞休，若。用。
181.1		甲卜：子其延休，暱乙，若。
181.2		甲卜：子其延休，暱乙，若。
409.29		壬卜：于乙延休丁。
409.30		[甲]卜：子其延休，暱乙，若。
409.31		甲卜：子其延休。

扁

著录号	甲骨文	释文
137.1		丙往扁，[illegible]。
137.2		弜往扁。
377.2		乃[illegible][illegible]。

傳

113.2 傳五牛彡（酒）發以[生]于庚。

腹

187.3 □腹，奉（禱）妣庚。

240.7 子腹疾，弜禦□。

241.9 唯之疾子腹。

𦨶

61.1 癸卯卜，亞奠貞，子占曰：𦨶用。

62 𦨶。

380 庚戌卜：子于辛亥𡗜。子占曰：𦨶卜。子臀。用。

490.9 乙酉卜：入肉。子曰：𦨶卜。

弔

247.7		乙丑卜：叡弔子弗臣。
247.8		乙丑卜：呼弔卲，若。
247.9		乙丑卜：呼弔卲，若。
		大
76.2		乙卯卜：其禦大于癸子，冊𤘘一，又𠷎。用。
		有疾。
139.9		辛卜：其宜，叀大入豕。
149.1		甲午：歲祖甲牝一，衩（祐）𠷎一，□祝大牝一。
184		大示五。
247.3		癸丑卜：大叡弜禦子口疾于妣庚。
292.1		叀大新其作宗。
299.5		戊辰卜：大有疾，亡延。
307.1		貞大。
363.1		□卜，在𠦪京：盨（迄）𢦏（虣）大狩□□用。
363.2		□盨（迄）𢦏（虣）大狩□。

416.1	癸巳卜：子叀大命，呼比發取有車，若。
439.4	大、庚、□于夕，其。
475.5	庚戌卜：子叀發呼見（獻）丁，眔大亦燕。用。昃。
478	乙卯卜：其禦大于癸子，冊𤕦一，又鬯。用。有疾子炅。
480.3	癸酉，子炅在□：子呼大子禦丁宜，丁丑王入。用。來狩自斝。

大爯

34.7	乙巳卜：子大爯，不用。

大歲

228.2	甲申：叀大歲又于祖甲。不用。

夫

57	夫貞。

立

著錄號	釋文
50.1	丁亥卜：子立于右。
50.2	丁亥卜：子立于左。
136.2	□立若□。
312.3	戊午卜，在𦉫：子立于彔中𠂤。子占曰：企椙。

亦

著錄號	釋文
59.1	辛未卜：子其亦夆（遭），往田，若。用。
82.3	□亦[雨]。
122.1	丁□子亦唯侃于僕□丁婦。
173.3	丙申卜，子占曰：亦叀茲孚，亡賓。
198.4	辛卯卜：叀口宜□𩰫、牝，亦叀牡用。
198.8	壬辰卜：子亦障宜，叀𩰫，于左、右用。
228.8	吉牛亦示。
241.11	辛亥卜，貞：戚羌有疾，不死。子占曰：羌其

475.5	庚戌卜：子叀發呼見（獻）丁，眔大亦燕。用。昃。
	死唯今，其〈又〉絞（瘳）亦唯今。

舞

53.6	戊卜：子其益𢆶[舞]，冊□。
53.7	戊卜：子其益𢆶舞，冊二牛妣庚。
130.1	己卯卜：子用我瑟，若，弜[屯（純）]妝用，侃。舞商。
181.1	己卜：丁各，叀新□舞，丁侃。
181.2	辛卜：子其舞㞢，丁侃。
181.24	辛卜：禦子舞㞢，改一牛妣庚，冊宰，又鬯。
181.25	辛卜：禦子舞㞢，改一牛妣庚，冊宰，又鬯。
181.6	壬卜：子舞㞢，亡言，丁侃。
181.7	壬卜：子舞㞢，亡言，丁侃。
183.1	丙卜：丁來視子舞。
183.7	[往]于舞，若，丁侃。

293. 1		叀[illegible]舞。
293. 2		庚午卜：叀杈先舞。用。
293. 3		辛未卜：子其告舞。用。
305. 1		甲子卜：子其舞，侃。不用。
305. 2		甲子卜：子戠（待），弜舞。用。
416. 3		庚寅卜：子往于舞，侃，若。用。
474. 8		辛未：歲祖乙彘，子舞杈。
391. 5		丁丑卜：叀子舞。不用。
391. 6		弜子舞。用。
206. 1		丁丑卜，在[illegible]京：子其叀舞戉，若。不用。
206. 2		子弜叀舞戉，于之若。用。多万有災，引棘（急）。

燕

23. 2		己巳卜：子燕田掔。用。
34. 14		己酉卜：翌日庚，子呼多臣燕見（獻）丁。用。不率。
255. 3		弜呼發燕。

著録號	釋文
255.4	呼崖（徵）燕。不用。
255.5	乙亥卜：弜呼崖（徵）燕。用。
262.3	癸卜：子弜擇，燕受丁祼。
372.9	己酉卜：子寢燕。
391.1	己巳卜：子曓燕。用。庚。
391.2	弜巳曓燕。
391.4	弜巳曓燕。用。
391.3	辛未卜：曓燕。不用。
420.4	庚戌卜：唯王命余呼燕，若。
454.1	庚戌卜：子呼多臣燕見（獻）。用。不率。
454.2	庚戌卜：弜呼多臣燕。
475.5	庚戌卜：子叀發呼見（獻）丁，眔大亦燕。用。昃。

瑟

著録號	釋文
130.1	己卯卜：子用我瑟，若，弜[屯（純）]敚用，侃。舞商。
130.2	屯（純）敚瑟。不用。

372.4		丙戌卜：子叀辛瑟用子眔。
372.5		丙戌卜：子口瑟用。

異

289.5		丙寅卜：賈[異]弗馬。

艱

179.1		己亥卜：其有至艱。
220.1		丁丑：歲祖乙黑牝一，卯胴。子占曰：未（妹）其有至艱，其戌。用。
228.1		吉牛其于宜，子弗艱。
240.8		己巳：利亡艱。
247.10		乙丑卜：呼畫告子，弗艱。
247.12		弗艱。
259.1		辛巳卜：新駝于以，舊在麗入。用。子占曰：奏艱。孚。

290.1	戊戌卜：有至艱。
375.2	乙丑卜：甾又其延有同，其艱。
403.1	己卜：子有夢，㱿裸，亡至艱。
403.2	己卜：有至艱。
416.14	庚子卜：子利其[有]至艱。
449.3	貞：子畫爵祖乙，庚亡艱。
449.4	癸酉卜，貞：子利爵祖乙，辛亡艱。

黑

6.1	甲辰夕：歲祖乙黑牡一，叀子祝，若，祖乙侃。用。翌日舌。
49.3	丁丑：歲祖乙黑牝一，卯胴。
49.4	丁丑：歲祖乙黑牝一，卯胴二于祖丁。
67.1	乙亥夕：歲祖乙黑牝一，子祝。
67.2	乙亥夕：歲祖乙黑牝一，子祝。
69.9	子其□牛，[黑]□。

编号	释文
123.1	辛酉昃：歲妣庚黑牝一，子祝。
123.2	辛酉昃：歲妣庚黑牝一，子祝。
123.3	辛酉卜：子其𢼄黑牝，唯徝往，不雨。用。妣庚□。
150.2	己酉夕：翌日舌妣庚黑牡一。
161.1	辛未：歲祖乙黑牡一，衩（祐）鬯一，子祝。曰：毓（戚）祖非曰云兕正，祖唯曰彔𢦏不又𩠹（擾）。
161.2	乙亥夕：歲祖乙黑牝一，子祝。
175	辛酉昃：歲妣庚黑牝一，子祝。
178.4	癸卯夕：歲妣庚黑牝一，在入，陟盂。
179.7	弜勾黑馬。用。
180.7	辛未：歲祖甲黑牡一。日雨。
220.1	丁丑：歲祖乙黑牝一，卯胴。子占曰：未（妹）其有至艱，其戊。用。
239.3	癸酉卜：弜勿（刎）新黑馬，有剢。
239.4	癸酉卜：弜勿（刎）新黑□。

252.1	乙亥：歲祖乙黑牡一，又乑一，[又]㞢，子祝。
252.2	乙亥：歲祖乙黑牡一，又乑一，[又㞢]，子祝。
278.7	叀二黑牛。
278.8	二黑牛。
278.1	先𢻫白豕宜黑二牛。
319.1	乙丑：歲祖乙黑牡一，子祝，肩禦𡊄（徵）。在𠂤。
319.2	乙丑：歲祖乙黑牡一，子祝，肩禦𡊄（徵）。在𠂤。
324.2	己亥卜：弜巳[馬匕]眔𠂤黑。
350	甲辰夕：歲祖乙黑牡一，子祝，翌日舌。
352.5	于𠂤黑左□。
386.1	匄黑馬。
392.1	辛未：歲祖乙黑牡，衩（祐）𢀛一，子祝。
437.7	辛酉昃：歲妣庚黑牝一，子祝。
451.1	己巳卜：𥌓庚歲妣庚黑牛又羊，莫（暮）𢻫。用。
457	己酉夕：翌日舌歲妣庚黑牡一。庚戌彰（酒）牝一。
459.7	叀黑豕祖甲。不用。

481.2	乙亥：歲祖乙黑牡一，又𠃬一，叀子祝。用。又𠂤。

艱

5.16	癸巳卜：子夢㝵告，非艱。
43	庚卜：子艱及□。
75.1	戊卜：子作丁臣㘝，其作子艱。
75.2	戊卜：子作丁臣㘝，弗作子艱。
122.2	子炅貞：其有艱。
149.3	己亥卜：子夢[人]見（獻）子戚，[亡]至艱。
208.1	戊卜，貞：㞢亡至艱。
320.3	其艱。
320.5	丁卜：弗其比何，其艱。
336.1	甲寅卜：乙卯子其學商，丁侃。子占曰：其有𡆥艱。用。子臀。
412.3	己卜：不吉，唯其有艱。
446.14	子弗艱目疾。

编号	释文
450.1	壬戌卜，在□利：子耳鳴，唯有絅，亡至艱。
455.2	[乙丑卜]：延有同，甾又其艱。
493.6	壬辰卜：𡆥（向）癸子夢丁祼，子用瓚，亡至艱。
505.3	貞：畵亡其艱。
124.9	戊卜：子夢𦣻，亡艱。
165.3	貞：舀，亡艱。
286.2	壬卜：卜宜不吉，子弗条（遭）有艱。

矢

编号	释文
34.4	甲辰：宜丁牝一，丁各，矢（昃）于我，翌[日]于大甲。用。
169.1	甲辰卜：丁各，矢（昃）于我，[翌日]于大甲。
264.4	己未卜，在𦎫：子其呼射告眔我南征，唯矢（昃）若。
290.7	甲午卜：其禦宜矢，乙未矢（昃），瞪酌（酒）大乙。用。
290.9	乙未卜：呼多賈㞋西饗。用。矢（昃）。
335.2	甲辰：宜[丁]牝一，[丁]各，矢（昃）于我，翌日于大甲。

420.2　甲辰：宜丁牝一，丁各，矢（昃）于我，翌日于大甲。

475.1　癸卯卜：暱祼于矢（昃）。用。

昃

123.2　辛酉昃：歲妣庚黑牝一，子祝。

175　辛酉昃：歲妣庚黑牝一，子祝。

226.9　辛酉：宜䣄牝眔崖（徵）豕，昃改。

437.7　辛酉昃：歲妣庚黑牝一，子祝。

475.5　庚戌卜：子叀發呼見（獻）丁，眔大亦燕。用。昃。

529　辛酉昃：歲妣庚□。

戎

38.5　壬卜：丁聞子呼[視]戎，弗作𣟴（虞）。

並

53.11　戊卜：冊妣庚，在並。

夭

280.1 丁亥：子其學嫙夭。用。

380 庚戌卜：子于辛亥夭。子占曰：夨卜。子臀。用。

趎

369 壬辰卜，貞：右阤弗安，有趎，非鷹□。子占曰：三日不死，不其死。

屰

20 屰入六。

83 屰入六。

236.16 己卜：家其有魚，其屰丁，侃。

236.17 己卜：家其有魚，其屰丁，侃。

236.18 己卜：家其有魚，其屰丁，侃。

236.19 己卜：家弜屰丁。

出处	摹本	释文
236.20		弜屰。
294.5		甲寅卜：子屰卜母孟于婦好，若。
320.1		何于丁屰。
409.28		壬卜：子其屰匩丁。
409.32		乙卜：其屰呂多子于婦好。
492		壬寅卜，子炅：子其屰[illegible]于婦，若。用。
91		入十。
399		入十。
436		入十。

吴

出处	摹本	释文
39.17		戊卜：子其取吴于凨，丁弗作。

敓

113.1	子敚獲，盡。
113.2	子敚獲，弗盡。
113.3	子敚獲，弗盡。
113.4	子敚獲，弗盡。
130.2	屯（純）敚瑟。不用。

𧺆

37.20	壬子卜：子以婦好入于𧺆，肇㪉三，往𡐓。
37.21	壬子卜：子以婦好入于𧺆，子呼多賈見（獻）于婦好，肇紤八。
37.22	壬子卜：子以婦好入于𧺆，子呼多禦正見（獻）于婦好，肇紤十，往𡐓。
63.2	辛亥卜：子其以婦好入于𧺆，子呼多禦正見（獻）于婦好，肇紤十，往𡐓。
81.3	壬申：歲妣庚豸乙一，在𧺆。
103.6	己巳卜，在𧺆：其雨。子占曰：今夕其雨，若。己雨，

编号	释文
	其于暒庚亡司（嗣）。用。
103.5	己巳卜，在𪉖：庚不雨。子占曰：其雨，亡司（嗣）夕雨。用。
108.6	辛丑卜：暒壬，子其以□周于𪉖。子曰：不其屮孚。
116	孜弜𪉖。
195.3	辛亥卜：子以婦好入于𪉖。用。
195.1	辛亥卜：子肇婦好𠬝，往𡎚。在𪉖。
195.2	辛亥卜：呼崖（徵）面見（獻）于婦好。在𪉖。用。
239.1	丁巳卜：子弜往𪉖。用。
239.2	丁巳卜：子弜往𪉖。用。
248.5	戊申卜：其將妣庚□，于[𪉖]東官。用。
248.1	癸丑：將妣庚示，歲妣庚牢。在𪉖。
267.1	己亥卜：子于𪉖宿，夙攺牢妣庚。用。
267.2	庚子：歲妣庚，在𪉖，牢。子曰：卜未子彭。
294.1	壬子卜：子其告𪉖既𠫑丁。子曾告曰：丁族盜（毖）

	[illegible]宅，子其作丁雝（宮）于㲋。
294.2	壬子卜：子戠（待）弜告㲋既𡆥于[丁]，若。
294.3	壬子卜：子寢于㲋，弜告于丁。
294.4	壬子卜：子丙其作丁雝（宮）于㲋。
311	庚午：歲妣庚牢、牝，祖乙延攺。在[㲋]。
323	□子□□妣庚小宰，[illegible]祝。在㲋。
416.12	甲午：延𠓛㲋官。用。
421.1	壬辰夕卜：其宜𠦪一于㲋，若。用。
421.2	壬辰夕卜：其宜𠦪一于㲋，若。用。
427.1	丁丑卜：在茲往𡧊（徵）禦癸子弜于㲋。用。
437.1	庚申卜：弜取在㲋綒，延成。
437.2	庚申卜：取在㲋綒，弜延。
474.6	子叀㲋田，言妣庚眔一宰，酌（酒）于㲋。用。
491	庚午：酌（酒）革妣庚二小宰，衩（祐）𠷎一。在㲋，來自狩。
493.4	庚寅：歲妣庚牝一。在㲋。

285.1		子延利，若。
285.3		子延言，不若。
363.5		丁卯卜：爯于丁，在庭迺爯，若。用。在。
450.2		壬戌卜：子弜。用。

孚

10.2		乙未卜，在：丙[不雨]。子占曰：不其雨。孚。
87.2		庚申卜：子益商，日不雨。孚。
87.4		其雨。不孚。
108.1		辛丑卜：子妹其獲狼。孚。

108.6		辛丑卜：曌壬，子其以□周于犾。子曰：不其屮。孚。
173.2		丙申卜：丁□曌。子占曰：其賓。孚。
173.3		丙申卜：子占曰：亦叀茲孚，亡賓。
244		丁卯卜：既雨，子其往于田，若。孚。
252.3		丁丑卜：其彈于[illegible]，叀入人，若。用。子占曰：毋有孚，雨。
259.1		辛巳卜：新䭾于以，舊在麗入。用。子占曰：奏艱。孚。
289.7		丁卯卜：子其往田，从[illegible]西[illegible]，遘獸。子占曰：不三其一。孚。
490.5		己卯卜：丁侃子。孚。
		敫
102.3		乙卜，貞：二卜有求（咎），唯見，今有心敫，亡憂。
114.1		丙卜：子其敫于歲禦事。

114.2	丙卜：子弜敫于歲禦事。
156	禦敫。

令

1.7	甲卜：[丁令]。
3.16	壬卜：子令。
75.3	戊卜：子令。
96.1	□令□。
125.1	丁卜：子令庚侑有母，呼求囟，索尹子人。子曰：不于戊，其于壬人。
181.28	壬卜：子令。
181.29	壬卜：子令。
183.3	丙卜：子令。
237.6	辛未卜：丁唯好令比伯或伐卲。
257.7	壬□，子令□。
268.11	甲卜：子令。

275.3		辛未卜：丁唯子令比伯或伐卲。
355.1		乙巳卜：子其[叀]多尹令畬（飲），若。用。
409.16		丁卜：子令。
409.17		丁卜：子令。
409.18		丁卜：子令，囟心。
409.19		丁卜：子令。
416.11		癸巳卜：子叀大命，呼比發取有車，若。
420.4		庚戌卜：唯王命余呼燕，若。
446.25		子令。
446.26		子令。
446.27		子令。
463.4		子令。
475.9		辛亥卜：子曰：余丙壼（速）。丁命子曰：往眔婦好于曼麥。子壼（速）禦。
480.4		甲戌卜，在㓝：子有令[𣪘]丁告于㓝。用。子𢓊。

编号	释文
486.1	其至令。
517.2	丯臣令□。

若

编号	释文
2.1	戊子卜，在麊：子其射，若。
2.2	戊子卜，在麊：子弜射，于之若。
3.1	丙卜：叀有由女，子其告于婦好，若。
5.1	乙亥卜：戠（待），于之若。
6.1	甲辰夕：歲祖乙黑牡一，叀子祝，若，祖乙侃。用。翌日舌。
6.2	乙丑卜：有吉䇂（辛），子具丵，其以入，若，侃，有彡偱。用。
7.4	弜射，于之若。
26.9	戊子卜：子隮宜一，于之若。
26.10	戊子卜：子隮宜二，于之若。
37.6	甲午卜，在麊：子其射，若。

37.7	甲午：弜射，于之若。
37.10	己亥卜，在吕：子其射，若。不用。
37.14	己巳卜，在𪓐：子其射，若。不用。
37.18	丙午卜：子其射疾弓，于之若。
50.5	乙未卜：子其往田，若。用。
59.1	辛未卜：子其亦条（遭），往田，若。用。
84.1	羌入，叀妍[𡢁]用，若，侃。用。
86.1	丙辰卜：延奏商，若。用。
87.1	丁巳卜：[子]益妫，若，侃。用。
87.3	庚申卜：叀今庚益商，若，侃。用。
90.6	戚、念其入于丁，若。
103.6	己巳卜，在𡧊：其雨。子占曰：今夕其雨，若。己雨，其于𣋡庚亡嗣。用。
113.17	酉四十牛妣庚，囟[𠦪（禱）]其于狩，若。
113.20	叡人䖒（虪），于若。
113.23	己卜，貞：子亡不若。

114.3	己卯卜，在[illegible]：子其入則，若。
124.8	戊卜：二弓以子田，若。
130.1	己卯卜：子用我瑟，若，弜[屯（純）]殹用，侃。舞商。
136.2	□立若□。
139.1	乙卜：季母亡不若。
149.2	己亥卜：叀今夕爯戚[illegible]，若，侃。用。
149.6	庚戌卜：雨禦宜，暱壬，子延⿰酉彡（酒），若。用。
149.7	庚戌卜：子于辛亥告亞休，若。用。
149.11	癸亥卜：子氣（迄）用丙吉弓射，若。
157.1	己巳卜：[子]其告[夶]既[叀]丁，若。
178.13	庚戌卜：其畀旛尹[illegible]，若。
181.1	甲卜：子其延休，暱乙，若。
181.2	甲卜：子其延休，暱乙，若。
183.7	[往]于舞，若，丁侃。
206.1	丁丑卜，在[illegible]京子其叀舞戉，若。不用。

206.2		子弜叀舞戉，于之若。用。多万有災，引棘（急）。
215.1		壬申卜：子其以羌喛冊于婦，若，侃。
218.1		丙辰卜：子炅叀今日匄黍于婦，若。用。
218.2		丙辰卜：子炅其匄黍于婦，若，侃。用。
220.7		□□卜：子其入伯屯（純），若。
220.8		乙酉卜：呼㞷（徵）䵼，若。用。
220.9		乙酉卜：呼㞷（徵）䵼，若。用。
228.16		戊子卜：吉牛其于示，亡其剢于宜，若。
235.2		其在㭉若。
236.9		丁卜：攺宰妣庚，若。
236.10		丁卜：攺宰妣庚，若。
236.11		丁卜：子[illegible]攺宰□□，[若]。
247.8		乙丑卜：呼弔卲，若。
247.9		乙丑卜：呼弔卲，若。
249.5		[在]臺卜：弜呼人歸，□丁，若。
252.3		丁丑卜：其彈于[illegible]，叀入人，若。用。子占曰：

		毋有孚，雨。
264.4		己未卜，在[illegible]：子其呼射告眔我南征，唯夨（昃）若。
264.5		弜呼眔南，于若。
265.1		戊辰卜：子其以磬妾于婦好，若。
265.3		庚午卜：子其以磬妾于婦好，若。
285.1		子延[illegible]刜，若。
285.3		子延[illegible]言，不若。
286.11		壬卜：束彔弜若巳，唯有辥。
288.2		乙酉卜：妕婦好六人，若，侃。用。
288.11		乙未卜：子其入三弓，若，侃。用。
289.1		叀𡌥□又䰜，若。
289.4		丙卜：子其往于田，弜由[illegible]，若。用。
290.12		乙未卜：子其使𡌥（徵）往西巺子媚，若。
294.2		壬子卜：子戠（待）弜告𤞷既𡆥于[丁]，若。
294.5		甲寅卜：子屰卜母孟于婦好，若。

296.4		癸卯卜：子弜告婦好，若。用。
304.8		戊卜：將妣己示眔妣丁，若。
316.2		壬子卜：其敀，𢦏友若。用。
363.5		丁卯卜：爯于丁，[illegible]在庭廼爯，若。用。在[illegible]。
365.5		[耤]弜[力]敀若。
382		丙辰卜：延奏商，若。用。
391.10		甲午卜：子作戚分卯，其告丁，若。
391.11		甲午卜：子作戚分卯，子弜告丁。用。若。
401.12		丙卜：丁呼多臣復，囟非心于不若，唯吉，呼行。
409.30		[甲]卜：子其延休，𥅡乙，若。
416.1		己丑卜：𩰫畫友卲□□畫□子弜示，若。
416.3		庚寅卜：子往于舞，侃，若。用。
416.8		壬辰卜：子呼比射發旋，若。
416.10		壬辰卜：子呼射發復取有車，若。
420.4		庚戌卜：唯王命余呼燕，若。

421.1		壬辰夕卜：其宜羌一于妣，若。用。
421.2		壬辰夕卜：其宜羌一于妣，若。用。
437.5		庚申夕卜：子其呼函䜌于𦣞，若。用。
450.4		丁卯卜：子其入學，若，侃。用。
450.5		丁卯卜：子其入學，若，侃。用。
451.8		丙戌卜：子其往于𦣞，若。用。子不宿，雨。
467.2		戊戌卜，在濘：子射，若。不用。
467.3		戊戌卜，在濘：子弜射，于之若。
467.4		己亥卜，在吕：子其射，若。不用。
467.5		弜射，于之若。
473.1		甲申：子其學羌，若，侃。用。
473.2		孜乃弜往又祉，若。用。
490.6		庚辰：子祼妣庚，有言妣庚，若。
492		壬寅卜，子炅：子其屰〆于婦，若。用。
494.1		戌卜，在麗：其告人亡由于丁，若。
494.2		戌卜，在麗：于商告人亡由于丁，若。

494.3		己卜，在麄：其告人亡由于丁，若。
494.4		己卜，在麄：于商告人亡由于丁，若。
501.2		丁卜：今庚其作豊，叀（速）丁酓（飲），若。
501.3		丁卜：今庚其作豊，叀（速）丁酓（飲），若。
		饗
197.3		辛卜：子禦𡆥妣庚，又饗。
236.26		庚卜：丁弗饗𩰫（肆）。
288.7		甲午卜：子叀（速），不其各。子占曰：不其各，呼饗。用。舌祖甲彡。
290.8		乙未卜：呼多賈皀西饗。用。夨（昃）。
290.9		乙未卜：呼多賈皀西饗。用。夨（昃）。
321.4		庚申：歲妣庚小牢，衩（祐）𢀛一，祖乙延，子饗。
332		辛未卜：西饗（向）㪅（虣）。
381.1		戊戌夕卜：曜己，子其[逐]，从圭人饗（向）㪅（虣），遘。子占曰：不三其一。其二，其有邁（奔馬）。用。

既

14.5	乙酉卜：既𨸏往敀（虢），遘豕。
35.2	壬申卜：既呼食，子其往田。用。
157.1	己巳卜：[子]其告[妌]既[圂]丁，若。
241.6	乙巳卜：于既㱿舌，酒㱿𠬝一祖乙。用。
244.1	丁卯卜：既雨，子其往于田，若。孚。
286.28	辛：于既呼食酒宜。
294.1	壬子卜：子其告妌既𠦪丁。子曾告曰：丁族盗（毖）㬎宅，子其作丁雝（宫）于妌。
294.2	壬子卜：子戠（待）弜告妌既𠦪于[丁]，若。
295.2	庚申卜：于既呼□。用。
361.1	丙卜：子既祝，有若，弗左妣庚。
381.2	于既呼。用。
395.10	癸酉卜：既呼，子其往于田，囟亡事。用。
446.12	丙卜：五日子目既疾。

𩲡

181.18	己卜：叀𩲡。
183.4	丙卜：□𩲡妣丁。

禦

3.9	庚卜：弜禦子馘，絞（瘳）。
21.2	丁丑卜：其禦子往田于小示。用。
27	庚卜，在龕：歲妣庚三羊，又鬯二，至禦，冊百牛又五。
29.1	丙寅卜：其禦，唯賈視馬于癸子，叀一伐一牛一鬯，冊夢。用。
32.2	庚卜，在龕：叀五羊，又鬯二，用。至禦妣庚。
32.3	庚卜，在龕：叀七羊[用，至]禦妣庚。
32.4	庚卜，在龕：叀五羊用，至禦妣庚。
37.22	壬子卜：子以婦好入于𠀠，子呼多禦正見（獻）于

		婦好，肇紖十，往𡆥。
38.1		乙卜：其禦[子疾]肩妣庚，冊三十□。
38.2		壬卜：其禦子[疾]肩妣庚，冊三豕。
38.3		壬卜：其禦子疾肩妣庚，冊三豕。
53.17		己卜：其彡（酒）禦妣庚。
53.21		己卜：叀多臣禦往妣庚。
55.3		□往㵐禦。
55.4		己[丑]：歲妣庚牝一，子往㵐禦。
56		辛丑卜：禦丁于祖庚至□一，冊羌一人二牢；至𤘖一祖辛禦丁，冊羌一人二牢。
63.2		辛亥卜：子其以婦好入于𠹌，子呼多禦正見（獻）于婦好，肇紖十，往𡆥。
75.6		戊卜：叀五䍩，卯伐妣庚，子禦。
76.2		乙卯卜：其禦大于癸子，冊𤘖一，又鬯。用。有疾。
95		壬申卜，在𢓊：其禦于妣庚，冊十䍩，[又]十鬯。

	用。在麄。
114.1	丙卜：子其敹于歲禦事。
114.2	丙卜：子弜敹于歲禦事。
132.2	辛亥：歲妣庚麿牝一，齒禦歸。
132.3	辛亥：歲妣庚麿牝一，齒禦歸。
149.4	丁未卜：其禦自祖甲、祖乙至妣庚，四二牢，麥（來）自皮鼎酌（酒）興。用。
149.6	庚戌卜：雨禦宜，暒壬子延酌（酒），若。用。
156	禦敹。
162.1	戊卜：叀奠禦往妣己。
162.2	[戊]卜：叀奠禦往妣己。
162.4	己卜：自右二祖禦雨。
163.1	庚午卜，在𨛜：禦子齒于妣庚，[四]牢，勿（物）牝，白豕。用。
176.2	丁丑卜：子禦妣甲，四牛一，鬯一。用。
181.8	己卜：叀多臣禦往于妣庚。

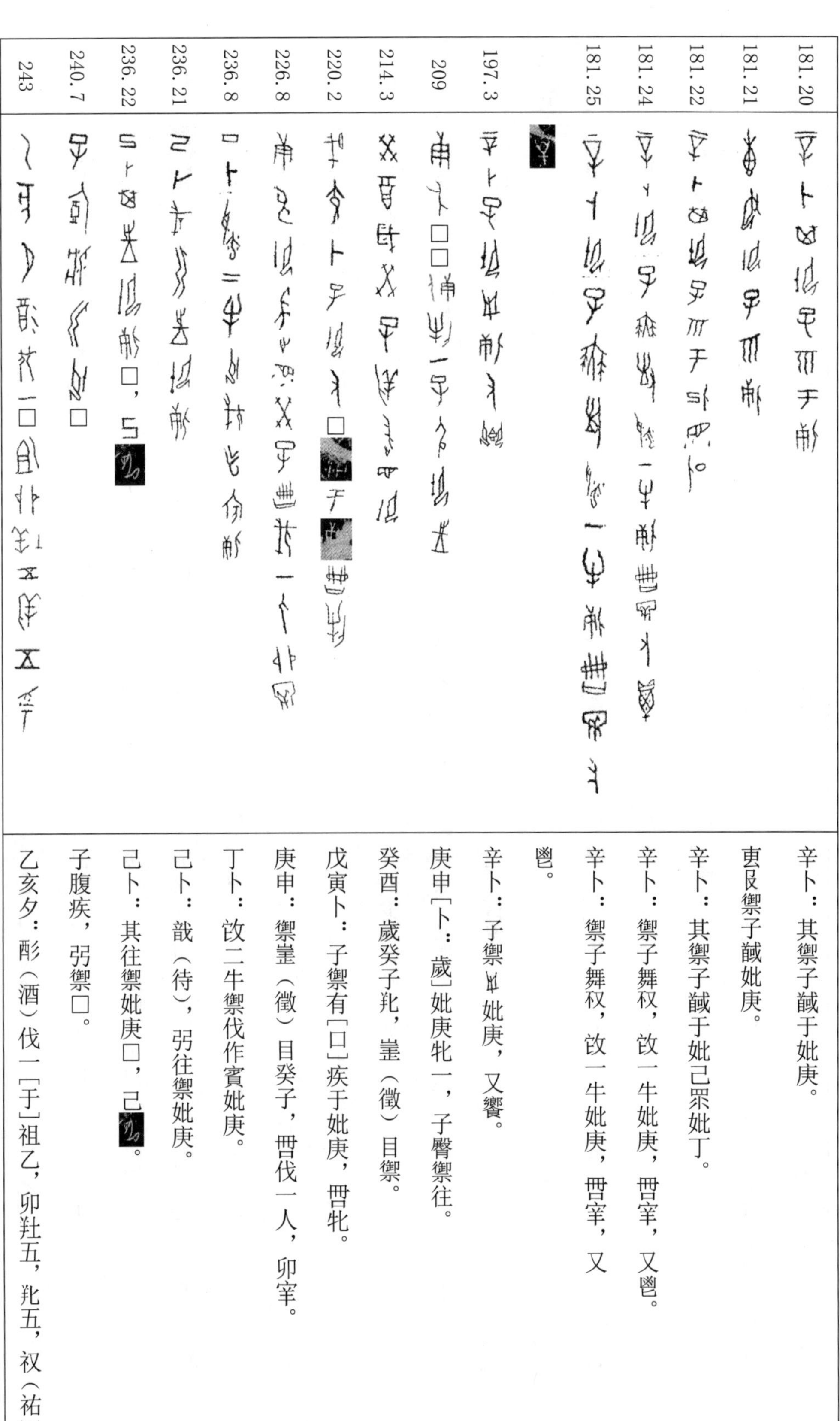

181.20	辛卜：其禦子馘于妣庚。
181.21	叀𠬝禦子馘妣庚。
181.22	辛卜：其禦子馘于妣己眔妣丁。
181.24	辛卜：禦子舞ᅳ，𢿌一牛妣庚，𠕋宰，又鬯。
181.25	辛卜：禦子舞ᅳ，𢿌一牛妣庚，𠕋宰，又鬯。
197.3	辛卜：子禦𡆥妣庚，又饗。
209	庚申[卜：歲]妣庚牝一，子𦣞禦往。
214.3	癸酉：歲癸子𠦪，𡍬（徵）目禦。
220.2	戊寅卜：子禦有[口]疾于妣庚，𠕋牝。
226.8	庚申：禦𡍬（徵）目癸子，𠕋伐一人，卯宰。
236.8	丁卜：𢿌二牛禦伐作賓妣庚。
236.21	己卜：𢦏（待），弜往禦妣庚。
236.22	己卜：其往禦妣庚□，己。
240.7	子腹疾，弜禦□。
243	乙亥夕：彫（酒）伐一[于]祖乙，卯𤜊五，𠦪五，衩（祐）

		一𠧟，子肩禦往。
247.2		己酉卜：禦□，在[illegible]又伐，若，侃。
247.3		癸丑卜：大叡弜禦子口疾于妣庚。
247.6		癸亥卜：弜禦子口疾，告妣庚。曰：絞（瘳），告。
247.15		己丑：歲妣庚牝一，子往瀟禦。
255.7		己丑：歲妣庚一牝，子往瀟禦。
257.3		□卜：□告戉禦□于[illegible]。
273.3		其禦子馘妣己眔妣丁。
289.6		丙寅：其禦，唯賈視馬于癸子，叀一伐一牛一
		𠧟，冊夢。用。
290.2		壬辰卜：呼[壴（徵）]禦于又示。
290.7		甲午卜：其禦宜矢（昃），乙未矢（昃），畛彡（酒）
		大乙。用。
299.1		丁卯卜：乙亥叀禦往。
319.1		乙丑：歲祖乙黑牡一，子祝，肩禦壴（徵）。在[illegible]。
319.2		乙丑：歲祖乙黑牡一，子祝，肩禦壴（徵）。在[illegible]。

320.6	庚卜，在麄：歲妣庚三牪，又鬯二，至禦，冊百牛又五。
352.1	己丑：歲妣庚牝一，子往于澫禦。
409.1	丙卜：其禦子䵼[于]妣庚。
409.3	丙卜：叀羊又鬯禦子䵼于子癸。
409.4	丙卜：叀牛又鬯禦子䵼于子癸。
409.5	丙卜：其禦子䵼妣丁牛。
409.7	丙卜：弜禦子䵼。
409.8	丙卜：叀小宰又𠬝妾禦子䵼妣丁。
409.2	丙卜：其禦子䵼于子癸。
409.15	丙卜：叀五羊又鬯禦子䵼于子癸。
409.6	丙卜：其禦子䵼妣丁牛。
409.22	己卜：至禦子䵼兆妣庚。
409.23	己卜：叀三牛禦子䵼妣庚。
409.25	己卜：又鬯又五置禦子䵼妣庚。
409.27	己卜：叀𠬝臣又妾禦子䵼妣庚。

427.1		丁丑卜：在茲往𡸁（徵）禦。癸子，弜于𤜵。用。
449.8		乙亥：歲祖乙，[雨]禦，舌彡牢牝一。
459.9		戊寅卜：子祼小示冊𦍩，禦往田。
468.3		戊卜：其□禦□。
478		乙卯卜：其禦大于癸子，冊𦍩一，又鬯。用。有疾子炅。
480.3		癸酉，子炅在：子呼大子禦丁宜，丁丑王入。用。來狩自畢。
488.3		□多臣禦于妣庚□。

𠬝

181.21		叀𠬝禦子馘妣庚。
290.8		乙未卜：呼多賈𠬝西饗。用。夨（昃）。
409.27		己卜：叀𠬝臣又妾禦子馘妣庚。
441.7		貞：又𠬝司庚。

印

268.6 □毖印妣庚□。

夙

39.17 戊卜：子其取吴于夙，丁弗作。

223.16 庚卜：于翌日夙攺伐。

267.1 己亥卜：子于㚤宿，夙攺牢妣庚。用。

卲

179.5 丁未卜：叀卲呼匄賈[illegible]（禾馬）。

247.8 乙丑卜：乎弔卲，若。

247.9 乙丑卜：乎弔卲，若。

262.2 癸卜：丁步今戌。卲月，在[illegible]。

403.3 庚咸卲。

416.1 己丑卜：䜌畫友卲□□畫□子弜示，若。

429		丙戌卜：遲涉卲虜。
275.3		辛未卜：丁唯子令比伯或伐卲。
275.4		辛未卜：丁唯多□比伯或伐卲。
449.1		辛未卜：伯或再冊，唯丁自征卲。
449.2		辛未卜：丁弗其比伯或伐卲。
467.8		戊卜：叀卲呼勻。不用。
		[illegible]
312.2		戊午卜：[illegible]擒。
		女
42.4		□女。
205.3		貞：女。
208.3		庚卜：毋至。
252.3		丁丑卜：其彈于[illegible]，叀入人，若。用。子占曰：毋有孚，雨。

273.1	于母由䇂子戠[illegible]。
275.1	己巳卜，貞：子利女不死。
331.1	辛卜：婦母曰子：丁曰：子其有疾。允其有。
401.1	乙卜：叀羊于母妣丙。
401.2	乙卜：叀小宰于母祖丙。
401.3	乙卜：皆彘母、二妣丙。
408.6	□二[于]母□。
484.2	弜彭（酒），毋正祖乙。

母

3.1	丙卜：[illegible]有由女，子其告于婦好，若。
262.1	毋其步。
288.12	己亥卜：毋往于田，其有事。子占曰：其有事。
	用。有宜。
290.1	辛卯卜，貞：婦母有言，子从𡍬（徵），不从子臣。
294.5	甲寅卜：子屰卜母孟于婦好，若。

320.2	于母婦。
349.17	母貞。
402.2	□母□余于□妣庚□。
475.8	辛亥卜，丁曰：余不其往。毋𡰩（速）。
139.1	乙卜：季母亡不若。
446.9	乙卜：其歲牡母祖丙。
53.6	戊卜：子其益[舞]，丗□。
53.7	戊卜：子其益舞，丗二牛妣庚。
144.1	。

妾

265.1	戊辰卜：子其以磬妾于婦好，若。
265.3	庚午卜：子其以磬妾于婦好，若。
321.5	甲子卜，貞：妵中周妾不死。

409.8	丙卜：叀小宰又艮妾禦子戠妣丁。
409.27	己卜：叀艮臣又妾禦子戠妣庚。
490.11	辛亥老卜：家其匄有妾，有畀一。
	⿰女殳
346.2	⿰女殳。
	姸
84.1	羌入，叀姸[⿱𠂉乑]用，若，侃。用。
458	⿰子犬[乃]先⿱𠂉乑姸，迺入𤆍。用。
	⿰女它
321.6	甲子卜：⿰女它其死。
	⿰女力
87.1	丁巳卜：子益⿰女力，若，侃。用。

288.2	乙酉卜：妫婦好六人，若，侃。用。
288.3	乙酉卜：□妫婦好□。
480.5	甲戌卜，子呼[illegible]妫婦好。用。在[illegible]。

好

237.6	辛未卜：丁唯好令比伯或伐卲。

毓

161.1	辛未：歲祖乙黑牡一，衩（祐）鬯一，子祝。曰：毓（戚）祖非曰云兕正，祖唯曰彔畝不又𩰫（擾）。

妹

44.2	妹有。
108.1	辛丑卜：子妹其獲狼。孚。

姝

妫

5.10	乙亥卜：婦好有事，子唯妹。于丁曰婦好。
321.3	丙辰卜：妫有取，弗死。

彝

37.15	己巳卜，在麗：子弜遲彝弓，出日。

鬼

113.10	乙卜：丁有鬼夢，亡憂。
113.11	丁有鬼夢，[illegible]在田。
352.6	丙申夕卜：子有鬼夢，祼告于妣庚。用。
279.1	□子有鬼夢，[亡]憂。

子

2.1	戊子卜，在麗：子其射，若。

2.2	戊子卜，在麗：子弜射，于之若。
3.1	丙卜：夌有由女，子其告于婦好，若。
3.8	庚卜：五日子馘紋（瘳）。
3.9	庚卜：弜禦子馘紋（瘳）。
3.11	辛[卜]：子弗艱。
3.13	壬卜：子其延休。
3.14	壬卜：子其往田，丁不檾（虞）。
5.2	乙亥卜：叀子配使于婦好。
5.10	乙亥卜：婦好有事，子唯妹。于丁曰婦好。
5.16	癸巳卜：子夢异告，非艱。
6.2	乙丑卜：有吉㝵（辛），子具[illegible]，其以入，若，侃，有彭徝。用。
7.3	己亥卜，在吕：子[其射，若。不用]。
7.10	乙卯夕卜：子弜往田。用。
7.11	乙卯夕卜：子弜酓（飲）。用。
9.4	丙寅夕卜：侃，不檾（虞）于子。

9.3		丙寅夕卜：由𣚪（虞）于子。
10.1		乙未卜：子宿在𠂤，終夕□圭自□。子占曰：不[擒]。
13.6		乙巳：歲祖乙犯，子祝。在■。
13.7		乙巳：歲祖乙犯一，子祝。在𠂤。
14.1		乙酉卜：子又之阬南小丘，其𦊓，獲。
14.3		乙酉卜：子于𠷎丙求阬南丘豕，遘。
16.2		丙卜：子往吕，曰有求（咎）。曰往吕。
21.1		乙亥卜，貞：子雍友敎有復，弗死。
21.2		丁丑卜：其禦子往田于小示。用。
23.2		己巳卜：子燕田擊。用
26.2		子其出宜。不用。
26.3		甲戌卜：子其出宜。不用。
26.5		甲申卜：子其見（獻）[婦好]□。
26.6		甲申卜：子叀豕殁眔魚見（獻）丁。用。
26.9		戊子卜：子隮宜一，于之若。
26.10		戊子卜：子隮宜二，于之若。

28.1		丙卜：唯亞奠作子齒。
28.2		丙卜：唯小臣作子齒。
28.3		丙卜：唯婦好作子齒。
28.5		丙卜：丁榩（虞）于子，由从中。
28.8		戊卜：子其告于□。
34.1		辛卯卜：子障宜，叀幽廌。用。
34.2		辛卯卜：子障宜，叀[䣄]□。不用。
34.7		乙巳卜：子大爯，不用。
34.8		乙巳卜：丁各，子爯小。用。
34.9		乙巳卜：丁各，子爯。用。
34.10		乙巳卜：丁各，子弜巳爯。不用。
34.11		乙巳卜：丁各，子[于庭]爯。用。
34.12		乙巳卜：子于[寢]爯。不用。
34.14		己酉卜：翌日庚，子呼多臣燕見（獻）丁。用。不率。
35.1		壬申卜：子往于田，从昔斨。用。擒四鹿。
35.2		壬申卜：既呼食，子其往田。用。

37.5		癸巳卜：子𩰫（鬻）叀白璧肇丁。用。
37.6		甲午卜，在麗：子其射，若。
37.10		己亥卜，在吕：子其射，若。不用。
37.14		己巳卜，在麗：子其射，若。不用。
37.15		己巳卜，在麗：子弜遟彝弓，出日。
37.18		丙午卜：子其射疾弓，于之若。
37.20		壬子卜：子以婦好入于𫵖，肇戚三，往𡐨。
37.21		壬子卜：子以婦好入于𫵖，子呼多賈見（獻）于婦好，肇紤八。
37.22		壬子卜：子以婦好入于𫵖，子呼多禦正見（獻）于婦好，肇紤十，往𡐨。
38.2		壬卜：其禦子[疾]肩妣庚，酉三豕。
38.4		壬卜：子其入廌牛于丁。
38.5		壬卜：丁聞子呼[視]戎，弗作𣡽（虞）。
39.17		戊卜：子其取吴于夙，丁弗作。
39.21		庚卜：弜𦍒，子耳鳴，亡小艱。

43		庚卜：子艱及□。
44.1		子不延，有絞（瘳）。
50.1		丁亥卜：子立于右。
50.2		丁亥卜：子立于左。
50.3		乙未卜：子其田，从⿱𡈼求豕，遘。用。不豕。
50.4		乙未卜：子其[往]田，叀豕求，遘。子占曰：其遘。不用。
50.5		乙未卜：子其往田，若。用。
50.6		乙未卜：子其往田，叀鹿求，遘。用。
53.1		丙卜：子其往吕。曰有求（咎）。曰往吕。
53.6		戊卜：子其益𠂤[舞]，冊□。
53.7		戊卜：子其益𠂤舞，冊二牛妣庚。
53.24		癸□：子夢，子于吉[爰]。
53.25		癸卜，貞：子耳鳴，亡害。
53.26		癸卜，貞：子耳鳴，亡害。
55.4		己[丑]：歲妣庚牝一，子往瀟禦。

59.1		辛未卜：子其亦条（遭），往田，若。用。
63.2		辛亥卜：子其以婦好入于㚔，子呼多禦正見（獻）于婦好，肇紤十，往䢅。
75.9		癸卜：子臣中。
75.1		戊卜：子作丁臣㳄，其作子艱。
75.2		戊卜：子作丁臣㳄，弗作子艱。
75.4		戊卜：子作丁。
75.5		戊卜：子作。
75.6		戊卜：叀五牢，卯伐妣庚，子禦。
75.8		癸卜：中□休，有畀子。
75.9		癸卜：子[臣]中。
80.1		癸卜：子告官于丁，其取田。
85.3		終小甲日，子呼狩。
87.1		丁巳卜：子益妠，若，侃。用。
87.2		庚申卜：子益商，日不雨。孚。
108.6		辛丑卜：𣆪壬，子其以□周于㚔。子曰：不其屮。孚。

113.1		子敗獲，畫。
113.2		子敗獲，弗畫。
113.3		子敗獲，弗畫。
113.4		子敗獲，弗畫。
113.23		己卜，貞：子亡不若。
114.1		丙卜：子其敭于歲禦事。
114.2		丙卜：子弜敭于歲禦事。
114.3		己卯卜，在[glyph]：子其入則，若。
122.1		丁□子亦唯侃于僕□丁婦。
123.3		辛酉卜：子其攺黑牝，唯徝往，不雨。用。妣庚□。
124.7		戊卜：子入二弓。
124.9		戊卜：子夢[glyph]，亡艱。
124.10		子夢[glyph]□。
124.11		子夢[glyph]，用牡告、又鬯妣庚。
125.1		丁卜：子令庚侑有母，呼求囟，索尹

	子人。子曰：不于戌，其于壬人。
130.1	己卯卜：子用我瑟，若，弜[屯（純）]敦用，侃。舞商。
149.3	己亥卜：子夢[人]見（獻）子戚，[亡]至艱。
149.6	庚戌卜：雨禦宜，曌壬子延彭（酒），若。用。
149.7	庚戌卜：子于辛亥告亞休，若。用。
149.8	辛亥卜：子告有口疾妣庚，亡㲋。
149.11	癸亥卜：子氣（迄）用丙吉弓射，若。
149.12	甲戌：歲祖甲牢、幽廌，祖甲侃子。用。
150.4	甲寅卜：丁侃于子學商。用。
157.1	己巳卜：子其告[䭾]既ㄠ丁，若。
157.11	辛巳卜：我[illegible]□丁改。用。
163.1	庚午卜，在[illegible]：禦子齒于妣庚，㲋牢，勿（物）牝，白豕。用。
165.1	子有夢，唯□吉。
173.4	丙申卜：子其往[illegible]，改妣庚用羊。
173.5	丙申卜：子往[illegible]，歲妣庚羊一。在[illegible]。

173.6	丙申卜：子其往于𠂤，侃。用。
176.1	丁丑卜：子禦于妣甲，𠕋牛一，又鬯一，亡災，入商彭（酒）。在麗。
176.2	丁丑卜：子禦妣甲，𠕋牛一，鬯一。用。
180.1	甲子：丁[各]，子爯□。
180.4	乙丑卜：子弜𦎫（速）丁。用。
181.1	甲卜：子其延休，噔乙，若。
181.2	甲卜：子其延休，噔乙，若。
181.3	甲卜：子其往田。曰有求（咎），非槸（虞）。
181.5	甲卜：弜𢦏（待）。𢦏（待）祼，子其往田。
181.14	己卜：子其疫，弜往學。
181.19	庚卜：子心疾，亡延。
181.20	辛卜：其禦子馘于妣庚。
181.21	叀𠬝禦子馘妣庚。
181.22	辛卜：其禦子馘于妣己眔妣丁。
181.23	辛卜：子其舞𢍓，丁侃。

181.24	辛卜：禦子舞𡧊，𢼄一牛妣庚，𦔻牢，又鬯。
181.26	壬卜：子舞𡧊，亡言，丁侃。
181.27	壬卜：子舞𡧊，亡言，丁侃。

子貞

12	子貞。
70.5	子貞。
111	子貞。
125.2	子貞。
129	子貞。
131	子貞。
143.1	子貞。
143.2	子貞。
145	子貞。
164	子貞。
216	子貞。

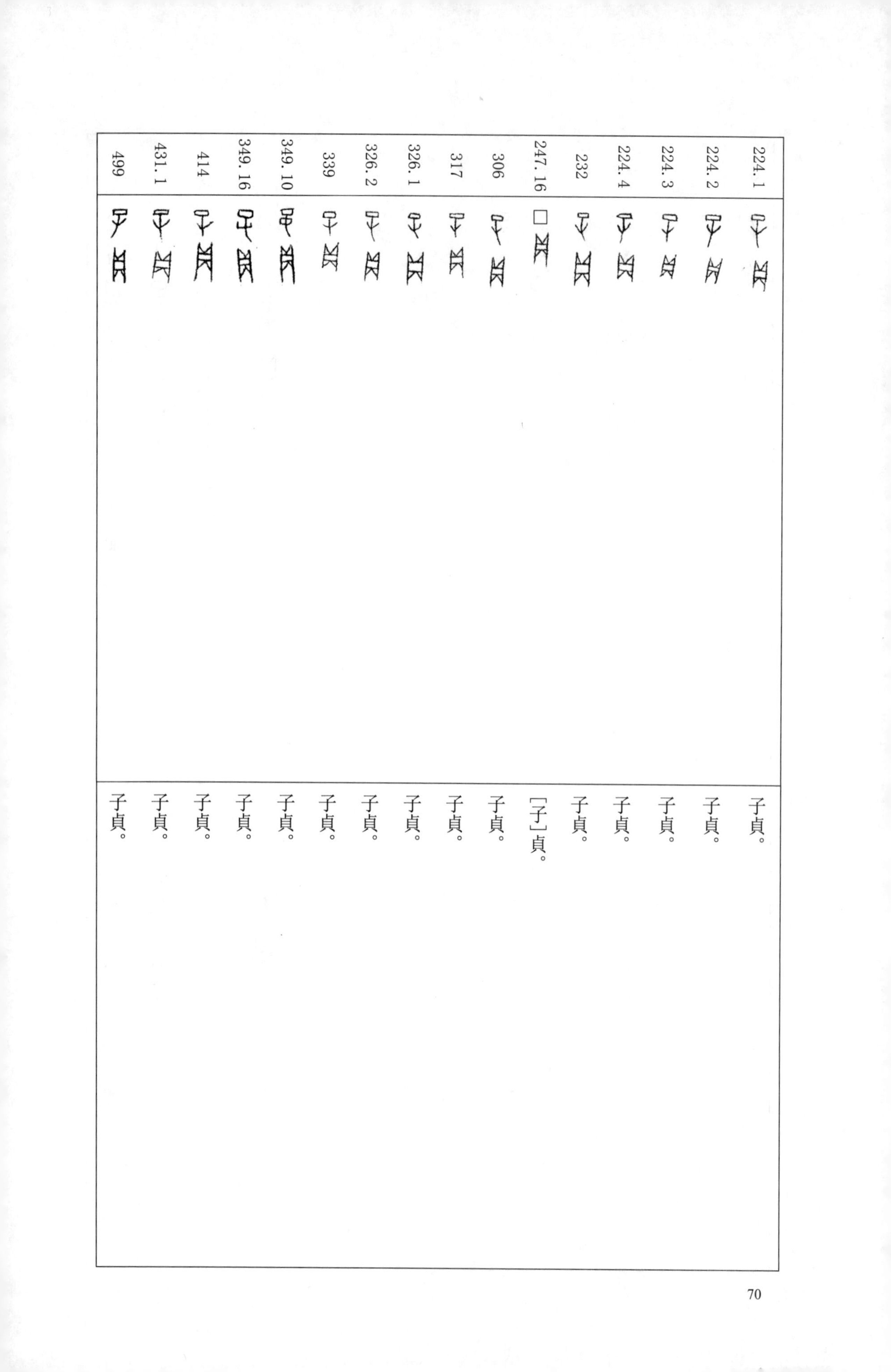

224.1		子貞。
224.2		子貞。
224.3		子貞。
224.4		子貞。
232		子貞。
247.16	□	[子]貞。
306		子貞。
317		子貞。
326.1		子貞。
326.2		子貞。
339		子貞。
349.10		子貞。
349.16		子貞。
414		子貞。
431.1		子貞。
499		子貞。

505.1	子貞：□豊亡至憂。
514	子貞。

子曰

5.12	□子曰婦好。
5.13	叀子曰婦。
5.14	叀子曰婦。
60.7	自賈馬其有死。子曰：其有死。
108.6	辛丑卜：㗊壬，子其以□周于㚔。子曰：不其𡿨。孚。
125.1	丁卜：子令庚侑有母，呼求凶，索尹子人。子曰：不于戊，其于壬人。
157.7	己卯卜，貞：䵹不死。子曰：其死。
267.2	庚子：歲妣庚，在㚔，牢。子曰：卜未子髟。
271.1	甲夕卜：日雨。子曰：其雨小。用。
475.9	辛亥卜：子曰：余丙𡍙（速）。丁命子曰：往眔婦

	好于曼麥。子𡆥（速）禦。
490.9	乙酉卜：入肉。子曰：舣卜。

子占曰

10.1	乙未卜：子宿在[illegible]，終夕□圭自□。子占曰：不[擒]。
10.2	乙未卜，在[illegible]：丙[不雨]。子占曰：不其雨。孚。
14.7	遘阤鹿。子占曰：其遘。
50.4	乙未卜：子其[往]田，叀豕求，遘。子占曰：其遘。不用。
59.3	壬申卜：不允水。子占曰：不其水。
61.1	癸卯卜，亞奠貞，子占曰：舣用。
61.2	癸卯卜，亞奠貞，子占曰：終卜用。
103.2	丁卯卜：雨其至于夕。子占曰：其至，亡嘐戊。用。
103.4	己巳卜：雨其延。子占曰：其延終日。用。
103.6	己巳卜，在[illegible]：其雨。子占曰：今夕其雨，若。己雨，

	其于暒庚亡司（嗣）。用。
103.5	己巳卜，在妖：庚不雨。子占曰：其雨，亡司（嗣）夕雨。用。
159.1	癸未卜：今月六日□于生月有至南。子占曰：其有至，圼月爰。
173.2	丙申卜：丁□暒。子占曰：其賓。孚。
173.3	丙申卜，子占曰：亦叀茲孚，亡賓。
220.1	丁丑：歲祖乙黑牝一，卯胴。子占曰：未（妹）其有至艱，其戊。用。
226.7	庚申：歲妣庚牡一。子占曰：面[illegible]自來多臣殿。
227	癸亥夕卜：日延雨。子占曰：其延雨。用。
234.3	辛未卜：擒。子占曰：其擒。用。三麑。
241.1	壬寅卜：子有擒。子占曰：其有擒。
241.11	辛亥卜，貞：戚羌有疾，不死。子占曰：羌其死唯今，其[illegible]〈又〉紋（瘳）亦唯今。
259.1	辛巳卜：新馳于以，舊在龎入。用。子占曰：

	奏艱。孚。
288.7	甲午卜：子𡨦（速），不其各。子占曰：不其各，呼饗。用。舌祖甲彡。
288.10	乙未卜：子其往于𣲦，獲。子占曰：其獲。用。獲三鹿。
288.12	己亥卜：毋往于田，其有事。子占曰：其有事。用。有宜。
295.3	辛酉卜：从曰昔斲，擒。子占曰：其擒。用。三鹿。
295.4	壬戌莫卜：擒。子占曰：其一鹿。用。
312.1	戊午卜：我人擒。子占曰：其擒。用。在䍐。
312.3	戊午卜，在䍐：子立于彔中𠂤。子占曰：企梠。
316.3	癸丑卜：翌日甲寅往田。子占曰：其往。用。从西。
336.1	甲寅卜：乙卯子其學商，丁侃。子占曰：其有𡆥艱。用。子臀。
352.2	壬辰：子夕呼多尹□𣲦南豕，弗遘。子占曰：弗其遘。用。

366.1		乙丑卜：㠯□宗，丁稽乙亥不出狩。
366.2		乙丑卜：丁弗稽乙亥其出。子占曰：庚、辛出。
369	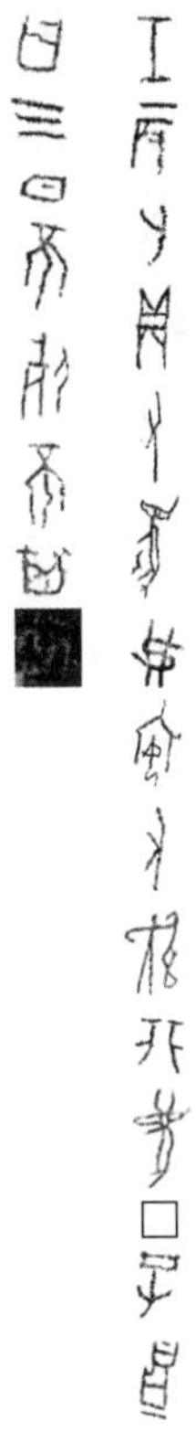	壬辰卜，貞：右馼弗安，有趀，非鷹□。子占曰：三日不死，不其死。
378.1	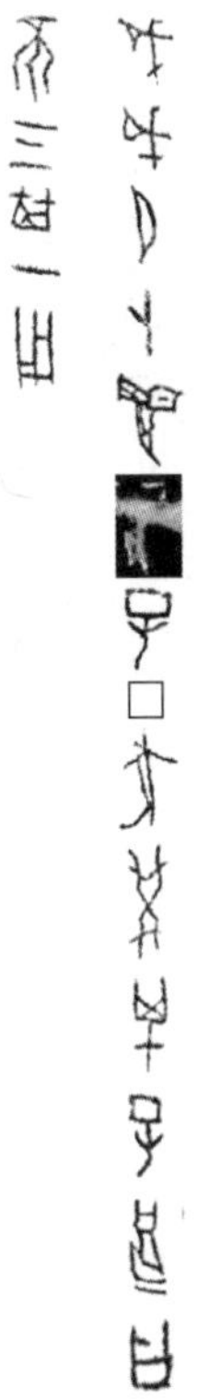	戊戌夕卜：㬎[己]，子[求]豕，遘，擒。子占曰：不三其一。用。
378.3		擒豕。子占曰：其擒。用。
380	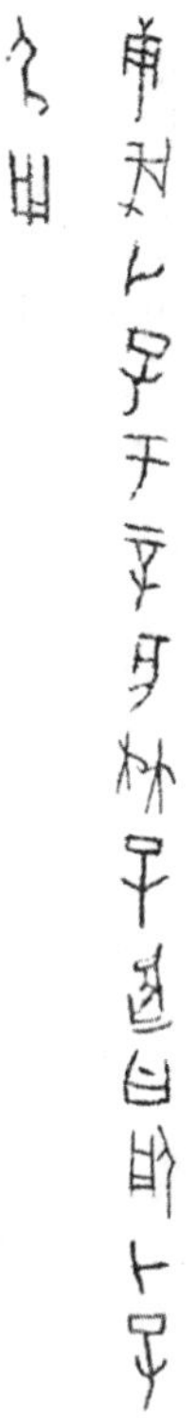	庚戌卜：子于辛亥祆。子占曰：舢卜。子臀。用。
381.1	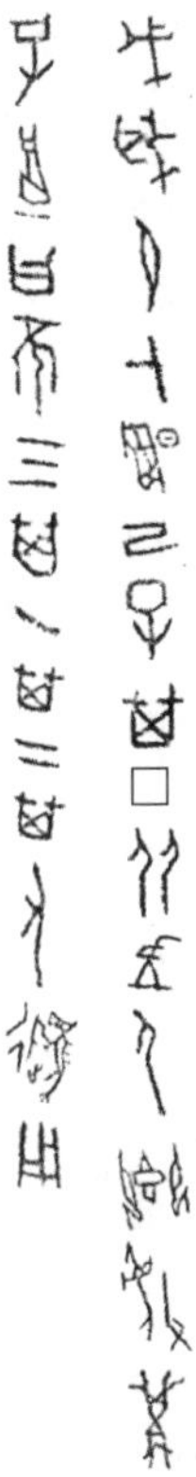	戊戌夕卜：㬎己，子其[逐]，从圭人躛（向）敝（虢），遘。子占曰：不三其一。其二，其有邁（奔馬）。用。
395.9		癸酉卜：子其擒。子占曰：其擒。用。四麑、六㲋。
400.2	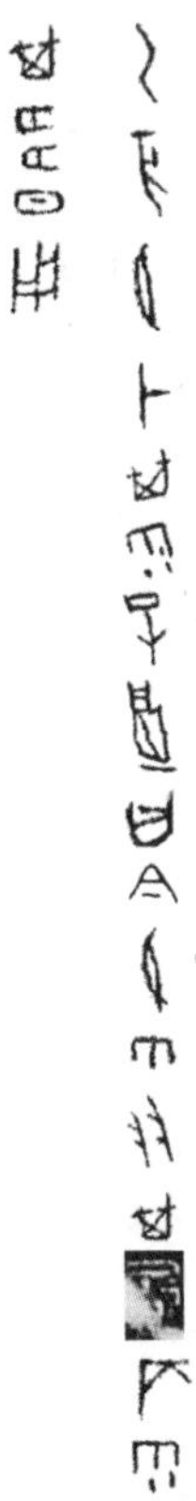	乙亥夕卜：其雨。子占曰：今夕雪，其于丙雨，其多日。用。
400.4		丁卜：[雨]其[延]于庚。子占曰：□。用。
487.2		甲寅卜：乙卯子其學商，丁侃。子占曰：有求（咎）。

	用。子臀。
498	癸卯卜，在粪：發以馬。子占曰：其以。用。

子祝

6.1	甲辰夕：歲祖乙黑牡一，叀子祝，若，祖乙侃。用。翌日舌。
7.1	丁酉：歲祖甲犯一、鬯一、在麗，子祝。
13.2	乙未：歲祖乙豭，子祝。在[illegible]。
13.4	叀子祝，歲祖乙豭。用。
13.6	乙巳：歲祖乙犯，子祝。在[illegible]。
13.7	乙巳：歲祖乙犯一，子祝。在[illegible]。
17.1	甲辰：歲祖甲一牢，子祝。
29.3	庚寅卜：叀子祝。不用。
67.1	乙亥夕：歲祖乙黑牝一，子祝。
67.2	乙亥夕：歲祖乙黑牝一，子祝。
76.1	乙卯：歲祖乙豰，叀子祝。用。

123.1	辛酉戾：歲妣庚黑牝一，子祝。
123.2	辛酉戾：歲妣庚黑牝一，子祝。
142.3	祝，于白一牛用，乂歲祖乙用，子祝。
142.4	祝，于二牢用，乂歲祖乙用，子祝。
142.5	乙亥：乂歲祖乙二牢、勿（物）牛、白豺、衩鬯一，子祝
161.1	辛未：歲祖乙黑牡一，衩（祐）鬯一，子祝。曰：毓（戚）祖非曰云兕正，祖唯曰彔𣪕不有釀（擾）。
161.2	乙亥夕：歲祖乙黑牡一，子祝。
171.2	乙巳：歲祖乙三豕，子祝，皀黍。在□。
175	辛酉戾：歲妣庚黑牝一，子祝。
179.2	甲辰卜：歲莧友祖甲彘，叀子祝。用。
214.5	戊寅卜：歲祖甲小宰，祖乙小宰，登自西祭，子祝。
215.3	庚辰：歲妣庚豭一，豣一，子祝。
252.1	乙亥：歲祖乙黑牡一，又羌一，又皀，子祝。
252.2	乙亥：歲祖乙黑牡一，又羌一，[又]皀，子祝。
264.1	乙巳：歲祖乙羌一，子祝。在[[illegible]]。

編號	甲骨文	釋文
265.10		辛未：歲妣庚小宰告，又肇卣，子祝，𠂤祭。
267.3		甲辰卜：叉（早）祭祖甲，叀子祝。
267.8		戊申卜：叀子祝。用。
267.9		戊申卜：叀子祝。用。
291.1		庚辰：歲妣庚小宰，子祝。在麗。
291.2		甲申：歲祖甲小宰，衩（祐）卣一，子祝。在麗。
319.1		乙丑：歲祖乙黑牡一，子祝，肩禦𡍮（徵）。在[illegible]。
319.2		乙丑：歲祖乙黑牡一，子祝，肩禦𡍮（徵）。在[illegible]。
330		甲子：歲祖甲[illegible]，子祝。在[illegible]。
350		甲辰夕：歲祖乙黑牡一，子祝，翌日𠯑。
354.4		甲申：歲祖甲小宰。衩（祐）卣一，子祝。在麗。
372.7		甲午卜：叀子祝。曰：非㝵（辛）唯疒（疾）。
392.1		辛未：歲祖乙黑牡，衩（祐）卣一，子祝。
428.2	□□	[丙戌]：歲祖甲羊一，歲祖乙𤘽一。在甘，子祝。
428.4	□□□	丙戌：[歲祖甲]𤘽，歲祖乙羊一。在甘，子祝。
451.2		庚午：歲妣庚黑牡又羊，子祝。

428.4	丙戌：[歲祖甲]𤘘，歲祖乙羊一。在甘，子祝。
451.2	庚午：歲妣庚黑牡又羊，子祝。
452	[庚]戌：歲妣庚犯一，子祝。在麓。
463.1	癸卯：歲祖乙犯一，祄（祐）鬯一。在麓，[子]祝。
481.2	乙亥：歲祖乙黑牡一，又犯一，叀子祝。用。又㞢。

子令

3.16	壬卜：子令。
75.3	戊卜：子令。
125.1	丁卜：子令庚侑有母，呼。求囟，索尹子人。子曰：不于戊，其于壬人。
181.28	壬卜：子令。
181.29	壬卜：子令。
183.3	丙卜：子令。
257.7	壬□，子令□。
268.11	甲卜：子令。

275.3	辛未卜：丁唯子令比伯或伐卲。
409.16	丁卜：子令。
409.17	丁卜：子令。
409.18	丁卜：子令，囟心。
409.19	丁卜：子令。
446.26	子令。
446.27	子令。
463.4	子令。

子炅

2.3	友貞：子炅。
2.4	友貞：子炅。
6.5	子炅貞。
55.1	丁亥卜：子炅。
55.2	丁亥卜：子炅。
75.7	己卜：子炅。

80.2		甲卜：子叏。
122.2		子叏貞：其有艱。
152		友貞：子叏。
183.10		壬卜：子叏。
218.2		丙辰卜：子叏其匄黍于婦，若，侃。用。
235.1		庚卜：子叏。
247.4		甲寅卜：子叏。
247.14		丁亥卜：子叏其往，亡災。
337.2		己卜：子叏。
337.4		庚卜：子叏。
379.2		丙辰卜：子叏：丁往于黍。
384.3		壬卜：子叏。
384.4		壬卜：子叏。
416.13		庚子卜：子叏。
419.1		戊卜：子叏。
455.3		乙丑卜：我人甾友子叏。

455.4	子炅南。
469.6	庚卜：子炅。
474.1	甲子卜：子炅。
478	乙卯卜：其禦大于癸子，冊䝘一，又鬯。用。有疾子炅。
492	壬寅卜，子炅：子其屰𡆥于婦，若。用。
560	庚卜：子炅。

子興

28.6	戊卜：六〈今〉其彡（酒）子興妣庚，告于丁。用。
28.7	戊卜：戠（待），弜彡（酒）子興妣庚。
39.18	己卜：其彡（酒）子興妣庚。
53.18	己卜：叀丁作子興，尋丁。
53.19	己卜：叀子興往妣庚。
181.31	壬卜：叀子興往于子癸。
183.5	丙舌子興。

409.11	丙卜：叀子興往于妣丁。
409.13	丙卜：叀子興往于妣丁。
409.20	己卜：叀丁作子興，尋丁。
409.24	己卜：叀子興往妣庚。

子戠

3.8	庚卜：五日子戠絞（瘳）。
3.9	庚卜：弜禦子戠，絞（瘳）。
181.20	辛卜：其禦子戠于妣庚。
181.21	叀𠬝禦子戠妣庚。
181.22	辛卜：其禦子戠于妣己眔妣丁。
273.1	于母由㚔子戠[illegible]。
273.2	子戠[illegible]，其㚔妣己眔妣丁。
409.1	[丙]卜：其禦子戠[于]妣庚。
409.3	丙卜：叀羊又卤禦子戠于子癸。
409.4	丙卜：叀牛又卤禦子戠于子癸。

409.5	丙卜：其禦子馘妣丁牛。
409.7	丙卜：弜禦子馘。
409.8	丙卜：叀小宰又𠬝妾禦子馘妣丁。
409.2	丙卜：其禦子馘于子癸。
409.15	丙卜：叀五羊又鬯禦子馘于子癸。
409.6	丙卜：其禦子馘妣丁牛。
409.22	己卜：至禦子馘𦍩妣庚。
409.23	己卜：叀三牛禦子馘妣庚。
409.25	己卜：又鬯又五置禦子馘妣庚。
409.27	己卜：叀𠬝臣又妾禦子馘妣庚。

子雍

237.12	庚寅：歲祖甲牝一，子雍見（獻）。
237.13	庚寅：歲祖[甲]牝一，子雍見（獻）。

子陞

33	子陸貞。

子利

275.1	己巳卜，貞：子利女不死。
370.1	辛未卜：子往[𨚕]，子利［作］子□叀覃。
416.14	庚子卜：子利其[有]至艱。
449.4	癸酉卜，貞：子利爵祖乙，辛亡艱。

子畫

288.5	戊子卜：其呼子畫匄[馬]，不死。用。
416.2	己丑卜：子畫示。
449.3	貞：子畫爵祖乙，庚亡艱。
493.1	戊子卜：叀子畫呼匄馬。用。

子戠

294.2	壬子卜：子戠弜告𡚸既𠬝于[丁]，若。

305.2	甲子卜：子哉弜舞。用。

子臀

150.3	甲寅卜：乙卯子其學商，丁侃，用。子臀。
209	庚申[卜：歲]妣庚牝一，子臀禦往。
336.1	甲寅卜：乙卯子其學商，丁侃。子占曰：其有呈艱。用。子臀。
336.2	丙辰：歲妣己豼一，告子臀。
336.4	丙辰：歲妣己豼一，告子臀。
336.3	丙辰卜：于妣己禦子臀。用。
487.2	甲寅卜：乙卯子其學商，丁侃。子占曰：有求（咎）。用。子臀。

孜

11.1	孜乃弜往[又祉，若。用]。
116	孜弜肽。

137.4	羌入，孜乃叀入炏。用。
377.1	新滥（鑊）乃孜。
458	孜乃先叙姘，迺入炏。用。
473.2	孜乃弜往又祉，若。用。

孟

294.5	甲寅卜：子屰卜母孟于婦好，若。

目

59.2	壬申卜：目喪火言曰：其水。允其水。
214.3	癸酉：歲子癸豼，壴（徵）目禦。
226.8	庚申：禦壴（徵）目癸子，冊伐一人，卯宰。
446.12	丙卜：五日子目既疾。
446.13	丙卜：三日子目[既疾]。
446.14	子弗艱目疾。
505.4	□貞：目𢦏，亡其又甘。

		罘
26.6		甲申卜：子叀豕殁罘魚見（獻）丁。用。
178.1		庚子卜：子⿰革尊（䵼），叀⿱吕廾罘良（琅）肇。用。
178.2		庚子卜：子⿰革尊（䵼），叀⿱吕廾罘良（琅）肇。用。
178.3		庚子卜：子⿰革尊（䵼），叀⿱吕廾罘良（琅）肇。用。
180.2		甲子卜：乙，子肇丁璧罘戚。
180.3		叀黄璧罘□。
181.22		辛卜：其禦子馘于妣己罘妣丁。
203.11		丙卜：叀子□圭用罘聯爯丁。用。
226.9		辛酉：宜䵼牝罘𡎐（徵）𤘘，昃故。
226.10		辛酉：宜䵼牝罘𡎐（徵）𤘘。
264.4		己未卜，在□：子其呼射告罘我南征，唯矢（昃）若。
264.5		弜呼罘[南]，于若。
273.2		子馘□，其𡆥妣己罘妣丁。
273.3		其禦子馘妣己罘妣丁。

275.10		呼多賈眔辟，丁侃。
288.4		[戊]子卜：廼□眔壴（徵）。
314.2		乙亥卜：叀賈視眔比。用。
324.2		己亥卜：弜巳[馭]眔䍃黑。
370.2		丁丑卜：其□合發眔㓞。
370.3		丁丑卜：弜合［發］眔[㓞]
372.4		丙戌卜：子叀辛瑟用子眔。
391.7		庚辰卜：叀賈視眔比。用。
391.9		叀乃馬眔賈視。用。
467.6		庚子卜：在[我]：祖□其眔䍃鳫。
474.6		子叀㹜田，言妣庚眔一宰，彭（酒）于㹜。用。
475.5		庚戌卜：子叀發呼見（獻）丁，眔大亦燕。用。昃。
475.9		辛亥卜：子曰：余丙䡍（速）。丁命子曰：往眔婦好于曼麥。子䡍（速）。禦。
		視

7.6	丁未卜：新馬其于贾視，右用。
7.7	丁未卜：新馬于贾視，右不用。
29.1	丙寅卜：其禦，唯賈視馬于癸子，叀一伐、一牛、一鬯，冊夢。用。
81.5	丙子卜：或駜于賈視。
168.2	其右麴于賈視。
183.1	丙卜：丁來視子舞。
259.2	辛巳卜：子叀賈視用逐。用。獲一鹿。
286.7	壬卜：子有求（咎），曰：視剢（絕）官。
289.6	丙寅：其禦，唯賈視馬于癸子，叀一伐、一牛、一鬯，冊夢。用。
314.2	乙亥卜：叀賈視罘比。用。
352.3	于賈視。
352.4	于賈視。
367.2	癸亥卜：新馬于賈視。
367.3	于賈視。

367.6		賈視，子用右。
367.7		賈視，子用右。
384.2		壬卜：子有求（咎），曰：視丁官。
391.7		庚辰卜：叀賈視眔比。用。
391.9		叀乃馬眔賈視。用。
		見
26.5		甲申卜：子其見（獻）[婦好]□。
26.6		甲申卜：子叀豕殁眔魚見（獻）丁。用。
37.3		己卯卜：子見（獻）晌以戚丁。用。
37.4		以一鬯見（獻）丁。用。
37.21		壬子卜：子以婦好入于呔，子呼多賈見（獻）于婦好，肇紤八。
37.22		壬子卜：子以婦好入于呔，子呼多禦正見（獻）于婦好，肇紤十，往𨐨。
63.2		辛亥卜：子其以婦好入于呔，子呼多禦正見（獻）于

		婦好，肇紤十，往𡐓。
92.2		甲卜：呼多臣見（獻）𥆧丁。用。
102.3		乙卜，貞：二卜有求（咎），唯見，今有心𢾖亡憂。
193		乙亥：子叀白圭爯用，唯子[見（獻）]。
195.2		辛亥卜：呼㞢（徵）面見（獻）于婦好。在𡖊。用。
226.1		万家見（獻）。
237.12		庚寅：歲祖甲牝一，子雍見（獻）。
237.13		庚寅：歲祖[甲]牝一，子雍見（獻）。
249.15		甲卜，在𩫨：皆見（獻）𢀛于丁。
249.17		□見（獻）丁，妣庚□。
249.19		甲卜，在𩫨：賈并□子□見（獻）丁。
249.20		甲卜，在𩫨：𢀛見（獻）于丁。
255.6		乙亥卜：弜呼多賈見（獻）。用。
275.9		乙亥卜：其呼多賈見（獻），丁侃。
290.10		乙未卜：呼㞢（徵）燕見（獻）。用。
372.10		[叀婦]子母□[呼]見（獻）用。

451.3	戊寅卜：自[illegible]帶其見（獻）于婦好。用。
453.2	甲卜：呼多臣見（獻）瞪于丁。用。
454.1	庚戌卜：子呼多臣燕見（獻）。用。不率。
475.5	庚戌卜：子叀發呼見（獻）丁，眔大亦燕。用。昃。
490.1	己卯：子見（獻）晌以璧、戚于丁。用。
490.2	己卯：子見（獻）晌以圭眔冒、璧丁。用。
490.3	己卯：子見（獻）晌以圭于丁。用。
490.4	己卯：子見（獻）晌以戚丁，侃。用。
502.6	□見（獻）。

貪

374.2	貪□。

莧

179.2	甲辰卜：歲莧友祖甲彘，叀子祝。用。
338.1	甲辰：歲莧祖甲，又友。用。

出处	释文
338.2	甲辰：歲祖甲莧一，友[㒹]。
338.3	甲辰：歲祖甲莧一，友㒹。

媚

出处	释文
290.12	乙未卜：子其使䍜（徵）往西哭子媚，若。

哭

出处	释文
290.12	乙未卜：子其使䍜（徵）往西哭子媚，若。

臣

出处	释文
75.1	戊卜：子作丁臣疕，其作子艱。
75.2	戊卜：子作丁臣疕，弗作子艱。
75.9	癸卜：子臣中。
215.2	甲戌卜，貞：羌弗死子臣。
247.7	乙丑卜：叡弔子弗臣。
257.18	辛卜：子其有肈臣自□。

编号	释文
257.20	辛卜，丁曰：其肈子臣。允。
257.21	辛卜：子其有□臣自□寮。
290.1	辛卯卜，贞：婦母有言，子从𡈼（徵），不从子臣。
409.27	己卜：叀㞢臣又妾禦子馘妣庚。
410.1	壬卜，在麓：丁畀子圍臣。
410.2	壬卜，在麓：丁曰：余其肈子臣。允。
517.2	丯臣令□。

[illegible]

编号	释文
113.1	子𢼄獲，[illegible]。
113.2	子𢼄獲，弗[illegible]。
113.3	子𢼄獲，弗[illegible]。
113.4	子𢼄獲，弗[illegible]。
409.28	壬卜：子其屰[illegible]丁。

		## ⿱㗊王
289.1		叀⿱丷王□又⿱㗊王，若。
		## ⿰臣⿱巛臣
416.1		己丑卜：⿰臣⿱巛臣畫友卲□□畫□子弜示，若。
		## 耳鳴
39.21		庚卜：弜⿱㸚幸，子耳鳴，亡小艱。
53.25		癸卜，貞：子耳鳴，亡害。
53.26		癸卜，貞：子耳鳴，亡害。
275.5		癸酉卜：子耳鳴，唯癸子害。
450.1		壬戌卜，在□利：子耳鳴，唯有䌹，亡至艱。
501.1		丁卜：子耳鳴，亡害。
		## 取

39.17	戊卜：子其取吴于夙，丁弗作。
80.1	癸卜：子告官于丁，其取田。
286.6	壬卜：子有求（咎），曰：取紤曼。
321.3	丙辰卜：妫有取，弗死。
416.10	壬辰卜：子呼射發復取有車，若。
416.11	癸巳卜：子叀大命，呼比發取有車，若。
437.1	庚申卜：弜取在㚤紤，延。
437.2	庚申卜：取在㚤紤，弜延。

聯

203.11	丙卜：叀子□圭用眔聯爯丁。用。
480.1	丙寅卜：丁卯子勞丁，爯黹圭一聯九。在□。來狩自斝。
475.4	乙巳卜：有圭，叀之畀丁，聯五。用。

聞

38.5		壬卜：丁聞子呼[視]戎，弗作槸（虞）。
		自
4.1		甲寅：歲祖甲白豼一，衩（祐）鬯一，𡧊自西祭。
4.4		乙卯：歲祖乙白豼一，𡧊自西祭，祖甲延。
7.2		叀一羊于二祖用，入自麗。
10.1		乙未卜：子宿在□，終夕□圭自□。子占曰：
		不[擒]。
26.1		自賈[气]。
48		癸亥：歲子癸羌一，𡧊自丁黍。
53.4		戊卜：冊妣庚，在引自𠬪。
53.5		戊卜：冊妣庚，在引自𠬪。
60.3		乙丑：自賈馬有剢。
60.7		自賈馬其有死。子曰：其有死。
63.1		自賈气（乞）。
113.24B		入自丙弓。

149.4		丁未卜：其禦自祖甲、祖乙至妣庚𠕋二牢，興。用。
149.5		于麥（來）自伐廼改牝于祖甲。用。
162.4		己卜：自又二祖禦雨。
170.3		甲寅：歲祖甲白豭一，衩（祐）鬯一，皀自西祭。
170.4		甲寅：歲祖甲白豭一。
196.4		己酉：歲祖甲豼一，歲[祖乙]豼一，入自𦉫。
196.6		庚戌：歲妣庚豼一，入自𦉫。
214.5		戊寅卜：歲祖甲小宰，祖乙小宰，登自西祭，子祝。
226.7		庚申：歲妣庚牡一。子占曰：面▇自來多臣𣪊。
255.2		甲寅卜：弜言來自西，祖乙口又伐。
257.18		辛卜：子其有肇臣自□。
257.21		辛卜：子其有□臣自□尞。
290.6		出自三旬廼至。
294.8		乙卯卜：歲祖乙牢，子其自，弜𩁹（速）。用。
355.4		丙午卜：其入自西祭若，于妣己酉（酒）。用。
363.3		辛卜：歲祖□豼，登自丁[黍]。在𠬪，祖甲[延]。

416.4	庚寅：歲妣庚小宰，登自丁黍。
416.5	庚寅：歲妣庚小宰，登自丁黍。
428.5	庚戌：歲妣庚豝一，入自麗。
449.1	辛未卜：伯或爯冊，唯丁自征卲。
451.3	戊寅卜：自𤕫帶其見（獻）于婦好。用。
480.1	丙寅卜：丁卯子勞丁，爯黹圭一聯九。在𠈃。來狩自斝。
480.3	癸酉，子炅在𠂤：子呼大子禦丁宜，丁丑王入。用。來狩自斝。
480.6	丙子：歲祖甲一牢，歲祖乙一牢，歲妣庚一牢。在剢（絕），來自斝。
490.10	庚戌：歲妣庚豝一，入自麗。
491	庚午：酢（酒）革妣庚二小宰，衩（祐）𠂤一。在𣏟，來自狩。
516	卜：丁卯自賈。
525	□，自賈馬□。

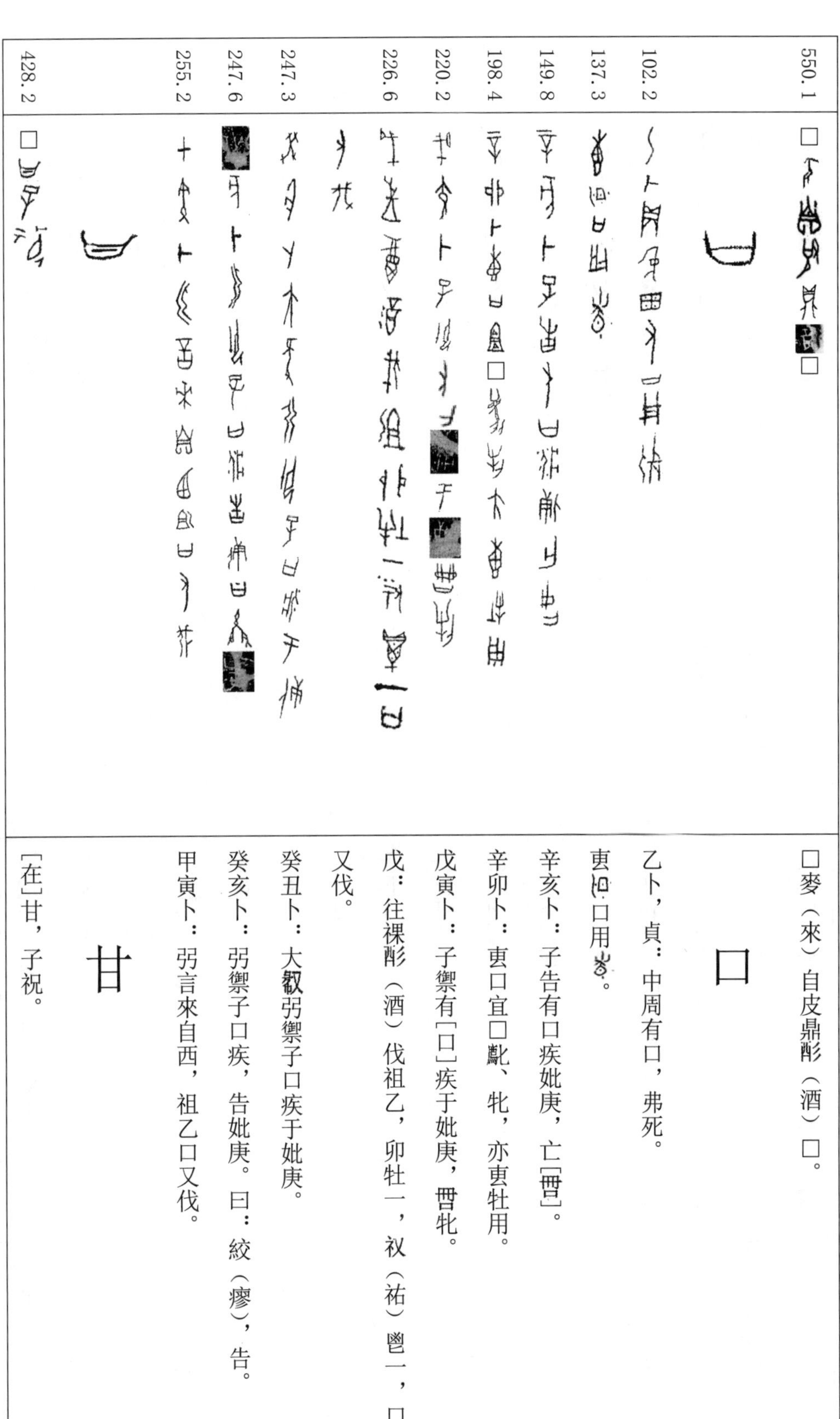

550.1 □麥（來）自皮鼎彰（酒）□。

口

102.2 乙卜，貞：中周有口，弗死。

137.3 叀𢀛口用𡆥。

149.8 辛亥卜：子告有口疾妣庚，亡[曹]。

198.4 辛卯卜：叀口宜□戲、牝，亦叀牡用。

220.2 戊寅卜：子禦有[口]疾于妣庚，曹牝。

226.6 戊：往裸彰（酒）伐祖乙，卯牡一，衩（祐）鬯一，口又伐。

247.3 癸丑卜：大叡弜禦子口疾于妣庚。

247.6 癸亥卜：弜禦子口疾，告妣庚。曰：絞（瘳），告。

255.2 甲寅卜：弜言來自西，祖乙口又伐。

甘

428.2 [在]甘，子祝。

號	釋文
428.4	丙戌：[歲祖甲]𤘘，歲祖乙羊一。在甘，子祝。
505.4	□貞：目[illegible]，亡其又甘。

曰

號	釋文
5.4	叀配使曰婦□。
5.10	乙亥卜：婦好有事，子唯㚤，于丁曰婦好。
5.11	□今日曰婦好。
5.12	□子曰婦好。
5.13	叀子曰婦。
5.14	叀子曰婦。
5.15	丙子卜，在[illegible]曰：其奏。
53.1	丙卜：子其往呂。曰有求（咎）。曰往呂。
59.2	壬申卜：目喪火言曰：其水，允其水。
59.3	壬申卜：不允水。子占曰：不其水。
161.1	辛未：歲祖乙黑牡一，衩（祐）鬯一，子祝。曰：毓（戚）祖非曰云兕正，祖唯曰彔畎不又醆（擾）。

181.3	甲卜：子其往田。曰有求（咎），非𣞤（虞）。
220.1	丁丑：歲祖乙黑牝一，卯胴。子占曰：未（妹）其有至艱，其戊。用。
220.6	甲申卜：叀[配]呼曰婦好告伯屯。用。
226.7	庚申：歲妣庚牡一。子占曰：面□自來多臣殿。
227	癸亥夕卜：日延雨。子占曰：其延雨。用。
234.3	辛未卜：擒。子占曰：其擒。用。三麑。
241.1	壬寅卜：子有擒。子占曰：其有擒。
241.11	辛亥卜，貞：戚羌有疾，不死。子占曰：羌其死唯今，其□<又>絞（瘳）亦唯今。
247.6	[癸]亥卜：弜禦子口疾，告妣庚。曰：絞（瘳），[告]。
249.23	[戊]卜：子其往曼。曰：有求（咎），[非]𣞤（虞）。
252.3	丁丑卜：其彈于□，叀入人，若。用。子占曰：毋有孚，雨。
257.20	辛卜，丁曰：其肇子臣。允。
267.2	庚子：歲妣庚，在𣌭，牢。子曰：卜未子彭。

编号	甲骨文	释文
271.1		甲夕卜：日雨。子曰：其雨小。用。
286.5		壬卜：子有求（咎），曰：□贾。
286.6		壬卜：子有求（咎），曰：取紤曼。
286.7		壬卜：子有求（咎），曰：視剢（絕）官。
286.8		壬卜：子有求（咎），曰：往䙴。
288.7		甲午卜：子𨒅（速），不其各。子占曰：不其各，呼饗。用。舌祖甲彡。
288.10		乙未卜：子其往于𨸏，獲。子占曰：其獲。用。獲三鹿。
288.12		己亥卜：毋往于田，其有事。子占曰：其有事。用。有宜。
294.1		壬子卜：子其告䖵既𡆥丁。子曾告曰：丁族𡰥（𡰥）䝨宅，子其作丁雝（宫）于䖵。
295.3		辛酉卜：从曰昔斮，擒。子占曰：其擒。用。三鹿。
295.4		壬戌莫卜：擒。子占曰：其一鹿。用。
331.1		辛卜：婦母曰子。丁曰：子其有疾。允其有。

编号	释文
351.5	戊子卜，在𦤎，𡈼言曰：翌日其于舊官宜。允其。用。
372.7	甲午卜：叀子祝。曰：非另（辛）唯疾。
375.1	戊卜，在麗，駜有肻，曰[illegible]。
384.1	壬卜：子有求（咎），曰：[往]兮[皀]。
384.2	壬卜：子有求（咎），曰：視丁官。
400.2	乙亥夕卜：其雨。子占曰：今夕雪，其[于]丙雨，其多日。用。
401.13	丙卜：子其往㝉。曰：有[求（咎）]，非㯿（虞）。
410.2	壬卜，在麗，丁曰：余其肈子臣。允。
475.8	辛亥卜，丁曰：余不其往。毋𨍭（速）。
475.9	辛亥卜，子曰：余丙𨍭（速）。丁命子曰：往眔婦好于曼麥。子𨍭（速）禦。

告

编号	释文
3.1	丙卜：𡚬有由女，子其告于婦好，若。

编号	甲骨文	释文
5.16		癸巳卜：子夢㝵弁告，非艱。
24.4		□[告]□。
26.7		丙：歲妣庚牡，衩（祐）皀，告夢。
26.8		丙：歲妣庚牡，衩（祐）皀，[告]夢。
28.8		戊卜：子其告于□。
80.1		癸卜：子告官于丁，其取田。
85.5		歲二羊于庚，告發來。
124.11		子夢[illegible]，用牡告又皀妣庚。
149.7		庚戌卜：子于辛亥告亞休，若。用。
149.8		辛亥卜：子告有口疾妣庚，亡[𣄰]。
157.1		己巳卜：[子]其告[肽]既䜌丁，若。
157.2		戠（待），弜告。
211.1		辛巳：子其告行于婦，弜以。
211.2		弜告行于丁。
220.6		甲申卜：叀[配]呼曰婦好告伯屯（純）。用。
236.4		彰（酒）伐兄丁告妣庚，又祼。

编号	释文
236.5	酌（酒）伐兄丁告妣庚，又歲。
236.6	酌（酒）伐兄丁告𢼄一牛妣庚。
237.14	弜告丁，肉弜入丁。用。
247.6	[癸]亥卜：弜禦子口疾，告妣庚。曰：絞（瘳），[告]。
247.10	乙丑卜：呼畫告子，弗艱。
249.6	己卜：弜告季于[今]日。
249.7	己卜：弜告季今日[歸]。
249.13	己卜：其告季于丁，侃。
249.14	己卜：其[告]季于丁，侃。
249.23	[戊]卜：子其往曼。曰：有求（咎），[非]槸（虞）。
257.3	□卜：□告戍禦□于𠂤𠂤。
257.8	□告□。
257.12	庚卜：丁入告。
260	[戊]戌：叀亞[奠]戠（待），弜告。
264.4	己未卜，在𠂤：子其呼射告眔我南征，唯矢（昃）若。

265.10		辛未：歲妣庚小宰告，又肇[鬯]，子祝，[㠯]祭。
286.9		壬卜：其尞妣庚，于茲束告，有彔，亡延[illegible]。
286.30		壬卜：婦好告子于丁，弗可。
286.31		癸卜：子其告人亡由于丁，亡以。
293.3		辛未卜：子其告舞。用。
293.4		辛未卜：子弜告奏。不用。
294.1		壬子卜：子其告肰既[illegible]丁。子曾告曰：丁族盜（㞢）[illegible]宅，子其作丁雝（宫）于肰。
294.2		壬子卜：子戠（待）弜告肰既[illegible]于[丁]，若。
294.3		壬子卜：子寢于肰，弜告于丁。
296.4		癸卯卜：子弜告婦好，若。用。
296.5		癸卯卜：弜告婦好。用。
314.5		丙子卜：子夢，祼告妣庚。用。
336.2		丙辰：歲妣己豝一，告子臀。
336.4		丙辰：歲妣己豝一，告子臀。
352.6		丙申夕卜：子有鬼夢，祼告于妣庚。用。

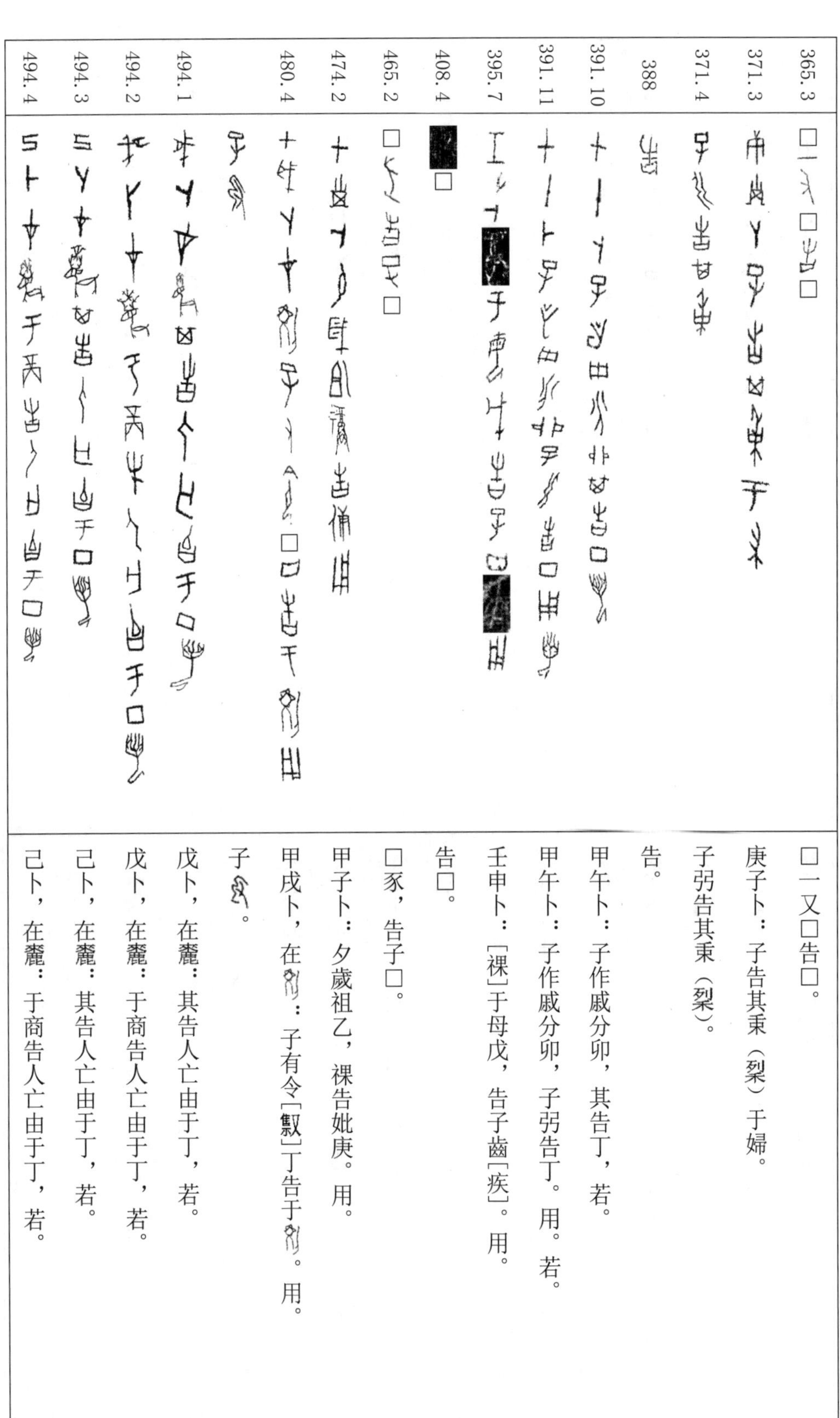

365.3	□一又□告□。
371.3	庚子卜：子告其秉（梨）于婦。
371.4	子弜告其秉（梨）。
388	告。
391.10	甲午卜：子作戚分卯，其告丁，若。
391.11	甲午卜：子作戚分卯，子弜告丁。用。若。
395.7	壬申卜：[祼]于母戊，告子齒[疾]。用。
408.4	告□。
465.2	□豖，告子□。
474.2	甲子卜：夕歲祖乙，祼告妣庚。用。
480.4	甲戌卜，在䣄：子有令[䵼]丁告于䣄。用。
	子𡧊。
494.1	戊卜，在麄：其告人亡由于丁，若。
494.2	戊卜，在麄：于商告人亡由于丁，若。
494.3	己卜，在麄：其告人亡由于丁，若。
494.4	己卜，在麄：于商告人亡由于丁，若。

言

59.2	壬申卜：目喪火言曰：其水，允其水。
181.26	壬卜：子舞权，亡言，丁侃。
181.27	壬卜：子舞权，亡言，丁侃。
183.5	丙言子興。
234.1	丙寅夕卜：子有言在宗，唯侃。
255.2	甲寅卜：弜言來自西，祖乙口又伐。
285.3	子延[illegible]言，不若。
285.4	勿言利。
290.1	辛卯卜，貞：婦母有言，子从䇂（徵），不从子臣。
351.5	戊子卜，在[illegible]：[illegible]言曰：翌日其于舊官宜。允其。用。
474.6	子叀𫳅田，言妣庚眔一宰，彡（酒）于𫳅。用。
490.6	庚辰：子祼妣庚，有言妣庚，若。

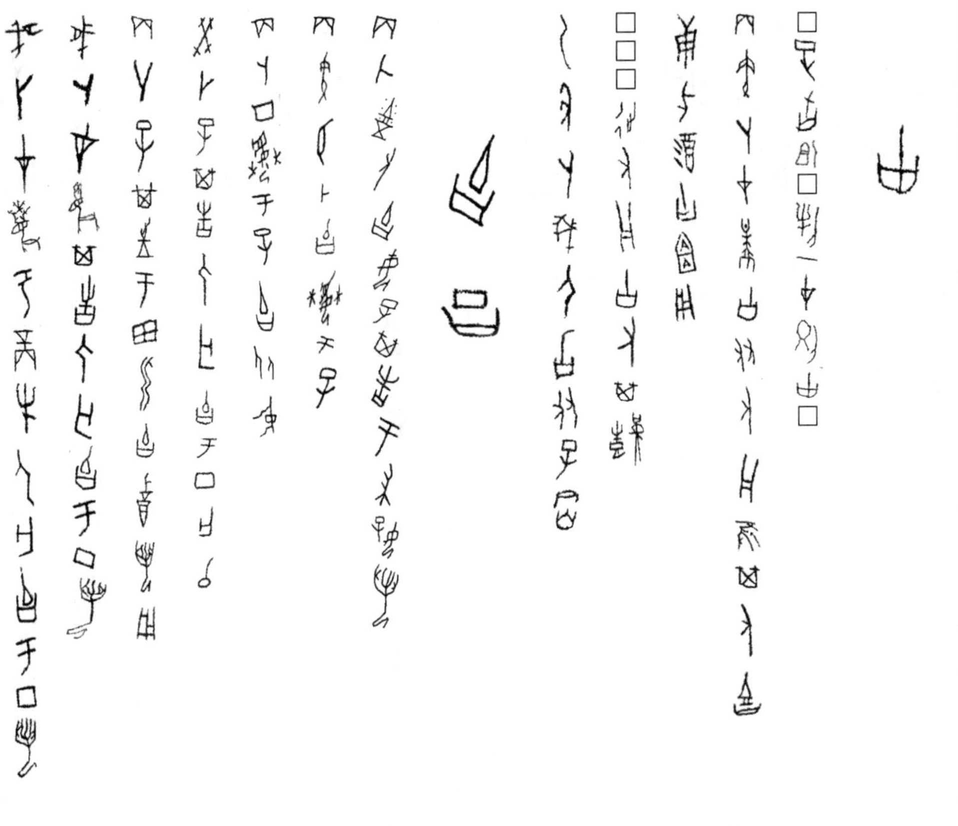

甾

171.1	□巳：舌祖乙□牝一。在[illegible]，甾□。
300.1	丙寅卜，在[illegible]：甾友有同，唯其有吉。
394.3	庚申：彭（酒）甾宜。用。
455.2	[乙丑卜]：延有同，甾又其艱。
455.3	乙丑卜：我人甾友子炅。

由

3.1	丙卜：娄有由女，子其告于婦好，若。
9.3	丙寅夕卜：由𣞤（虞）于子。
28.5	丙卜：丁𣞤（虞）于子，由从中。
286.31	癸卜：子其告人亡由于丁，亡以。
289.4	丙卜：子其往于田，弜由[illegible]，若。用。
494.1	戊卜，在䴡：其告人亡由于丁，若。
494.2	戊卜，在䴡：于商告人亡由于丁，若。

494.3	己卜，在龕：其告人亡由于丁，若。
494.4	己卜，在龕：于商告人亡由于丁，若。
273.1	于母由㚔子蔵䨲。

合

370.2	丁丑卜：其□合發眔㪤。
370.3	丁丑卜：弜合［發］眔［㪤］。
370.4	丁丑卜：弜合□。

舌

221.5	舌□。
375.1	戊卜，在龕，駜有舌，曰□。

异

178.2	庚子卜：子𩍂（鬻），叀异眔良（琅）肇。用。
178.3	庚子卜：子𩍂（鬻），叀异眔良（琅）肇。用。

[illegible]

490.2	己卯：子見（獻）晌以圭眔[illegible]璧丁。用。

[illegible]

439.4	大庚[illegible]于夕，其。

革

474.4	己巳卜：子裸告，其束革于妣庚。
474.5	率彭（酒）革。不用。
491	庚午：彭（酒）革妣庚二小宰，衩（祐）鬯一。在𠫑，來自狩。

齒

28.1	丙卜：唯亞奠作子齒。
28.2	丙卜：唯小臣作子齒。

28.3	丙卜：唯婦好作子齒。
28.4	丙卜：丁𣞤（虞）于子，唯亲齒。
132.2	辛亥：歲妣庚廌牝一，齒禦歸。
132.3	辛亥：歲妣庚廌牝一，齒禦歸。
163.1	庚午卜，在[illegible]：禦子齒于妣庚，[𠕋]牢，勿（物）牝，白豕。用。
163.2	□又齒于妣庚，𠕋牢，勿（物）牝，白豕至豼一。用。
284.3	戊卜：侯奠其作子齒。
284.4	戊卜：侯奠不作子齒。
395.7	壬申卜：祼于母戊，告子齒[疾]。用。

心

102.3	乙卜，貞：二卜有求（咎），唯見，今有心敫，亡憂。
181.19	庚卜：子心疾，亡延。
401.12	丙卜：丁呼多臣復，囟非心、于不若，唯吉，呼行。

409.18	丁卜：子令，囟心。
416.7	壬辰卜：子心不吉，侃。
446.3	甲卜：子有心，攺妣庚。
	止
11.3	狩，叀新止。用。
	步
262.1	毋其步。
262.2	癸卜：丁步今戌。卲月，在𣏟。
	涉
28.10	辛卜：丁不涉。
28.11	辛卜：丁涉，从東兆狩。
36.4	丁卜：其涉河狩。
429	丙戌卜：遅涉卲虜。

		之
2.2		戊子卜，在麗：子弜射，于之若。
5.1		乙亥卜：戠（待），于之若。
7.4		弜射，于之若。
13.3		弜巳祝，叀之用于祖乙。用。
14.1		乙酉卜：子又之阸南小丘，其罝，獲。
26.9		戊子卜：子隮宜一，于之若。
26.10		戊子卜：子隮宜二，于之若。
37.7		甲午：弜射，于之若。
37.18		丙午卜：子其射疾弓，于之若。
196.3		戊申卜：弜日用馬，于之力。
206.2		子弜叀舞戉，于之若。用。多万有災，引棘（急）。
241.9		唯之疾子腹。
286.21		己卜：其彡（酒）三牛作祝，叀之用妣庚。用。
286.22		己卜：其彡（酒）三牛作祝，叀之用妣庚。用。

299.2	有吉牛，叀之攺。
356.1A	己卜：子其□□，于之若。
467.3	戊戌卜，在濘：子弜射，于之若。
467.5	弜射，于之若。
475.4	乙巳卜：有圭，叀之畀丁，聯五。用。

出

221.1	乙出。
221.3	丁：庚其出。
221.4	弗□庚出。
267.7	乙巳卜：出，子亡肈。用。
290.6	出自三旬廼至。
303	癸酉夕卜：乙丁出。子占曰：丙其。
370.5	丁亥卜：□出入畮。用。
426.3	甲午卜：歲祖乙牝一，于日出攺。用。
426.4	甲午卜：歲祖乙牝一，于日出攺。用。

出日

37.15	己巳卜，在麗：子弜遲彝弓，出日。

出宜

26.2	子其出宜。不用。
26.3	甲戌卜：子其出宜。不用。
26.4	戠（待），弜出宜。用。

出狩

154.2	辛酉卜：丁其先又伐，迺出狩。
337.5	十月丁出狩。
366.1	乙丑卜：皀□宗，丁稽乙亥不出狩。

各

34.9	乙巳卜：丁各，子爯。用。

142.8		□丁，壬午丁各。用。
475.6		庚戌卜：丁各。用。夕。
34.4		甲辰：宜丁牝一，丁各，夨（昃）于我，翌[日]于大甲。用。
34.6		乙巳卜：歲祖乙牢，衩（祐）鬯一，祖甲□丁各。
34.8		乙巳卜：丁各，子爯小。用。
34.10		乙巳卜：丁各，子弜巳爯。不用。
34.11		乙巳卜：丁各，子[于庭]爯。用。
169.1		甲辰卜：丁各，夨（昃）于我，[翌日]于大甲。
180.1		甲子：丁[各]，子爯□。
181.15		己卜：丁各，叀新□舞，丁侃。
275.11		丙子卜：丁不各。
335.2		甲辰：宜[丁]牝一，[丁]各，夨（昃）于我，翌日于大甲。
420.1		甲辰卜：丁各，夨（昃）于我。用。
420.2		甲辰：宜丁牝一，丁各，夨（昃）于我，翌日于大甲。

420.5	壬子卜：子丙疐（速）。用。□各，呼酓（飲）。
446.22	庚卜：丁各，侃。
475.7	庚戌卜：丁各。用。夕。
60.2	甲子：丁各宿。
276.1	乙卜：其又伐，于吕作，妣庚各。
276.3	乙卜：其又伐，于吕作，妣庚各。
371.2	己亥卜：丁不其各。

帀（置）

88.10	甲子：歲妣甲𢉖一，刪三小宰又置一。
409.25	己卜：又鬯又五置禦子馘妣庚。
455.1	甲子卜：歲妣甲𢉖一，刪三小宰又置一。在𣎵。

正

37.22	壬子卜：子以婦好入于𠂤，子呼多禦正見（獻）于婦好，肇紤十，往𡨄。

63.2		辛亥卜：子其以婦好入于𫸩，子呼多禦正見（獻）于婦好，肇紤十，往㸚。
161.1		辛未：歲祖乙黑牡一，衩（祐）鬯一，子祝。曰：毓（戚）祖非曰云兕正，祖唯曰彔䵼不又醣（擾）。
264.4		己未卜，在𫹉：子其呼射告眔我南征，唯矢（昃）若。
345.5		弗正。
449.1		辛未卜：伯或爯冊，唯丁自征卲。
484.2		弜彰（酒），毋正祖乙。
484.4		毋正。

章

195.7		壬戌卜：在𫸩葬章。用。
195.8		于襄葬章。不用。

嗇

39.21		庚卜：弜嗇，子耳鳴，亡小艱。

273.1	于母由羍子䵼。
273.2	子䵼，其羍妣己眔妣丁。
	後
427.3	己卯卜：庚辰舌彡妣庚，先改牢，後改牝一。用。
427.4	己卯卜：庚辰舌彡妣庚，[先改]牢，後改牝。用。
490.7	庚辰：歲妣庚牢，舌彡牝，後改。
	先
109	□卜：子呼又□先于。用。
154.1	辛酉卜：丁先狩，廼又伐。
154.2	辛酉卜：丁其先又伐，廼出狩。
252.4	叀剢（絕）人呼先奏，入人廼往。用。
252.5	叀剢（絕）人呼先奏，入人廼往。用。
265.7	辛未：歲妣庚，先莫（暮）牛改，廼改小宰。用。
278.13	先改白豕宜黑牛。

293.2	庚午卜：叀杈先舞。用。
401.15	戊卜：其先𢼸歲妣庚。
427.3	己卯卜：庚辰𠯑彡妣庚，先𢼸牢，後𢼸牝一。用。
427.4	己卯卜：庚辰𠯑彡妣庚，[先𢼸]牢，後𢼸牝。用。
458	㱿[乃]先𩫖妍，廼入烌。用。

㞢（往）

3.10	辛卜，貞：往𪈀，寎不死。
3.14	壬卜：子其往田，丁不㯻（虞）。
7.10	乙卯夕卜：子弜往田。用。
9.5	辛未卜：从𡉚往田。用。
9.6	辛未卜：从𡉚往田。用。
9.9	辛未卜：𡉚往□。
11.1	㱿乃弜往[又𨑒，若。用]。
14.5	乙酉卜：既𦎫往𢾊（虤），遘豕。
16.1	丙卜：子其往吕，𢼸乃畬（飲），于作𦎫廼來。

16.2	丙卜：子往吕，曰有求（咎）。曰往吕。
21.2	丁丑卜：其禦子往田于小示。用。
35.1	壬申卜：子往于田，从昔斬。用。擒四鹿。
35.2	壬申卜：既呼食，子其往田。用。
37.20	壬子卜：子以婦好入于妭，肇戚三，往[illegible]。
37.22	壬子卜：子以婦好入于妭，子呼多禦正見（獻）于婦好，肇紤十，往[illegible]。
50.5	乙未卜：子其往田，若。用。
50.6	乙未卜：子其往田，叀鹿求，遘。用。
53.1	丙卜：子其往吕。曰有求（咎）。曰往吕。
53.19	己卜：叀子興往妣庚。
53.21	己卜：叀多臣禦往妣庚。
55.3	□往澫禦。
55.4	己丑：歲妣庚牝一，子往澫禦。
59.1	辛未卜：子其亦条（遭），往田，若。用。
63.2	辛亥卜：子其以婦好入于妭，子呼多禦正見（獻）

编号	释文
	于婦好，肇紤十，往𡒫。
123.3	辛酉卜：子其𢦏黑牝，唯徝往，不雨。用。妣庚□。
137.1	丙往鬲，[illegible]。
137.2	弜往鬲。
146.2	己酉卜：今月丁往[illegible]。
146.3	今月丁不往[illegible]。
162.1	戊卜：叀奠禦往妣己。
162.2	[戊]卜：叀奠禦往妣己。
173.4	丙申卜：子其往[illegible]，𢦏妣庚用羊。
173.5	丙申卜：子往[illegible]，歲妣庚羊一。在[illegible]。
173.6	丙申卜：子其往于[illegible]，侃。用。
181.3	甲卜：子其往田。曰有求（咎），非𣚦（虞）。
181.5	甲卜：弜戠（待）。戠（待）祼，子其往田。
181.8	己卜：叀多臣禦往于妣庚。
181.14	己卜：子其疫，弜往學。
181.31	壬卜：叀子興往于子癸。

195.1	辛亥卜：子肇婦好戚，往䨼。在㹜。
209	庚申[卜：歲]妣庚牝一，子臀禦往。
214.4	其𡎖（徵）禦往。
226.6	戊：往祼彡（酒）伐祖乙，卯牡一，衩（祐）鬯一，口又伐。
236.14	戊卜：子其往。
236.15	戊卜：弜子往。
236.21	己卜：戠（待），弜往禦妣庚。
236.22	己卜：其往禦妣庚□，己[illegible]。
239.1	丁巳卜：子弜往㹜。用。
239.2	丁巳卜：子弜往㹜。用。
243	乙亥夕：彡（酒）伐一[于]祖乙，卯𦍋五，𦍌五，衩（祐）一鬯，子肩禦往。
244.1	丁卯卜：既雨，子其往于田，若。孚。
247.13	丁丑卜：子其往田。亡害。
247.14	丁亥卜：子炅其往，亡災。

编号	甲骨原文（摹本）	释文
247.15		己丑：歲妣庚牝一，子往溝禦。
249.23		戊卜：子其往曼。曰：有求（咎），非橅（虞）。
252.4		叀剢（絕）人呼先奏，入人迺往。用。
252.5		叀剢（絕）人呼先奏，入人迺往。用。
255.7		己丑：歲妣庚一牝，子往溝禦，[興]。
286.8		壬卜：子有求（咎），曰：往𡨄。
288.12		己亥卜：毋往于田，其有事。子占曰：其有事。用。有宜。
289.4		丙卜：子其往于田，弜由[illegible]，若。用。
289.7		丁卯卜：子其往田，从阺西𬼸，遘獸。子占曰：不三其一。孚。
290.12		乙未卜：子其使𡸁（徵）往西𡿪子媚，若。
297		己未卜：子其尋宜，叀往于日。用。往[illegible]。
299.1		丁卯卜：乙亥叀禦往。
316.3		癸丑卜：翌日甲寅往田。子占曰：其往。用。从西。
318.6		戊辰卜：丁往田。用。

335.1	丁酉卜：今夕□往𡿺。
338.4	甲辰卜：子往宜上甲，掔用𩰪。
344	乙亥：歲祖乙牢，[衩（祐）]𠤱一，唯禦狩往。
352.1	己丑：歲妣庚牝一，子往于溝禦。
370.1	辛未卜：子往𣪊，子利[作]子□叀覃。
371.1	己亥卜：甲其𡊨（速）丁，往。
379.2	丙辰卜，子炅：丁往于黍。
379.3	不其往。
384.1	壬卜：子有求（咎），曰：往兮𠂤。
395.3	辛未卜：子其往于田，弜𢦔（待）𦎫。用。
395.5	壬申卜：子其往于田，[从昔]□用。
395.8	癸酉卜：子其往于田，从𣪊（絕），擒。用。
395.10	癸酉卜：既呼，子其[往]于田，囟亡事。用。
401.13	丙卜：子其往𡨦。曰：有[求（咎）]，非𣚩（虞）。
409.11	丙卜：叀子興往于妣丁。
409.13	丙卜：叀子興往于妣丁。

409.24	 己卜：叀子興往妣庚。
416.3	 庚寅卜：子往于舞，侃，若。用。
416.6	 庚寅卜：子弜[往]祼，叀子畫。用。
427.1	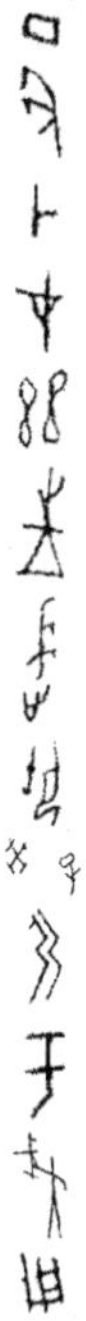 丁丑卜：在茲往𡉚（徵）禦癸子弜于妣。用。
446.6	 甲卜：子其往□，子首亡延。
450.3	 癸亥：子往于𩰫，肇子丹一、盜（𡌬）𪓕二。
451.8	 丙戌卜：子其往于𡧊，若。用。子不宿，雨。
459.9	 戊寅卜：子祼小示、冊𤉲，禦往田。
473.2	 孜乃弜往又𧾷止，若。用。
475.8	 辛亥卜，丁曰：余不其往。毋𡨦（速）。

圭

9.5	 辛未卜：从圭往田。用。
9.6	 辛未卜：从圭往田。用。
9.9	 辛未卜：圭往□。
50.3	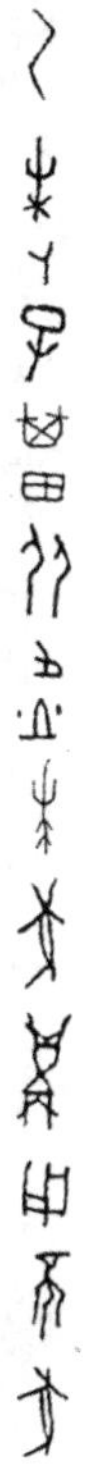 乙未卜：子其田，从圭求豕，遘。用。不豕。

381.1	戊戌夕卜：暨己，子其[逐]，从圭人嚮（向）敽（虢），遘。子占曰：不三其一。其二，其有遘（奔馬）。用。

逐

108.2	辛丑卜：叀今逐狼。
108.3	辛丑卜：于翌逐狼。
108.4	辛丑卜：其逐狼，獲。
108.5	辛丑卜：其逐狼，弗其獲。
259.2	辛巳卜：子叀賈視用逐。用。獲一鹿。
295.1	戊午卜：子又呼逐鹿，不逩（奔）馬。用。

㞢（臺）

502.2	㞢（臺）。
502.3	㞢（臺）于南。

阯

85.1	其呼作甡北。
	条（遭）
286.29	壬卜：卜宜不吉，子弗条（遭）有艱。
	夅
443.3	貞：□夅□□。
	復
21.1	乙亥卜，貞：子雍友敎有復，弗死。
401.12	丙卜：丁呼多臣復，囟非心，于不若，唯吉呼行。
416.10	壬辰卜：子呼射發復取有車，若。
	疋
329	疋。

巠

編號	釋文
191.2	戊卜：其日用騩，不巠。
191.3	弜日用，不巠。
191.4	騩其巠。
191.5	騩不巠。
191.6	其巠。
191.7	不巠。

⿱束止（速）

編號	釋文
90.5	乙卜：⿱束止（速）丁，以戚。
113.5	⿱束止（速）丁。
113.6	弜⿱束止（速）丁。
113.7	攺宰廼⿱束止（速）丁。
113.8	⿱束止（速）丁。
113.9	弜⿱束止（速）丁。

124.14		辛卜：其棗（速）丁。
124.15		弜棗（速）丁。
180.4		乙丑卜：子弜棗（速）丁。用。
294.7		乙卯卜：子丙棗（速）。不用。
294.8		乙卯卜：歲祖乙牢，子其自，弜棗（速）。用。
420.5		壬子卜：子丙棗（速）。用。□各，呼畬（飲）。
454.3		乙卯卜：子其自畬（飲），弜棗（速）。用。
454.4		乙卯卜：子其畬（飲），弜棗（速）。用。
475.8		辛亥卜，丁曰：余不其往。毋棗（速）。
475.9		辛亥卜，子曰：余丙棗（速）。丁命子曰：往眔婦
		好于曼麥。子棗（速）。禦。
475.10		壬子卜：子弜棗（速），呼畬（飲）。用。
501.2		丁卜：今庚其作豊，棗（速）丁畬（飲），若。
501.3		丁卜：今庚其作豊，棗（速）丁畬（飲），若。
248.4		甲寅卜：弜棗（速）丁。用。
288.7		甲午卜：子棗（速），不其各。子[占]曰：不其各，

呼饗。用。舌祖甲彡。

371.1 己亥卜：甲其[𨒥（速）]丁，[往]。

446.7 乙卜：弜巳𨒥（速）丁。

446.23 壬卜：弜巳𨒥（速）丁。

446.24 壬卜：丙𨒥（速）丁。

通

441.5 貞：通。

砋

473.2 孜乃弜往又砋，若。用。

又

1.2 [癸卜]□又。

3.1 丙卜：[illegible]有由女，子其告于婦好，若。

6.2 乙丑卜：有吉䇂（辛），子具[illegible]，其以入，若，侃，

	有彭值。用。
7.6	丁未卜：新馬其于贾视，右用。
7.7	丁未卜：新馬于贾视，右不用。
14.1	乙酉卜：子又之阺南小丘，其罗，獲。
16.2	丙卜：子往吕，曰有求（咎）。曰往吕。
21.1	乙亥卜，貞：子雍友敎有復，弗死。
21.3	乙巳：歲祖乙白[豕]，又皀。
25.3	□[歲]祖乙小宰豼，又皀。
27	庚卜，在麗：歲妣庚三豼，又鬯二，至禦，𠕋百牛又五。
29.5	乙巳：歲祖乙白彘一，又皀，祖乙侃。
32.1	庚卜，在麗：歲妣庚三豼，又鬯二，至禦，𠕋百牛又五。
32.2	庚卜，在麗：叀五豼，又鬯二，用。至禦妣庚。
34.5	甲辰卜：于麥（來）乙，又于祖乙宰。用。
37.11	叀牝又鬯祖甲。
39.4	乙：歲妣庚牡，又鬯。

39.12		乙：歲妣庚牡，又㞢。
44.1		子不延，有紋（瘳）。
44.2		妹有。
53.1		丙卜：子其往吕。曰有求（咎）。曰往吕。
53.22		己卜：吉，又妣庚。
60.3		乙丑：自賈馬有剢。
60.5		唯左馬其有剢。
60.6		右馬其有剢。
60.7		自賈馬其有死。子曰：其有死。
75.8		癸卜：中□休，有畀子。
76.2		乙卯卜：其禦大于[癸]子，冊𤘺一，又㞢。
		用。有疾。
81.2		丁卯：右馬有[剢]。
81.4		癸酉：其右𩌏于賈視。
88.10		甲子：[歲]妣甲𤘺一，冊三小宰又置一。
98.1		其買，叀右馯。

98.2		叀右馳。
102.1		乙卜，貞：賈艱有口，弗死。
102.2		乙卜，貞：中周有口，弗死。
102.3		乙卜，貞：二卜有求（咎），唯見，今有心敫，亡憂。
106.8		壬卜：于日雋（稱）敀牝妣庚，入又菌于丁。用。
109		□卜：子呼又□先于䵼。用。
113.10		乙卜：丁有鬼夢，亡憂。
113.11		丁有鬼夢，𡌤在田。
122.2		子炅貞：其有艱。
124.1		戊卜：丙又二羊。
124.2		丙又。
124.5		弜又。
124.11		子夢𡌤，用牡告又𠷎妣庚。
125.1		丁卜：子令庚侑有母，呼求囟，索尹子人。子曰：不于戊，其于壬人。
126		貞：右馬其死。

144.2		□未，南三日有至。
149.8		辛亥卜：子告有口疾妣庚，亡瞢。
149.10		甲寅：歲祖甲白豭，衩（祐）鬯一，又皀。
154.1		辛酉卜：丁先狩，迺又伐。
154.2		辛酉卜：丁其先又伐，迺出狩。
159.1		癸未卜：今月六日□于生月有至南。子占曰：其有[至]，冝月爰。
162.4		己卜：自又二祖禦雨。
163.2		□又齒于妣庚，冊牢，勿（物）牝，白豕至豝一。用。
165.1		子有夢，唯□吉。
168.1		其右賈馬于新。
168.2		其右鶾于賈視。
176.1		丁丑卜：子禦于妣甲，冊牛一，又鬯一，亡災，入商彫（酒）。在麓。
179.1		己亥卜：其有至艱。
181.6		己卜：其又妣庚。

181.7		己卜：弜又于妣庚，其忒杈。
181.9		己卜：叀白豕于妣庚，又𠷎。
181.11		歲牡于妣庚，又𠷎。
181.12		歲牡于妣庚，又𠷎。
181.13		歲牡于妣庚，又𠷎。
181.24		辛卜：禦子舞杈，攺一牛妣庚，酉宰，又𠷎。
181.25		辛卜：禦子舞杈，攺一牛妣庚，酉宰，又[𠷎]。
196.5		弜又𠷎。用。
197.3		辛卜：子禦𡧊妣庚，又饗。
198.6		壬辰卜：子隮宜。右左叀鷹用，中叀䮷用。
198.8		壬辰卜：子亦隮宜，叀䮷，于左右用。
204.1		又歲牛于妣己。
206.2		子弜叀舞戉，于之若。用。多万有災，引棘（急）。
220.1		丁丑：歲祖乙黑牝一，卯䏌。子占曰：未（妹）其有至艱，其戊。用。
220.2		戊寅卜：子禦有[口][疾]于[妣庚]，酉牝。

226.6		戊：往祼彫（酒）伐祖乙，卯牡一，衩（祐）鬯一，口又伐。
226.11		庚辰卜：舌彡妣庚，用牢又牝，妣庚侃。用。
228.2		甲申：叀大歲又于祖甲。不用。
228.15		戊子卜：吉牛于示，有剢，來又毌。
234.1		丙寅夕卜：子有言在宗，唯侃。
236.2		丙：子夙興又丮妣庚。
236.3		丁卜：彫（酒）伐兄丁卯宰，又鬯。
236.4		彫（酒）伐兄丁告妣庚，又祼。
236.5		彫（酒）伐兄丁告妣庚，又歲。
236.7		彫（酒）伐兄丁告妣庚，又伐妣庚。
236.12		丁卜：歲妣庚牡又二兔。
236.13		丁卜：歲妣庚牡又二兔。
236.16		己卜：家其有魚，其屰丁，侃。
236.17		己卜：家其有魚，其屰丁，侃。
236.18		己卜：家其有魚，其屰丁，侃。

239.3	癸酉卜：弜勿（刎）新黑馬，有剢。
241.1	壬寅卜：子有擒。子占曰：其有擒。
241.2	其有。
241.4	其有。
241.11	辛亥卜，貞：戚羌有疾，不死。子占曰：羌其死唯今，其〈又〉絞（瘳）亦唯今。
247.2	己酉卜：禦□，在又伐，若，侃。
249.23	[戊]卜：子其往曼。曰：有求（咎），非榩（虞）。
252.2	乙亥：歲祖乙黑牡一，又羌，[又]皀，子祝。
252.1	乙亥：歲祖乙黑牡一，又羌一，[又皀]，子祝。
252.3	丁丑卜：其彈于，叀入人，若。用。子占曰：毋有孚，雨。
255.2	甲寅卜：弜言來自西，祖乙口又伐。
257.18	辛卜：子其有肇臣自□。
257.21	辛卜：子其有□臣自□寮。
261.1	甲午：歲妣甲豕一，又皀。

261.2	乙未：歲妣庚죽一，又皀。
264.2	己未卜，貞：賈壴有疾，亡延。
264.3	己未卜，在[illegible]：其延有疾。
265.5	辛未：歲妣庚宰，又皀。用。
265.6	辛未：歲妣庚小宰告，又肇鬯，子祝，皀祭。
265.8	辛未：宜[犯]一，在入卯，又肇鬯。
265.10	辛未：歲妣庚小宰告，又肇[鬯]，子祝，皀祭。
276.1	乙卜：其又伐，于呂作，妣庚各。
276.3	乙卜：其又伐，于呂作，妣庚各。
276.2	乙卜：其又十鬯妣庚。
278.2	戠（待），弜又妣庚。
278.9	白一豕，又鬯。
278.14	叀一白豕，又鬯。
279.1	□子有鬼夢，[亡]憂。
286.5	壬卜：子有求（咎），曰：□贾。
286.6	壬卜：子有求（咎），曰：取紤曼。

286.7		壬卜：子有求（咎），曰：視剢（絕）官。
286.8		壬卜：子有求（咎），曰：往𡚬。
286.9		壬卜：其尞妣庚，于茲束告，有彔，亡延𢓊。
286.11		壬卜：束彔弜若巳，唯有辭。
286.29		壬卜：卜宜不吉，子弗条（遭）有艱。
288.6		戊子卜：其勻馬，又力引。
288.12		己亥卜：毋往于田，其有事。子占曰：其有事。用。有宜。
289.1		叀[呈]□又𧑒，若。
295.1		戊午卜：子又呼逐鹿，不逬（奔）馬。用。
296.7		乙巳：歲祖乙白彘，又𠬝。
299.5		[戊]辰卜：大有疾，亡延。
300.1		丙寅卜，在𣎴：甾友有同，唯其有吉。
304.3		乙卜：弜又于庚。
314.6		子从𢼄𤘘，又𠬝妣庚夢。用。
320.6		庚卜，在䴡：歲妣庚三𤘘，又𠬝二，至禦，𠕁百

		牛又五。
321.3		丙辰卜：妁有取，弗死。
331.1		辛卜，婦母曰子，丁曰：子其有疾。允其有。
333		乙丑卜：有吉考（辛），子具㞢，其以入，若，侃，有彭值。用。
336.1		甲寅卜：乙卯子其學商，丁侃。子占曰：其有𡆥艱。用。子臀。
336.4		丙辰：歲妣己豕一，告子臀。
338.1		甲辰：歲萈祖甲，又友。用。
342		乙丑[卜]：有吉[考（辛）]，子具□。
343.1		甲戌卜：其夕又[伐]祖乙，卯鳥。
343.2		甲[戌]卜：其又□[伐]祖乙。不用。
345.1		又羌。
345.2		勿又羌。
349.4		□于□弜□于□，乙□其丁有疾。
349.20		子有鬼夢，亡憂。

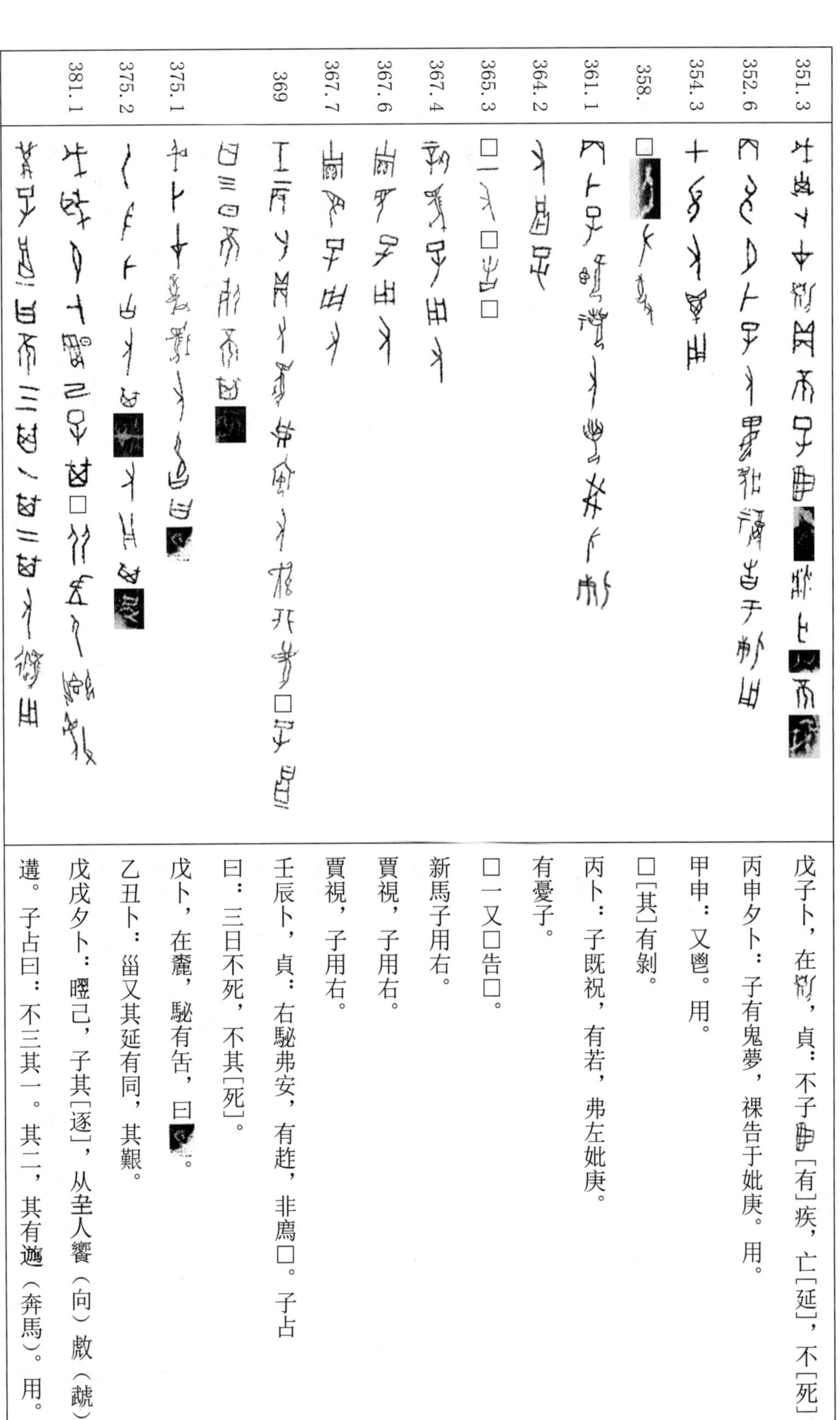

351.3	戊子卜，在𠂤，貞：不子𤰇[有]疾，亡[延]，不[死]。
352.6	丙申夕卜：子有鬼夢，祼告于妣庚。用。
354.3	甲申：又𡇒。用。
358.	□[其]有剢。
361.1	丙卜：子既祝，有若，弗左妣庚。
364.2	有憂子。
365.3	□一又□告□。
367.4	新馬子用右。
367.6	賈視，子用右。
367.7	賈視，子用右。
369	壬辰卜，貞：右騩弗安，有䞗，非䳄□。子占曰：三日不死，不其[死]。
375.1	戊卜，在麓，騩有告，曰▇。
375.2	乙丑卜：甾又其延有同，其艱。
381.1	戊戌夕卜：曌己，子其[逐]，从圭人嚮（向）敝（虤），遘。子占曰：不三其一。其二，其有邁（奔馬）。用。

384.1		壬卜：子有求（咎），曰：往兮㠯。
384.2		壬卜：子有求（咎），曰：視丁官。
387.5		□，其有疾。
401.13		丙卜：子其往𡆥。曰：有[求（咎）]，非𣞤（虞）。
403.1		己卜：子[有]夢，𠭰祼，亡至艱。
403.2		己卜：有至艱。
409.4		丙卜：叀牛又𠼣禦子𢧢于子癸。
409.8		丙卜：叀小宰又𠬝妾禦子𢧢妣丁。
409.15		丙卜：叀五羊又𠼣禦子𢧢于子癸。
409.21		己：又三𠼣。
409.25		己卜：又𠼣又五置禦子𢧢妣庚。
409.26		己卜：吉，又妣庚。
409.27		己卜：叀𠬝臣又妾禦子𢧢妣庚。
412.3		己卜：不吉，唯其有艱。
415.1		又。
416.10		壬辰卜：子呼射發復取有車，若。

編號	釋文
416.11	癸巳卜：子叀大命，呼比發取有車，若。
420.3	甲辰卜：于祖乙歲牢又一牛，叀□。
431.2	貞：右馬不死。
441.7	貞：又𠬝司庚。
443.7	□入人□于□牛，歲又□。
446.3	甲卜：子有心，𢼂妣庚。
446.11	丙卜：夕又伐妣庚。
450.1	壬戌卜，在□利：子耳鳴，唯有絇，亡至艱。
451.1	己巳卜：𠼛庚歲妣庚黑牛又羊，莫（暮）𢼂。用。
451.2	庚午：歲妣庚黑牡又羊，子祝。
455.1	甲子卜：歲妣甲牡一，𠕋三小宰又置一。在[illegible]。
455.2	[乙丑卜]：延有同，𡿧又其艱。
459.2	癸丑卜：叀一牢又牝于祖甲。不[用]。
472.2	乙又羊。
472.3	弜又羊。
472.8	弜又羊。

編號	釋文
472.9	[戠（待）]，弜又。
473.2	孜乃弜往又祉，若。用。
475.4	乙巳卜：有圭，叀之畀丁，聯五。用。
478	乙卯卜：其禦大于癸子，冊豭一，又鬯。用。有疾子炅。
480.4	甲戌卜，在[illegible]：子有令[䍜]丁告于[illegible]。用。子[illegible]。
481.1	乙丑卜：有吉夸（辛），子具[illegible]，其以入，若，侃，有髟値。用。
481.2	乙亥：歲祖乙黑牡一，又羌一，叀子祝。用。又㿝。
487.2	甲寅卜：乙卯子其學商，丁侃。子占曰：有求（咎）。用。子䏿。
490.6	庚辰：子祼妣庚，有言妣庚，若。
490.11	辛亥老卜：家其匄有妾，有畀一。
505.4	□貞：目[illegible]，亡其又甘。

又史

編號	釋文
5.10	乙亥卜：婦好有事，子唯妹，于丁曰婦好。
373.1	癸卯卜，貞：□吉，右史死。
373.2	不其吉，右史其死。

左

編號	釋文
50.2	丁亥卜：子立于左。
60.5	唯左馬其有剢。
198.6	壬辰卜：子隮宜。右左叀廌用，中叀䵼用。
198.8	壬辰卜：子亦隮宜，叀䵼，于左右用。
204.1	又歲牛于妣己。
352.5	于𠙵黑左□。
361.1	丙卜：子既祝，有若，弗左妣庚。
367.5	新馬子用左。
113.14	多左在田，肩若。

尹

113.12	丙卜，貞：多尹亡憂。
113.13	貞：多尹亡害。
113.15	面多尹四十牛妣庚。
125.1	丁卜：子令庚侑有母，呼求囟，索尹子人。子曰：不于戊，其于壬人。
178.13	庚戌卜：其畀旛尹𠂤，若。
196.1	丙午卜，在麗：子其呼多尹入璧，丁侃。
352.2	壬辰：子夕呼多[尹]□阸南豕，弗遘。子占曰：弗其遘。用。
355.1	乙巳卜：子其[叀]多尹令畬（飲），若。[用]。

叉

267.3	甲辰卜：叉（早）祭祖甲，叀子祝。
267.4	甲辰：叉（早）祭祖甲友犯一。

267.5		甲辰：𠬛（早）祭祖甲友𠃬一。
267.6		乙巳：𠬛（早）祭祖乙友𠃬一。
267.10		庚戌：𠬛（早）祭妣庚友白𧰨一。

掔

23.2		己巳卜：子燕田掔。用。
338.4		甲辰卜：子往宜上甲，掔用鼑。

𠪚

編號	甲骨文	釋文
37.20		壬子卜：子以婦好入于𡛂，肇𠪚三，往𡐨。
195.1		辛亥卜：子肇婦好𠪚，往𡐨。在𡛂。
198.12		癸巳：叀𠪚肇丁。不用。

祭

編號	甲骨文	釋文
4.2		甲寅：歲祖甲白𧰨一。
4.3		乙卯：歲祖乙白𧰥一，皀[自]西祭，祖甲延。

4.4	乙卯：歲祖乙白豭一，㞢自西祭，祖甲延。
214.5	戊寅卜：歲祖甲小宰，祖乙小宰，登自西祭，子祝。
265.6	辛未：歲妣庚小宰告，又肇鬯，子祝，㞢祭。
265.10	辛未：歲妣庚小宰告，又[肇]鬯，子祝，[㞢]祭。
267.3	甲辰卜：叉（早）祭祖甲，叀子祝。
267.4	甲辰：叉（早）祭祖甲友𠬝一。
267.5	甲辰：叉（早）祭祖甲友𠬝一。
267.6	乙巳：叉（早）祭祖乙友𠬝一。
267.10	庚戌：叉（早）祭妣庚友白豭一。
355.4	丙午卜：其入自西祭，若，[于]妣己酌（酒）。用。

505.4	□貞：目，亡其又甘。

皮

149.4	丁未卜：其禦自祖甲祖乙至妣庚，𠕋二牢，麥（來）

編號	甲骨文	釋文
		自皮鼎彭（酒）興。用。
550.1		□麥（來）自皮鼎彭（酒）□。

友

編號	甲骨文	釋文
2.3		友貞：子炅。
2.4		友貞：子炅。
21.1		乙亥卜，貞：子雍友敎有復，弗死。
39.2		登妣己友彘。
39.3		登妣己友彘。
152		友貞：子炅。
179.2		甲辰卜：歲莧友祖甲彘，叀子祝。用。
267.4		甲辰：叉（早）祭祖甲友𣪕一。
267.5		甲辰：叉（早）祭祖甲友𣪕一。
267.6		乙巳：叉（早）祭祖乙友𣪕一。
267.10		庚戌：叉（早）祭妣庚友白豕一。
300.1		丙寅卜，在[illegible]：甾友有同，唯其有吉。

316.2		壬子卜：其攸，戈友若。用。
338.1		甲辰：歲莧祖甲，又友。用。
338.2		甲辰：歲祖甲莧一，友[彘]一。
338.3		甲辰：歲祖甲莧一，友彘一。
416.1		己丑卜：[illegible]畫友卲□□畫□子弜示，若。
455.2		[乙丑卜]：延有同，甾又其艱。
455.3		乙丑卜：我人甾友子炅。

曼

249.23		[戊]卜：子其往曼。曰：有求（咎），[非]槸（虞）。
475.9		辛亥卜：子曰：余丙疐（速）。丁命子曰：往眔婦好于曼麥。子疐（速）禦。
286.6		壬卜：子有求（咎），曰：取紤曼。

爰

53.24		癸□：子夢，子于吉[爰]。

將

81.1	壬子卜：其將[妣庚示]，㠯于東官。用。
195.5	癸丑卜：其將妣庚示于𡚬東官。用。
248.1	癸丑：將妣庚示，歲妣庚牢。在𡚬。
248.5	[戊]申卜：其將妣庚[示]，于[𡚬]東官。用。
304.8	戊卜：將妣己示眔妣丁，若。
490.12	壬子卜：其將妣庚示，㠯于東官。用。
496.1	丙卜：其將妣庚示，歲裖（脤）。
496.2	丙卜：其將妣庚示。
496.3	丙卜：其將妣庚示。

爰

159.1	癸未卜：今月六日□于生月有至南。子占曰：其有[至]，𢀛月爰。

⿰白田

324.2	己亥卜：弜巳[馳]眔⿰白田黑。
352.5	于⿰白田黑左□。
467.6	庚子卜：在[我]，祖□其眔⿰白田廌。
467.7	唯⿰白田廌子。不用。

⿰乑殳

458	孜乃先⿰乑殳妍，迺入炋。用。

椿

11.2	杳椿壴彭。

尋

53.18	己卜：叀丁作子興，尋丁。
297	己未卜：子其尋宜，叀往于日。用。往[illegible]。

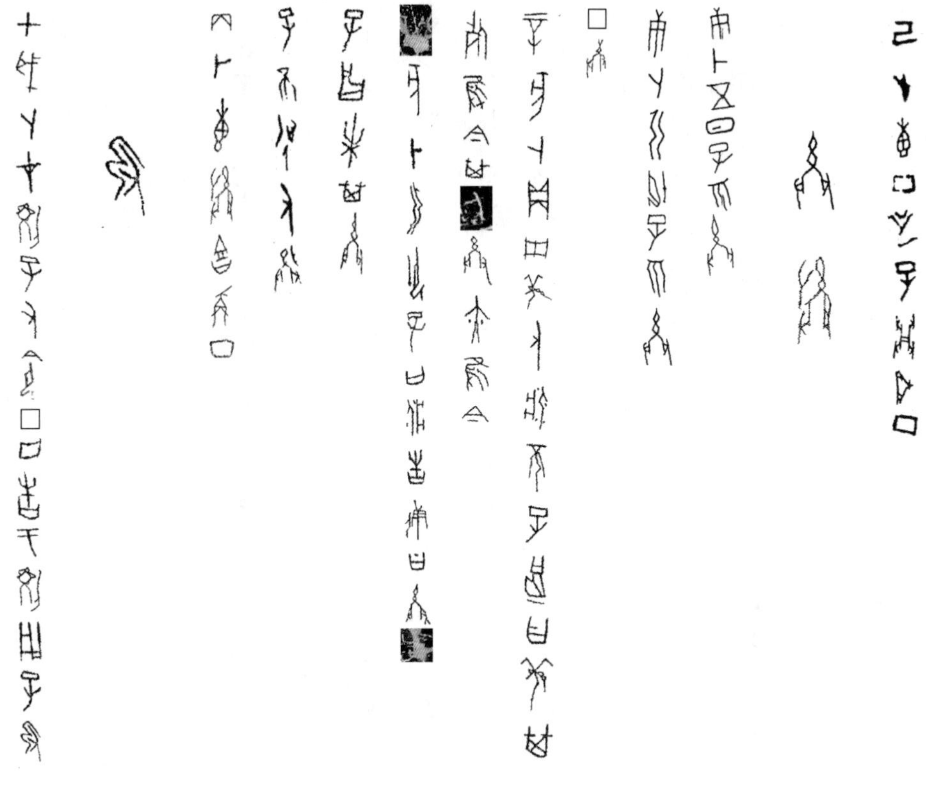

409.20	己卜：叀丁作子興，尋丁。

絞

3.8	庚卜：五日子䣛絞（瘳）。
3.9	庚卜：弜禦子䣛，絞（瘳）。
199.1	□絞（瘳）。
241.11	辛亥卜，貞：戚羌有疾，不死。子占曰：羌其死唯今，其[?]<又>絞（瘳）亦唯今。
247.6	[癸]亥卜：弜禦子口疾，告妣庚。曰：絞（瘳），[告]。
467.1	子肩未（妹）其絞（瘳）。
44.1	子不延，有絞（瘳）。
286.18	丙卜：叀絞（皎）吉圭再丁。

480.4	甲戌卜，在[?]：子有令[䝨]丁告于[?]。用子[?]。。

般

183.16 癸卜：其舟般我人。

𢼄（肇）

37.5 癸巳卜：子𩰫（鬻）叀白璧肇丁。用。

37.20 壬子卜：子以婦好入于𪉩，肇㱿三，往䵼。

37.21 壬子卜：子以婦好入于𪉩，子呼多賈見（獻）于婦好，肇紤八。

37.22 壬子卜：子以婦好入于𪉩，子呼多禦正見（獻）于婦好，肇紤十，往䵼。

63.2 辛亥卜：子其以婦好入于𪉩，子呼多禦正見（獻）于婦好，肇紤十，往䵼。

63.3 辛亥卜：發肇婦好紤三，𡉚（徵）肇[婦好]紤二。用。往䵼。

178.1 庚子卜：子𩰫（鬻），叀𦥑㪿眔良（琅）肇。用。

178.2		庚子卜：子𩐋（𩱦），叀㫒罘良（琅）肇。用。
178.3		庚子卜：子𩐋（𩱦），叀㫒罘良（琅）肇。用。
180.2		甲子卜：乙，子肇丁璧罘戚。
195.1		辛亥卜：子肇婦好㦰，往㦰。在𠂤。
198.10		癸巳卜：叀璧肇丁。
198.11		子肇丁璧。用。
198.12		癸巳：叀㦰肇丁。不用。
203.7		[丙卜：叀十牛]肇丁。用。
203.8		丙卜：叀十牛肇丁。用。
257.18		辛卜：子其有肇臣自□。
257.20		辛卜，丁曰：其肇子臣。允。
265.6		辛未：歲妣庚小宰告，又肇鬯，子祝，㠯祭。
265.7		辛未：歲妣庚，先莫（暮）牛故，廼故小宰。用。
265.8		辛未：宜𤉲一，在入卯，又肇鬯。
265.10		辛未：歲妣庚小宰告，又[肇]鬯，子祝，[㠯]祭。
267.7		乙巳卜：出，子亡肇。用。

275.7		乙亥卜：舌祖乙彡牢一牝，子亡肇丁。
275.8		乙亥卜：舌祖乙彡牢一牝，子亡肇丁。
288.8		甲午卜：丁其各，子叀䘕戚肇丁。不用。舌祖甲彡。
410.2		壬卜，在䨼，丁曰：余其肇子臣。允。
450.3		[癸]亥：子往于𡧊，肇子丹一盜（毖）龜二。
		首
304.1		甲卜：子疾首，亡延。
304.2		子疾首，亡延。
446.5		甲卜：子首疾，亡延。
446.6		甲卜：子其往□，子首亡延。
		面
113.15		面多尹四十牛妣庚。
195.2		辛亥卜：呼㞢（徵）面見（獻）于婦好。在𠨘。用。
226.7		庚申：歲妣庚牡一。子占曰：面[illegible]自麥（來）多臣㱿。

頪

53.2	戊卜：朁妣庚，頪于衩。
53.3	戊卜：朁妣庚，頪于衩。
203.11	丙卜：叀子圭用眔聯爯丁。用。

鑿

37.20	壬子卜：子以婦好入于䣄，肇鑿。在䣄。戚三，往鑿。
37.22	壬子卜：子以婦好入于䣄，子呼多禦正見（獻）于婦好，肇紤十，往鑿。
63.2	辛亥卜：子其以婦好入于䣄，子呼多禦正見（獻）于婦好，肇紤十，往鑿。
63.3	辛亥卜：發肇婦好紤三，𡉚（徵）肇婦好紤二。用。往鑿。

195.1	辛亥卜：子肇婦好𢦔，往䵼。在𡖊。

白

4.1	甲寅：歲祖甲白䊷一，衩（祐）鬯一，皀自西祭。
4.2	甲寅：歲祖甲白豝一。
4.3	乙卯：歲祖乙白䊷一，皀自西祭，祖甲延。
4.4	乙卯：歲祖乙白䊷一，皀自西祭，祖甲延。
21.3	乙巳：歲祖乙白[豕]，又皀。
29.5	乙巳：歲祖乙白彘一，又皀，祖乙侃。
37.5	癸巳卜：子䵼（鬻）叀白璧肇丁。用。
37.24	乙卯卜：叀白豕祖乙。不用。
53.23	歲妣庚白彘。
63.6	乙卯卜：叀白豕祖甲〈乙〉。不用。
115.3	甲寅：歲祖甲牝，歲祖乙宰、白豕，歲妣庚宰，祖甲𠤎 𡿺卯。
142.3	祝于白一牛用，𠂉歲祖乙用，子祝。

142.5		乙亥：乂歲祖乙二牢勿（物）牛白豼衩（祐）鬯一，子祝。
149.9		甲寅：歲白豼。
149.10		甲寅：歲祖甲白豼，衩（祐）鬯一，又皀。
163.1		庚午卜，在𦎫：禦子齒于妣庚，[冊]牢，勿（物）牝，白豕。用。
163.2		□又齒于妣庚，冊牢，勿牝，白豕至豼一。用。
170.3		甲寅：歲祖甲白豼一，衩（祐）鬯一，皀自西祭。
170.4		甲寅：歲祖甲白豼一。
181.9		己卜：叀白豕于妣庚，又鬯。
193		乙亥：子叀白圭爯用，唯子見（獻）。
220.6		甲申卜：叀配呼曰婦好告伯屯（純）。用。
220.7		□□卜：子其入伯屯（純），若。
237.4		甲子：歲祖甲白豼，衩（祐）鬯一。
237.5		叀白豼□祖甲。
237.6		辛未卜：丁唯好令比伯或伐卲。
237.7		甲戌：歲祖甲牢，幽廌，白豼，衩（祐）一鬯。

237.8		甲戌：歲祖甲牢，幽廌，白豭，衩（祐）二鬯。
237.9		乙亥：歲祖乙牢，幽廌，白豭，衩（祐）二鬯。
237.10		乙亥：歲祖乙牢，幽廌，白豭，衩（祐）鬯二。
267.10		庚戌：叉（早）祭妣庚友白豝一。
269.8	□□□□	[乙亥卜：子]其入白一于[丁]。
278.4		叀小宰白豝。
278.5		三牢白豕。
278.9		白一豕，又鬯。
278.10		夕：白豕豭，酢（酒）二牢。
278.11		叀二勿（物）牢□白豕妣庚。
278.13		先故白豝宜黑牛。
278.14		叀一白豕，又鬯。
296.7		乙巳：歲祖乙白彘，又皂。
299.3		叀白一牛。
309.4	□ □	□祖甲白豝一，祖乙白豝一，妣庚白[豝]一。
359	□	丙卜：叀小白圭[子]□。

伯或

237.6 辛未卜：丁唯好令比伯或伐卲。

275.3 辛未卜：丁唯子令比伯或伐卲。

275.4 辛未卜：丁唯多□比伯或伐卲。

449.1 辛未卜：伯或爯冊，唯丁自征卲。

449.2 辛未卜：丁弗其比伯或伐卲。

百

27 庚卜，在麄：歲妣庚三豼，又鬯二，至禦，卌百牛又五。

32.1 庚卜，在麄：歲妣庚三豼，又鬯二，至禦，卌百牛又五。

320.6 庚卜，在麄：歲妣庚三豼，又鬯二，至禦，卌百牛又五。

386.2 □百。

西

4.1		甲寅：歲祖甲白豕一，衩（祐）鬯一，皂自西祭。
4.3		乙卯：歲祖乙白豕一，皂自西祭，祖甲延。
4.4		乙卯：歲祖乙白豕一，皂自西祭，祖甲延。
18.2		西。
144.5		西。
144.6		西。
170.3		甲寅：歲祖甲白豕一，衩（祐）鬯一，皂自西祭。
214.5		戊寅卜：歲祖甲小宰，祖乙小宰，登自西祭，子祝。
255.2		甲寅卜：弜言來自西，祖乙口又伐。
289.7		丁卯卜：子其往田，从阦西捞，遘獸。子占曰：不三其一。孚。
290.8		乙未卜：呼多賈艮西饗。用。矢（昃）。
290.9	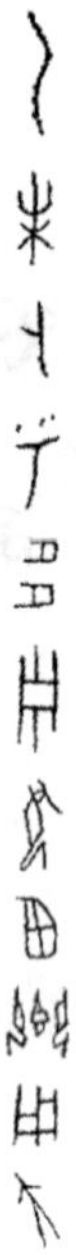	乙未卜：呼多賈艮西饗。用。矢（昃）。
290.12		乙未卜：子其使崖（徵）往西哭子媚，若。

316.3	癸丑卜：翌日甲寅往田。子占曰：其往。用。从西。
332	辛未卜：西饗（向）敫（虩）。
355.4	丙午卜：其入自西祭，若，于妣己酉（酒）。用。

囟

113.17	册四十牛妣庚，囟[奉（禱）]其于狩，若。
125.1	丁卜：子令庚侑有母，呼求囟，索尹子人。子曰：不于戌，其于壬人。
208.2	庚卜：西五六日至。
395.10	癸酉卜：既呼，子其往于田，囟亡事。用。
401.12	丙卜：丁呼多臣復，囟非心于不若，唯吉，呼行。
409.18	丁卜：子令，囟心。
468.1	西遘□。

卤

202.8	庚[卜：子其見（獻）]丁，鹵以。

廼

3.15	壬卜：于既𦎧廼□。
16.1	丙卜：子其往呂，𢻮乃𩚁（飲），于作𦎧廼來。
113.7	𢻮宰廼𡋯（速）丁。
113.25	夕用五羊，辛廼用五豕。
149.5	于麥（來）自伐廼𢻮牝于祖甲。用。
154.1	辛酉卜：丁先狩，廼又伐。
154.2	辛酉卜：丁其先又伐，廼出狩。
241.6	乙巳卜：于既𢻮舌，廼𢻮𦍩一祖乙。用。
252.4	叀𠝬（絕）人呼先奏，入人廼往。用。
252.5	叀𠝬（絕）人呼先奏，入人廼往。用。
265.7	辛未：歲妣庚，先莫（暮）牛𢻮，廼𢻮小宰。用。
268.8	辛未：宜𦍩一，在入卯，又肇𨛭。
286.28	辛：于既呼食廼宜。

288.4	[戊]子卜：迺□眔堇（徵）。
290.6	出自三旬迺至。
363.5	丁卯卜：爯于丁，𠂤在庭迺爯，若。用。 在𣎆。
458	孜［乃］先𣪠妍，迺入㶳。用。

示

81.1	壬子卜：其將[妣庚示]，𠬝于東官。用。
107	弜示。
184	大示五。
192	[大][示]□。
195.5	癸丑卜：其將妣庚示于𣪘東官。用。
228.15	戊子卜：吉牛于示，有剢，來又𠷎。
228.16	戊子卜：吉牛其于示，亡其剢于宜，若。
228.17	戊子卜：吉牛于示。
228.18	吉牛亦示。

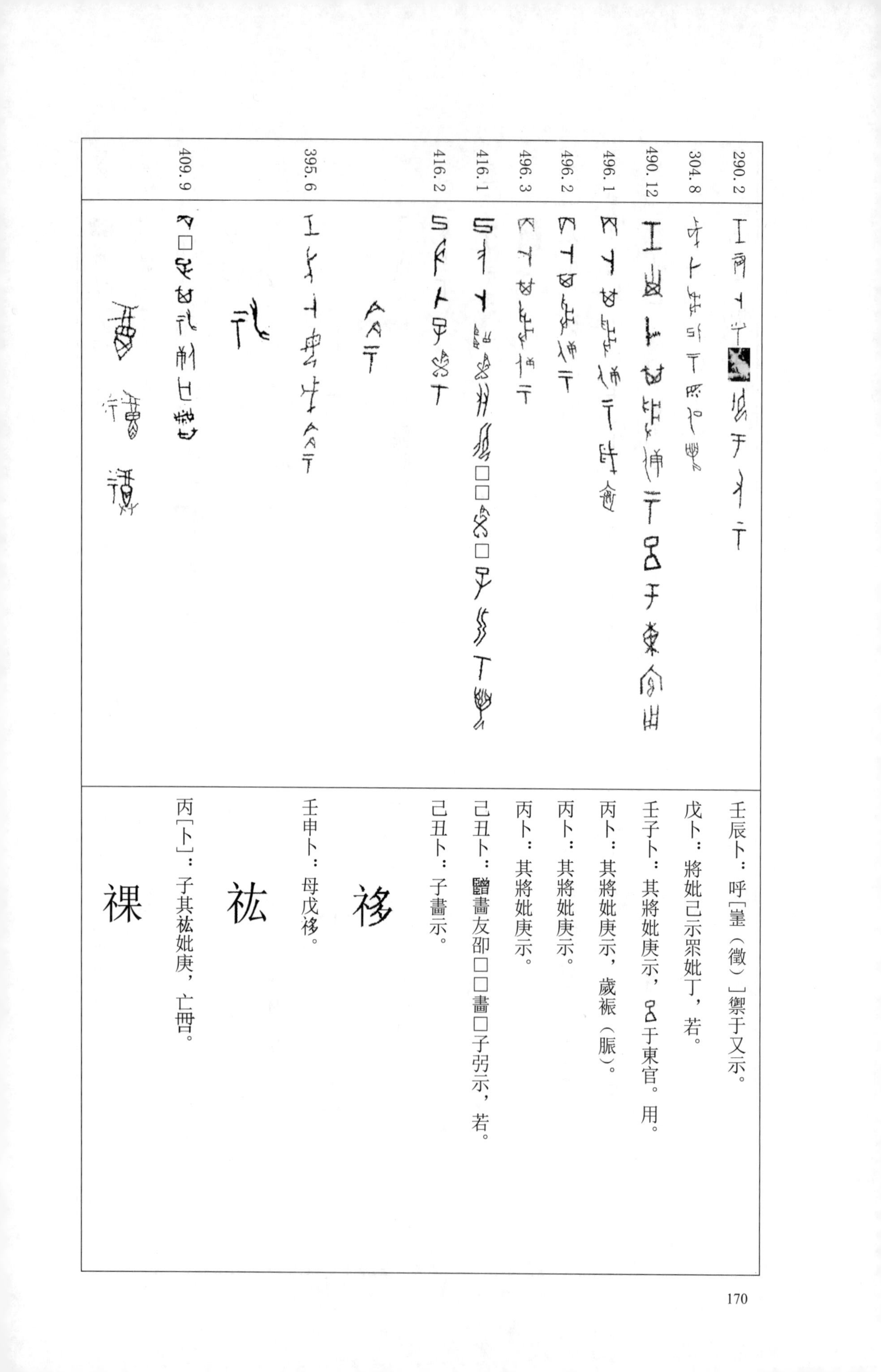

290.2	壬辰卜：呼[䡃（徵）]禦于又示。
304.8	戊卜：將妣己示眔妣丁，若。
490.12	壬子卜：其將妣庚示，𠤎于東官。用。
496.1	丙卜：其將妣庚示，歲裖（脤）。
496.2	丙卜：其將妣庚示。
496.3	丙卜：其將妣庚示。
416.1	己丑卜：𨙶畫友卲□□畫□子弜示，若。
416.2	己丑卜：子畫示。

移

395.6	壬申卜：母戊移。

祛

409.9	丙[卜]：子其祛妣庚，亡畓。

祼

226.6	戊：往裸酚（酒）伐祖乙，卯牡一，衩（祐）鬯一，口又伐。
181.5	甲卜：弜戠（待）。戠（待）裸，子其往田。
236.4	酚（酒）伐兄丁告妣庚，又裸。
376.1	戊申卜：子[裸]于妣丁。用。
395.7	壬申卜：裸于母戊，告子齒[疾]。用。
248.2	癸丑卜：子裸新鬯于祖甲。用。
248.3	癸丑卜：子裸。
262.3	癸卜：子弜擇，燕受丁裸。
314.5	丙子卜：子夢，裸告妣庚。用。
318.2	甲子卜：二鬯裸祖甲口歲鬯三。
318.3	甲子[卜]：二鬯裸祖甲。用。
318.4	甲子卜：二鬯裸祖甲。用。
318.5	甲子卜：裸咸鬯祖甲。用。
352.6	丙申夕卜：子有鬼夢，裸告于妣庚。用。
416.6	庚寅卜：子弜[往]裸，叀子畫。用。

459.3	癸丑卜：子裸新鬯于祖甲。用。
474.2	甲子卜：夕歲祖乙，裸告妣庚。用。
474.4	己巳卜：子裸告，其朿革于妣庚。
474.7	庚午卜：子其裸于癸子。
490.6	庚辰：子裸妣庚，有言妣庚，若。

裸

475.1	癸卯卜：瞪裸于夨（昃）。用。
493.6	壬辰卜：𡆧（向）癸子夢丁裸，子用瓚，亡至艱。
526.3	壬辰卜：子裸𠧟。
403.1	己卜：子有夢，㱿裸，亡至艱。

衩（祐）

4.1	甲寅：歲祖甲白豭一，衩（祐）鬯一，皂自西祭。
26.7	丙：歲妣庚豼，衩（祐）鬯，告夢。
26.8	丙：歲妣庚豼，衩（祐）鬯，[告]夢。

34.3		甲辰：歲祖甲牢，衩（祐）一鬯。
34.6		乙巳卜：歲祖乙牢，衩（祐）鬯一，祖甲□丁各。
37.8		丁酉：歲祖甲羓一，衩（祐）鬯一。在麗。
37.9		丁酉：歲祖甲羓一，衩（祐）鬯一。在麗。
37.12		甲辰：歲妣庚羓一，衩（祐）鬯。在麗。
37.25		乙卯：歲祖乙豭，衩（祐）鬯一。
63.7		乙卯：歲祖乙豭一，衩（祐）鬯一。
149.1		甲午：歲祖甲牝一，衩（祐）鬯一，□祝大牝。
149.10		甲寅：歲祖甲白豭，衩（祐）鬯一，又皀。
157.3		甲戌卜：衩（祐）鬯祖甲一。用。
157.4		甲戌卜：衩（祐）鬯祖甲二。用。
170.3		甲寅：歲祖甲白豭一，衩（祐）鬯一，皀自西祭。
195.6		乙卯：歲豭，衩（祐）鬯祖乙。用。
198.1		乙亥：歲祖乙□，衩（祐）鬯一。
226.6		戊：往裸彭（酒）伐祖乙，卯牡一，衩（祐）鬯一，口又伐。

237.4		甲子：歲祖甲白豭，衩（祐）㞢一。
237.7		甲戌：歲祖甲牢，幽廌，白豭，衩（祐）一㞢。
237.8		甲戌：歲祖甲牢，幽廌，白豭，衩（祐）二㞢。
237.9		乙亥：歲祖乙牢，幽廌，白豭，衩（祐）二㞢。
237.10		乙亥：歲祖乙牢，幽廌，白豭，衩（祐）㞢二。
240.9		庚午：歲妣庚豭一，衩（祐）㞢一。
240.10		庚午：歲妣庚豭一，衩（祐）㞢一。
276.4		乙夕卜：歲十牛妣庚，衩（祐）㞢五。用。在呂。
321.4		庚申：歲妣庚小牢，衩（祐）㞢一，祖乙延，子饗。
426.1		癸巳卜：暋甲歲祖甲牡一，衩（祐）㞢一，于日出。用。
426.2		甲午：歲祖甲牡一，衩（祐）㞢一。
426.5		乙未：歲祖乙牝一，衩（祐）㞢一。
449.6		甲戌：歲祖甲𤘲，衩（祐）㞢。
459.5		乙卯：歲祖乙豭一，衩（祐）㞢一。
459.6		甲子：歲祖甲白豭一，衩（祐）㞢一。

463.1		癸卯：歲祖乙羌一，𥘅（祐）鬯一。在[麗]，子祝。
463.2		甲辰：歲妣庚羌一，𥘅（祐）鬯一。在麗。
491		庚午：酌（酒）革妣庚二小宰，𥘅（祐）鬯一。在㹜，來自狩。
142.5		乙亥：夕歲祖乙二牢勿（物）牛白豭𥘅（祐）鬯一，子祝。
243		乙亥夕：酌（酒）伐一[于]祖乙，卯𤘺。
161.1		辛未：歲祖乙黑牡一，𥘅（祐）鬯一，子祝曰：毓（戚）祖非曰云兕正，祖唯曰彔畎不又釀（擾）。
243		乙亥夕：酌（酒）伐一[于]祖乙，卯𤘺五，羌五，𥘅（祐）一鬯，子肩禦往。
291.2		甲申：歲祖甲小宰，𥘅（祐）鬯一，子祝。在麗。
291.3		乙酉：歲祖乙小宰豭，𥘅（祐）鬯一。
291.4		乙酉：歲祖乙小宰豭，𥘅（祐）鬯一，𢦏祝。在麗。
354.4		甲申：歲祖甲小宰。𥘅（祐）鬯一，子祝。在麗。
392.1		辛未：歲祖乙黑牡，𥘅（祐）鬯一，子祝。

祝

8	□[子]祝。
149.1	甲午：歲祖甲牝一，祋（祐）鬯一，□祝大牝。
214.1	辛未卜：子弜祝。用。
214.2	辛未卜：子弜祝。用。
286.21	己卜：其彡（酒）三牛作祝，叀之用妣庚。用。
286.22	己卜：其彡（酒）三牛作祝，叀之用妣庚。用。
372.6	甲午卜：歲祖□叀祝。
361.1	丙卜：子既祝，有若，弗左妣庚。

日

3.8	庚卜：五日子臧絞（瘳）。
5.11	□今日曰婦好。
6.1	甲辰夕：歲祖乙黑牡一，叀子祝。若，祖乙侃。用。翌日舌。

34.14	己酉卜：翌日庚，子呼多臣燕見（獻）丁。用。不率。
85.3	終小甲日，子呼狩。
87.2	庚申卜：子益商，日不雨。孚。
103.4	己巳卜：雨其延。子占曰：其延終日。用。
106.8	壬卜：于日雋（稱）㲋牝妣庚，入又圅于丁。用。
139.3	丁卜：日雨。
144.2	□未，南三日有至。
150.2	己酉夕：翌日舌妣庚黑牡一。
159.1	癸未卜：今月六日□于生月有至南。子占
	曰：其有至，冟月爰。
180.7	辛未：歲祖甲黑牡一。日雨。
183.11	癸卜：不稽旬日雨。
191.2	戊卜：其日用騩，不坚。
191.3	弜日用，不坚。
196.3	戊申卜：弜日用馬，于之力。
198.2	辛卯卜：子隣宜，至二日。用。

198.3		辛卯卜：子隮宜，至三日。不用。
208.2		庚卜：西五六日至。
218.1		丙辰卜：子炅叀今日匄黍于婦，若。用。
227		癸亥夕卜：日延雨。子占曰：其延雨。用。
249.6		己卜：弜告季于[今]日。
249.7		己卜：弜告季今日[歸]。
256.2		壬卜：三日雨至。
256.3		壬卜：五日雨至。
271.1		甲夕卜：日雨。子曰：其雨小。用。
271.2		甲夕卜：日不雨。
286.20		己卜：于日羞中改三牛妣庚。
290.4		癸巳卜：自今三旬有至南。弗[illegible]（及）三旬，二旬又三日至。
297		己未卜：子其尋宜，叀往于日。用。往[illegible]。
335.2		甲辰：宜[丁]牝一，[丁]各，夨（昃）于我，翌日于大甲。

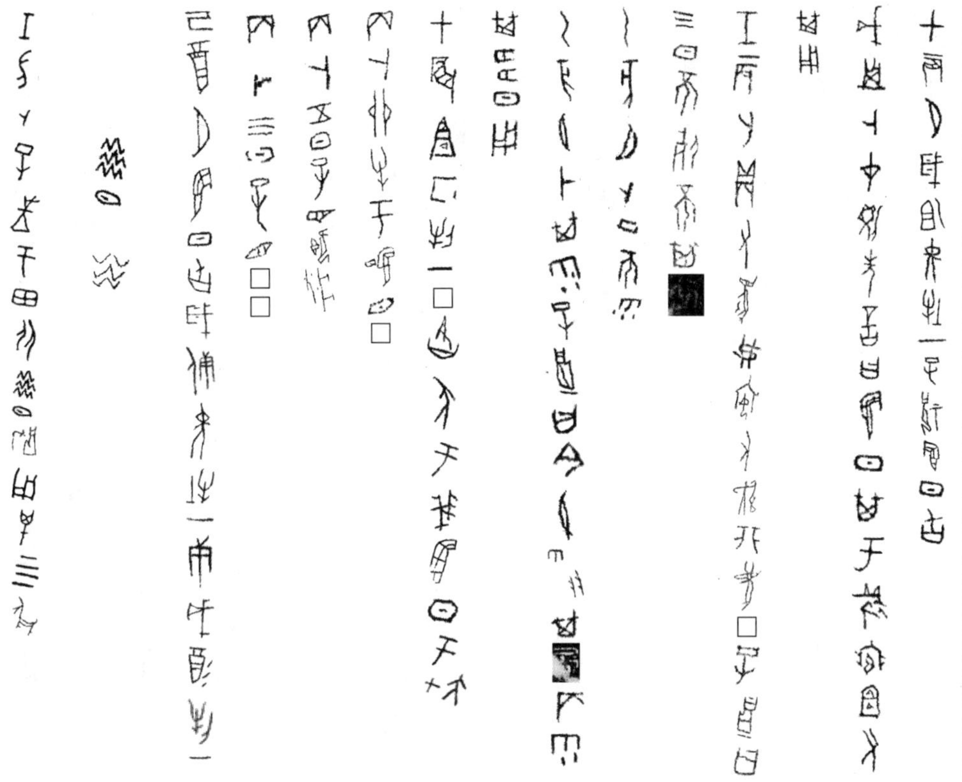

350	甲辰夕：歲祖乙黑牡一，子祝，翌日舌。
351.5	戊子卜，在，言曰：翌日其于舊官宜。允其。用。
369	壬辰卜，貞：右馳弗安，有趡，非鷹□。子占曰：三日不死，不其死。
400.1	乙亥夕卜：日不雨。
400.2	乙亥夕卜：其雨。子占曰：今夕雪，其于丙雨，其多日。用。
420.2	甲辰：宜丁牝一，[丁]各，夨（昃）于我，翌日于大甲。
446.10	丙卜：卯牛于曜日。[用]。
446.12	丙卜：五日子目既疾。
446.13	丙卜：三日子目□[疾]。
457	己酉夕：翌日舌歲妣庚黑牡一。庚戌彭（酒）牝一。

昔

35.1	壬申卜：子往于田，从昔斮。用。擒四鹿。

295.3	辛酉卜：从曰昔飤，擒。子占曰：其擒。用。三鹿。
395.5	壬申卜：子其往于田，［从］昔飤用。
295.3	辛酉卜：从曰昔飤，擒。子占曰：其擒。用。三鹿。

月

337.5	十月丁出狩。
159.1	癸未卜：今月六日□于生月有至南。子占曰：其有至，𣪕月叜。
262.2	癸卜：丁步今戌。卲月，在𣎵。

夕

6.1	甲辰夕：歲祖乙黑牡一，叀子祝，若，祖乙侃。用。翌日舌。
7.10	乙卯夕卜：子弜往田。用。
7.11	乙卯夕卜：子弜畲（飲）。用。
9.1	丙寅夕：宜在新束，牝一。

9.2		丙寅夕：宜在新朿，牝一。
9.3		丙寅夕卜：由櫢（虞）于子。
9.4		丙寅夕卜：侃，不櫢（虞）于子。
10.1		乙未卜：子宿在𠂤，終夕□圭自□。子占曰：不[擒]。
39.19		夕：歲小宰暒妣庚。
67.1		乙亥夕：歲祖乙黑牝一，子祝。
67.2		乙亥夕：歲祖乙黑牝一，子祝。
97		乙卯夕：宜豼一。在入。
103.1		丁卯卜：雨不至于夕。
103.2		丁卯卜：雨其至于夕。子占曰：其至，亡暒戊。用。
103.5		己巳卜，在㚤：其雨。子占曰：今夕其雨，若。己雨，其于暒庚亡司（嗣）。用。
103.6		己巳卜，在㚤：庚不雨。子占曰：其雨，亡司（嗣）夕雨。用。
113.25		夕用五羊，辛酉用五豕。
139.2		乙夕卜：丙不雨。

149.2	己亥卜：叀今夕爯戚[illegible]，若，侃。用。
150.2	己酉夕：翌日舌妣庚黑牡一。
161.2	乙亥夕：歲祖乙黑牡一，子祝。
178.4	癸卯夕：歲妣庚黑牝一，在入，陟盄。
178.8	己酉夕：伐羌一，在入。庚戌宜一牢，發。
178.9	己酉夕：伐羌一，在入。
227	癸亥夕卜：日延雨。子占曰：其延雨。用。
234.1	丙寅夕卜：子有言在宗，唯侃。
234.2	丙寅夕卜：非侃。
252.7	戊寅夕：宜秜一。在入。
252.8	戊寅夕：宜秜一。在[入]。
271.1	甲夕卜：日雨。子曰：其雨小。用。
271.2	甲夕卜：日不雨。
276.4	乙夕卜：歲十牛妣庚，衩（祐）鬯五。用。在呂。
276.5	乙夕卜：叀今茂妣庚。
276.6	乙夕卜：于曌茂妣庚。用。

278.10	夕：白豕𤘘，彭（酒）二牢。
303	癸酉夕卜：乙丁出。子占曰：丙其。
335.1	丁酉卜：今夕□往[illegible]。
343.1	甲戌卜：其夕又伐祖乙，卯鹰。
350	甲辰夕：歲祖乙黑牡一，子祝，翌日舌。
352.2	壬辰：子夕呼多尹□叱南豕，弗遘。子占曰：弗其遘。用。
352.6	丙申夕卜：子有鬼夢，祼告于妣庚。用。
376.3	己酉夕：伐羌一。在入。庚戌宜一牢，發。
378.1	戊戌夕卜：㬱[己]，子[求]豕，遘，擒。子占曰：不三其一。用。
381.1	戊戌夕卜：㬱己，子其[逐]，从圭人嚮（向）敝（虣），遘。子占曰：不三其一。其二，其有邁（奔馬）。用。
400.1	乙亥夕卜：日不雨。
400.2	乙亥夕卜：其雨。子占曰：今夕雪，其于丙雨，其多日。用。

401.5		乙夕卜：歲十牛妣庚于吕。用。
421.1		壬辰夕卜：其宜羌一于妣，若。用。
421.2		壬辰夕卜：其宜羌一于妣，若。用。
437.5		庚申夕卜：子其呼卣剢于[illegible]，若。用。
439.4		大庚[illegible]于夕，其。
446.11		丙卜：夕又伐妣庚。
451.6		壬午夕：歲犬一妣庚。
451.7		壬午夕：歲犬一妣庚。
457		己酉夕：翌日舌歲妣庚黑牡一。庚戌酌（酒）牝一。
472.4		于庚夕酌（酒）。
474.2		甲子卜：夕歲祖乙，祼告妣庚。用。
475.6		庚戌卜：丁各。用。夕。
475.7		庚戌卜：丁各。用。夕。
533		戊卜：夕□。
146.2		己酉卜：今夕丁往[illegible]。
146.3		今夕丁不往[illegible]。

云

编号	释文
161.1	辛未：歲祖乙黑牡一，又（祐）𠤱一，子祝。曰：毓（戚）祖非曰云兕正，祖唯曰录畋不又醧（擾）。

旬

编号	释文
5.9	乙亥卜：至旬□。
112	五旬。
183.11	癸卜：不稽旬日雨。
266.1	其稽五旬□。
266.2	三旬。
266.3	弗稽五旬。
277.2	一旬。
277.4	其稽五旬。
277.5	弗稽五旬。
290.4	癸巳卜：自今三旬有至南。弗稽三旬，二旬又

	三日至。
290.6	出自三旬迺至。
430.1	旬貞亡多子憂。
430.2	旬□亡□。
474.9	辛巳卜：于癸攺旬牛。不用。于甲攺。
487.3	甲戌：酌（酒）上甲，旬歲祖甲羌一，歲祖乙羌一，歲
	妣庚彘一。
539	三旬。

雨

10.2	乙未卜，在𬻰：丙[不雨]。子占曰：不其雨。孚。
10.3	其雨。不用。
82.3	□亦[雨]。
87.2	庚申卜：子益商，日不雨。孚。
87.4	其雨。不孚。
103.1	丁卯卜：雨不至于夕。

103.2		丁卯卜：雨其至于夕。子占曰：其至，亡啓戊。用。
103.3		己巳卜：雨不延。
103.4		己巳卜：雨其延。子占曰：其延終日。用。
103.5		己巳卜，在㚸：庚不雨。子占曰：其雨，亡司（嗣）夕雨。用。
103.6		己巳卜，在㚸：其雨。子占曰：今夕其雨，若。己雨，其于啓庚亡司（嗣）。用。
139.2		乙夕卜：丙不雨。
139.3		丁卜：日雨。
139.4		丁卜：不雨。
149.6		庚戌卜：雨禦宜，啓壬子延酌（酒），若。用。
162.4		己卜：自又二祖禦雨。
180.7		辛未：歲祖甲黑牡一。日雨。
183.11		癸卜：不稽旬日雨。
227		癸亥夕卜：日延雨。子占曰：其延雨。用。
244.1		丁卯卜：既雨，子其往于田，若。孚。

252.3		丁丑卜：其彈于𡧊，叀入人，若。用。子占曰：毋有孚，雨。
256.2		壬卜：三日雨至。
256.3		壬卜：五日雨至。
258.4		于日雨入。
271.1		甲夕卜：日雨。子曰：其雨小。用。
271.2		甲夕卜：日不雨。
301.2		巳其雨。
400.1		乙亥夕卜：日不雨。
400.2		乙亥夕卜：其雨。子占曰：今夕雪，其于丙雨，其多日。用。
400.3		丁卜：雨不[延]于庚。
400.4		丁卜：[雨]其[延]于庚。子占曰：□。用。
449.8		乙亥：歲祖乙，雨禦，舌彡牢牝一。
451.8		丙戌卜：子其往于𡉚，若。用。子不宿雨。
484.8		壬卜：其遘雨。

123.3		辛酉卜：子其改黑牝，唯徝往，不雨。用。 妣庚□。
		雪
400.2		乙亥夕卜：其雨。子占曰：今夕雪，其于丙雨， 其多日。用。
		及
290.4		癸巳卜：自今三旬有至南。弗及（及）三旬，二旬又 三日至。
		𢀛
159.1		癸未卜：今月六日□于生月有至南。子占 曰：其有至，𢀛月爰。
336.1		甲寅卜：乙卯子其學商，丁侃。子占曰：其有𢀛 艱。用。子臀。

		水
59.2		壬申卜，目喪火言曰：其水，允其水。
59.3		壬申卜：不允水。子占曰：不其水。
		[illegible]
465.4		乙□[illegible]□。
		河
36.4		丁卜：其涉河狩。
36.6		其涿河狩，至于糞。
		巛
176.1		丁丑卜：子禦于妣甲，酉牛一，又鬯一，亡災，入商彰（酒）。在麗。
206.2		子弜叀舞戉，于之若。用。多万有災，引棘（急）。

247.14		丁亥卜：子炅其往，亡災。

涿

36.6		其涿河狩，至于粪。

濘

467.2		戊戌卜，在濘：子射，若。不用。
467.3		戊戌卜，在濘：子弜射，于之若。

137.3		叀口用。

生

113.26		傳五牛酌（酒）發以[生]于庚。
159.1		癸未卜：今月六日□于生月有至南。子占曰：其有至，盄月爰。

封

71	封。
172	封十。

莫（暮）

265.7	辛未：歲妣庚，先莫（暮）牛改，迺改小宰。用。
286.25	己卜：莫（暮）改，卯三牛妣庚。
286.26	己卜：莫（暮）改，卯三牛妣庚。
314.1	甲戌卜：莫（暮）改祖乙歲。用。
340.3	莫（暮）酌（酒），宜一牢，伐一人。用。
451.1	己巳卜：暨庚歲妣庚黑牛又羊，莫（暮）改。用。

𡳿

36.1	丁卜，在[illegible]：其東狩。
36.3	不其狩，入商。在[illegible]。

出處	釋文
262.2	癸卜：丁步今戌。卲月，在。
	喪
59.2	壬申卜，目喪火言曰：其水，允其水。
11.2	椿壴彭。
84.2	。
137.1	丙往扁，。
137.3	叀口用。
	柬
228.8	丁亥卜：吉牛柬于宜。
474.4	己巳卜：子裸告，其柬革于妣庚。
522	賈馬其柬。
525	柬□，自賈馬□。

	祁
206.2	子弜叀舞戊，于之若。用。多万有災，引棘（急）。
	柛
53.9	戊卜：以酉（酒）楅柛。
53.10	戊卜：其楅柛。
	㮯
235.2	其在㮯若。
	𣛭
3.2	[丙]卜：丁不延𣛭（虞）。
3.4	丁不延𣛭（虞）。
3.3	丁延𣛭（虞）。
3.14	壬卜：子其往田，丁不𣛭（虞）。

9.3		丙寅夕卜：由㯻（虞）于子。
9.4		丙寅夕卜：侃，不㯻（虞）于子。
28.4		丙卜：丁㯻（虞）于子，唯亲齒。
28.5		丙卜：丁㯻（虞）于子，由从中。
38.5		壬卜：丁聞子呼[視]戎，弗作㯻（虞）。
69.6		己卜：丁終㯻（虞）于子疾。
69.7		己卜：丁終不㯻（虞）于子疾。
181.3		甲卜：子其往田。曰有求（咎），非㯻（虞）。
181.17		己卜：丁㯻（虞），不๑。
183.9		壬卜：丁不㯻（虞）延。
183.8		壬卜：丁㯻（虞）。
249.23		戊卜：子其往曼。曰：有求（咎），非㯻（虞）。
255.8		戊寅卜：舟嚨告晌，丁弗㯻（虞），侃。
257.10		□妣庚[陕告]亡㯻（虞）。
300.2		唯㯻（虞）。
401.13		丙卜：子其往䙴。曰：有[求（咎）]，非㯻（虞）。

尞

编号	释文
249.18	在亳卜：尞[妣庚]□。
286.9	壬卜：其尞妣庚，于茲束告，有彔，亡延𢓊。
286.14	叀七羊尞妣庚。
286.15	癸卜：甲其尞十羊妣庚。
286.16	癸卜：𢦔（待），弜尞于妣庚。
286.17	癸卜：其尞羊妣庚。
286.12	叀三羊尞妣庚。
286.13	叀五羊尞妣庚。

桒

编号	释文
113.17	冊四十牛妣庚，囟[桒（禱）]其于狩，若。
187.3	□腹，桒（禱）妣庚。

奏

5.15	丙子卜，在⿰曰：其奏。
86.1	丙辰卜：延奏商，若。用。
150.5	丙辰卜：延奏商。用。
252.4	叀劓（絕）人呼先奏，入人廼往。用。
252.5	叀劓（絕）人呼先奏，入人廼往。用。
293.4	辛未卜：子弜告奏。不用。
382	丙辰卜：延奏商，若。用。
510	不奏。
259.1	辛巳卜：新馳于以，舊在麗入。用。子占曰：奏艱。孚。

求

14.3	乙酉卜：子于㽙丙求阸南丘豕，遘。
16.2	丙卜：子往吕，曰有求（咎）。曰往吕。
50.3	乙未卜：子其田从圭，求豕，遘。用。不豕。
50.4	乙未卜：子其[往]田，叀豕求，遘。子占曰：其遘。

	不用。
50.6	乙未卜：子其往田叀鹿求，遘。用。
53.1	丙卜：子其往呂。曰有求（咎）。曰往呂。
102.3	乙卜，貞：二卜有求（咎），唯見，今有心敫，亡憂。
124.12	妣庚求（咎）。
125.1	丁卜：子令庚侑有母，呼求囟，索尹
	子人。子曰：不于戊，其于壬人。
286.5	壬卜：子有求（咎），曰：□贾。
286.6	壬卜：子有求（咎），曰：取紤曼。
286.7	壬卜：子有求（咎），曰：視剢（絕）官。
286.8	壬卜：子有求（咎），曰：往[illegible]。
378.1	戊戌夕卜：曜[己]，子[求]豕，遘，擒。子占曰：
	不三其一。用。
384.1	壬卜：子有求（咎），曰：往兮皀。
384.2	壬卜：子有求（咎），曰：視丁官。
487.2	甲寅卜：乙卯子其學商，丁侃。子占曰：有求（咎）。

用。子臀。

181.3 甲卜：子其往田。曰有求（咎），非橆（虞）。

249.23 戊卜：子其往曼。曰：有求（咎），非橆（虞）。

豙（遂）

59.1 辛未卜：子其亦豙（遂），往田，若。用。

禾

146.4 庚戌卜：其匄禾馬賈。

146.5 庚戌卜：弜匄禾馬。

146.6 庚戌卜：其匄禾馬賈。

柬（梨）

371.3 庚子卜：子告其柬（梨）于婦。

371.4 子弜告其柬（梨）。

季

249.6	己卜：弜告季于[今]日。
249.7	己卜：弜告季今日[歸]。
249.13	己卜：其告季于丁，侃。
249.14	己卜：其[告]季于丁，侃。

季母

139.1	乙卜：季母亡不若。

稽

183.11	癸卜：不稽旬日雨。
266.1	其稽五旬□。
266.3	弗稽五旬。
277.4	其稽五旬。
277.5	弗稽五旬。

366.1	乙丑卜：皀□宗，丁稽乙亥不出狩。
366.2	乙丑卜：丁弗稽乙亥其出。子占曰：庚辛出。

及

43	庚卜：子䵹及□。

來

16.1	丙卜：子其往吕，攺乃酓（飲），于作𨸏迺來。
85.5	歲二羊于庚，告發來。
183.1	丙卜：丁來視子舞。
226.7	庚申：歲妣庚牡一。子占曰：面[illegible]自來多臣殿。
228.15	戊子卜：吉牛于示，有剢，來又[illegible]。
255.2	甲寅卜：弜言來自西，祖乙口又伐。
480.1	丙寅卜：丁卯子勞丁，爯黹圭一聯九。在[illegible]。來狩自斝。
480.3	癸酉，子炅在[illegible]：子呼大子禦丁宜，丁丑王入。

編號	甲骨文	釋文
		用。來狩自畀。
480.6		丙子：歲祖甲一牢，歲祖乙一牢，歲妣庚一牢。在剢（絕），來自畀。
491		庚午：酌（酒）革妣庚二小宰，祋（祐）鬯一。在犾，來自狩。

麥

編號	甲骨文	釋文
149.4		丁未卜：其禦自祖甲祖乙至妣庚，冊二牢，麥（來）自皮鼎酌（酒）興。用。
475.9		辛亥卜，子曰：余丙壷（速）。丁命子曰：往眔婦好于曼麥。子壷（速）。禦。

登（登）

編號	甲骨文	釋文
39.2		登妣己友彘。
39.3		登妣己友彘。
214.5		戊寅卜：歲祖甲小宰，祖乙小宰，登自西祭，

		子祝。
363.3		辛卜：歲祖□羌，登自丁[黍]。在[斝]，祖甲[延]。
416.4		庚寅：歲妣庚小宰登自丁黍。
416.5	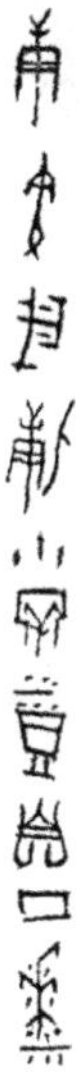	庚寅：歲妣庚小宰登自丁黍。
		**乎食**
35.2		壬申卜：既呼食，子其往田。用。
286.28		辛：于既呼食廼宜。
		**黍**
379.2		丙辰卜，子㒸：丁往于黍。
393		□黍。
416.4		庚寅：歲妣庚小宰登自丁黍。
416.5	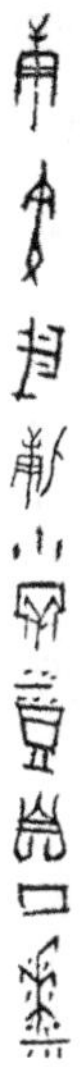	庚寅：歲妣庚小宰登自丁黍。
48		癸亥：歲子癸羌一，皀自丁黍。
171.2		乙巳：歲祖乙三[豕]，子祝，皀黍。在□。

218.1	丙辰卜：子炅叀今日勾黍于婦，若。用。
218.2	丙辰卜：子炅其勾黍于婦，若，侃。用。
379.1	丙辰卜：子其勾黍于婦，叀配呼用。

牛

27	庚卜，在麓：歲妣庚三牡，又鬯二，至禦，冊百牛又五。
29.1	丙寅卜：其禦，唯賈視馬于癸子，叀一伐一牛一鬯，冊夢。用。
32.1	庚卜，在麓：歲妣庚三牡，又鬯二，至禦，冊百牛又五。
38.4	壬卜：子其入鳫牛于丁。
39.8	叀牛。
53.7	戊卜：子[其]益𢆶舞，冊二牛妣庚。
69.8	辛卜：子□牛□。
69.9	子其□牛，黑□。

113.15	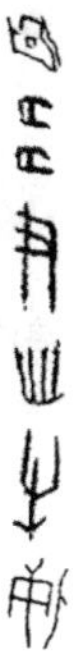	面多尹四十牛妣庚。
113.16		五十牛入于丁。
113.17		冊四十牛妣庚，囟[𠦪（禱）]其于狩，若。
113.18		三十牛入。
113.26		傳五牛酓（酒）發以[生]于庚。
113.27		叀三牛于妣庚。
120.1		□牛□。
139.6		己卜：叀廌牛妣庚。
139.7		庚卜：在𦎫叀牛妣庚。
142.3		祝，于白一牛用，𠂈歲祖乙用，子祝。
142.5		乙亥：𠂈歲祖乙二牢、勿（物）牛白豭（祐）鬯一，子祝。
176.1	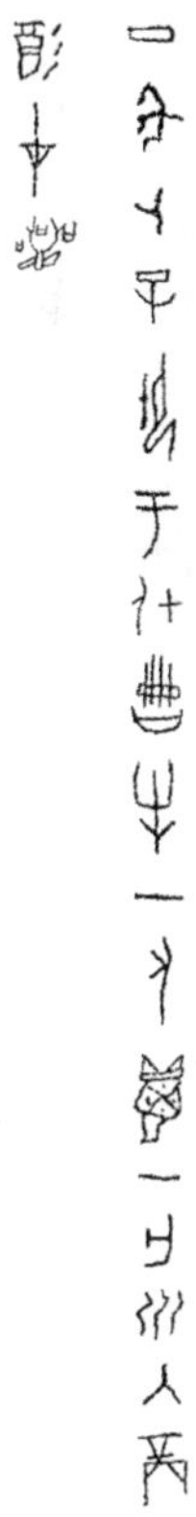	丁丑卜：子禦于妣甲，冊牛一，又鬯一，亡災，入商酓（酒）。在麗。
176.2		丁丑卜：子禦妣甲，冊牛一，鬯一。用。
181.24		辛卜：禦子舞豭，改一牛妣庚，冊宰，又鬯。

181.25		辛卜：禦子舞衩，敚一牛妣庚，𠕋宰，又鬯。
203.8		丙卜：叀十牛肇丁。用。
204.1		又歲牛于妣己。
223.7		戊卜：其宜卯牛。
223.9		己卜：歲牛妣己。用。
228.1		辛巳卜：吉牛于宜。
228.8		丁亥卜：吉牛柬于宜。
228.9		丁亥卜：吉牛皆于宜。
228.10		吉牛于宜。
228.11		吉牛其于宜，子弗艱。
228.12		丁亥卜：吉牛于宜。
228.13		吉牛于宜。
228.14		丁亥卜：吉牛于宜。
228.15		戊子卜：吉牛于示，有剢，來又𠕋。
228.16		戊子卜：吉牛其于示，亡其剢于宜，若。
228.17		戊子卜：吉牛于示。

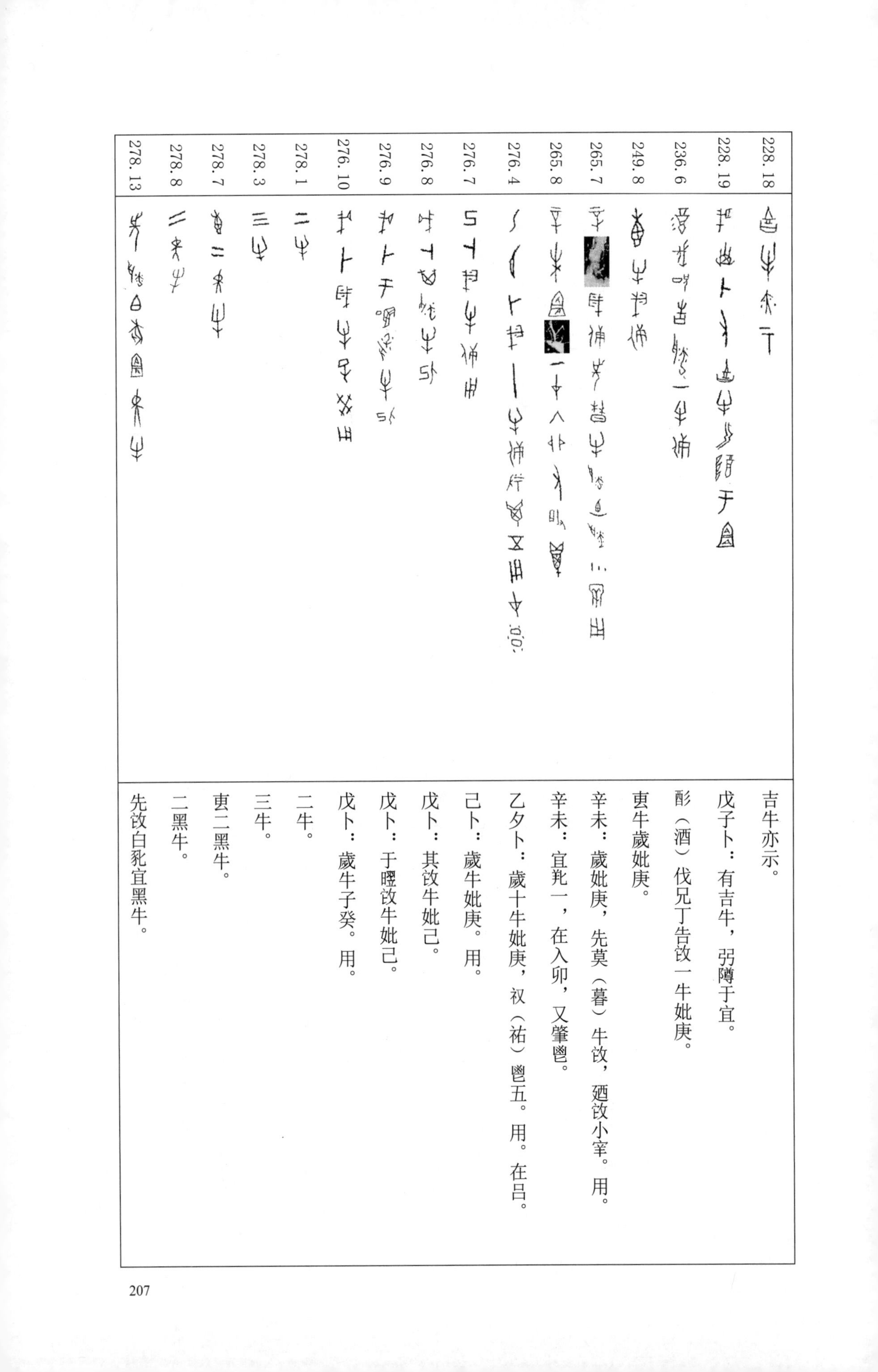

228.18	吉牛亦示。
228.19	戊子卜：有吉牛，弜隮于宜。
236.6	彭（酒）伐兄丁告攺一牛妣庚。
249.8	叀牛歲妣庚。
265.7	辛未：歲妣庚，先莫（暮）牛攺，迺攺小宰。用。
265.8	辛未：宜羌一，在入卯，又肇鬯。
276.4	乙夕卜：歲十牛妣庚，衩（祐）鬯五。用。在呂。
276.7	己卜：歲牛妣庚。用。
276.8	戊卜：其攺牛妣己。
276.9	戊卜：于暒攺牛妣己。
276.10	戊卜：歲牛子癸。用。
278.1	二牛。
278.3	三牛。
278.7	叀二黑牛。
278.8	二黑牛。
278.13	先攺白豕宜黑牛。

286.20		己卜：于日羞中攺三牛妣庚。
286.21		己卜：其酌（酒）三牛作祝，叀之用妣庚。用。
286.22		己卜：其酌（酒）三牛作祝，叀之用妣庚。用。
286.23		己卜：其三牛妣庚。
286.24		己卜：其在用，卯三牛妣庚。
286.25		己卜：莫（暮）攺，卯三牛妣庚。
286.26		己卜：莫（暮）攺，卯三牛妣庚。
289.6		丙寅：其禦，唯賈視馬于癸子，叀一伐、一牛、一鬯，[冊]夢。用。
299.2		有吉牛，叀之攺。
299.3		叀白一牛。
320.6		庚卜，在𪊨：歲妣庚三牡，又鬯二，至禦，冊百牛又五。
345.3		叀一牛。
345.7		叀一牛。
365.2		□牛□。

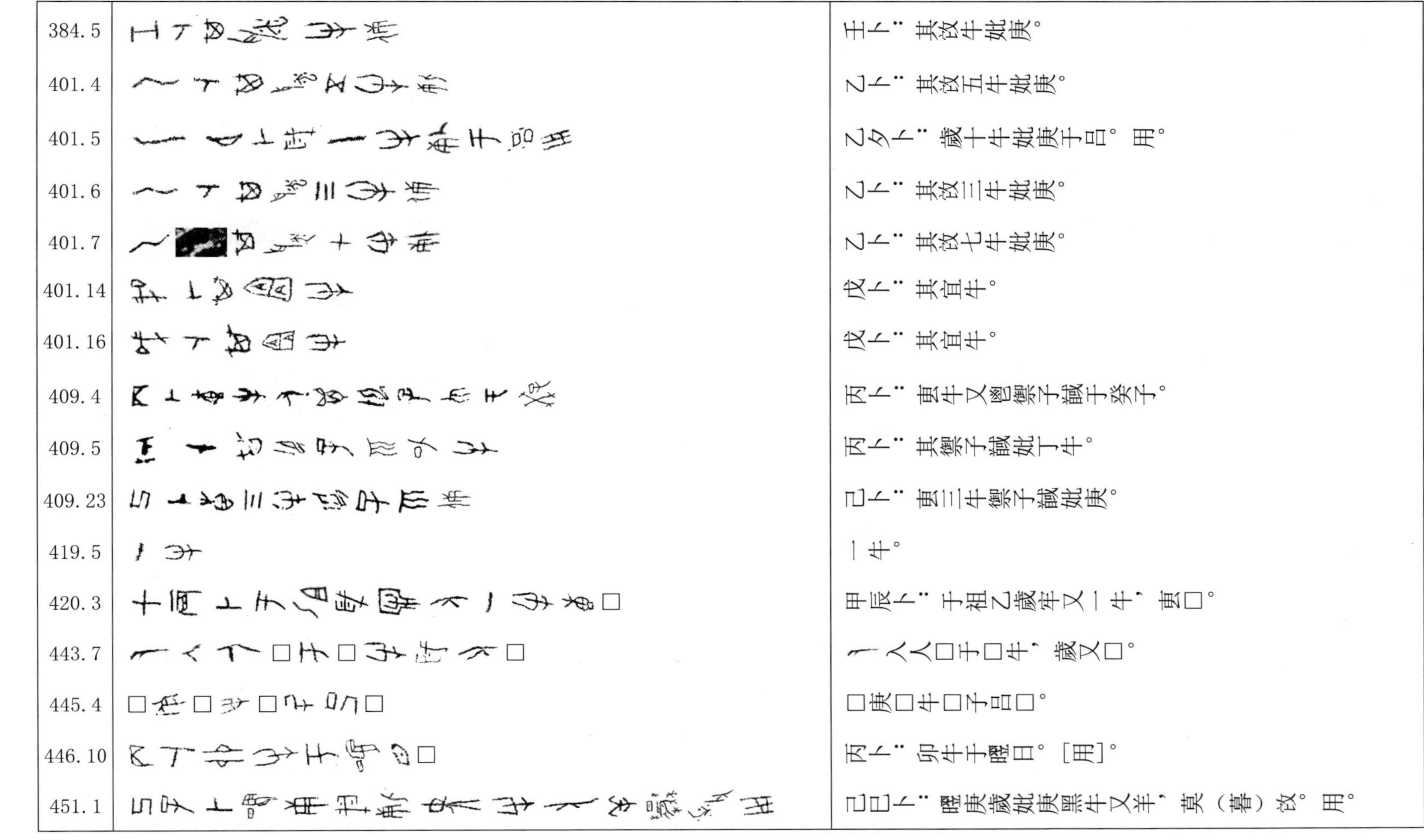

384.5		壬卜：其攺牛妣庚。
401.4		乙卜：其攺五牛妣庚。
401.5		乙夕卜：歲十牛妣庚于吕。用。
401.6		乙卜：其攺三牛妣庚。
401.7		乙卜：其攺七牛妣庚。
401.14		戊卜：其宜牛。
401.16		戊卜：其宜牛。
409.4		丙卜：叀牛又𢀛禦子䖣于癸子。
409.5		丙卜：其禦子䖣妣丁牛。
409.23		己卜：叀三牛禦子䖣妣庚。
419.5		一牛。
420.3		甲辰卜：于祖乙歲牢又一牛，叀□。
443.7		丆入人□于□牛，歲又□。
445.4		□庚□牛□子吕□。
446.10		丙卜：卯牛于䁠日。[用]。
451.1		己巳卜：䁠庚歲妣庚黑牛又羊，莫（暮）攺。用。

474.9	 辛巳卜：于癸攺旬牛。不用。于甲攺。

牢

17.1	 甲辰：歲祖甲一牢，子祝。
17.2	 乙巳：歲祖乙一牢，⿰祝。
34.3	 甲辰：歲祖甲牢，衩（祐）一鬯。
34.6	 乙巳卜：歲祖乙牢，衩（祐）鬯一，祖甲□丁各。
56	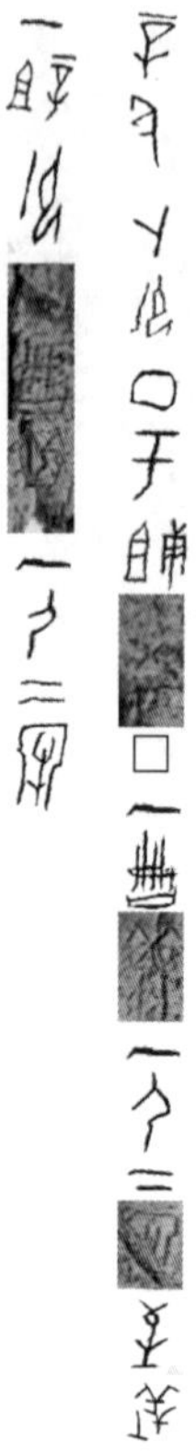 辛丑卜：禦丁于祖庚至□一，毌羌一人二牢；至䄜一祖辛禦丁，毌羌一人二牢。
70.1	 三牢。
70.3	 三牢。
115.2	 乙巳：歲祖乙牢牝，⿰于妣庚小宰。
142.4	 祝，于二牢用，⿰歲祖乙用，子祝。
142.5	 乙亥：⿰歲祖乙二牢勿（物）牛白豭衩（祐）鬯一，子祝。
149.4	 丁未卜：其禦自祖甲祖乙至妣庚，毌二牢，麥（來）

		自皮鼎彭（酒）興。用。
149.12		甲戌：歲祖甲牢幽鷹，祖甲侃子。用。
163.1		庚午卜，在[illegible]：禦子齒于妣庚，[𠱩]牢，勿（物）牝，白豕。用。
163.2		□又齒于妣庚，𠱩牢，勿（物）牝，白豕至豝一。用。
169.2		甲辰卜：歲祖乙牢，叀牡。
178.8		己酉夕：伐羌一，在入。庚戌宜一牢，發。
178.11		庚戌：宜一牢，在入，發。
178.12		庚戌：宜一牢，在入，發。
180.5		□□𢼄舌祖乙，牢牝。
226.11		庚辰卜：舌彡妣庚，用牢又牝，妣庚侃。用。
237.7		甲戌：歲祖甲牢，幽鷹，白豭，衩（祐）一鬯。
237.8		甲戌：歲祖甲牢，幽鷹，白豭，衩（祐）二鬯。
237.9		乙亥：歲祖乙牢，幽鷹，白豭，衩（祐）二鬯。
237.10		乙亥：歲祖乙牢，幽鷹，白豭，衩（祐）鬯二。
248.1		癸丑：將妣庚示，歲妣庚牢。在犾。

267.1		己亥卜：子于妋宿，夙改牢妣庚。用。
267.2		庚子：歲妣庚，在妋牢。子曰：卜未子髟。
275.8		乙亥卜：舌祖乙彡牢一牝，子亡肈丁。
278.10		夕：白豕、牡，酌（酒）二牢。
278.11		叀二勿（物）牢□白豕妣庚。
280.2		癸巳：歲妣癸一牢，𢀛祝。
294.8		乙卯卜：歲祖乙牢，子其自，弜𡍮（速）。用。
302		乙亥：歲祖乙牢，[衩（祐）]鬯一，唯禦狩往。
311		庚午：歲妣庚牢牝，祖乙延改。在[妋]。
321.4		庚申：歲妣庚小牢，衩（祐）鬯一，祖乙延，子饗。
340.2		甲午：宜一牢，伐一人。在入□。
340.3		莫（暮）酌（酒），宜一牢，伐一人。用。
376.3		己酉夕：伐羌一。在入。庚戌宜一牢，發。
420.3		甲辰卜：于祖乙歲牢又一牛，叀□。
427.3		己卯卜：庚辰舌彡妣庚，先改牢，後改牝一。用。
427.4		己卯卜：庚辰舌彡妣庚，先改牢，後改牝。用。

449.8		乙亥：歲祖乙，雨禦，舌彡牢牝一。
459.1		癸丑卜：叀二牢于祖甲。不用。
459.2		癸丑卜：叀一牢又牝于祖甲。不用。
480.6		丙子：歲祖甲一牢，歲祖乙一牢，歲妣庚一牢。在剢（絕），來自畀。
490.7		[庚]辰：歲妣庚牢，舌彡牝，後改。

牡

3.5		歲妣庚牡。
6.1		甲辰夕：歲祖乙黑牡一，叀子祝，若，祖乙侃。用。翌日舌。
37.1		癸酉卜：叀勿（物）[牡]歲祖甲。用。
37.2		癸酉卜：叀勿（物）牡歲祖甲。用。
37.13		甲辰：歲祖甲牡一，兂一。在麗。
39.4		乙：歲妣庚牡，又鬯。
39.5		乙：歲妣庚牡。

39.12	乙：歲妣庚牡，又鬯。
124.11	子夢𡴀，用牡告又鬯妣庚。
139.5	己卜：叀二牡□。
150.2	己酉夕：翌日𠯑妣庚黑牡一。
161.1	辛未：歲祖乙黑牡一，衩（祐）鬯一，子祝。曰：毓（戚）祖非曰云兒正，祖唯曰彔畋不又𩡧（擾）。
161.2	乙亥夕：歲祖乙黑牡一，子祝。
169.1	甲辰卜：丁各，夨（昃）于我，[翌日]于大甲。
169.2	甲辰卜：歲祖乙牢，叀牡。
180.7	辛未：歲祖甲黑牡一。日雨。
181.11	歲牡于妣庚，又鬯。
181.12	歲牡于妣庚，又鬯。
181.13	歲牡于妣庚，又鬯。
183.12	癸：歲妣庚牡。
198.4	辛卯卜：叀口宜□䵼、牝，亦叀牡用。
223.8	[戊卜：歲]牡。用。

223.10		己卜：歲牡妣己。用。
223.11		己卜：歲牡妣己。用。
223.13		叀牡于妣己。
226.6		戊：往祼酌（酒）伐祖乙，卯牡一，衩（祐）鬯一，口又伐。
226.7		庚申：歲妣庚牡一。子占曰：面[illegible]自來多臣殿。
236.12		丁卜：歲妣庚牡又二彘。
236.13		丁卜：歲妣庚牡又二彘。
252.1		乙亥：歲祖乙黑牡一，又羌，[又]皀，子祝。
252.2		乙亥：歲祖乙黑牡一，又羌一，[又皀]，子祝。
286.1		辛卜：歷入牡宜。
319.1		乙丑：歲祖乙黑牡一，子祝，肩禦崖（徵）。在𢀛。
319.2		乙丑：歲祖乙黑牡一，子祝，肩禦崖（徵）。在𢀛。
321.1		甲辰：歲癸子牡一。
321.2		甲辰：[歲]癸子牡一。

350	甲辰夕：歲祖乙黑牡一，子祝，翌日舌。
392.1	辛未：歲祖乙黑牡，衩（祐）鬯一，子祝。
426.1	癸巳卜：暨甲歲祖甲牡一，衩（祐）鬯一，于日出。用。
426.2	甲午：歲祖甲牡一，衩（祐）鬯一。
446.1	甲卜：乙歲牡妣庚。
446.2	甲卜：乙歲牡妣庚。
446.9	乙卜：其歲牡母祖丙。
451.2	庚午：歲妣庚黑牡又羊，子祝。
457	己酉夕：翌日舌歲妣庚黑牡一。庚戌酌（酒）牝一。
463.3	甲辰：歲祖甲牡一犾一。在麗。
463.5	甲辰：[歲]祖甲牡一犾一。在麗。
481.2	乙亥：歲祖乙黑牡一，又羓一，叀子祝。用。又皀。
502.5	戊：歲妣庚牡一。在□。

牝

3.7	 己卜：叀牝于妣庚。
7.8	 牝。
9.1	 丙寅夕：宜在新束，牝一。
9.2	 丙寅夕：宜在新束，牝一。
29.2	 庚寅：歲祖□牝一，𢦏祝。
34.4	 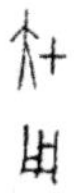 甲辰：宜丁牝一，丁各，夨（昃）于我，翌[日]于大甲。用。
37.11	 叀牝又𠭰祖甲。
37.23	 癸丑卜：歲食牝于祖甲。用。
47.2	 癸亥：宜牝一，在□。
49.3	 丁丑：歲祖乙黑牝一，卯𦙃。
49.4	 丁丑：歲祖乙黑牝一，卯𦙃二于祖丁。
53.14	 己卜：叀牝于妣庚。
53.15	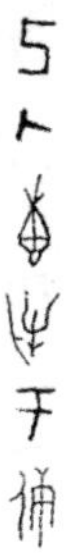 己卜：叀牝于妣庚。

55.4		己丑：歲妣庚牝一，子往澫禦。
63.5		癸丑卜：歲食牝于祖甲。用。
67.1		乙亥夕：[歲]祖乙黑牝一，子祝。
67.2		乙亥夕：歲祖乙黑牝一，子祝。
106.8		壬卜：于日雋（稱）𢼄牝妣庚，入又凾于丁。用。
115.2		乙巳：[歲祖乙]牢牝，[宂于]妣庚小宰。
115.3		甲寅：歲祖甲牝，歲祖乙宰白豕，歲妣庚宰，祖甲[illegible][illegible]卯。
123.1		辛酉昃：歲妣庚黑牝一，子祝。
123.2		辛酉昃：歲妣庚黑牝一，子祝。
123.3		辛酉卜：子其𢼄黑牝，唯徝往，不雨。用。妣庚□。
132.1		庚戌卜：辛亥歲妣庚鹰牝一，妣庚侃。用。
132.2		辛亥：歲妣庚鹰牝一，𦫑禦歸。
132.3		辛亥：歲妣庚鹰牝一，𦫑禦歸。
149.1		甲午：歲祖甲牝一，衩（祐）鬯一，□祝大牝。于麥（來）

		自伐廼攺牝于祖甲。用。
161.1		辛未：歲祖乙黑牡一，衩（祐）鬯一，子祝。曰：毓（戚）祖非曰云兕正，祖唯曰彔畋不又䙴（擾）。
161.2		乙亥夕：歲祖乙黑牝一，子祝。
163.1		庚午卜，在𨙵：禦子齒于妣庚，[冊]牢，勿（物）牝，白豕。用。
163.2		□又齒于妣庚，冊牢，勿（物）牝，白豕至豼一。用。
171.1		□巳：舌祖乙□牝一。在㚔，甾□。
175		辛酉昃：歲妣庚黑牝一，子祝。
178.4		癸卯夕：歲妣庚黑牝一，在入，陟盂。
180.5		□□攺舌祖乙，牢牝。
180.6		庚：歲妣庚牝一。
180.7		辛未：歲祖甲黑牡一。日雨。
181.10		叀牝于妣庚。
198.4		辛卯卜：叀口宜□彪牝，亦叀牡用。

209	庚申[卜：歲]妣庚牝一，子䡞禦往。
220.1	丁丑：歲祖乙黑牝一，卯胴。子占曰：未（妹）其有至艱，其戉。用。
220.2	戊寅卜：子禦有[口疾]于[妣庚]，冊牝。
223.12	己卜：叀牝改妣己。
226.9	辛酉：宜紤牝眔𦎫（徵）豼，㫃改。
226.10	辛酉：宜紤牝眔𦎫（徵）豼。
226.11	庚辰卜：吾彡妣庚，用牢又牝，妣庚侃。用。
236.23	歲妣己牝。
236.24	[歲]妣己牝。
236.29	歲子[癸]牝。
237.12	庚寅：歲祖甲牝一，子雍見（獻）。
237.13	庚寅：歲祖[甲]牝一，子雍見（獻）。
240.1	癸亥：宜牝。在入。
240.2	癸亥：宜牝一。在入。
247.15	己丑：歲妣庚牝一，子往澫禦。

249.12		在臺卜：叀牝歲妣庚。
249.22		乙卜：叀牝歲[妣庚]。
255.7		己丑：歲妣庚一牝，子往溝禦，[興]。
275.7		乙亥卜：舌祖乙彡牢、一牝，子亡肇丁。
275.8		乙亥卜：舌祖乙彡牢、一牝，子亡肇丁。
286.2		其宜叀牝。
286.3		辛卜：叀牝宜。
286.4		辛卜：其宜叀牝。
310.1		甲戌夕：歲牝一祖乙，舌彡□。
311		庚午：歲妣庚牢牝，祖乙延彶。在[𠬝]。
335.2		甲辰：宜[丁]牝一，[丁]各，夨（昃）于我，翌日于大甲。
340.1		癸巳：宜牝一，在入。
345.6		叀牝。
352.1		己丑：歲妣庚牝一，子往于溝禦。
420.2		甲辰：宜丁牝一，丁各，夨（昃）于我，翌日于

		大甲。
426.3		甲午卜：歲祖乙牝一，于日出改。用。
426.4		甲午卜：歲祖乙牝一，于日出改。用。
426.5		乙未：歲祖乙牝一，叙（祐）𠱠一。
427.3		己卯卜：庚辰舌彡妣庚，先改牢，後改牝一。用。
427.4		己卯卜：庚辰舌彡妣庚，先改牢，後改牝。用。
427.5		[庚]辰：歲妣庚牝彡舌。
428.1		庚辰卜：于既□宰改牝一，𠱠妣庚。用。彡舌。
437.7		辛酉昃：歲妣庚黑牝一，子祝。
446.15		己卜：叀牝妣庚。
446.18		己卜：□牝。
449.8		乙亥：歲祖乙，雨禦，舌彡牢牝一。
457		己酉夕：翌日舌歲妣庚黑牡一。庚戌酚（酒）牝一。
459.2		癸丑卜：叀一牢又牝于祖甲。不[用]。
459.4		甲寅：叀牝一祖乙。不用。
490.7		[庚]辰：歲妣庚牢，舌彡牝，後改。

493.4	庚寅：歲妣庚牝一。在[illegible]。
551	[黑]牝。

羞

286.20	己卜：于日羞中𢻮三牛妣庚。

羊

7.2	叀一羊于二祖用，入自麗。
81.6	羊。
85.5	歲二羊于庚，告發來。
113.25	夕用五羊，辛迺用五豕。
124.1	戊卜：丙又二羊。
173.4	丙申卜：子其往□，𢻮妣庚用羊。
173.5	丙申卜：子往□，歲妣庚羊一。在□。
228.3	甲申卜：叀小歲𢻮于祖甲。用。一羊。
228.7	丁亥卜：戠（待），弜彰（酒）羊，又𠬝癸子。用。

273.4	□羊妣庚 。
278.12	三羊。
286.14	叀七羊尞妣庚。
286.15	癸卜：甲其尞十羊妣庚。
286.17	癸卜：其尞羊妣庚。
286.12	叀三羊尞妣庚。
286.13	叀五羊尞妣庚。
296.6	甲辰：歲祖甲羊一。
304.6	丙：宜羊。
313.1	戊戌卜：叀羊歲妣己。用。
313.3	己亥：歲妣己羊。用。
337.1	乙：歲羊妣庚。
368.4	□卜：□其□羊□。
406.3	羊□。
409.3	丙卜：叀羊又䍙禦子馘于子癸。
409.12	丙卜：叀羊于妣丁。

409.15	丙卜：叀五羊又皀禦子馘于癸子。
428.4	丙戌：［歲祖甲］牡，歲祖乙羊一。在甘，子祝。
451.1	己巳卜：暨庚歲妣庚黑牛又羊，莫（暮）𢼄。用。
451.2	庚午：歲妣庚黑牡又羊，子祝。
453.3	□羊□。
472.2	乙又羊。
472.3	弜又羊。
472.6	三羊。
472.7	一羊。
472.8	弜又羊。

宰

34.5	甲辰卜：于麥（來）乙，又于祖乙宰。用。
39.7	叀宰。
39.9	卯宰。
39.19	夕：歲小宰暨妣庚。

53.16		己卜：叀宰于妣庚。
75.6		戊卜：叀五宰，卯伐妣庚，子禦。
95		壬申卜，在𢓊：其禦于妣庚，冊十宰，[又]十䍃。用。在𪊨。
113.7		敆宰迺𡍸（速）丁。
115.2		乙巳：[歲祖乙]牢牝，[[illegible]于]妣庚小宰。
115.3		甲寅：歲祖甲牝，歲祖乙宰白豕，歲妣庚宰，祖甲[illegible][illegible]卯。
181.24		辛卜：禦子舞㞢，敆一牛妣庚，冊宰，又䍃
181.25		辛卜：禦子舞㞢，敆一牛妣庚，冊宰，又䍃。
181.32		歲子癸小宰。
181.33		歲子癸小宰。
181.35		卜：不吉，貞：亡憂，妣庚小宰。用。
183.2		丙卜：用二卜，冊五宰妣庚。
183.6		歲妣丁小宰。
226.8		庚申：禦𡊨（徵）目癸子，冊伐一人，卯宰。

236.3		丁卜：彭（酒）伐兄丁卯宰，又鬯。
236.9		丁卜：攺宰妣庚，若。
236.10		丁卜：攺宰妣庚，若。
236.11		丁卜：子攺宰□□，[若]。
249.9		妣庚宰，在䵼。
249.10		歲妣庚宰，在[䵼]。
265.5		辛未：歲妣庚宰，又皀。用。
265.6		辛未：歲妣庚小宰告，又肇鬯，子祝，皀祭。
265.7		辛[未]：歲妣庚，先莫（暮）牛攺，廼攺小宰。用。
265.8		辛未：宜[羌]一，在入卯，又肇鬯。
265.9		辛未：歲妣庚小宰，□。用。
265.10		辛未：歲妣庚小宰告，又肇[鬯]，子祝，[皀]祭。
275.7		乙亥卜：舌祖乙彡宰一牝，子亡肇丁。
283.2		宰。
384.6		壬卜：叀宰攺妣庚。
386.3		宰。

428.1		庚辰卜：于既宰攺牝一，鬯妣庚。用。彡舌。
474.6		子叀𢦔田，言妣庚眔一宰，彡（酒）于𢦔。用。
488.1		□甲□一宰□。

𦍋

26.7		丙：歲妣庚𦍋，衩（祐）鬯，告夢。
26.8		丙：歲妣庚𦍋，衩（祐）鬯，[告]夢。
27		庚卜，在麓：歲妣庚三𦍋，又鬯二，至禦，𠕋百牛又五。
32.1		庚卜，在麓：歲妣庚三𦍋，又鬯二，至禦，𠕋百牛又五。
32.2		庚卜，在麓：叀五𦍋，又鬯二用，至禦妣庚。
32.3		庚卜，在麓：叀七𦍋[用，至]禦妣庚。
32.4		庚卜，在麓：叀五𦍋用，至禦妣庚。
37.13		甲辰：歲祖甲牡一，𦍋一。在麗。
56		辛丑卜：禦丁于祖庚至□一，𠕋羌一人二牢；至𦍋

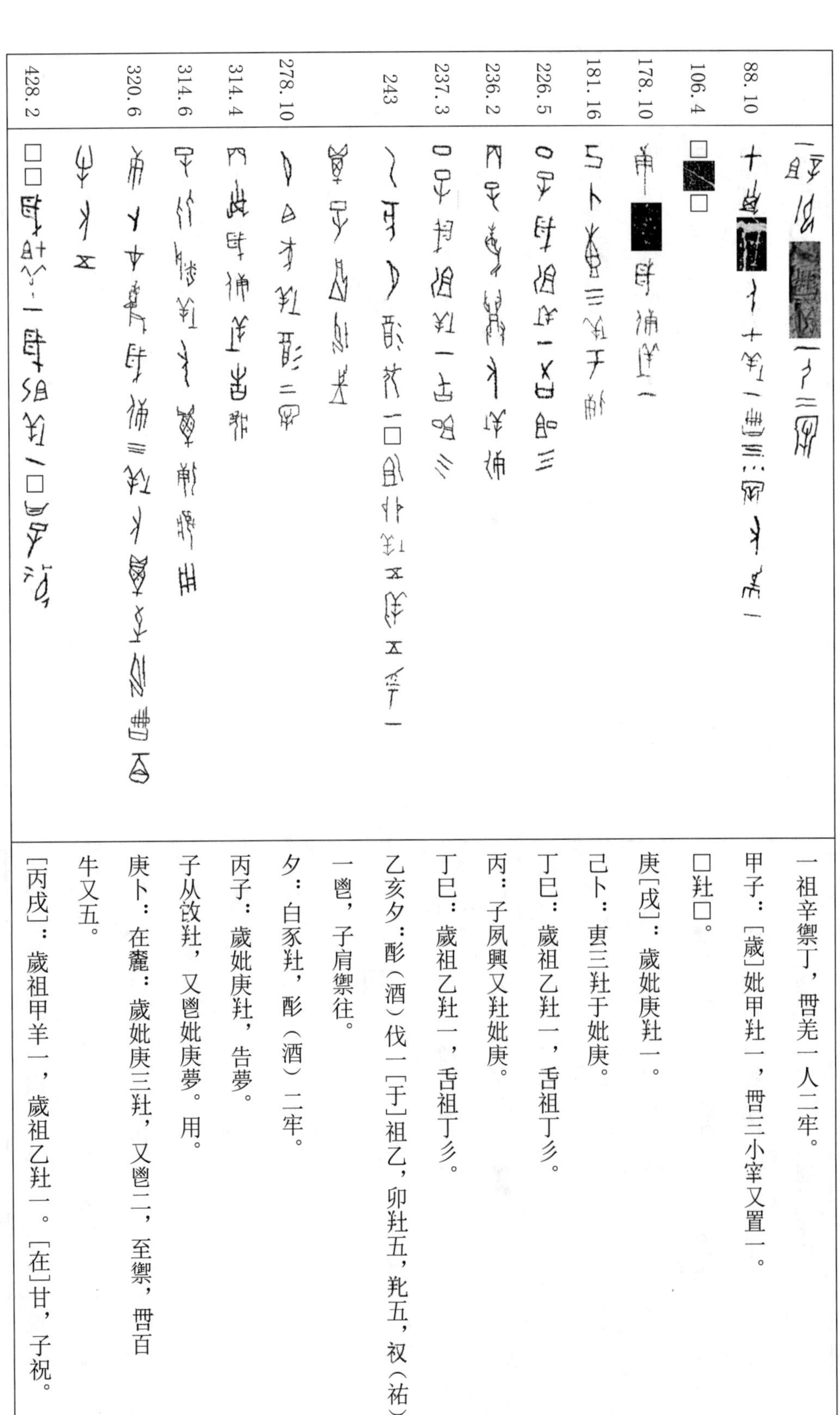

	一祖辛禦丁，冊羌一人二牢。
88.10	甲子：[歲]妣甲牡一，冊三小宰又置一。
106.4	□牡□。
178.10	庚[戌]：歲妣庚牡一。
181.16	己卜：叀三牡于妣庚。
226.5	丁巳：歲祖乙牡一，舌祖丁彡。
236.2	丙：子夙興又牡妣庚。
237.3	丁巳：歲祖乙牡一，舌祖丁彡。
243	乙亥夕：酌（酒）伐一[于]祖乙，卯牡五，牝五，衩（祐）一鬯，子肩禦往。
278.10	夕：白豕牡，酌（酒）二牢。
314.4	丙子：歲妣庚牡，告夢。
314.6	子从攺牡，又鬯妣庚夢。用。
320.6	庚卜：在䕨：歲妣庚三牡，又鬯二，至禦，冊百牛又五。
428.2	[丙戌]：歲祖甲羊一，歲祖乙牡一。[在]甘，子祝。

428.4	丙戌：[歲祖甲]⿰羊土，歲祖乙羊一。在甘，子祝。
455.1	甲子卜：歲妣甲⿰羊土一，酉三小宰又置一。在。
463.3	甲辰：歲祖甲牡一⿰羊土一。在龐。
463.5	甲辰：[歲]祖甲牡一⿰羊土一。在龐。
493.3	庚寅：歲妣庚⿰羊土一。
493.5	庚寅：歲妣庚⿰羊土一。

⿰羊匕

7.1	丁酉：歲祖甲⿰羊匕一鬯一在龐，子祝。
13.6	乙巳：歲祖乙[⿰羊匕]，子祝。在。
13.7	乙巳：歲祖乙⿰羊匕一，子祝。在。
31.2	□歲□⿰羊匕□。
34.13	戊申卜：歲祖甲豕一，⿰羊匕一。
37.8	丁酉：歲祖甲⿰羊匕一，衩（祐）鬯一。在龐。
37.9	丁酉：歲祖甲⿰羊匕一，衩（祐）鬯一。在龐。
37.12	甲辰：歲妣庚⿰羊匕一，衩（祐）鬯。在龐。

39.6		叀羌妣庚。
39.20		叀羌妣庚。
48		癸亥：歲子癸羌一，㠯自丁黍。
86.2		己巳卜：其宜[羌]□[用]。
97		乙卯夕：宜羌一。在入。
139.10		辛：宜羌妣庚。
196.4		己酉：歲祖甲羌一，歲[祖乙]羌一，入自麗。
196.6		庚戌：歲妣庚羌一，入自麗。
214.3		癸酉：歲癸子羌，耑（徵）目禦。
226.2		丁酉：歲妣丁羌一。
226.3		丁酉：歲妣丁羌一。
226.4		丁酉：歲妣丁羌一。
228.4		甲申卜：歲祖甲羌一。用。
228.5		乙酉：歲祖乙羌一。
228.6		乙酉：歲祖乙羌一。
240.3		戊辰：[歲]妣庚羌一。

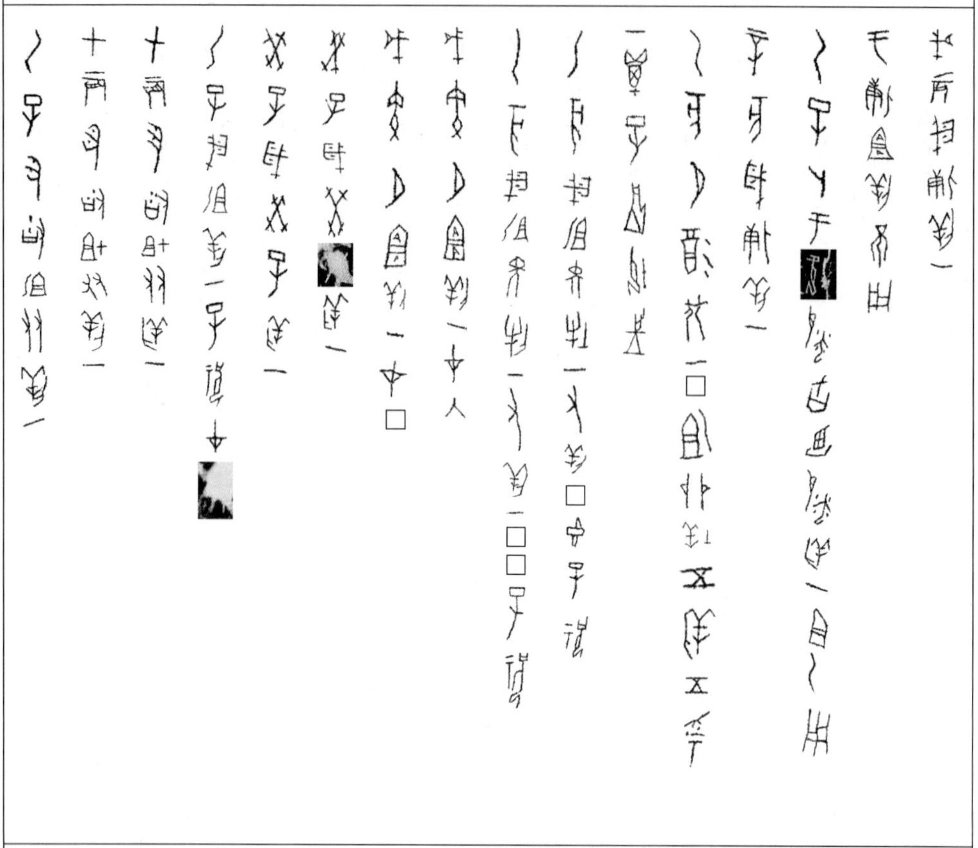

編號	釋文
240.4	戊辰：歲妣庚靯一。
240.6	于妣庚宜靯。不用。
241.6	乙巳卜：于既改舌，迺改靯一祖乙。用。
241.13	辛亥：歲妣庚靯一。
243	乙亥夕：酢（酒）伐一[于]祖乙，卯牡五，靯五，又（祐）一鬯，子肩禦往。
252.1	乙亥：歲祖乙黑牡一，又靯，[又]皀，子祝。
252.2	乙亥：歲祖乙黑牡一，又靯一，[又皀]，子祝。
252.7	戊寅夕：宜靯一。在入。
252.8	戊寅夕：宜靯一。在[入]。
253.2	癸巳：歲癸子靯一。
253.3	癸巳：歲癸子靯一。
264.1	乙巳：歲祖乙靯一，子祝。在▆。 
267.4	甲辰：叉（早）祭祖甲友靯一。
267.5	甲辰：叉（早）祭祖甲友靯一。
267.6	乙巳：叉（早）祭祖乙友靯一。

270.1	己巳：宜𦍩一于南。
270.2	己巳：宜𦍩一于南。
282.2	辛丑：宜𦍩。在[illegible]。
288.1	癸巳：[歲]癸子𦍩一。
289.3	癸亥：歲癸子𦍩一。
353.1	己酉：歲妣己𦍩一。
353.2	庚戌卜：小子舌妣庚。
363.3	辛卜：歲祖□𦍩，登自丁[黍]。在畀，祖甲[延]。
409.22	己卜：至禦子戠𦍩妣庚。
421.1	壬辰夕卜：其宜𦍩一于队，若。用。
421.2	壬辰夕卜：其宜𦍩一于队，若。用。
428.5	庚戌：歲妣庚𦍩一，入自麗。
449.6	甲戌：歲祖甲𦍩，衩（祐）鬯。[庚]戌：歲妣庚𦍩一，子祝。在麗。
463.1	癸卯：歲祖乙𦍩一，衩（祐）鬯一。在麗，子祝。
463.2	甲辰：歲妣庚𦍩一，衩（祐）鬯一。在麗。

481.2		乙亥：歲祖乙黑牡一，又羌一，叀子祝。用。又皀。
487.3		甲戌：⿰酉彡（酒）上甲，旬歲祖甲羌一，歲祖乙羌一，歲妣庚毚一。
490.10		庚戌：歲妣庚羌一，入自麗。
493.2		戊子：宜羌一妣庚。在入。
495		丁未卜：宜羌祖乙，丁酓（飲）。用。
		⿰羊攵
21.1		乙亥卜，貞：子雍友⿰羊攵有復，弗死。
		⿱宀牡
354.1		乙亥：歲祖乙小⿱宀牡，子祝。在麗。
		犬
142.6		戊子：歲妣庚一犬。
316.1		戊申：歲祖戊犬一。

编号	释文
355.5	戊申：歲祖戊犬一。
451.6	壬午夕：歲犬一妣庚。
451.7	壬午夕：歲犬一妣庚。

狼

编号	释文
108.1	辛丑卜：子妹其獲狼。孚。
108.2	辛丑卜：叀今逐狼。
108.3	辛丑卜：于翌逐狼。
108.4	辛丑卜：其逐狼，獲。
108.5	辛丑卜：其逐狼，弗其獲。

豕

编号	释文
3.6	己卜：叀豕于妣庚。
14.3	乙酉卜：子于曜丙求㲋南丘豕，遘。以人，遘豕。
14.4	以人，遘豕。
14.5	乙酉卜：既𩫖往㪏（虩），遘豕。

21.3		乙巳：歲祖乙白[豕]，又皀。
26.6		甲申卜：子叀豕殁眔魚見（獻）丁。用。
34.13	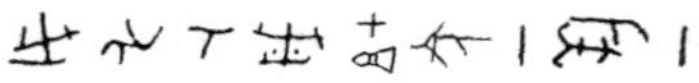	戊申卜：歲祖甲豕一，牝一。
37.24	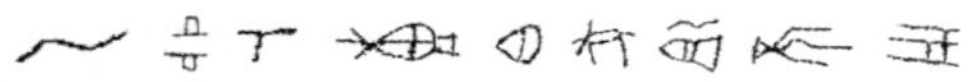	乙卯卜：叀白豕祖乙。不用。
38.2	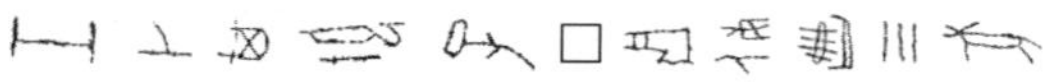	壬卜：其禦子[疾]肩妣庚，曹三豕。
38.3		壬卜：其禦子疾肩妣庚，曹三豕。
50.3	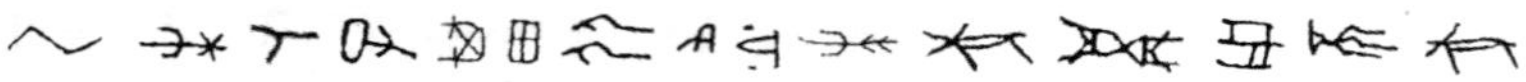	乙未卜：子其田从圭，求豕，遘。用。不豕。
50.4	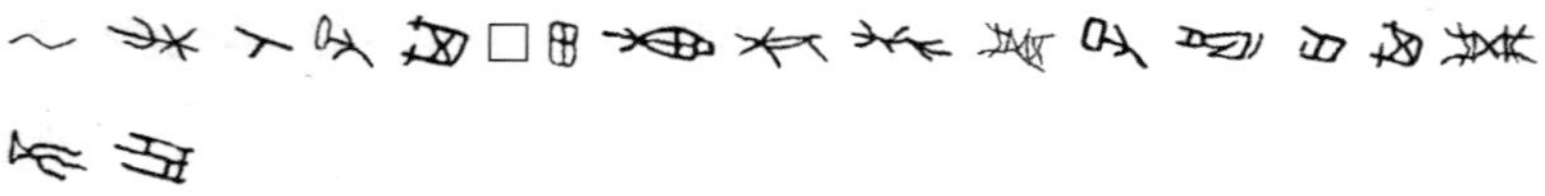	乙未卜：子其[往]田，叀豕求，遘。子占曰：其遘。不用。
53.12		己卜：叀豕于妣庚。
63.6		乙卯卜：叀白豕祖甲〈乙〉。不用。
113.19		三十豕入。
113.25		夕用五羊，辛迺用五豕。
115.3	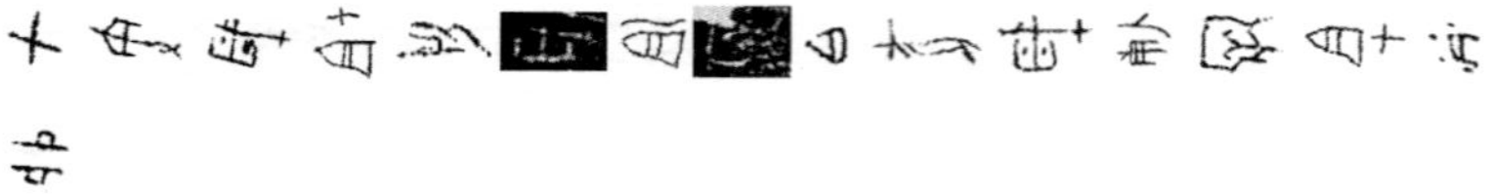	甲寅：歲祖甲牝，歲祖乙宰白豕，歲妣庚宰，祖甲[illegible][illegible]卯。
139.8	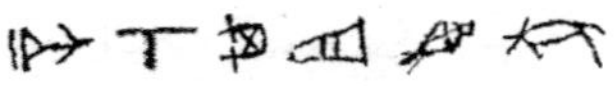	辛卜：其宜，叀豕。

编号	释文
139.9	辛卜：其宜，叀大入豕。
142.7	辛卯：宜豕一。在入。
163.1	庚午卜，在[illegible]：禦子齒于妣庚，[𠕋]牢，勿（物）牝，白豕。用。
163.2	□又齒于妣庚，𠕋牢，勿（物）牝，白豕至豼一。用。
171.2	乙巳：歲祖乙三[豕]，子祝，皀黍。在□。
181.9	己卜：叀白豕于妣庚，又鬯。
181.34	叀豕于子癸。
183.13	歲妣庚豕。
237.2	乙卯卜：叀□豕。不用。
258.3	庚辰：歲妣庚豕。
278.5	二牢白豕。
278.6	五豕。
278.9	白一豕，又鬯。
278.10	夕：白豕𧱏，酌（酒）二牢。
278.11	叀二勿（物）牢白豕妣庚。

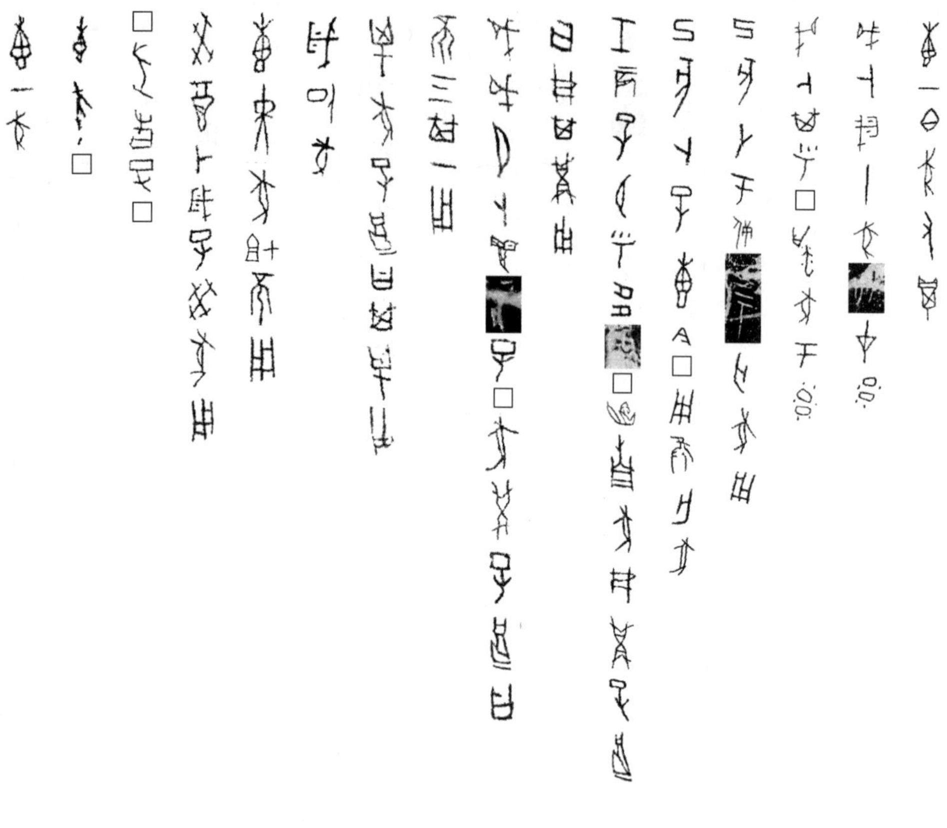

278.14	叀一白豕，又蕢。
284.1	戊卜：歲十豕[妣庚]。在呂。
284.2	戊卜：其呼□敀豕于呂。
313.2	己亥卜：于妣庚[㲺]，亡豕。用。
324.3	己亥卜：子叀今□用，唯亡豕。
352.2	壬辰：子夕呼多尹□㕜南豕，弗遘。子占曰：弗其遘。用。
378.1	戊戌夕卜：曜[己]，子[求]豕，遘，擒。子占曰：不三其一。用。
378.3	擒豕。子占曰：其擒。用。
409.14	歲妣丁豕。
459.7	叀黑豕祖甲。不用。
459.8	癸酉卜：歲子癸豕。用。
465.2	□豕，告子□。
472.10	叀豕，□。
472.11	叀一豕。

488.7		□三十豕冊妣丁□。
39.13		丙卜：叀豕妣庚。
		𧰨
4.1		甲寅：歲祖甲白𧰨一，𥘅（祐）鬯一，𠂤自西祭。
4.3		乙卯：歲祖乙白𧰨一，𠂤自西祭，祖甲延。
4.4		[乙]卯：歲祖乙白𧰨一，𠂤自西祭，祖甲延。
37.25		乙卯：歲祖乙𧰨，𥘅（祐）鬯一。
49.1		丁[丑]：歲妣庚𧰨一，卯胴。
49.2		丁丑：歲妣庚𧰨一，卯胴。
63.7		乙卯：歲祖乙𧰨一，𥘅（祐）鬯一。
76.2		乙卯卜：其禦大于[癸]子，冊𧰨一，又鬯。用。有疾。
149.10		甲寅：歲祖甲白𧰨，𥘅（祐）鬯一，又𠂤。
170.3		甲寅：歲祖甲白𧰨一，𥘅（祐）鬯一，𠂤自西祭。
195.6		乙卯：歲𧰨，𥘅（祐）鬯祖乙。用。

226.9		辛酉：宜鄴牝眔臺（徵）𧰽，昃攺。
226.10		辛酉：宜鄴牝眔臺（徵）𧰽。
237.4		甲子：歲祖甲白𧰽，𥘅（祐）鬯一。
237.5		叀白[𧰽]□祖甲。
237.7		甲戌：歲祖甲牢，幽廌，白𧰽，𥘅（祐）一鬯。
237.8		甲戌：歲祖甲牢，幽廌，白𧰽，𥘅（祐）二鬯。
237.9		乙亥：歲祖乙牢，幽廌，白𧰽，𥘅（祐）二鬯。
237.10		乙亥：歲祖乙牢，幽廌，白𧰽，[𥘅（祐）]鬯二。
240.9		庚午：歲妣庚𧰽一，𥘅（祐）鬯一。
240.10		庚午：歲妣庚𧰽一，𥘅（祐）鬯一。
247.17		庚寅：歲妣庚𧰽一。
282.1		庚子：歲妣庚𧰽。
401.17		戊卜：其攺𧰽，[肉入]于丁。
446.17		歲妣庚𧰽。
446.21		歲妣庚一𧰽。
446.19		歲妣庚𧰽一。

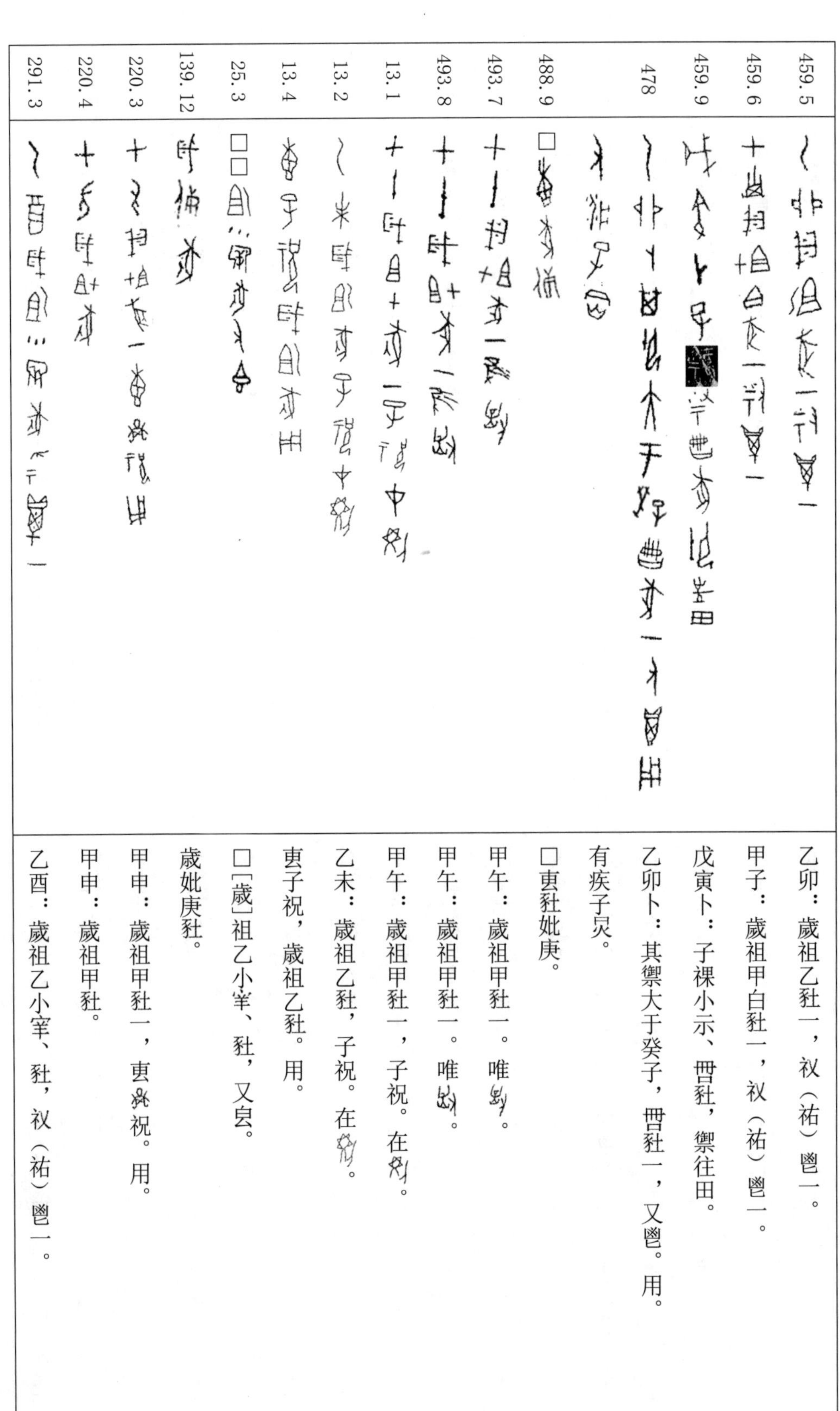

459.5		乙卯：歲祖乙酙一，衩（祐）㽙一。
459.6		甲子：歲祖甲白酙一，衩（祐）㽙一。
459.9		戊寅卜：子祼小示，𠕋酙，禦往田。
478		乙卯卜：其禦大于癸子，𠕋酙一，又㽙。用。
		有疾子炅。
488.9		□叀酙妣庚。
493.7		甲午：歲祖甲酙一。唯𡚬。
493.8		甲午：歲祖甲酙一。唯𡚬。
13.1		甲午：歲祖甲酙一，子祝。在𤰔。
13.2		乙未：歲祖乙酙，子祝。在𤰔。
13.4		叀子祝，歲祖乙酙。用。
25.3		□[歲]祖乙小宰、酙，又㿝。
139.12		歲妣庚酙。
220.3		甲申：歲祖甲酙一，叀𢦏祝。用。
220.4		甲申：歲祖甲酙。
291.3		乙酉：歲祖乙小宰、酙，衩（祐）㽙一。

291.4		乙酉：歲祖乙小宰、豼，衩（祐）鬯一，㱿祝。在麗。
453.4		[戊]卜：□[其]□一□豼□。
124.3		叀小豼一。
149.9		甲寅：歲白豼。
		豠
241.14		癸丑：歲子癸豠一。
4.2		甲寅：歲祖甲白豠一。
13.5		丁酉：歲妣丁豠一。在𠬝。
30		□妣己豠一。在𠬝。
39.1		叀豠于妣己。
163.2		□又齒于妣庚，冊宰，勿（物）牝，白豕至豠一。用。
167		丁未：歲妣丁豠一。
170.4		甲寅：歲祖甲白豠一。
215.3		庚辰：歲妣庚豠一，豠一，子祝。
241.14		癸丑：歲子癸豠一。

251	己未：歲妣己犯一。
261.1	甲午：歲妣甲犯一，又皀。
261.2	乙未：歲妣庚犯一，又皀。
267.10	庚戌：叉（早）祭妣庚友白犯一。
274	乙巳：歲妣庚犯，舌祖乙豎。
275.6	歲妣庚二犯。
296.2	庚子：歲妣庚犯。
296.8	丁未：歲妣庚犯一，皀。
309.4	□祖甲白犯一，祖乙白犯一，妣庚白[犯]一。
309.5	己未：又□犯一。
314.7	己卯：歲妣己犯一。
314.8	己卯：歲妣己犯一。
324.4	己巳：歲妣己犯。
336.2	丙辰：歲妣己犯一，告子臀。
336.4	丙辰：歲妣己犯一，告子臀。
394.2	乙卯：歲祖[乙]犯一。

427.6		丁亥：歲妣丁豝一。
427.7	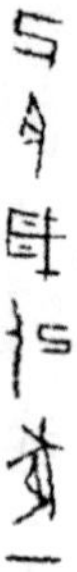	己丑：歲妣己豝一。
432	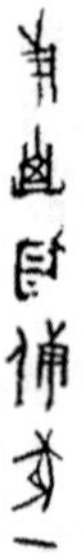	庚子：歲妣庚豝一。
451.4		庚辰：歲妣庚豝一。
463.6		乙巳：歲祖乙三豝。在麗。
162.3		歲妣庚豝。
215.3		庚辰：歲妣庚豝一，豝一，子祝。
278.4	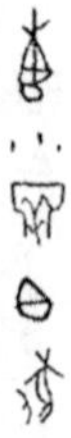	叀小宰、白豝。
278.13		先攺白豝宜黑牛。
383.1		□豝□。

㲋

29.5		乙巳：歲祖乙白㲋，又皂，祖乙侃。
39.2		登妣己友㲋。
39.3		登妣己友㲋。
53.13		己卜：叀㲋妣庚。

53.23		歲妣庚白𢀛。
67.3		己丑：歲妣己𢀛一。
136.1		丁未：歲妣丁𢀛一。
179.2		甲辰卜：歲蒐友祖甲𢀛，叀子祝。用。
217.1		丁未：歲妣丁𢀛一。在[illegible]。
217.2		丁未：歲妣丁𢀛一。在[illegible]。
236.12		丁卜：歲妣庚牡又二𢀛。
236.13		丁卜：歲妣庚牡又二𢀛。
296.7		乙巳：歲祖乙白𢀛，又皀。
304.5		乙：歲于妣庚𢀛。
338.2		甲辰：歲祖甲蒐一，友[𢀛]一。
338.3		甲辰：歲祖甲蒐一，友𢀛一。
401.3		乙卜：皆𢀛母、二妣丙。
459.10		己卯：歲妣己𢀛一。
459.11		己卯：歲妣己𢀛一。
468.2		歲𢀛妣丁。用。

474.8		辛未：歲祖乙彘，子舞权。
487.3		甲戌：彡（酒）上甲，旬歲祖甲羌一，歲妣庚彘一。
515		[彘]。在麤。
523		妣庚一彘。

齔

330		甲子：歲祖甲齔，子祝。在[illegible]。

剝

228.15		戊子卜：吉牛于示，有剝，來又[illegible]。
228.16		戊子卜：吉牛其于示，亡其剝于宜，若。
60.3		乙丑：自賈馬有剝。
60.4		亡其[剝]賈馬。
60.5		唯左馬其有剝。
60.6		右馬其有剝。
81.2		丁卯：右馬有[剝]。

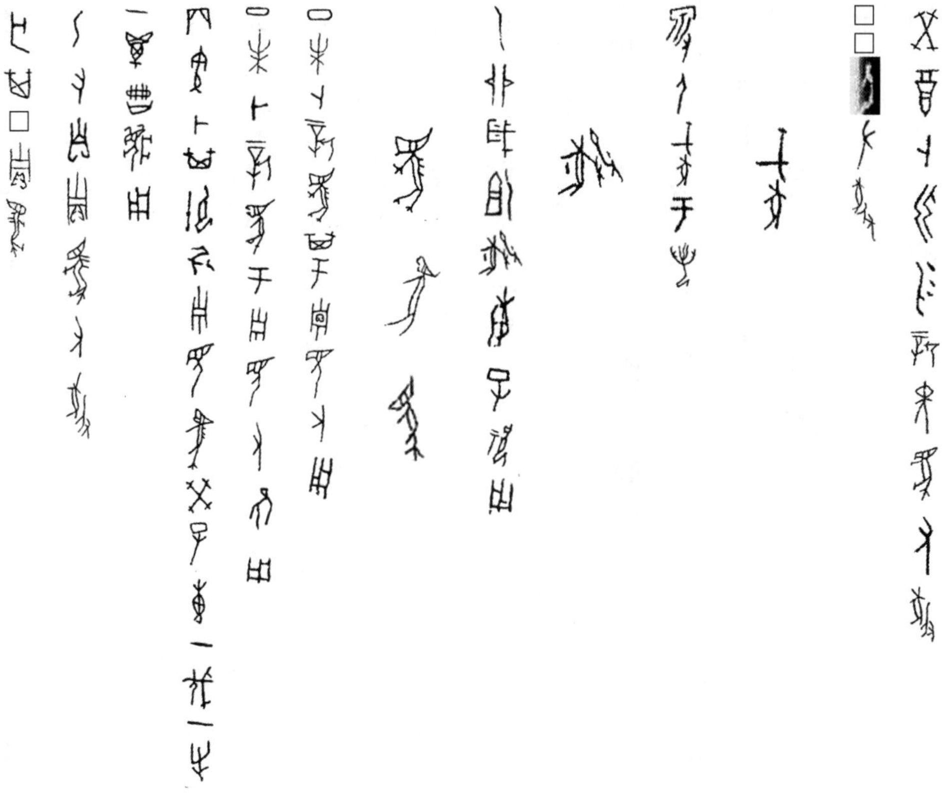

239.3		癸酉卜：弜勿（刎）新黑馬，有剝。
358		□□[其]有剝。
		戣（虣）
113.20		叡人戣（虣），于若。
		豥
76.1		乙卯：歲祖乙豥，叀子祝。用。
		馬
7.6		丁未卜：新馬其于贾视，右用。
7.7		丁未卜：新馬于贾视，右不用。
29.1		丙寅卜：其禦，唯賈視馬于癸子，叀一伐、一牛、一鬯，冊夢。用。
60.3		乙丑：自賈馬有剝。
60.4		亡其[剝]賈馬。

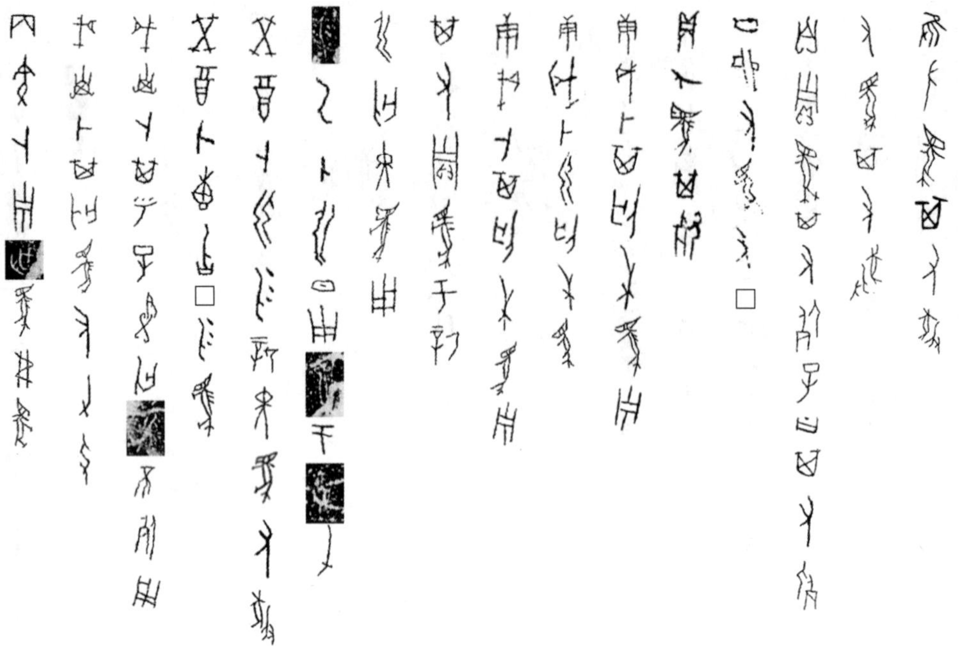

60.5		唯左馬其有剢。
60.6		右馬其有剢。
60.7		自賈馬其有死。子曰：其有死。
81.2		丁卯：右馬有[剢]。
126		貞：右馬其死。
146.4		庚戌卜：其匄禾馬賈。
146.5		庚戌卜：弜匄禾馬。
146.6		庚戌卜：其匄禾馬賈。
168.1		其右賈馬于新。
179.7		弜匄黑馬。用。
196.3		戊申卜：弜日用馬，于之力。
239.3		癸酉卜：弜勿（刎）新黑馬，有剢。
239.5		癸酉卜：叀召[呼]勿（刎）馬。
288.5		戊子卜：其呼子畫匄馬，不死。用。
288.6		戊子卜：其匄馬，又力引。
289.5		丙寅卜：賈馬[異]弗馬。

289.6		丙寅：其禦，唯賈視馬于癸子，叀一伐、一牛、一鬯，冊夢。用。
296.1		戊戌卜：駜□于[馬]。
367.2		癸亥卜：新馬于賈視。
367.4		新馬子用右。
367.5		新馬子用左。
381.1		戊戌夕卜：曜己，子其[逐]，从圭人嚮（向）敝（虪），遘。子占曰：不三其一。其二，其有邁（奔馬）。用。
386.1		匄黑馬。
391.8		庚辰卜：叀乃馬。不用。
391.9		叀乃馬眔賈視。用。
412.1		乙卜：弜歸馬。
428.3		馬。用。
431.2		貞：右馬不死。
443.8		其賈馬。
467.9		戊申卜：叀虤呼匄馬。用。在麄。

493.1		戊子卜：叀子畵呼匄馬。用。
498		癸卯卜，在糞：發以馬。子占曰：其以。用。
522		賈馬其朿。
524.1		馬□。
525		朿□，自賈馬□。
295.1		戊午卜：子又呼逐鹿，不𨒪（奔）馬。用。
349.12		勿（刎）馬。
349.13		勿（刎）馬。
46		呼用馬。
146.5		庚戌卜：弜匄禾馬。
146.6		庚戌卜：其匄禾馬賈。
179.7		弜匄黑馬。用。
		⿱埶馬
81.4		癸酉：其右⿱埶馬于賈[視]。
168.2		其右⿱埶馬于賈視。

		# 駐
98.1		其買，叀右駐。
		# ⿰馬匕
369		壬辰卜，貞：右⿰馬匕弗安，有趛，非鷹□。子占曰：三日不死，不其死。
259.1	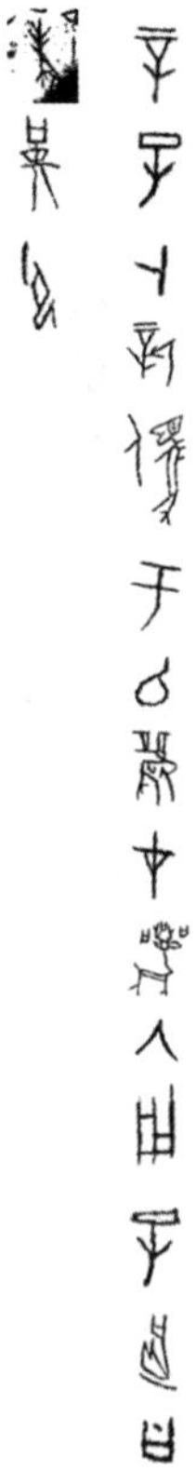	辛巳卜：新⿰馬匕于以，舊在麗入。用。子占曰：奏艱。孚。
296.1		戊戌卜：⿰馬匕□于[馬]。
324.2		己亥卜：弜巳[⿰馬匕]眔[illegible]黑。
98.2		叀右⿰馬匕。

179.3		丙午卜：其敕火匄賈（禾馬）。用。
179.5	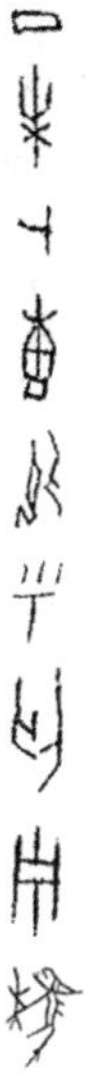	丁未卜：叀卲呼匄賈（禾馬）。

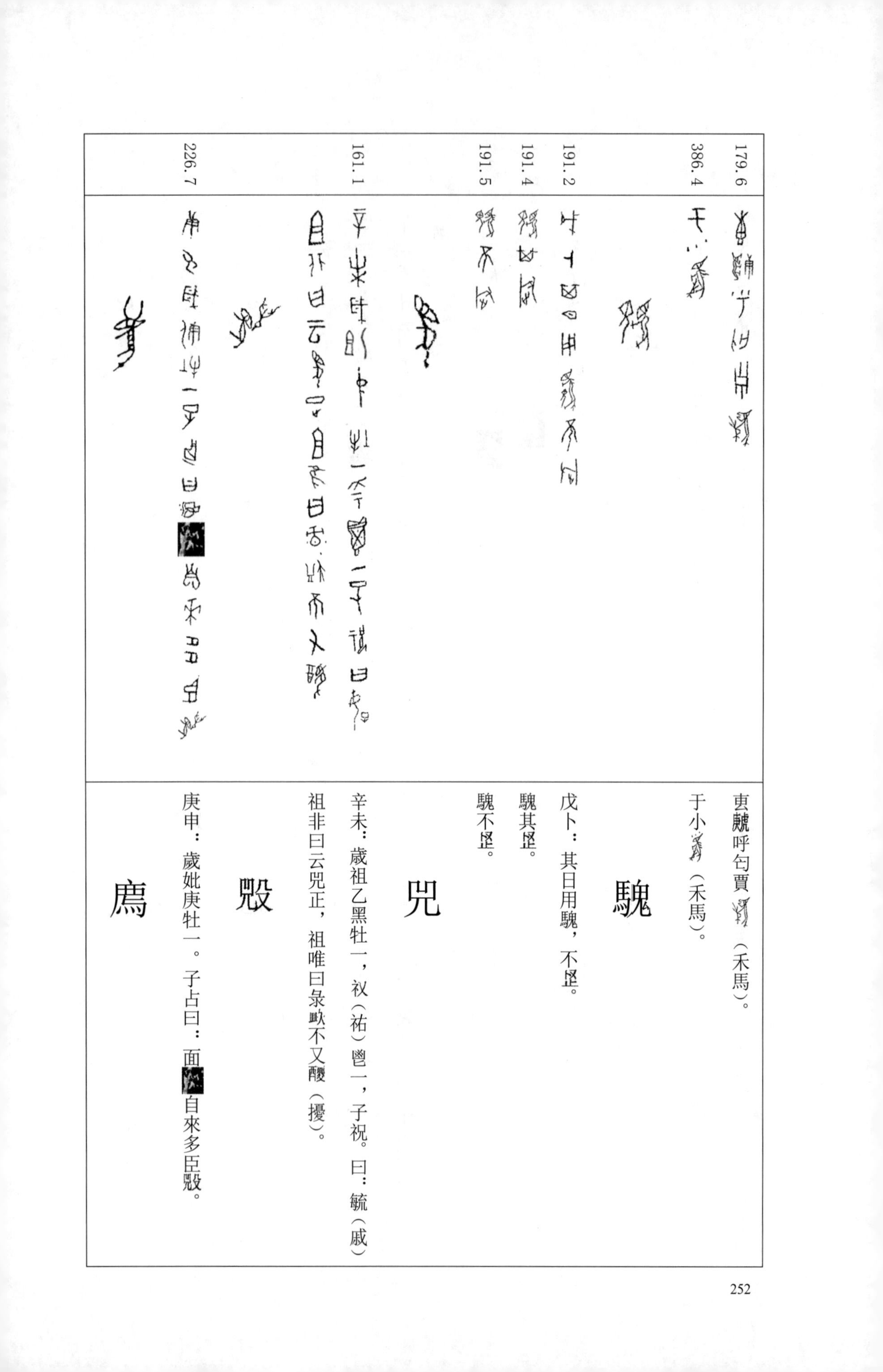

179.6	叀兟呼匄賈[illegible]（禾馬）。
386.4	于小[illegible]（禾馬）。

騍

191.2	戊卜：其日用騍，不巠。
191.4	騍其巠。
191.5	騍不巠。

兕

161.1	辛未：歲祖乙黑牡一，衩（祐）鬯一，子祝。曰：毓（戚）祖非曰云兕正，祖唯曰彔𢦏不又馘（擾）。

毀

226.7	庚申：歲妣庚牡一。子占曰：面[illegible]自來多臣毀。

鹰

34.1		辛卯卜：子隮宜，叀幽鷹。用。
38.4		壬卜：子其入鷹、牛于丁。
132.1		庚戌卜：辛亥歲妣庚鷹、牝一，妣庚侃。用。
132.2		辛亥：歲妣庚鷹、牝一，鹵禦歸。
132.3		辛亥：歲妣庚鷹、牝一，鹵禦歸。
139.6		己卜：叀鷹、牛妣庚。
149.12		甲戌：歲祖甲牢、幽鷹，祖甲侃子。用。
198.5		辛卯卜：子隮宜，叀幽鷹用。
237.7		甲戌：歲祖甲牢，幽鷹，白豭，衩（祐）一鬯。
237.8		甲戌：歲祖甲牢，幽鷹，白豭，衩（祐）二鬯。
237.9		乙亥：歲祖乙牢，幽鷹，白豭，衩（祐）二鬯。
237.10		乙亥：歲祖乙牢，幽鷹，白豭，衩（祐）鬯二。
343.1		甲戌卜：其夕又伐祖乙，卯鷹。
369		壬辰卜，貞：右馹弗安，有趧，非鷹□。子占
		曰：三日不死，不其[死]。
467.6		庚子卜，在[我]：祖□其眔𠂤鷹。

467.7	唯𠚤麃子。不用。

⿸鹿土

198.6	壬辰卜：子⿰阝尊宜。右左叀麃用，中叀⿸鹿土用。
198.8	壬辰卜：子亦⿰阝尊宜，叀⿸鹿土，于左、右用。

麀

198.4	辛卯卜：叀口宜□麀、牝，亦叀牡用。

㲋

395.9	癸酉卜：子其擒。子占曰：其擒。用。四麑、六㲋。

⿸虍攴（⿰止虎）

14.5	乙酉卜：既𠂤往⿸虍攴（⿰止虎），遘豕。
14.6	弜⿸虍攴（⿰止虎）。
332	辛未卜：西饗（向）⿸虍攴（⿰止虎）。

381.1	戊戌夕卜：晊己，子其[逐]，从圭人嚮（向）敫（虢），遘。子占曰：不三其一。其二，其有邁（奔馬）。用。

駥

179.6	叀駥呼匄賈𩡧（禾馬）。
467.9	戊申卜：叀駥呼匄馬。用。在麤。

麑

234.3	辛未卜：擒。子占曰：其擒。用。三麑。
395.1	辛未卜：其延𣪘麑。
395.4	辛未卜：弜入麑，其[𣪘。用]。
395.9	癸酉卜：子其擒。子占曰：其擒。用。四麑、六㲋。

鹿

14.7	遘阦鹿。子占曰：其遘。
50.6	乙未卜：子其往田叀鹿求，遘。用。

170.1	癸丑：宜鹿。在入。
259.2	辛巳卜：子叀賈視用逐。用。獲一鹿。
288.9	乙未卜：子其往𨙸，獲。不鼄，獲三鹿。
295.1	戊午卜：子又呼逐鹿，不﨤（奔）馬。用。
35.1	壬申卜：子往于田，从昔斿。用。擒四鹿。
428.6	庚申卜：弜□鹿□。用。
295.3	其擒。用。三鹿。

麤

2.1	戊子卜，在麤：子其射，若。
2.2	戊子卜，在麤：子弜射，于之若。
7.1	丁酉：歲祖甲𤘍一、鬯一、在麤，子祝。
7.2	叀一羊于二祖用，入自麤。
37.6	甲午卜，在麤：子其射，若。
37.8	丁酉：歲祖甲𤘍一，衩（祐）鬯一。在麤。
37.9	丁酉：歲祖甲𤘍一，衩（祐）鬯一。在麤。

編號	釋文
37.12	甲辰：歲妣庚牝一，衩（祐）鬯。在麗。
37.13	甲辰：歲祖甲牡一，牡一。在麗。
37.14	己巳卜，在麗：子其射，若。不用。
37.15	己巳卜，在麗：子弜遟彝弓，出日。
196.1	丙午卜：在麗：子其呼多尹入璧，丁侃。
196.4	己酉：歲祖甲牝一，歲[祖乙]牝一，入自麗。
196.6	庚戌：歲妣庚牝一，入自麗。
259.1	辛巳卜：新馳于以，舊在麗入。用。子占曰：奏艱。孚。
428.5	庚戌：歲妣庚牝一，入自麗。
463.1	癸卯：歲祖乙牝一，衩（祐）鬯一。在麗，[子]祝。
463.2	甲辰：歲妣庚牝一，衩（祐）鬯一。在麗。
463.3	甲辰：歲祖甲牡一、牡一。在麗。
463.5	甲辰：歲祖甲牡一、牡一。在麗。
463.6	乙巳：歲祖乙三豼。在麗。
467.9	戊申卜：叀虢呼匄馬。用。在麗。

490.10	庚戌：歲妣庚羌一，入自麤。
176.1	丁丑卜：子禦于妣甲，冊牛一，又鬯一，亡災，入商彭（酒）。在麤。
291.1	庚辰：歲妣庚小宰，子祝。在麤。
291.2	甲申：歲祖甲小宰，衩（祐）鬯一，子祝。在麤。
291.4	乙酉：歲祖乙小宰牡，衩（祐）鬯一，𢆶祝。在麤。
354.1	乙亥：歲祖乙小牡，子祝。在麤。
354.4	甲申：歲祖[甲]小宰。衩（祐）鬯一，子祝。
515	[彘]。在麤。

麓

27	庚卜，在麓：歲妣庚三羊，又鬯二，至禦，冊百牛又五。
32.1	庚卜，在麓：歲妣庚三羊，又鬯二，至禦，冊百牛又五。
32.2	庚卜，在麓：叀五羊，又鬯二用，至禦妣庚。

32.3	庚卜，在㽙：叀七社[用，至]禦妣庚。
32.4	庚卜，在㽙：叀五社用，至禦妣庚。
95	壬申卜，在徫：其禦于妣庚，冊十宰，[又]十鬯。用。在麄。
320.6	庚卜，在麄：歲妣庚三社，又鬯二，至禦，冊百牛又五。
320.7	庚寅：子入𠭯四于丁。在麄。
375.1	戊卜，在麄駜有告，曰▇。
410.1	壬卜，在麄：丁畀子圉臣。
410.2	壬卜，在麄：丁曰：余其肇子臣。允。
452	[庚]戌：歲妣庚犯一，子祝。在[麄]。
494.1	戊卜，在麄：其告人亡由于丁，若。
494.2	戊卜，在麄：于商告人亡由于丁，若。
494.3	己卜，在麄：其告人亡由于丁，若。
494.4	己卜，在麄：于商告人亡由于丁，若。

隹

5.10		乙亥卜：婦好有事，子唯。妹于丁曰婦好。
28.1		丙卜：唯亞奠作子齒。
28.2		丙卜：唯小臣作子齒。
28.3		丙卜：唯婦好作子齒。
28.4		丙卜：丁槸（虞）于子，唯亲齒。
29.1		丙寅卜：其禦，唯賈視馬于癸子，叀一伐、一牛、一鬯，冊夢。用。
60.5		唯左馬其有剢。
102.3		乙卜，貞：二卜有求（咎），唯見，今有心敷，亡憂。
122.1		丁□子亦唯侃于僕□丁婦。
		獲
14.1		乙酉卜：子又之阬南小丘，其豦，獲。
14.2		乙酉卜：弗其獲。
108.1		辛丑卜：子妹其獲狼。孚。
108.4		辛丑卜：其逐狼，獲。

108.5	辛丑卜：其逐狼，弗其獲。
113.1	子敚獲，𡆥。
113.2	子敚獲，弗𡆥。
113.3	子敚獲，弗𡆥。
113.4	子敚獲，弗𡆥。
259.2	辛巳卜：子叀賈視用逐。用。獲一鹿。
288.9	乙未卜：子其往阯，獲。不鼀，獲三鹿。
288.10	乙未卜：子其往于阯，獲。子占曰：其獲。用。獲三鹿。
395.2	辛未卜：𥉙獲入。用。

舊

351.5	戊子卜，在□，□言曰：翌日其于舊官宜。允其。用。
259.1	辛巳卜：新馲于以，舊在麗入。用。子占曰：奏艱。孚。

舊

37.19 戊申卜：叀疾弓用射舊。用。

⿱隹鼎

220.8 乙酉卜：呼埜（徵）⿱隹鼎，若。用。

220.9 乙酉卜：呼埜（徵）⿱隹鼎，若。用。

324.1 戊戌卜：其宜，子⿱隹鼎[丙]。用。

338.4 甲辰卜：子往宜上甲，擘用⿱隹鼎。

372.1 乙酉卜：叀[埜（徵）]⿱隹鼎用。

372.2 乙酉卜：叀子[⿱隹鼎]。不用。

⿰⿱隹豕又

313.2 己亥卜：于妣庚[⿰⿱隹豕又]亡豕。用。

395.1 辛未卜：其延⿰⿱隹豕又麂。

		## 雟
106.8		壬卜：于日雟（稱）改牝妣庚，入又凾于丁。用。
		## 瑀
296.3		癸卯卜：其入瑀，侃。用。
177		[鳥]。
		## 魚
26.6		甲申卜：子叀豕殁眔魚見（獻）丁。用。
236.16		己卜：家其有魚，其屰丁，侃。
236.17		己卜：家其有魚，其屰丁，侃。
236.18		己卜：家其有魚，其屰丁，侃。
236.30		魚自。

鰻

113.28	其作官鰻東。

嚨

255.7	戊寅卜：舟嚨告晌，丁弗𣝂（虞），侃。

𧊒

53.25	癸卜，貞：子耳鳴，亡𧊒（害）。
53.26	癸卜，貞：子耳鳴，亡𧊒（害）。
113.13	貞：多尹亡害。
247.13	丁丑卜：子[其]往田。亡𧊒（害）。
275.5	癸酉卜：子耳鳴，唯癸子𧊒（害）。
501.1	丁卜：子耳鳴，亡𧊒（害）。

巳

13.3		弜巳祝，叀之用于祖乙。用。
34.10		乙巳卜：丁各，子弜巳爯。不用。
286.11		壬卜：束彔弜若巳，唯有辭。
324.2		己亥卜：弜巳[馳]罘𦥑黑。
391.2		弜巳隔燕。
446.23		壬卜：弜巳叀（速）丁。
449.7		乙亥：弜巳叙盗（毖）龜于室。用。

攺

16.1		丙卜：子其往吕，攺乃畲（飲），于作𩫖迺來。
53.20		己卜：于官攺。
106.8		壬卜：于日雋（稱）攺牝妣庚，入又𠧢于丁。用。
113.7		攺宰迺叀（速）丁。
123.3		辛酉卜：子其攺黑牝，唯徝往，不雨。用。 妣庚□。
149.5		于麥（來）自伐迺攺牝于祖甲。用。

157.11		辛巳卜：我[illegible]□丁改。用。
173.4		丙申卜：子其往[illegible]，改妣庚用羊。
180.5		□□改舌祖乙，牢牝。
181.24		辛卜：禦子舞权，改一牛妣庚，冊宰，又鬯。
181.25		辛卜：禦子舞权，改一牛妣庚，冊宰，又鬯。
223.6		□[卜：其]改[卯五牛]。
223.12		己卜：叀牝改妣己。
223.16		庚卜：于[翌日]夙[改]伐。
226.9		辛酉：宜䣄牝眔𡍬（徵）䍧，昃改。
228.3		甲申卜：叀小歲改于祖甲。用。一羊。
236.6		彭（酒）伐兄丁告改一牛妣庚。
236.8		丁卜：改二牛禦伐作賓妣庚。
236.9		丁卜：改宰妣庚，若。
236.10		丁卜：改宰妣庚，若。
236.11		丁卜：子[illegible]改宰□□，[若]。
241.6		乙巳卜：于既改舌，廼改羓一祖乙。用。

265.7		辛未：歲妣庚，先莫（暮）牛改，廼改小宰。用。
265.8		辛未：宜乳一，在入卯，又肇邑。
267.1		己亥卜：子于馱宿，夙改小宰妣庚。用。
276.5		乙夕卜：叀今改妣庚。
276.6		乙夕卜：于䁥改妣庚。用。
276.8		戊卜：其改牛妣己。
276.9		戊卜：于䁥改牛妣己。
278.13		先改白豭宜黑二牛。
284.2		戊卜：其呼改豕于吕。
286.20		己卜：于日羞中改三牛妣庚。
286.21		己卜：其彭（酒）三牛作祝，叀之用妣庚。用。
286.25		己卜：莫（暮）改，卯三牛妣庚。
286.26		己卜：莫（暮）改，卯三牛妣庚。
299.2		有吉牛，叀之改。
311		庚午：歲妣庚宰、牝，祖乙延改。在[馱]。
314.1		甲戌卜：莫（暮）改祖乙歲。用。

314.6		子从攺𦍩，又𠱼妣庚夢。用。
316.2		壬子卜：其攺，𢦏友若。用。
322		甲卜：弜攺于妣庚。
365.5		[耤]弜[力]攺若。
384.5		壬卜：其攺牛妣庚。
384.6		壬卜：叀宰攺妣庚。
401.4		乙卜：于𣉻[攺]妣庚。用。
401.5		乙卜：于𣉻攺妣庚□。在呂。
401.6		乙卜：叀今攺妣庚。
401.7		乙卜：叀今攺妣庚。[在呂]。
401.8		乙卜：其攺五牛妣庚。
401.10		乙卜：其攺三牛妣庚。
401.11		乙[卜]：其攺七牛妣庚。
401.15		戊卜：其先攺歲妣庚。
401.17		戊卜：其攺𦍩，[肉入]于丁。
409.7		丙卜：吉，攺于妣丁。

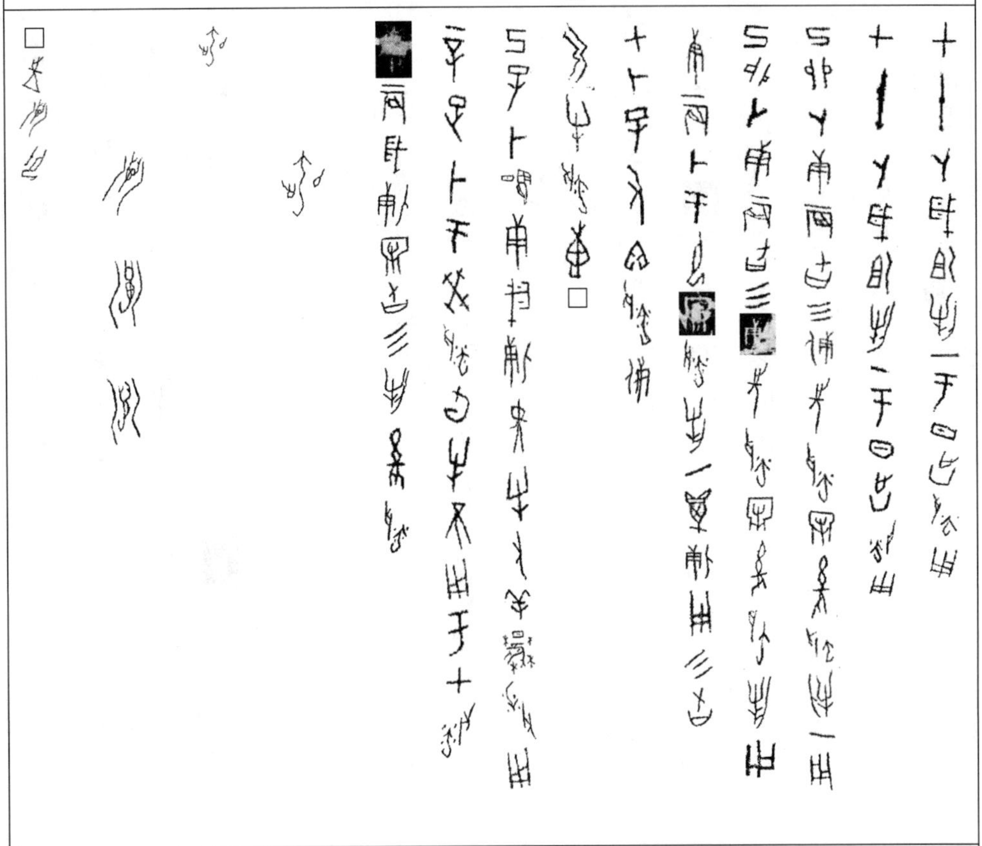

426.3	甲午卜：歲祖乙牝一，于日出𢼄。用。
426.4	甲午卜：歲祖乙牝一，于日出𢼄。用。
427.3	己卯卜：庚辰舌彡妣庚，先𢼄宰，後𢼄牝一。用。
427.4	己卯卜：庚辰舌彡妣庚，先𢼄宰，後𢼄牝。用。
428.1	庚辰卜：于既宰𢼄牝一，𠨘妣庚。用。彡舌。
446.3	甲卜：子有心，𢼄妣庚。
446.28	弜牛𢼄，叀□。
451.1	己巳卜：翌庚歲妣庚黑牛又羊，莫（暮）𢼄。用。
474.9	辛巳卜：于癸𢼄旬牛。不用。于甲𢼄。
490.7	庚辰：歲妣庚宰，舌彡牝，後𢼄。

蛇

18.4	蛇。

澫

55.3	□往澫禦。

55.4	己[丑]：歲妣庚牝一，子往溝禦。
352.1	己丑：歲妣庚牝一，子往于溝禦。
247.15	己丑：歲妣庚牝一，子往溝禦。
255.8	己丑：歲妣庚一牝，子往溝禦，[興]。

龜

449.7	乙亥：弜巳叙盜（毖）龜于室。用。
450.3	[癸]亥：子往于𡧊，肇子丹一、盜（毖）龜二。

[illegible]

17.2	乙巳：歲祖乙一牢，[illegible]祝。
29.2	庚寅：歲祖□牝一，[illegible]祝。
220.3	甲申：歲祖甲豭一，叀[illegible]祝。用。
280.2	癸巳：歲妣癸一牢，[illegible]祝。
291.4	乙酉：歲祖乙小宰、豭，衩（祐）鬯一，[illegible]祝。在麗。
323	□子□□妣庚小宰，[illegible]祝。在𡚸。

編號	釋文
252.3	丁丑卜：其彈于〓，叀入人，若。用。子占曰：毋有孚，雨。
450.3	[癸]亥：子往于〓，肇子丹一、盜（琡）龜二。
451.3	戊寅卜：自〓帶其見（獻）于婦好。用。

蘁

編號	釋文
157.7	己卯卜，貞：蘁不死。子曰：其死。
157.8	己卯卜，貞：蘁不死。子曰：其死。

⿱奄黽

編號	釋文
288.9	乙未卜：子其往𨑌，獲。不⿱奄黽，獲三鹿。

昫

編號	釋文
37.3	己卯卜：子見（獻）昫以戚丁。用。

490.1	己卯：子見（獻）晌以璧、戚于丁。用。
490.2	己卯：子見（獻）晌以圭眔𡿨、璧丁。用。
409.3	己卯：子見（獻）晌以圭于丁。用。
490.4	己卯：子見（獻）晌以戚丁，侃。用。
255.7	戊寅卜：舟嚨告晌，丁弗𣚬（虞），侃。

翌

6.1	甲辰夕：歲祖乙黑牡一，叀子祝，若，祖乙侃。用。翌日舌。
34.4	甲辰：宜丁牝一，丁各，夨（昃）于我，翌[日]于大甲。用。
34.14	己酉卜：翌日庚，呼多臣燕見（獻）丁。用。不率。
108.3	辛丑卜：于翌逐狼。
150.2	己酉夕：翌日舌妣庚黑牡一。
183.14	翌甲，其呼多臣舟。
183.15	翌甲，其呼多臣舟。

335.2	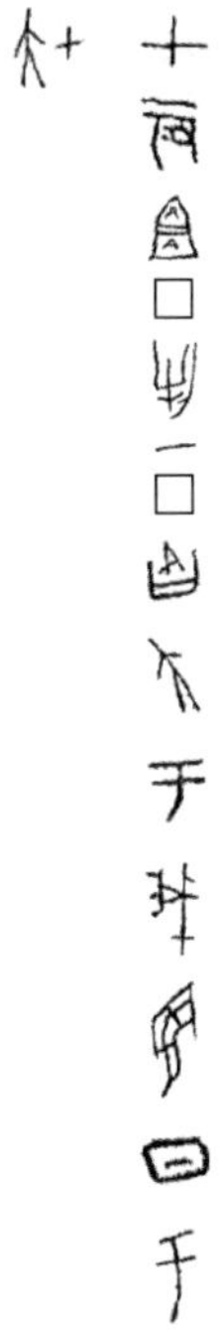	甲辰：宜[丁]牝一，[丁]各，矢（昃）于我，翌日于大甲。
350		甲辰夕：歲祖乙黑牡一，子祝，翌日舌。
351.5	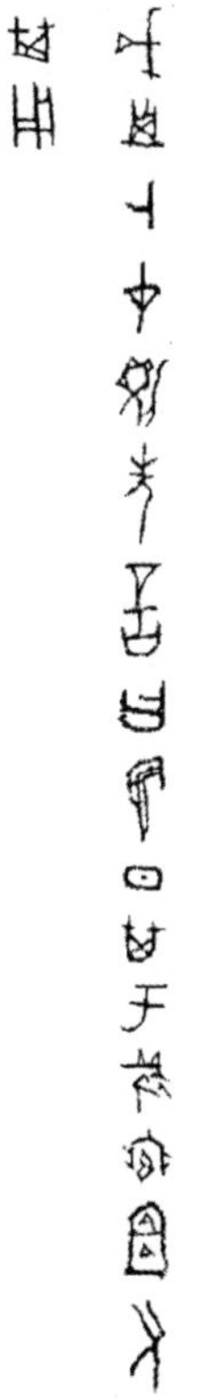	戊子卜，在：言曰：翌日其于舊官宜。允其。用。
420.2		甲辰：宜丁牝一，[丁]各，矢（昃）于我，翌日于大甲。
427.2		戊寅卜：翌己，子其見（獻）戚于丁，侃。用。
457.		己酉夕：翌日舌歲妣庚黑牡一。庚戌彡（酒）牝一。
		## ⿰日翌
39.14		夕：歲小宰⿰日翌妣庚。
14.3		乙酉卜：子于⿰日翌丙求阢南丘豕，遘。
39.14		夕：歲小宰⿰日翌妣庚。
103.2		丁卯卜：雨其至于夕。子占曰：其至，亡⿰日翌戊。用。
103.5		己巳卜，在𫊸：其雨。子占曰：今夕其雨，若。己雨，

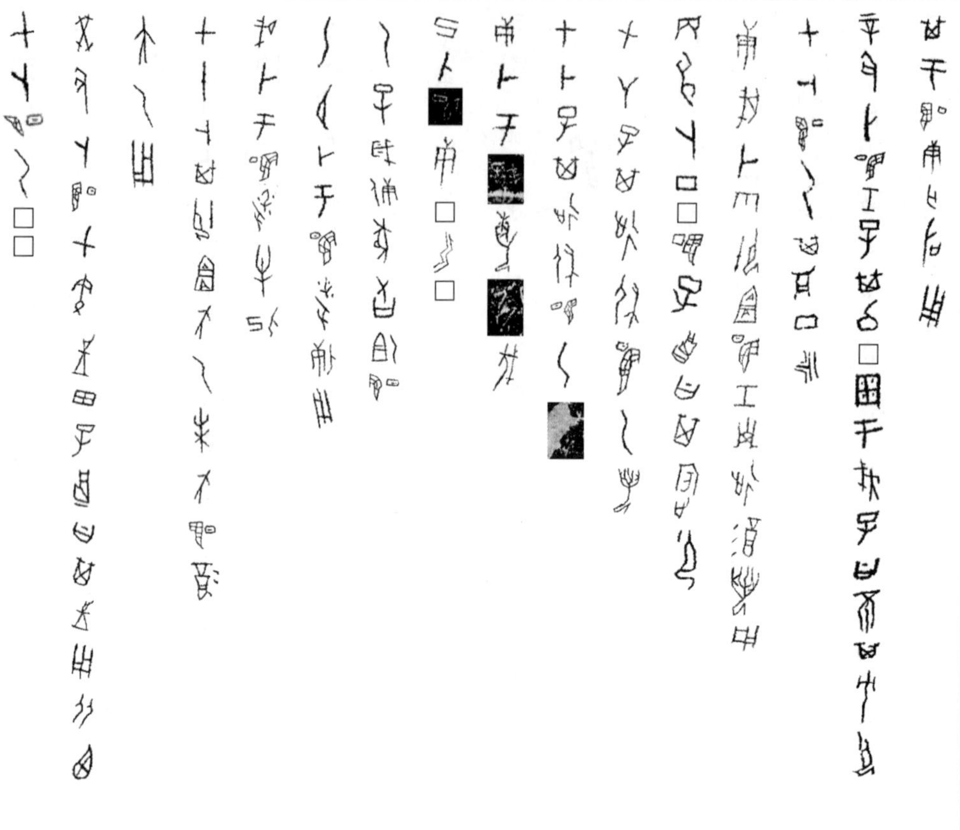

	其于曌庚亡司（嗣）。用。
108.6	辛丑卜：曌壬，子其以□周于㚤。子曰：不其屮。孚。
124.16	甲卜：曌乙，其𠀠，丁侃。
149.6	庚戌卜：雨禦宜，曌壬子延彭（酒），若。用。
173.2	丙申卜：丁□曌。子占曰：其賓。孚。
181.1	甲卜：子其延休，曌乙，若。
181.2	甲卜：子其延休，曌乙，若。
223.16	庚卜：于翌日夙𢻱伐。
257.26	己卜：[曌]庚□弜□。
274	乙巳：歲妣庚豕，舌祖乙曌。
276.6	乙夕卜：于曌𢻱妣庚。用。
276.9	戊卜：于曌𢻱牛妣己。
290.7	甲午卜：其禦宜矢（昃），乙未矢（昃），曌彭（酒） 大乙。用。
316.3	癸丑卜：曌甲寅往田。子占曰：其往。用。从西。
356.2	甲卜：曌乙□□。

356.3		甲[卜]：暟乙弜□丁。
378.1		戊戌夕卜：暟[己]，子[求]豕，遘，擒。子占曰：不三其一。用。
381.1		戊戌夕卜：暟己，子其[逐]，从圭人嚮（向）敹（虣），遘。子占曰：不三其一。其二，其有邋（奔馬）。用。
395.2		辛未卜：暟獲入。用。
401.4		乙卜：于暟[妏]妣庚。用。
401.5		乙卜：于暟妏妣庚□。在吕。
409.30		[甲]卜：子其延休，暟乙，若。
426.1		癸巳卜：暟甲歲祖甲牡一，衩（祐）鬯一，于日出。用。
446.10		丙卜：卯牛于暟日。[用]。
451.1		己巳卜：暟庚歲妣庚黑牛又羊，莫（暮）妏。用。
453.2		甲卜：呼多臣見（獻）暟于丁。用。
475.1		癸卯卜：暟祼于矢（昃）。用。

223.2	戊卜：子弜入黃。
223.3	戊[卜：子]其[入]黃。
223.1	[戊]卜：于己入黃于丁。

則

114.3	己卯卜，在：子其入則，若。

賈

60.3	乙丑：自賈馬有剢。
60.4	亡其[剢]賈馬。
60.7	自賈馬其有死。子曰：其有死。
168.1	其右賈馬于新。
314.2	乙亥卜：叀賈視罘比。用。
314.3	賈炅。

352.4		于賈視。
367.3		于賈視。
367.6		賈視，子用右。
367.7		賈視，子用右。
391.7		庚辰卜：叀賈視眔比。用。
391.9		叀乃馬眔賈視。用。
516		卜：丁卯自賈。
522		賈馬其𣏟。
525		𣏟□，自賈馬□。
7.6		丁未卜：新馬其于贾视，右用。
286.5		壬卜：子有求（咎），曰：□贾。

買

98.1		其買，叀右駐。

梠

312.3		戊午卜，在𡆥：子立于彔中冐。子占曰：企梠。

入

6.2	乙丑卜：有吉亏（辛），子具[illegible]，其以入，若，侃，有彭值。用。
7.2	叀一羊于二祖用，入自麗。
15.3	□在入。
20	屰入六。
36.3	不其狩，入商。在[illegible]。
37.20	壬子卜：子以婦好入于㚤，肇[illegible]三，往𡐨。
37.21	壬子卜：子以婦好入于㚤，子呼多賈見（獻）于婦好，肇紤八。
37.22	壬子卜：子以婦好入于㚤，子呼多禦正見（獻）于婦好，肇紤十，往𡐨。
38.4	壬卜：子其入廌、牛于丁。
40	疾入。
63.2	辛亥卜：子其以婦好入㚤，子呼多禦正見（獻）于

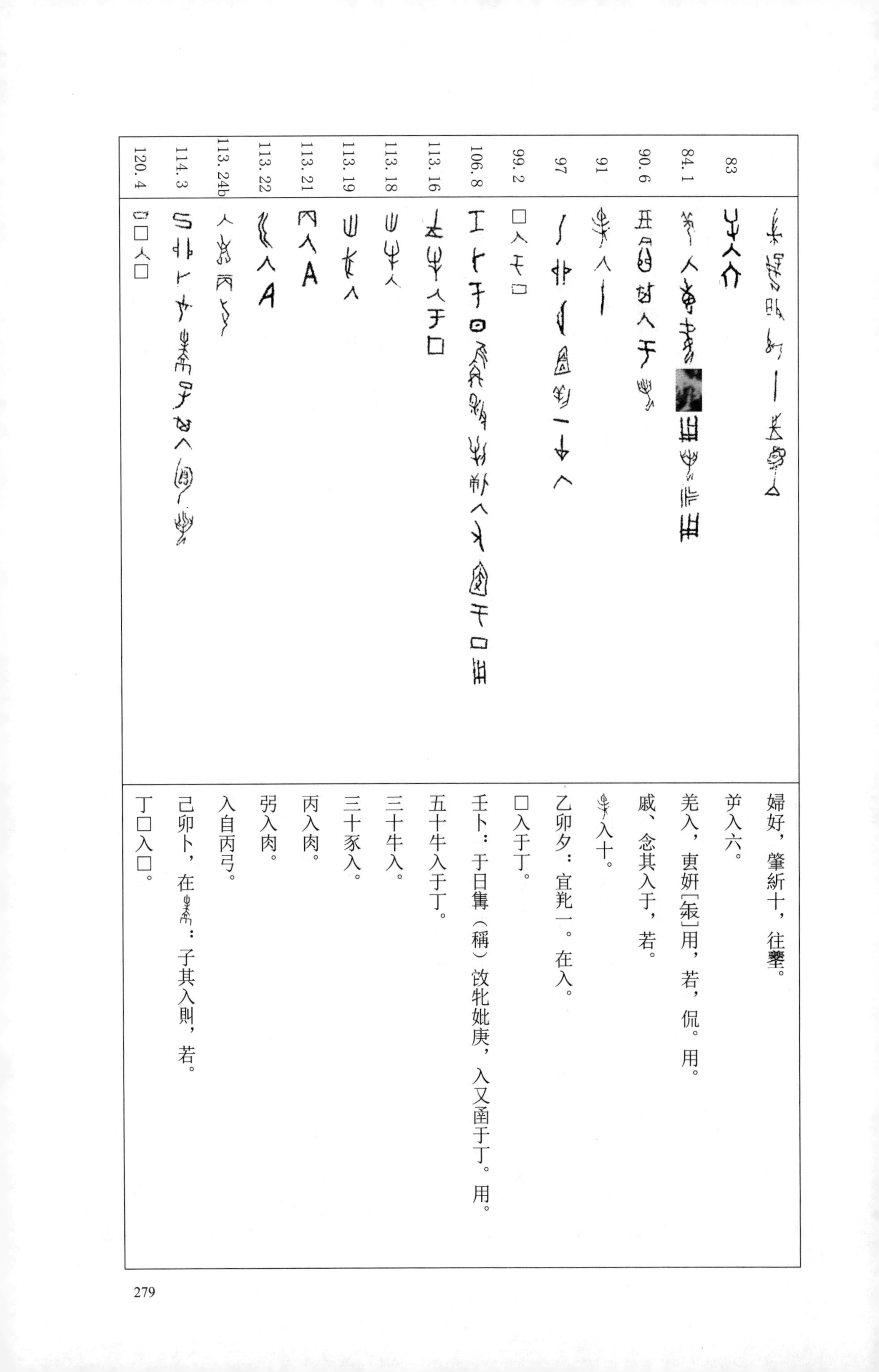

		婦好，肇紒十，往鑿。
83		屰入六。
84.1		羌入，叀妍[𣪊]用，若，侃。用。
90.6		戚、念其入于，若。
91		𠂤入十。
97		乙卯夕：宜羌一。在入。
99.2		□入于丁。
106.8		壬卜：于日爯（稱）攺牝妣庚，入又圅于丁。用。
113.16		五十牛入于丁。
113.18		三十牛入。
113.19		三十豕入。
113.21		丙入肉。
113.22		弜入肉。
113.24b		入自丙弓。
114.3		己卯卜，在𣪊：子其入䵼，若。
120.4		丁□入□。

124.7		戊卜：子入二弓。
133		史入。
134.2		作□入。
137.4		羌入，孜乃叀入炋。用。
139.9		辛卜：其宜，叀大入豖。
142.7		辛卯：宜豖一。在入。
170.1		癸丑：宜鹿。在入。
170.2		甲寅，在入：皀。用。
176.1		丁丑卜：子禦于妣甲，𠕋牛一，又鬯一，亡災，入商
		彡（酒）。在麤。
178.4		癸卯夕：歲妣庚黑牝一，在入，陟盂。
178.8		己酉夕：伐羌一，在入。庚戌宜一牢，發。
178.9		己酉夕：伐羌一，在入。
178.11		庚戌：宜一牢，在入，發。
178.12		庚戌：宜一牢，在入，發。
190.1		庚入二。

190.2		庚入五。
195.1		辛亥卜：子以婦好入于妖。用。
195.4		辛亥卜：叀入人。用。
196.1		丙午卜，在麗：子其呼多尹入璧，丁侃。
196.4		己酉：歲祖甲牝一，歲[祖乙]牝一，入自麗。
196.6		庚戌：歲妣庚牝一，入自麗。
220.7		□□卜：子其入伯屯（純），若。
223.1		[戊]卜：于己入黃令于丁。
223.2		戊卜：子弜入黃𠆢。
223.3		戊[卜：子]其入黃□。
223.4		[戊]卜：子[其入]黃[𠆢]，[丁]侃。
223.5		[戊卜：子其入黃𠆢于]，丁侃。
229.2		壬卜：子其入[黃𠆢]□，丁侃。
231		史入。
237.14		弜告丁，肉弜入丁。用。
237.15		入肉丁。用。不率。

240.1	癸亥：宜牝。在入。
240.2	癸亥：宜牝一。在入。
240.5	戊辰：宜□□㲋。用。在入。
252.3	丁丑卜：其彈于[illegible]，叀入人，若。用。子占曰：毋有孚，雨。
252.4	叀剢（絕）人呼先奏，入人迺往。用。
252.5	叀剢（絕）人呼先奏，入人迺往。用。
252.6	叀入人呼。用。
252.7	戊寅夕：宜羌一。在入。
257.13	庚卜：丁入告。
259.1	辛巳卜：新馳于以，舊在麁入。用。子占曰：奏艱。孚。
265.7	辛未：歲妣庚，先莫（暮）牛改，迺改小宰。用。
265.8	辛未：宜羌一，在入卯，又肇巹。
269.1	癸卜：在茲入□。
269.8	[乙亥卜：子]其入白一于[丁]。

编号	释文
286.1	辛卜：扆入牡宜。
288.11	乙未卜：子其入三弓，若，侃。用。
296.3	癸卯卜：其入瑪，侃。用。
320.7	庚寅：子入[illegible]四于丁。在麓。
327	周入四。
333	乙丑卜：有吉㝷（辛），子具[illegible]，其以入，若，侃，有彭徝。用。
340.1	癸巳：宜牝一，在入。
340.2	甲午：宜一牢，伐一人。在入。□。
374.1	□入一□四□用□。
376.3	己酉夕：伐羌一。在入。庚戌宜一牢，發。
395.2	辛未卜：暱獲入。用。
395.4	辛未卜：弜入麑，其[馭。用]。
399	[illegible]入十。
401.17	戊卜：其故豼，[肉入]于丁。
425	[illegible]入五。

428.5		庚戌：歲妣庚⿰羊匕一，入自麗。
436		[illegible]入十。
443.7		[illegible]入人□于□牛，歲又□。
446.8		乙卜：入脛丁，貞：[又]肉。
480.3		癸酉，子炅在[illegible]：子呼大子禦丁宜，丁丑王入。用。來狩自斝。
481.1		乙丑卜：有吉夸（辛）子具[illegible]，其以入，若，侃，有彭徝。用。
490.8		乙酉卜：入肉。
490.9		乙酉卜：入肉。子曰：舣卜。
490.10		庚戌：歲妣庚⿰羊匕一，入自麗。
493.2		戊子：宜⿰羊匕一妣庚。在入。
		終
10.1		乙未卜：子宿在[illegible]，終夕□圭自□。子占曰：不[擒]。
61.2		癸卯卜，亞奠貞，子占曰：終卜用。

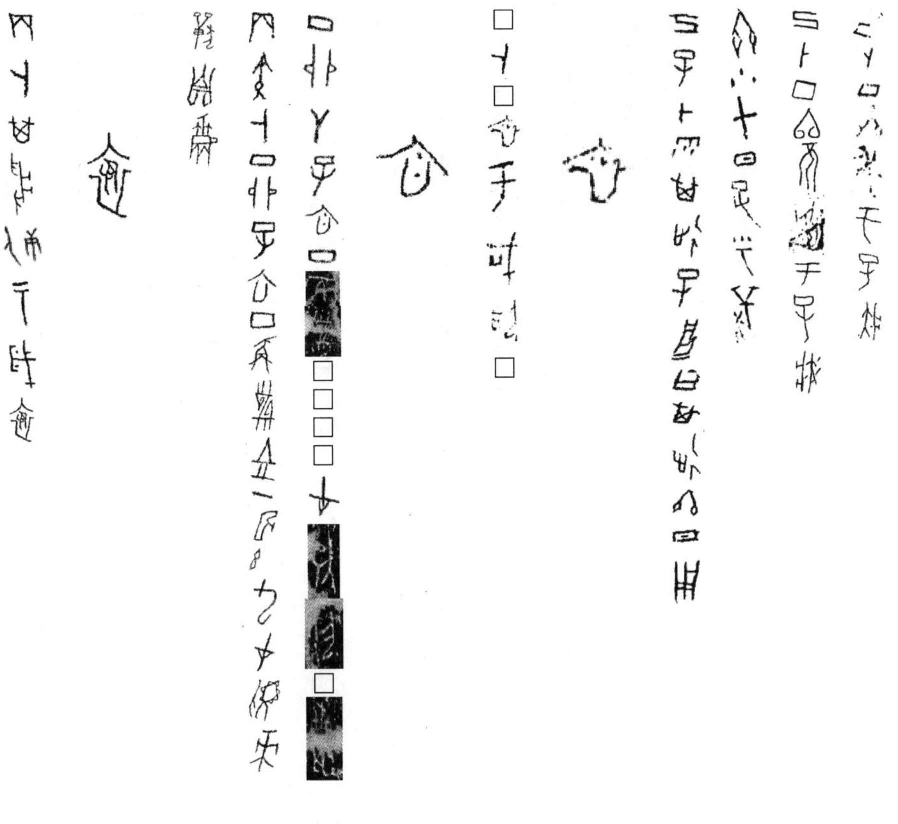

69.6	己卜：丁終欁（虞）于子疾。
69.7	己卜：丁終不欁（虞）于子疾。
85.3	終小甲日，子呼狩。
103.4	己巳卜：雨其延。子占曰：其延終日。用。

宸（庇）

41.1	[庚]卜：□宸（庇）于戓、配□。

勞

363.4	丁卯卜：子勞丁，爯黹[圭一、聯九]。在▒，狩□畢。
480.1	丙寅卜：丁卯子勞丁，爯黹圭一聯九。在▒。來狩自畢。

裖

496.1	丙卜：其將妣庚示，歲裖（脤）。

乍（作）

28.1	丙卜：唯亞奠作子齒。
28.2	丙卜：唯小臣作子齒。
28.3	丙卜：唯婦好作子齒。
38.5	壬卜：丁聞子呼[視]戎，弗作𣛭（虡）。
39.17	戊卜：子其取吴于夙，丁弗作。
53.18	己卜：叀丁作子興，尋丁。
75.1	戊卜：子作丁臣斾，其作子𩏂。
75.2	戊卜：子作丁臣斾，弗作子𩏂。
75.4	戊卜：子作丁□。
75.5	戊卜：子作。
85.1	其呼作𡸁北。
113.18	其作官𩻛東。
134.1	作□。
134.2	作□入。

236.8		己卜：弜□□作丁□。
256.9		乙卜：其又伐，于吕作，妣庚各。
275.1		乙卜：其又伐，于吕作，妣庚各。
276.2		戊卜：侯奠其作子齒。
284.3		戊卜：侯奠不作子齒。
284.4		己卜：其彡（酒）三牛作祝，叀之用妣庚。用。
286.21		己卜：其彡（酒）三牛作祝，叀之用妣庚。用。
286.22		叀大絥其作宗。
292.1		壬子卜：子其告妣既亳丁。子曾告曰：丁族盜（皆） 褱宅，子其作丁雝（宮）于妣。
372.8		甲午卜：子作戚分卯，[告]于丁，亡[以]。用。
391.10		甲午卜：子作戚分卯，其告丁，若。
391.11		甲午卜：子作戚分卯，子弜告丁。用。若。
409.20		己卜：叀丁作子興，尋丁。
419.3		其作雝（宮）東。
501.2		丁卜：今庚其作豊，耋（速）丁酓（飲），若。

501.3	丁卜：今庚其作豊，𡕥（速）丁畣（飲），若。

今

28.6	戊卜：六〈今〉其彭（酒）子興妣庚，告于丁。用。
87.3	庚申卜：叀今庚益商，若，侃。用。
102.3	乙卜，貞：二卜有求（咎），唯見，今有心敷，亡憂。
108.2	辛丑卜：叀今逐狼。
241.11	辛亥卜，貞：戚羌有疾，不死。子占曰：羌其死唯今，其[illegible]〈又〉絞（瘳）亦唯今。
262.2	癸卜：丁步今戌。卲月，在[illegible]。
276.5	乙夕卜：叀今改妣庚。
290.4	癸巳卜：自今三旬有至南。弗[illegible]（及）三旬，二旬又三日至。
324.3	己亥卜：子叀今□用，唯亡豕。
401.6	乙卜：叀今改妣庚。
401.7	乙卜：叀今改妣庚。[在吕]。

501.2	丁卜：今庚其作豊，壐（速）丁酓（飲），若。
501.3	丁卜：今庚其作豊，壐（速）丁酓（飲），若。

今日

5.11	□今日曰婦好。
218.1	丙辰卜：子炅叀今日匄黍于婦，若。用。
249.6	己卜：弜告季于[今]日。
249.7	己卜：弜告季今日[歸]。

今夕

103.5	己巳卜，在𬶃：其雨。子占曰：今夕其雨，若。己雨，其于㬱庚亡司（嗣）。用。
149.2	己亥卜：叀今夕爯戚𠂤，若，侃。用。
335.1	丁酉卜：今夕□往𢀛。
400.2	乙亥夕卜：其雨。子占曰：今夕雪，其于丙雨，其多日。用。

146.2	己酉卜：今夕丁往[illegible]。
146.3	今夕丁不往[illegible]。
159.1	癸未卜：今月六日□于生月有至南。子占曰：其有至，巸月爰。

余

402.2	□母□余于□妣庚□。
410.2	壬卜，在麓，丁曰：余其肇子臣。允。
420.4	庚戌卜：唯王命余呼燕，若。
443.2	□余□示□壬□。
475.8	辛亥卜，丁曰：余不其往。毋蚩（速）。
475.9	辛亥卜，子曰：余丙蚩（速）。丁命子曰：往眔婦好于曼麥。子蚩（速）禦。

亯

502.1	亯。

𦎫

139.7	庚卜：在𦎫叀牛妣庚。
249.1	在𦎫卜：呼□歸，戉束。
249.2	在𦎫卜：呼皿歸，戉束。
249.3	[在]𦎫[卜]：呼人歸。
249.4	在𦎫卜：弜呼人歸。
249.5	[在𦎫]卜：弜呼人歸，□丁，若。
249.9	妣庚宰，在𦎫。
249.10	歲妣庚宰，在[𦎫]。
249.12	在𦎫卜：叀牝歲妣庚。
249.15	甲卜，在𦎫：皆見（獻）巸于丁。
249.18	在𦎫卜：尞[妣庚]□。
249.19	甲卜，在𦎫：賈并□子□見（獻）丁。
249.20	甲卜，在𦎫：巸見（獻）于丁。
467.10	叀𦎫呼匄。不用。

467.11 叀辜呼匄。不用。

京

363.1 □卜，在[illegible]京：氣（迄）⿰豕戈（虩）大[聯]獸□□用。

114.3 己卯卜，在[illegible]：子其入則，若。

300.1 丙寅卜，在[illegible]：甾友有同，唯其有吉。

455.1 甲子卜：歲妣甲⿰羊土一，⿱冊曰三小宰又置一。在[illegible]。

206.1 丁丑卜，在[illegible]：子其叀舞戉，若。不用。

⿱丮京

294.1 壬子卜：子其告⿰大夫既圉丁。子曾告曰：丁族盜（⿰比必）⿱丮京宅，子其作丁雝（宫）于⿰大夫。

安

369

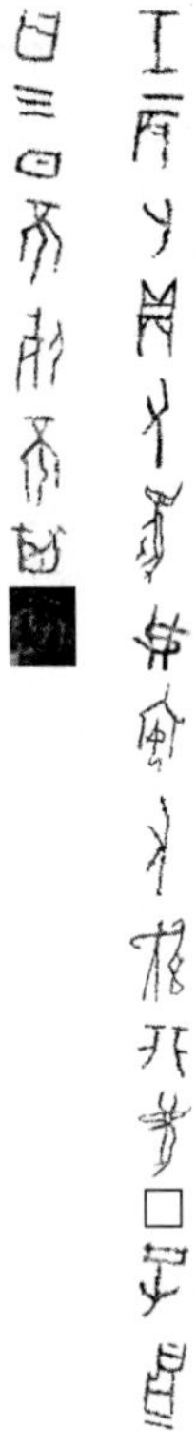

壬辰卜，貞：右駐弗安，有趡，非鷹□。子占曰：三日不死，不其死。

賓

236.8

丁卜：攺二牛禦伐作賓妣庚。

173.2

丙申卜：丁□噬。子占曰：其賓。孚。

173.3

丙申卜，子占曰：亦叀茲孚，亡賓。

480.2

癸酉卜，在𦎫：丁弗賓祖乙彡。子占曰：弗其賓。用。

寢

294.3

壬子卜：子寢于𡚬，弜告于丁。

寮

257.22

辛卜：子其有□臣自□寮。

286.9	壬卜：其尞妣庚，于兹束告，有录，亡延[illegible]。
286.10	壬卜：束亡延[illegible]。
416.12	甲午：延[illegible]妋官。用。

僕

122.1	丁□子亦唯侃于僕□丁婦。

丙

221.2	丙□。
475.9	辛亥卜，子曰：余丙𡫄（速）。丁命子曰：往眔婦好于曼麥。子𡫄（速）禦。
37.16	叀丙弓用射。
37.17	叀丙弓用。不用。
113.24	入自丙弓。

124.1	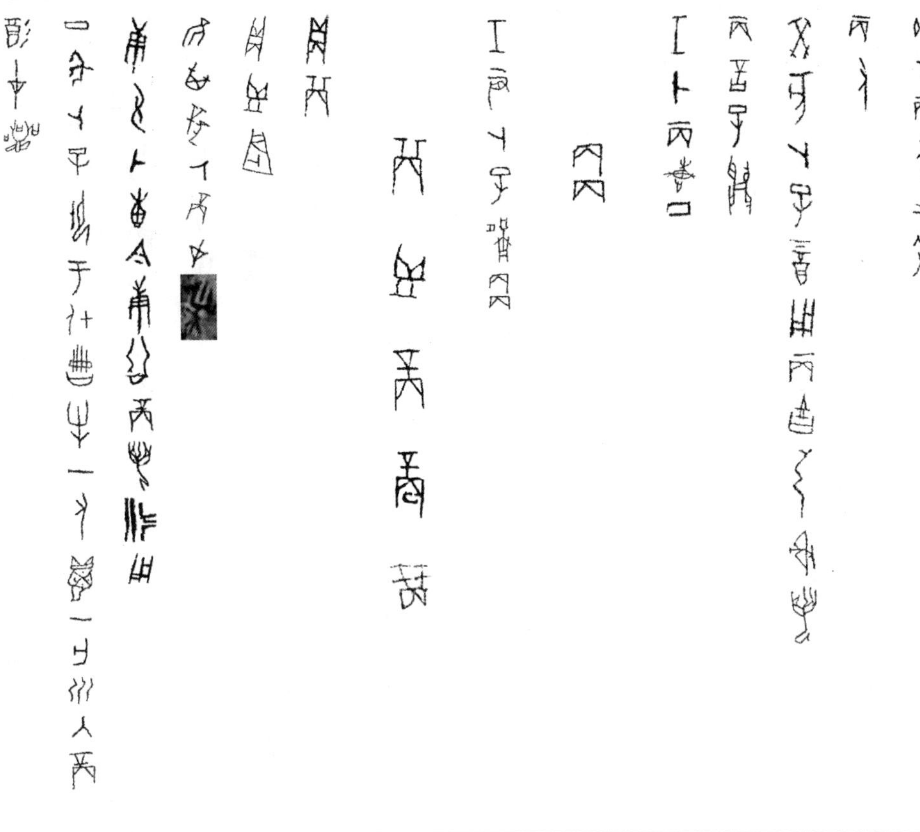 戊卜：丙又二羊。
124.2	丙又。
149.11	癸亥卜：子氫（迄）用丙吉弓射，若。
183.5	丙言子興。
446.24	壬卜：丙耋（速）丁。

兩

290.3	壬辰卜：子裸兩。

商

441.6	貞：商。
519	貞：商、憂。
36.3	不其狩，入商。在[illegible]。
87.3	庚申卜：叀今庚益商，若，侃。用。
176.1	丁丑卜：子禦于妣甲，𠕋牛一，又鬯一，亡災，入商彰（酒）。在麓。

494.2		戊卜，在麄：于商告人亡由于丁，若。
494.4	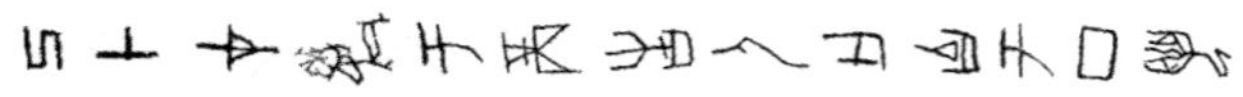	己卜，在麄：于商告人亡由于丁，若。
86.1	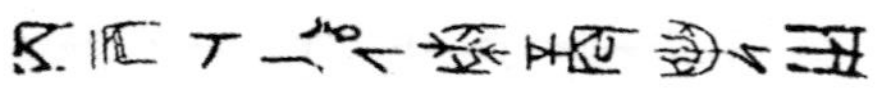	丙辰卜：延奏商，若。用。
87.2		庚申卜：子益商，日不雨。孚。
130.1		己卯卜：子用我瑟，若，弜屯（純）敃用，侃。舞商。
150.3	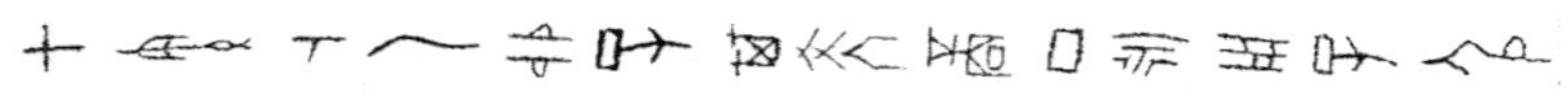	甲寅卜：乙卯子其學商，丁侃，用。子臀。
150.4	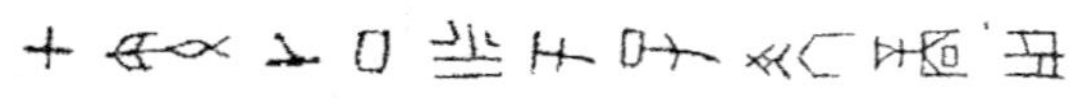	甲寅卜：丁侃于子學商。用。
150.5		丙辰卜：延奏商。用。
247.5	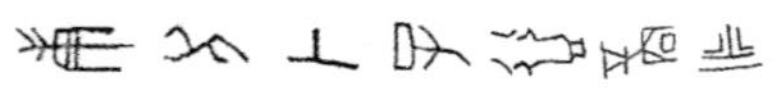	庚申卜：子益商，侃。
309.1		辛亥卜：在□亞于商。
336.1	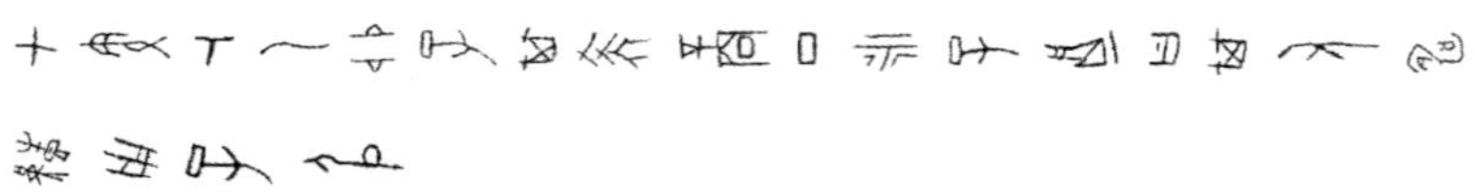	甲寅卜：乙卯子其學商，丁侃。子占曰：其有䍃艱。用。子臀。
382	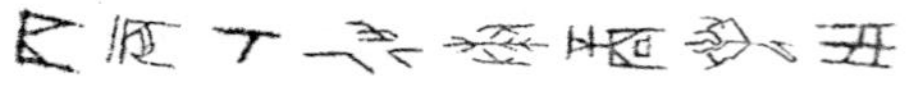	丙辰卜：延奏商，若。用。
487.1		甲寅卜：乙卯子其學商，丁侃。用。
487.2		甲寅卜：乙卯子其學商，丁侃。子占曰：有求（咎）。用。子臀。

411.4 □商□。

泉

484.5 良泉。

叡

113.20 叡人𢦏（虩），于若。

丁

1.7 甲卜：丁令。

3.2 [丙]卜：丁不延𣚚（虡）。

3.3 丁不延𣚚（虡）。

3.4 丁延𣚚（虡）。

3.12 壬卜：于乙延休丁。

3.14 壬卜：子其往田，丁不𣚚（虡）。

5.10 乙亥卜：婦好有事，子唯。妹于丁曰婦好。

15.1	□□	□丁。
26.6		甲申卜：子叀豕殁眔魚見（獻）丁。用。
28.4		丙卜：丁𣝢（虞）于子，唯亲齒。
28.5		丙卜：丁𣝢（虞）于子，由从中。
28.6		戊卜：六〈今〉其彡（酒）子興妣庚，告于丁。用。
28.10		辛卜：丁不涉。
28.11		辛卜：丁涉，从東兆狩。
34.4		甲辰：宜丁牝一，丁各，矢（昃）于我，翌[日]于大甲。用。
34.6		乙巳卜：歲祖乙牢，衩（祐）鬯一，祖甲□丁各。
34.8		乙巳卜：丁各，子爯小。用。
34.9		乙巳卜：丁各，子爯。用。
34.10		乙巳卜：丁各，子弜巳爯。不用。
34.11		乙巳卜：丁各，子[于庭]爯。用。
34.14		己酉卜：翌日庚，子呼多臣燕見（獻）丁。用。不率。
37.3		己卯卜：子見（獻）晌以戚丁。用。

37.4	以一鬯見（獻）丁。用。
37.5	癸巳卜：子𩰫（鬻）叀白璧肇丁。用。
37.8	丁酉：歲祖甲犯一，衩（祐）鬯一。在䨺。
37.9	丁酉：歲祖甲犯一，衩（祐）鬯一。在䨺。
38.4	壬卜：子其入廌、牛于丁。
38.5	壬卜：丁聞子呼[視]戎，弗作𣞤（虞）。
39.17	戊卜：子其取吴于夙，丁弗作。
48	癸亥：歲子癸犯一，皀自丁黍。
53.8	戊卜：于暱己[延]休于丁。
53.18	己卜：叀丁作子興，尋丁。
56	辛丑卜：禦丁于祖庚至□一，冊羌一人、二牢；至丮一 祖辛禦丁，冊羌一人、二牢。
60.2	甲子：丁各宿。
69.6	己卜：丁終𣞤（虞）于子疾。
69.7	己卜：丁終不𣞤（虞）于子疾。
72.1	丁。

72.2	□丁□。
72.5	丁。
72.6	□丁□。
75.1	戊卜：子作丁臣旃，其作子艱。
75.2	戊卜：子作丁臣旃，弗作子艱。
80.1	癸卜：子告官于丁，其取田。
90.5	乙卜：耋（速）丁，以戚。
92.1	甲卜：叀盗具丁。用。
92.2	甲卜：呼多臣見（獻）暱丁。用。
99.2	□入于丁。
106.2	丁□御[于史]□[伐]□[酉]□[子]。
106.3	丁卜□。
106.8	壬卜：于日隻（稱）攺牝妣庚，入又（有）函于丁。用。
113.5	耋（速）丁。
113.6	弜耋（速）丁。
113.7	攺宰廼耋（速）丁。

113.8	𠦪（速）丁。
113.9	弜𠦪（速）丁。
113.10	乙卜：丁有鬼夢，亡憂。
113.11	丁有鬼夢，[illegible]在田。
113.16	五十牛入于丁。
122.1	丁□子亦唯侃于僕□丁婦。
124.15	辛卜：其𠦪（速）丁。
124.16	弜𠦪（速）丁。
124.17	甲卜：暱乙，其[illegible]，丁侃。
142.8	□丁，壬午丁各。用。
146.2	己酉卜：今夕丁往[illegible]。
146.3	今夕丁不往[illegible]。
150.3	甲寅卜：乙卯子其學商，丁侃，用。子瞖。
150.4	甲寅卜：丁侃于子學商。用。
154.1	辛酉卜：丁先狩，廼又伐。
154.2	辛酉卜：丁其先又伐，廼出狩。

157.1		己巳卜：[子]其告[犬]既[玄]丁，若。
157.5		丁丑：歲妣丁小宰。
157.6		丁丑：歲妣丁小宰。
157.11		辛巳卜：我𠦪□丁攺。用。
169.1		甲辰卜：丁各，矢（昃）于我，[翌日]于大甲。
173.2		丙申卜：丁□㽙。子占曰：其賓。孚。
180.1		甲子：丁[各]，子再□。
180.2		甲子卜：乙，子肇丁璧眔戚。
180.4		乙丑卜：子弜疐（速）丁。用。
181.15		己卜：丁各叀新□舞，丁侃。
181.17		己卜：丁𣚬（虞），不𡆥。
181.23		辛卜：子其舞戉，丁侃。
181.26		壬卜：子舞戉，亡言，丁侃。
181.27		壬卜：子舞戉，亡言，丁侃。
183.1		丙卜：丁來視子舞。
183.7		[往]于舞，若，丁侃。

編號	釋文
183.8	壬卜：丁㯻（虞）延。
183.9	壬卜：丁不㯻（虞）。
187.4	□丁□子□弜□。
196.1	丙午卜，在麊：子其呼多尹入璧，丁侃。
198.9	癸巳卜：叀璧肇丁。
198.10	子肇丁璧。用。
198.11	癸巳：叀㱿肇丁。不用。
202.4	丁卜□。
202.7	庚卜[：子其見（獻）]丁，□以。用。
202.8	庚[卜：子其見（獻）]丁，鹵以。
203.7	[丙卜：叀十牛]肇丁。用。
203.8	丙卜：叀十牛肇丁。用。
203.10	丙卜：叀子𡧊圭用眔聯爯丁。用。
211.2	弜告行于丁。
223.1	戊卜：于己入黄𠬝于丁。
223.4	[戊]卜：子[其入]黄[𠬝，丁]，侃。

223.5		[戊卜：子其入黃□于]丁，侃。
229.2		壬卜：子其入[黃令]□丁，侃。
236.3		丁卜：彡（酒）伐兄丁卯宰，又皀。
236.8		丁卜：攺二牛禦伐作賓妣庚。
236.9		丁卜：攺宰妣庚，若。
236.10		丁卜：攺宰妣庚，若。
236.11		丁卜：子□攺宰□□，[若]。
236.12		丁卜：歲妣庚牡又二彘。
236.13		丁卜：歲妣庚牡又二彘。
236.16		己卜：家其有魚，其屰丁，侃。
236.17		己卜：家其有魚，其屰丁，侃。
236.18		己卜：家其有魚，其屰丁，侃。
236.19		己卜：家弜屰丁。
236.25		庚卜：丁饗鬻（肆）。
236.26		庚卜：丁弗饗鬻（肆）。
237.3		丁巳：歲祖乙羒一，舌祖丁彡。

237.6		辛未卜：丁唯好令比伯或伐卲。
237.14		弜告丁，肉弜入丁。用。
237.15		入肉丁。用。不率。
245.3		□丁。
248.4		甲寅卜：弜[illegible]（速）丁。用。
249.5		[在𦎫]卜：弜呼人歸，□丁，若。
249.11		□于丁，妣庚。
249.13		己卜：其告季于丁，侃。
249.14		己卜：其[告]季于丁，侃。
249.15		甲卜：在𦎫：皆見（獻）𢀛于丁。
249.17		□見（獻）丁，妣庚□。
249.19		甲卜，在𦎫：賈并□子□見（獻）丁。
249.20		甲卜，在𦎫：𢀛見（獻）于丁。
255.1		甲寅卜：弜宜丁。
255.7		戊寅卜：舟嚨告晌，丁弗㯻（虞），侃。
256.6		□丁□其□

256.9	己卜：弜□□作丁□。
257.1	丙卜：□事于丁，□。
257.5	甲□：歲妣庚[□禦甾其□于]丁□。
257.13	庚卜：丁入告。
257.21	辛卜，丁曰：其肇子臣。允。
258.4	于丁雨入。
262.2	癸卜：丁步今戌。卲月，在𣎳。
262.3	癸卜：子弜擇，燕受丁祼。
275.3	辛未卜：丁唯子令比伯或伐卲。
275.4	辛未卜：丁唯多□比伯或伐卲。
275.7	乙亥卜：舌祖乙彡宰、一牝，子亡肇丁。
275.8	乙亥卜：舌祖乙彡牢、一牝，子亡肇丁。
275.9	乙亥卜：其呼多賈見（獻），丁侃。
275.10	呼多賈眔辟，丁侃。
275.11	丙子卜：丁不各。
279.2	□丁□。

286.18	丙卜：叀絞（皎）吉圭爯丁。
286.19	丙卜：叀玄圭爯丁，亡聯。
286.30	壬卜：婦好告子于丁，弗可。
286.31	癸卜：子其告人亡由于丁，亡以。
288.8	甲午卜：丁其各，子叀𢓊戚肇丁。不用。舌祖甲彡。
294.1	壬子卜：子其告𡚬既𢍰丁。子曾告曰：丁族盜（㞢）翨宅，子其作丁雝（宮）于𡚬。
294.3	壬子卜：子寢于𡚬，弜告于丁。
294.4	壬子卜：子丙其作丁雝（宮）于𡚬。
301.1	□丁□。
303	癸酉夕卜：乙丁出。子占曰：丙其。
318.6	戊辰卜：丁往田。用。
320.1	何于丁屰。
320.5	丁卜：弗其比何，其艱。
320.7	庚寅：子入[illegible]四于丁。在麗。
331.1	辛卜，婦母曰子，丁曰：子其有疾。允其有。

336.1	甲寅卜：乙卯子其學商，丁侃。子占曰：其有𦣞艱。用。子臀。
337.5	十月[丁]出狩。
349.4	□于□弜□于□，乙□其丁有疾。
349.5	□丁□。
349.19	子夢丁，亡憂。
356.3	甲[卜]：瞪乙弜□丁。
361.2	丁。
363.3	辛卜：歲祖□羌，登自丁[黍]。在𠃬，祖甲[延]。
363.4	丁卯卜：子勞丁，爯黹[圭一、聯九]。在[illegible]，狩□𠃬。
363.5	丁卯卜：爯于丁，[illegible]在庭酒爯，若。用。在[illegible]。
366.1	乙丑卜：皀□宗，丁稽乙亥不出狩。
366.2	乙丑卜：丁弗稽乙亥其出。子占曰：庚、辛出。
371.1	己亥卜：甲其𣪘（速）丁，往。
371.2	己亥卜：丁不其各。
372.8	甲午卜：子作戚分卯，[告]于丁，亡[以]。用。

379.2		丙辰卜，子炅：丁往于黍。
384.2		壬卜：子有求（咎），曰：視丁官。
391.10		甲午卜：子作戚分卯，其告丁，若。
391.11		甲午卜：子作戚分卯，子弜告丁。用。若。
400.3		丁卜：雨不[延]于庚。
400.4		丁[卜：雨]其[延]于[庚]。子占曰：□。用。
401.12		丙卜：丁呼多臣復，囟非心、于不若，唯吉，呼行。
401.17		戊卜：其改羖，[肉入]于丁。
406.2	□ □	□丁□。
409.16		丁卜：子令。
409.17		丁卜：子令。
409.18		丁卜：子令，囟心。
409.19		丁卜：子令。
409.20		己卜：叀丁作子興，尋丁。
409.28		壬卜：子其屰䇞丁。

409.29	壬卜：于乙延休丁。
410.1	壬卜，在𪊨：丁畀子圛臣。
410.2	壬卜，在𪊨，丁曰：余其肈子臣。允。
416.4	庚寅：歲妣庚小宰登自丁黍。
416.5	庚寅：歲妣庚小宰登自丁黍。
420.1	甲辰卜：丁各，夨（昃）于我。用。
420.2	甲辰：宜丁牝一，[丁]各，夨（昃）于我，翌日于大甲。
427.1	丁丑卜：在兹往崔（徵）禦癸子弜于妣。用。
427.2	戊寅卜：翌己，子其見（獻）戚于丁，侃。用。
427.6	丁亥：歲妣丁豭一。
443.4	□丁□。
445.3	□于□丁。
446.7	乙卜：弜巳𡆥（速）丁。
446.8	乙卜：入脛丁，貞：[又]肉。
446.22	庚卜：丁各，侃。
446.23	壬卜：弜巳𡆥（速）丁。

446.24	壬卜：丙壺（速）丁。
449.1	辛未卜：伯或爯冊，唯丁自征卲。
449.2	辛未卜：丁弗其比伯或伐卲。
453.2	甲卜：呼多臣見（獻）㽙于丁。用。
453.6	□甲□丁□于□。
475.4	乙巳卜：有圭，叀之畀丁，聯五。用。
475.5	庚戌卜：子叀發呼見（獻）丁，眔大亦燕。用。昃。
475.6	庚戌卜：丁各。用。夕。
475.7	庚戌卜：丁各。用。夕。
475.8	辛亥卜，丁曰：余不其往。毋壺（速）。
475.9	辛亥卜，子曰：余丙壺（速）。丁命子曰：往眔婦好于曼麥。子壺（速）禦。
477.2	□丁[□二□冊□]。
480.1	丙寅卜：丁卯子勞丁，爯黹圭一聯九。在㳄。來狩自罤。
480.2	癸酉卜，在㓝：丁弗賓祖乙彡。子占曰：弗其賓。用。

480.3		癸酉，子炅在[illegible]：子呼大子御丁宜，丁丑王入。用。來狩自斝。
480.4		甲戌卜，在[illegible]：子有令[[illegible]]丁告于[illegible]。用。子[illegible]。
487.1		甲寅卜：乙卯子其學商，丁侃。用。
487.2		甲寅卜：乙卯子其學商，丁侃。子占曰：有求（咎）。用。子臀。
490.1		己卯：子見（獻）䀠以璧、戚于丁。用。
490.2		己卯：子見（獻）䀠以圭眔[illegible]、璧丁。用。
490.3		己卯：子見（獻）䀠以圭于丁。用。
490.4		己卯：子見（獻）䀠以戚丁，侃。用。
490.5		己卯卜：丁侃子。孚。
493.6		壬辰卜：[illegible]（向）癸子夢丁祼，子用瓚，亡至艱。
494.1		戊卜，在麓：其告人亡由于丁，若。
494.2		戊卜，在麓：于商告人亡由于丁，若。
494.3		己卜，在麓：其告人亡由于丁，若。
494.4		己卜，在麓：于商告人亡由于丁，若。

495	丁未卜：宜䍙祖乙，丁酓（飲）。用。
501.1	丁卜：子耳鳴，亡害。
501.2	丁卜：今庚其作豊，𡍬（速）丁酓（飲），若。
501.3	丁卜：今庚其作豊，𡍬（速）丁酓（飲），若。

雝

294.1	壬子卜：子其告𡚬既𡆥丁。子曾告曰：丁族盜（毖）𡧊宅，子其作丁雝（宮）于𡚬。
294.4	壬子卜：子丙其作丁雝（宮）于𡚬。
419.3	其作雝（宮）東。

吕

7.3	己亥卜，在吕：子[其射，若。不用]。
16.1	丙卜：子其往吕，攺乃酓（飲），于作𦥑迺來。
16.2	丙卜：子往吕，曰有求（咎）。曰往吕。
37.10	己亥卜，在吕：子其射，若。不用。

53.1	丙卜：子其往吕。曰有求（咎）。曰往吕。
276.1	乙卜：其又伐，于吕作，妣庚各。
276.2	乙卜：其又伐，于吕作，妣庚各。
276.4	乙夕卜：歲十牛妣庚，祝（祐）鬯五。用。在吕。
284.1	戊卜：歲十豕[妣庚]。在吕。
284.2	戊卜：其呼□豉豕于吕。
401.5	乙卜：于暒豉妣庚□。在吕。
401.9	乙夕卜：歲十牛妣庚于吕。用。
409.23	乙卜：其屰吕多子于婦好。
445.4	□庚□牛□子吕□。
467.4	己亥卜，在吕：子其射，若。不用。
	吕
81.1	壬子[卜：其將□□示]，吕于東官。用。
490.12	壬子卜：其將妣庚示，吕于東官。用。

田

	田
3.14	乙卯夕卜：子弜往田。用。
7.10	辛未卜：从坴往田。用。
9.5	辛未卜：从坴往田。用。
9.6	丁丑卜：其禦子往田于小示。用。
21.2	壬申卜：子往于田，从昔斲。用。擒四鹿。
35.1	壬申卜：既呼食，子其往田。用。
35.2	乙未卜：子其田从坴，求豕，遘。用。不豕。
50.3	乙未卜：子其[往]田，叀豕求，遘。子占曰：其遘。不用。
50.4	壬卜：子其往田，丁不椒（虞）。
50.5	乙未卜：子其往田，若。用。
50.6	乙未卜：子其往田叀鹿求，遘。用。
59.1	辛未卜：子其亦彖（邍），往田，若。用。
80.1	癸卜：子告官于丁，其取田。

113.11	 丁有鬼夢，[illegible]在田。 
113.14	 多左在田，肩若。
124.8	 戊卜：二弓以子田，若。
181.3	 甲卜：子其往田。曰有求（咎），非[illegible]（虞）。
181.5	 甲卜：弜戠（待）。戠（待）祼，子其往田。
244	 丁卯卜：既雨，子其往于田，若。孚。
247.13	 丁丑卜：子其往田。亡害。
288.12	 己亥卜：毋往于田，其有事。子占曰：其有事。用。有宜。
289.4	 丙卜：子其往于田，弜由[illegible]，若。用。 
289.7	 丁卯卜：子其往田，从阯西塝，遘獸。子占曰：不三其一。孚。
316.3	 癸丑卜：䁹甲寅往田。子占曰：其往。用。从西。
318.6	 戊辰卜：丁往田。用。
395.3	 辛未卜：子其往于田，弜戠（待）[illegible]。用。 
395.5	 壬申卜：子其往于田，从昔斸用。

395.8	癸酉卜：子其往于田，从剢（絕），擒。用。
395.10	癸酉卜：既呼，子其[往]于田，囟亡事。用。
459.9	戊寅卜：子祼小示、冊𤉲，禦往田。
474.6	子叀㚤田，言妣庚眔一宰，彡（酒）于㚤。用。

曾

294.1	壬子卜：子其告㚤既𡆥丁。子曾告曰：丁族盗（㞷）[illegible]宅，子其作丁雝（宫）于㚤。

周

102.2	乙卜，貞：中周有口，弗死。
108.6	辛丑卜：𥌛壬，子其以□周于㚤。子曰：不其𠂇。孚。
321.5	甲子卜，貞：㚸中周妾不死。
327	周入四。

228.15		戊子卜：吉牛于示，有剢，來又[glyph]。

[glyph]（憂）

351.3		戊子卜，在[glyph]貞：不子[glyph]有疾，亡[延]，不[死]。
430.1		旬貞：亡多子憂。
113.10		乙卜：丁有鬼夢，亡憂。
113.12		丙卜，貞：多尹亡憂。
181.35		卜：不吉。貞：亡憂，妣庚小宰。用。
349.14		子亡憂。
349.19		子夢丁，亡憂。
349.20		子有鬼夢，亡憂。
364.1		貞：子亡憂。
364.2		有憂子。
505.1		子貞：□豊亡至憂。

518	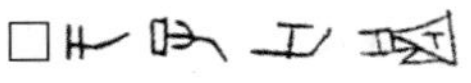	□于子亡憂。
519		貞、商、憂。
548		憂。
		**冂（肩）**
38.1		乙卜：其禦[子疾]肩妣庚，冊三十□。
38.2	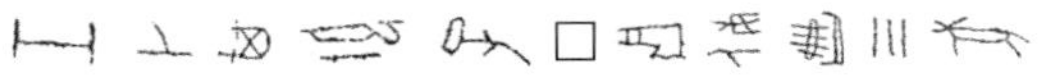	壬卜：其禦子[疾]肩妣庚，冊三豕。
38.3		壬卜：其禦子疾肩妣庚，冊三豕。
102.3		乙卜，貞：二卜有求（咎），唯見，今有心敂，亡憂。
236.28		壬卜：子弗其有憂。
243	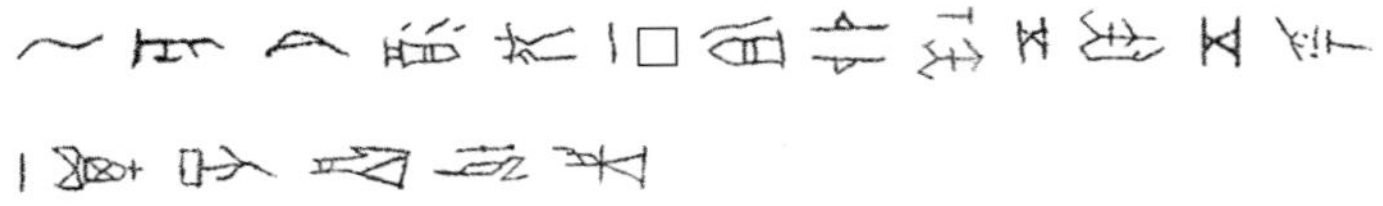	乙亥夕：酌（酒）伐一[于]祖乙，卯牡五，豼五，祄（祐）一鬯，子肩禦往。
279.1		□子有鬼夢，[亡]憂。
319.1		乙丑：歲祖乙黑牡一，子祝，肩禦壴（徵）。在。
319.2		乙丑：歲祖乙黑牡一，子祝，肩禦壴（徵）。在。
46.18		己卜，貞：歲卜亡吉，亡憂。

467.1	子肩未（妹）其絞（瘳）。

占

10.1	乙未卜：子宿在🀆，終夕□圭自□。子占曰：不[擒]。
10.2	乙未卜，在🀆：丙[不雨]。子占曰：不其雨。孚。
14.7	遘𨸏鹿。子占曰：其遘。
50.4	乙未卜：子其[往]田，叀豕求，遘。子占曰：其遘。不用。
59.3	壬申卜：不允水。子占曰：不其水。
61.1	癸卯卜，亞奠貞，子占曰：𦨶用。
61.2	癸卯卜，亞奠貞，子占曰：終卜用。
103.2	丁卯卜：雨其至于夕。子占曰：其至，亡𣋡戌。用。
103.4	己巳卜：雨其延。子占曰：其延終日。用。
103.5	己巳卜，在𡚸：其雨。子占曰：今夕其雨，若。己雨，其于𣋡庚亡司（嗣）。用。
103.6	己巳卜，在𡚸：庚不雨。子占曰：其雨，亡司（嗣）

编号	甲骨文	释文
		夕雨。用。
159.1		癸未卜：今月六日□于生月有至南。子占曰：其有至，[illegible]月爰。
220.1		丁丑：歲祖乙黑牝一，卯胴。子占曰：未（妹）其有至艱，其戊。用。
226.7		庚申：歲妣庚牡一。子占曰：面[illegible]自來多臣殸。
227		癸亥夕卜：日延雨。子占曰：其延雨。用。
234.3		辛未卜：擒。子占曰：其擒。用。三麑。
241.1		壬寅卜：子有擒。子占曰：其有擒。
241.11		辛亥卜，貞：戚羌有疾，不死。子占曰：羌其死唯今，其[illegible]〈又〉絞（瘳）亦唯今。
252.3		丁丑卜：其彈于[illegible]，叀入人，若。用。子占曰：毋有孚，雨。
259.1		辛巳卜：新馲于以，舊在麄入。用。子占曰：[illegible]奏艱。孚。
288.7		甲午卜：子臺（速），不其各。子占曰：不其各，呼

		饗。用。舌祖甲彡。
288.10		乙未卜：子其往于阭，獲。子占曰：其獲。用。獲三鹿。
288.12		己亥卜：毋往于田，其有事。子占曰：其有事。用。有宜。
289.7		丁卯卜：子其往田，从阭西斿，遘獸。子占曰：不三其一。孚。
295.3		辛酉卜：从曰昔斪，擒。子占曰：其擒。用。三鹿。
295.4		壬戌[奠]卜：擒。子占曰：其[一鹿]。用。
303		癸酉夕卜：乙丁出。子占曰：丙其。
173.2		丙申卜：丁□暒。子占曰：其賓。孚。
173.3		丙申卜，子占曰：亦叀兹孚，亡賓。
		斪
35.1		壬申卜：子往于田，从昔斪。用。擒四鹿。

295.3		辛酉卜：从曰昔斮，擒。子占曰：其擒。用。三鹿。
		# 卣
138		卣。
242	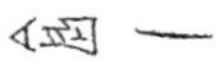	卣十。
272		卣十。
417	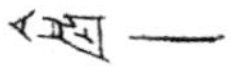	卣十。
447		卣十。
		# 司
103.6		己巳卜，在㚔：其雨。子占曰：今夕其雨，若。己雨，其于暒庚亡司（嗣）。用。
103.5		己巳卜，在㚔：[庚]不雨。子占曰：其雨，亡司（嗣）夕雨。用。
441.7		貞：又𠬝司（嗣）庚。

胴

49.1		丁[丑]：[歲]妣庚豼一，卯胴。
49.2		丁丑：歲妣庚豼一，卯胴。
49.3		丁丑：歲祖乙黑牝一，卯胴。
49.4		丁丑：歲祖乙黑牝一，卯胴二于祖丁。
220.1		丁丑：歲祖乙黑牝一，卯胴。子占曰：未（妹）其有至鞎，其戊。用。

殸（磬）

265.1		戊辰卜：子其以磬妾于婦好，若。
265.3		庚午卜：子其以磬妾于婦好，若。

⿸尸止

286.1		辛卜：⿸尸止入牡宜。
466		⿸尸止入。

編號	原文	釋文
		# 行
73.1		行。
73.2		行。
211.1		辛巳：子其告行于婦，弜以。
211.2		弜告行于丁。
401.12		丙卜：丁呼多臣復，囟非心于不若，唯吉，呼行。
		# 祉（延）
3.2		[丙]卜：丁不延𢼸（虞）。
3.4		丁不延𢼸（虞）。
3.3		丁延𢼸（虞）。
3.12		壬卜：于乙延休丁。
3.13		壬卜：子其延休。
4.3		乙卯：歲祖乙白豣一，𠂤[自]西祭，祖甲延。

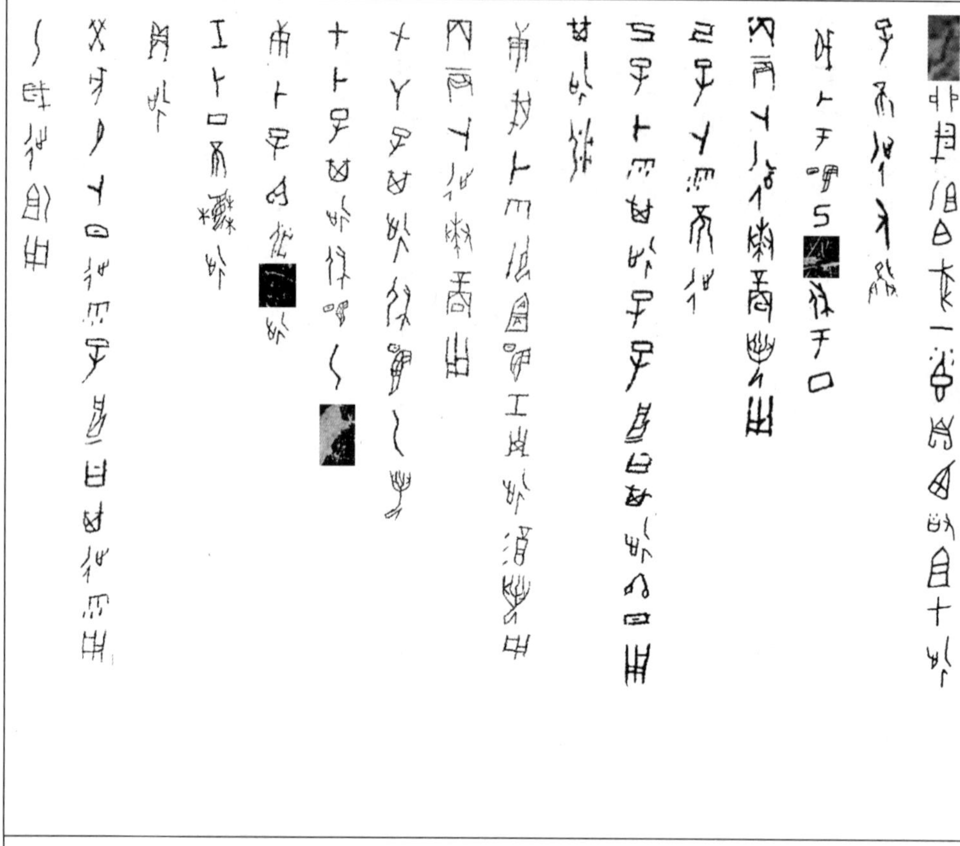

4.4	[乙]卯：歲祖乙白豖一，皀自西祭，祖甲延。
44.1	子不延，有絞（瘳）。
53.8	戊卜：于暟己[延]休于丁。
86.1	丙辰卜：延奏商，若。用。
103.3	己巳卜：雨不延。
103.4	己巳卜：雨其延。子占曰：其延終日。用。
117	其延疾。
149.6	庚戌卜：雨禦宜，暟壬，子延酌（酒），若。用。
150.5	丙辰卜：延奏商。用。
181.1	甲卜：子其延休，暟乙，若。
181.2	甲卜：子其延休，暟乙，[若]。
181.19	庚卜：子心疾，[亡]延。
183.8	壬卜：丁榩（虞）延。
205.4	貞：延。
227	癸亥夕卜：日延雨。子占曰：其延雨。用。
237.11	乙：歲延祖乙。用。

264.2	己未卜，貞：賈壴有疾，亡延。
285.1	子延利，若。
285.3.	子延言，不若。
286.9	壬卜：其尞妣庚，于茲束告，有录，亡延。
286.10	壬卜：束亡延。
299.5	[戊]辰卜：大有疾，亡延。
299.6	其延。
304.1	甲卜：子疾首，亡延。
304.2	子疾首，亡延。
311	庚午：歲妣庚牢牝，祖乙延攺。在[𠬝]。
321.4	庚申：歲妣庚小牢，衩鬯一，祖乙延，子饗。
351.3	戊子卜，在，貞：不子[有]疾，亡[延]，不[死]。
363.3	辛卜：歲祖□乳，登自丁[黍]。在[𤰈]，祖甲[延]。
375.2	乙丑卜：甾又其[延]有同，其[艱]。
382	丙辰卜：延奏商，若。用。
395.1	辛未卜：其延㱿麑。

400.3	丁卜：雨不[延于]庚。
400.4	丁卜：[雨]其[延]于[庚]。子占曰：□。用。
409.29	壬卜：于乙延休丁。
409.30	[甲]卜：子其延休，𣌭乙，若。
409.31	甲卜：子其延休。
416.12	甲午：延[illegible]妣官。用。
437.1	庚申卜：弜取在妣紤，延成。
437.2	庚申卜：取在妣紤，弜延。
446.5	甲卜：子首疾，亡延。
446.6	甲卜：子其往□，子首亡延。
455.2	[乙丑卜]：延有同，甾又其艱。

徝

6.2	乙丑卜：有吉夸（辛），子具[illegible]，其以入，若，侃，有彭徝。用。
123.3	辛酉卜：子其𢼄黑牝，唯徝往，不雨。用。

编号	释文
	妣庚口。
333	乙丑卜：有吉亐（辛），子具𫝀，其以入，若，侃，有彭值。用。
481.1	乙丑卜：有吉亐（辛），子具𫝀，其以入，若，侃，有彭值。用。

侃

编号	释文
5.6	乙亥卜：侃。
5.7	乙亥卜：婦侃。
5.8	乙亥：侃。
6.1	甲辰夕：歲祖乙黑牡一，叀子祝，若，祖乙侃。用。翌日舌。
6.2	乙丑卜：有吉亐（辛），子具𫝀，其以入，若，侃，有彭值。用。
9.4	丙寅夕卜：侃，不𪲔（虞）于子。
29.5	乙巳：歲祖乙白彘，又𠭰，祖乙侃。

84.1		羌入，叀妍[𣪊]用，若，侃。用。
87.1		丁巳卜：[子]益妫，若，侃。用。
87.3		庚申卜：叀今庚益商，若，侃。用。
122.1		丁□子亦唯侃于僕□丁婦。
124.16		甲卜：暒乙，其𡿨，丁侃。
127.2		侃。
127.3		不侃。
127.4		侃。
130.1		己卯卜：子用我瑟，若，弜屯（純）敚用，侃。舞商。
132.1		庚戌卜：辛亥歲妣庚廌牝一，妣庚侃。用。
149.2		己亥卜：叀今夕爯戚㞢，若，侃。用。
149.12		甲戌：歲祖甲牢幽廌，祖甲侃子。用。
150.3		甲寅卜：乙卯子其學商，丁侃，用。子膂。
150.4		甲寅卜：丁侃于子學商。用。
173.6		丙申卜：子其往于㓝，侃。用。
181.15		己卜：丁各叀新□舞，丁侃。

編號	原文	釋文
181.23		辛卜：子其舞戏，丁侃。
181.26		壬卜：子舞戏，亡言，丁侃。
181.27		壬卜：子舞戏，亡言，丁侃。
183.7		[往]于舞，若，丁侃。
196.1		丙午卜，在麗：子其呼多尹入璧，丁侃。
215.1		壬申卜：子其以羌嗳[曹]于婦，若，侃。
218.2		丙辰卜：子炅其匄黍于婦，若，侃。用。
223.4		[戊]卜：子[其入]黄□，[丁]侃。
223.5		[戊卜：子其入黄□]，丁侃。
226.11		庚辰卜：舌彡妣庚，用牢又牝，妣庚侃。用。
234.1		丙寅夕卜：子有言在宗，唯侃。
234.2		丙寅夕卜：非侃。
236.16		己卜：家其有魚，其屰丁，侃。
236.17		己卜：家其有魚，其屰丁，侃。
236.18		己卜：家其有魚，其屰丁，侃。
247.2		己酉卜：禦□，在㓝又伐，若，侃。

247.5		庚申卜：子益商，侃。
249.13		己卜：其告季于丁，侃。
249.14		己卜：其[告]季于丁，侃。
255.8		戊寅卜：舟嚨告啮，丁弗㯮（虞），侃。
275.9		乙亥卜：其呼多賈見（獻），丁侃。
275.10		呼多賈眔辟，丁侃。
288.2		乙酉卜：如婦好六人，若，侃。用。
288.11		乙未卜：子其入三弓，若，侃。用。
296.3		癸卯卜：其入瑪，侃。用。
305.1		甲子卜：子其舞，侃。不用。
333		乙丑卜：有吉夸（辛），子具𢀛，其以入，若，侃，有彭值。用。
336.1		甲寅卜：乙卯子其學商，丁侃。子占曰：其有𡆥艱。用。子臀。
346.5		侃。
416.3		庚寅卜：子往于舞，侃，若。用。

416.7	壬辰卜：子心不吉，侃。
427.2	戊寅卜：翌己子其見（獻）戚于丁，侃。用。
446.22	庚卜：丁各，侃。
449.5	癸酉卜：祖甲侃子。
450.4	丁卯卜：子其入學，若，侃。用。
450.5	丁卯卜：子其入學，若，侃。用。
473.1	甲申：子其學羌，若，侃。用。
481.1	乙丑卜：有吉夸（辛），子具[illegible]，其以入，若，侃，有彭值。用。
487.1	甲寅卜：乙卯子其學商，丁侃。用。
487.2	甲寅卜：乙卯子其學商，丁侃。子占曰：有求（咎）。用。子臀。
490.4	己卯：子見（獻）晌以戚丁，侃。用。
490.5	己卯卜：丁侃子。孚。
507.1	乙亥卜：婦侃。

⿰彳有

288.8 甲午卜：丁其各，子叀⿰彳有戚肇丁。不用。舌祖甲彡。

⿰彳屖（遲）

37.15 己巳卜，在麗：子弜遲彝弓，出日。

429 丙戌卜：遲涉卲虜。

⿰彳羍

95 壬申卜，在⿰彳羍：其禦于妣庚，冊十宰，[又]十鬯。用。在麓。

⿱亠丂（辛）

6.2 乙丑卜：有吉⿱亠丂（辛），子具[illegible]，其以入，若，侃，有彭值。用。

333 乙丑卜：有吉⿱亠丂（辛），子具[illegible]，其以入，若，侃，有

		彭衜。用。
342		乙丑[卜]：有吉亏（辛），子具□。
481.1		乙丑卜：有吉亏（辛），子具[illegible]，其以入，若，侃，有彭衜。用。

璧

37.5		癸巳卜：子𩏂（鬻）叀白璧肇丁。用。
180.2		甲子卜：乙，子肇丁璧眔戚。
180.3		叀黃璧眔[illegible]。
198.9		癸巳卜：叀璧肇丁。
198.9		癸巳卜：叀璧肇丁。
475.2		乙巳卜：叀璧。用。
196.1		丙午卜，在麗：子其呼多尹入璧，丁侃。
490.1		己卯：子見（獻）𥄫以璧、戚于丁。用。
490.2		己卯：子見（獻）𥄫以圭眔[illegible]、璧丁。用。

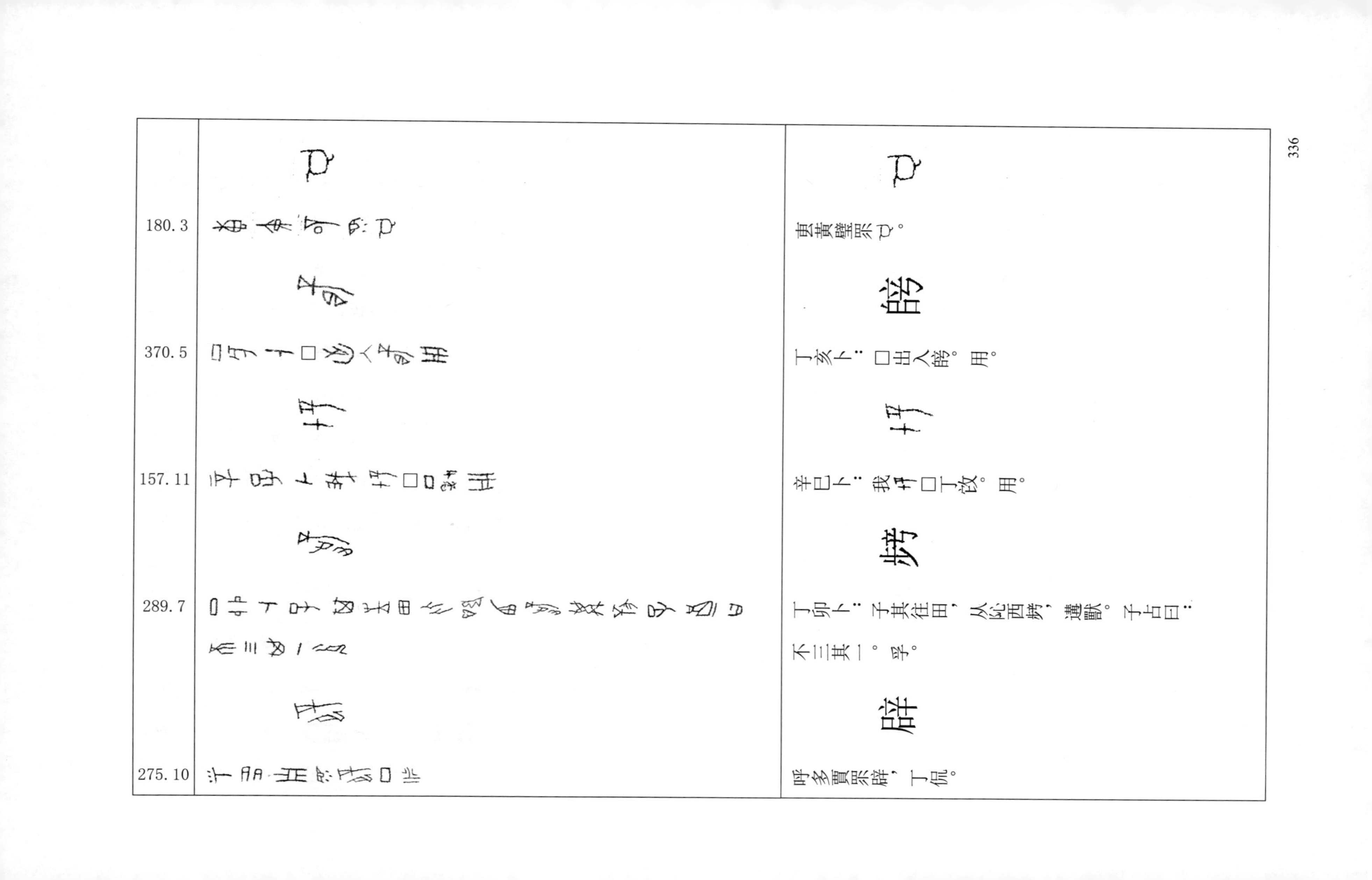

		[illegible]
180.3		叀黃璧罘[illegible]。
		眝
370.5		丁亥卜：□出入眝。用。
		[illegible]
157.11		辛巳卜：我[illegible]□丁攺。用。
		㨃
289.7		丁卯卜：子其往田，从阠西㨃，遘獸。子占曰：不三其一。孚。
		辟
275.10		呼多賈罘辟，丁侃。

著録	甲骨文	釋文
		辭
286.11		壬卜：束彔弜若巳，唯有辭。
		瓚
493.6		壬辰卜：[illegible]（向）癸子夢丁裸，子用瓚，亡至艱。
		亲
28.4		丙卜：丁𣓁（虞）于子，唯亲齒。
		不
3.2		[丙]卜：丁不延𣓁（虞）。
3.3		丁不延𣓁（虞）。
3.10		辛卜，貞：往𪇰，寎不死。
3.14		壬卜：子其往田，丁不𣓁（虞）。

7.7		丁未卜：新馬其于贾視，右不用。
9.4		丙寅夕卜：侃，不橆（虞）于子。
10.1		乙未卜：子宿在[illegible]，終夕□圭自□。子占曰：不[擒]。
10.2		乙未卜，在[illegible]：丙[不雨]。子占曰：不其雨。孚。
10.3		其雨。不用。
19.1		□不□。
26.2		子其出宜。不用。
26.3		甲戌卜：子其出宜。不用。
28.10		辛卜：丁不涉。
29.3		庚寅卜：叀子祝。不用。
34.2		辛卯卜：子隮宜，叀[絜]□。不用。
34.7		乙巳卜：子大爯，不用。
34.10		乙巳卜：丁各，子弜巳爯。不用。
34.12		乙巳卜：子于[寢]爯。不用。
34.14		己酉卜：翌日庚，子呼多臣燕見（獻）丁。用。不率。
36.3		不其狩，入商。在[illegible]。

36.5		丁卜：不狩。
36.7		不其狩。
37.10		己亥卜，在吕：子其射，若。不用。
37.14		乙巳卜，在麗：子其射，若。不用。
37.17		叀丙弓用。不用。
37.24		乙卯卜：叀白豕祖乙。不用。
44.1		子不延，有絞（瘳）。
50.3		乙未卜：子其田从𡉚，求豕，遘。用。不豕。
50.4		乙未卜：子其[往]田，叀豕求，遘。子占曰：其遘。不用。
59.3		壬申卜：不允水。子占曰：不其水。
63.4		辛亥卜：叀發見（獻）于婦好。不用。
63.6		乙卯卜：叀白豕祖甲〈乙〉。不用。
69.7		己卜：丁終不𣟭（虞）于子疾。
78.2		貞：𠃬不死。
87.2		庚申卜：子益商，日不雨。孚。

编号	释文
87.4	其雨。不孚。
103.1	丁卯卜：雨不至于夕。
103.3	己巳卜：雨不延。
103.6	己巳卜，在妖：庚不雨。子占曰：其雨，亡司（嗣）夕雨。用。
108.6	辛丑卜：曜壬，子其以□周于妖。子曰：不其屮。孚。
113.23	己卜，貞：子亡不若。
125.1	丁卜：子令庚侑有母，呼求囟，索尹子人。子曰：不于戊，其于壬人。
127.1	不。
127.3	不侃。
130.2	[弜]屯（純）敗瑟。不用。
139.1	乙卜：季母亡不若。
139.2	乙夕卜：丙[不雨]。
139.4	丁卜：不雨。
146.3	今夕丁不往[illegible]。

157.7		己卯卜，貞：[艹黽]不死。子曰：其死。
157.8		己卯卜，貞：[艹黽]不死。子曰：其死。
161.1		辛未：歲祖乙黑牡一，衩（祐）鬯一，子祝。曰：毓（戚）祖非曰云兕正，祖唯曰彔畋不又醴（擾）。
181.17		己卜：丁𣡕（虞），不幽。
183.9		壬卜：丁不𣡕（虞）。
186		貞：莫不死。
191.2		戊卜：其日用騩，不坚。
191.3		弜日用，不坚。
191.5		騩不坚。
191.7		不坚。
195.8		于襄葬韋。不用。
198.3		辛卯卜：子障宜，至三日。不用。
198.11		癸巳：叀戚肇丁。不用。
204.1		丁丑卜，在[illegible]：子其叀舞戉，若。不用。
228.2		甲申：叀大歲又于祖甲。不用。

编号	释文
237.2	乙卯卜：叀□豕。不用。
237.15	入肉丁。用。不率。
240.6	于妣庚宜羌。不用。
241.11	辛亥卜，貞：戚羌有疾，不死。子占曰：羌其死唯今，其〈又〉絞（瘳）亦唯今。
275.1	己巳卜，貞：子利女不死。
275.11	丙子卜：丁不各。
283.1	己□，不用。□。
284.4	戊卜：侯奠不作子齒。
285.3	子延幺言，不若。
286.29	壬卜：卜宜不吉，子弗条（遭）有艱。
288.5	戊子卜：其呼子畵匄馬，不死。用。
288.7	甲午卜：子疐（速），不其各。子占曰：不其各，呼饗。用。舌祖甲彡。
288.8	甲午卜：丁其各，子叀衍戚肇丁。不用。舌祖甲彡。
255.4	呼臺（徵）燕。不用。

378.1 戊戌夕卜：瞪[己]，子[求]豕，遘，擒。子占曰：不三其一。用。

379.3 不其往。

不雨

87.2 庚申卜：子益商，日不雨。孚。

123.3 辛酉卜：子其𢼸黑牝，唯徝往，不雨。用。妣庚□。

139.2 乙夕卜：丙不雨。

139.4 丁卜：不雨。

271.2 甲夕卜：日不雨。

400.1 乙亥夕卜：日不雨。

不侃

127.3 不侃。

权

53.2	戊卜：冊妣庚，頪于权。
53.3	戊卜：冊妣庚，頪于权。
53.4	戊卜：冊妣庚，在引自权。
53.5	戊卜：冊妣庚，在引自权。
181.7	己卜：弜又于妣庚，其忒权。
181.23	辛卜：子其舞权，丁侃。
181.24	辛卜：禦子舞权，𢻮一牛妣庚，冊宰，又鬯。
181.25	辛卜：禦子舞权，𢻮一牛妣庚，冊宰，又鬯。
181.26	壬卜：子舞权，亡言，丁侃。
181.27	壬卜：子舞权，亡言，丁侃。
293.1	庚午卜：叀权先舞。用。
474.8	辛未：歲祖乙彘，子舞权。

利

22		利貞。
240.8		己巳：利亡艱。
285.1		子延𡉀利，若。
285.2		勿言利。
285.4		勿言利。
450.1		壬戌卜，在□利：子耳鳴，唯有𦀚，亡至艱。
		炋
137.4		羌入，㹊乃叀入炋。用。
458		㹊［乃］先𣏾妍，迺入炋。用。
		新
7.6		丁未卜：新馬其于賈視，右用。
7.7		丁未卜：新馬其于賈視，右不用。
9.1		丙寅夕：宜在新束，牝一。
9.2		丙寅夕：宜在新束，牝一。

11.3		狩，叀新止。用。
168.1		其右賈馬于新。
239.3		癸酉卜：弜勿（刎）新黑馬，有剢。
239.4		癸酉卜：弜勿（刎）新黑□。
248.2		癸丑卜：子祼新鬯于祖甲。用。
259.1		辛巳卜：新馳于以，舊在麓入。用。子占曰：
		奏艱。孚。
367.2		癸亥卜：新馬于賈視。
367.4		新馬子用右。
367.5		新馬子用左。
377.1		新𨘋（鑊）乃珓。
459.3		癸丑卜：子祼新鬯于祖甲。用。
181.15		己卜：丁各叀新□舞，丁侃。
		⿱艹⿰亲寸
440		⿱艹⿰亲寸气（乞）。

444		[斉] 气（乞）。
483		斉气（乞）。

紤

37.21		壬子卜：子以婦好入于妦，子呼多賈見（獻）于婦好，肇紤八。
37.22		壬子卜：子以婦好入于妦，子呼多禦正見（獻）于婦好，肇紤十，往𨘕。
63.2		辛亥卜：子其以婦好入妦，子呼多禦正見（獻）于婦好，肇紤十，往𨘕。
63.3		辛亥卜：發肇婦好紤三，崖（徵）肇婦好紤二。用。往𨘕。
292.1		叀大紤其作宗。
292.2		叀小紤。
437.1		庚申卜：弜取在妦紤，延成。
437.2		庚申卜：取在妦紤，弜延。

286.6 

壬卜：子有求（咎），曰：取紤曼。

黃

180.3 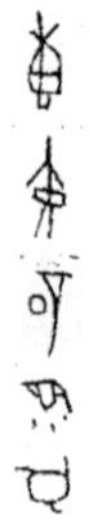

叀黃璧眔璧。

223.1 

戊卜：于己入黃于丁。

223.2 

戊卜：子弜入黃。

223.3 

戊卜：子其入黃[]。

223.4 

[戊]卜：子[其入]黃[]，[丁]侃。

223.5 

[戊卜：子其入黃□于]丁，侃。

侯

284.3 

戊卜：侯奠其作子齒。

284.4 

戊卜：侯奠不作子齒。

脛

446.8 

乙卜：入脛丁，貞：[又]肉。

		至
5.9		乙亥卜：至旬□。
27		庚卜，在麄：歲妣庚三羊，又鬯二，至禦，毌百牛又五。
32.1		庚卜，在麄：歲妣庚三羊，又鬯二，至禦，毌百牛又五。
32.2		庚卜，在麄：叀五羊，又鬯二用，至禦妣庚。
32.4		庚卜，在麄：叀五羊用，至禦妣庚。
36.6		其涿河狩，至于糞。
56		辛丑卜：禦丁于祖庚至□一，毌羌一人、二牢；至羊一祖辛禦丁，毌羌一人、二牢。
103.1		丁卯卜：雨不至于夕。
103.2		丁卯卜：雨其至于夕。子占曰：其至，亡翌戊，用。
149.4		丁未卜：其禦自祖甲、祖乙至妣庚，毌二牢，麥（來）自皮彭（酒）興。
159.1		癸未卜：今月六日□于生月有至南。子占曰：其有至，罥月爰。

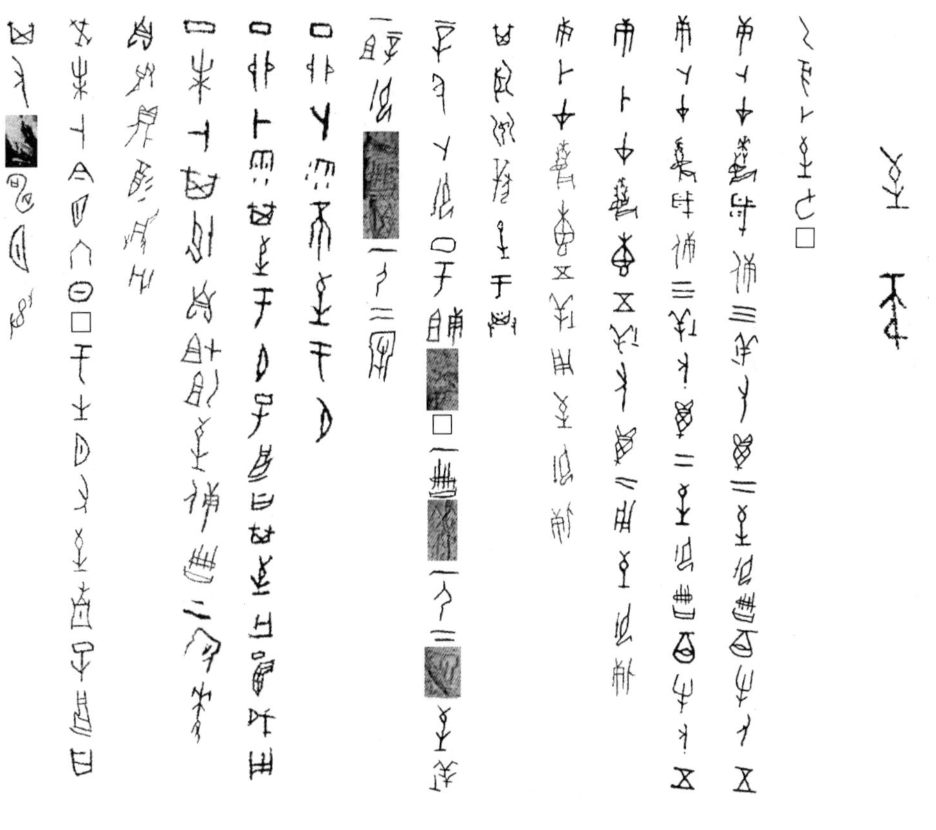

159.2		癸未卜：亡其至南。
163.2		□又齒于妣庚，酉牢，勿（物）牝，白豕至豼一。用。
198.2		辛卯卜：子障宜，至二日。用。
198.3		辛卯卜：子障宜，至三日。不用。
256.2		壬卜：三日雨至。
256.3		壬卜：五日雨至。
290.4		癸巳卜：自今三旬有至南。弗及（及）三旬，二旬又三日至。
290.5		亡其至南。
290.6		出自三旬迺至。
320.6		庚卜，在麗：歲妣庚三豼，又鬯二，至禦，酉百牛又五。
368.2		□至于□。
409.22		己卜：至禦子馘羌妣庚。
486.1		其至令。
505.1		子貞：□豊亡至憂。

144.2	□未，南三日有至。
208.2	庚卜：西五六日至。
208.3	庚卜：女至。

至鞎

179.1	己亥卜：其有至鞎。
220.1	丁丑：歲祖乙黑牝一，卯胴。子占曰：未（妹），其有至鞎，其戌。用。
290.13	戊戌卜：有至鞎。
403.1	己卜：子有夢，叡祼，亡至鞎。
403.2	己卜：有至鞎。
416.14	庚子卜：子利其[有]至鞎。
149.3	己亥卜：子夢[人]見（獻）子戚，[亡]至鞎。
208.1	戊卜，貞：峊亡至鞎。
450.1	壬戌卜，在□利：子耳鳴，唯有紃，亡至鞎。
493.6	壬辰卜：𡨦（向）癸子夢丁祼，子用瓚，亡至鞎。

函

106.8	 壬卜：于日隻（稱）敆牝妣庚，入又函于丁。用。

朿

9.1	 丙寅夕：宜在新朿，牝一。
9.2	 丙寅夕：宜在新朿，牝一。
249.1	 在臺卜：乎□歸，戌朿。
249.2	 在臺卜：乎皿歸，戌朿。
289.9	 壬卜：其尞妣庚，于兹朿告，有彔，亡延[illegible]。
286.10	 壬卜：朿亡延[illegible]。
286.11	 壬卜：朿彔弜若巳，唯有辭。

畀

178.13	 庚戌卜：其畀旛尹[illegible]，若。
410.1	壬卜，在麓：丁畀子圉臣。

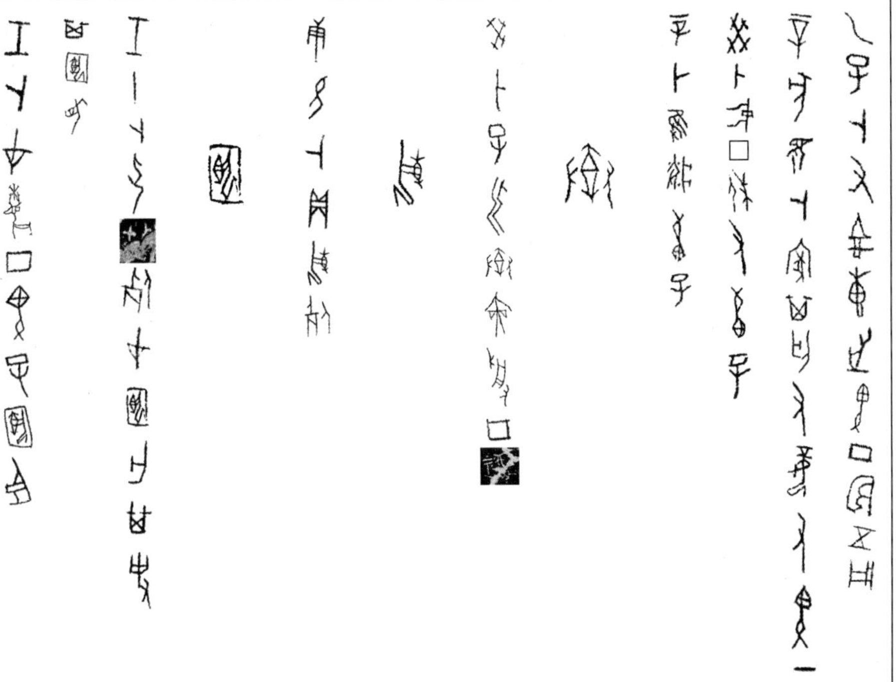

475.4	乙巳卜：有圭，叀之畀丁，聯五。用。
490.11	辛亥老卜：家其匄有妾，有畀一。
75.8	癸卜：中□休，有畀子。
257.19	辛卜：唯疚畀子。

擇

262.3	癸卜：子弜擇，燕受丁裸。

執

294.9	庚午卜，貞：執死。

圉

118	壬午卜：引其死，在圉，亡其事。
320.4	其圉何。
410.1	壬卜，在麓：丁畀子圉臣。

虜

429	丙戌卜：遲涉卲虜。

弓

37.15	己巳卜，在龘：子弜遲彝弓，出日。

發

63.3	辛亥卜：發肇婦好紤三，𡒊（徵）肇婦好紤二。用。往㦰。
63.4	辛亥卜：叀發見（獻）于婦好。不用。
85.5	歲二羊于庚，告發來。
113.26	傳五牛彰（酒）發以[生]于庚。
174.2	發貞。
178.8	己酉夕：伐羌一，在入。庚戌宜一牢，發。
178.11	庚戌：宜一牢，在入，發。

178.12	庚戌：宜一牢，在入，發。
255.3	弜呼發燕。
370.2	丁丑卜：其☐合發罘剢。
370.3	丁丑卜：弜合［發］罘［剢］。
376.3	己酉夕：伐羌一。在入。庚戌宜一牢，發。
416.8	壬辰卜：子呼比射發旋，若。
416.10	壬辰卜：子呼射發復取有車，若。
416.11	癸巳卜：子叀大命，呼比發取有車，若。
475.5	庚戌卜：子叀發呼見（獻）丁，罘大亦燕。用。昃。
498	癸卯卜，在糞：發以馬。子占曰：其以。用。

彈

252.3	丁丑卜：其彈于☐，叀入人，若。用。子占曰：毋有孚，雨。

{弓廾}

5.16	癸巳卜：子夢彔告，非艱。

弓

37.16	叀丙弓用射。
37.17	叀丙弓用。不用。
37.18	丙午卜：子其射疾弓，于之若。
37.19	戊申卜：叀疾弓用射萑。用。
124.7	戊卜：子入二弓。
124.8	戊卜：二弓以子田，若。
149.11	癸亥卜：子匄（迄）用丙吉弓射，若。
288.11	乙未卜：子其入三弓，若，侃。用。

射

2.1	戊子卜，在麗：子其射，若。
2.2	戊子卜，在麗：子弜射，于之若。
7.4	弜射，于之若。

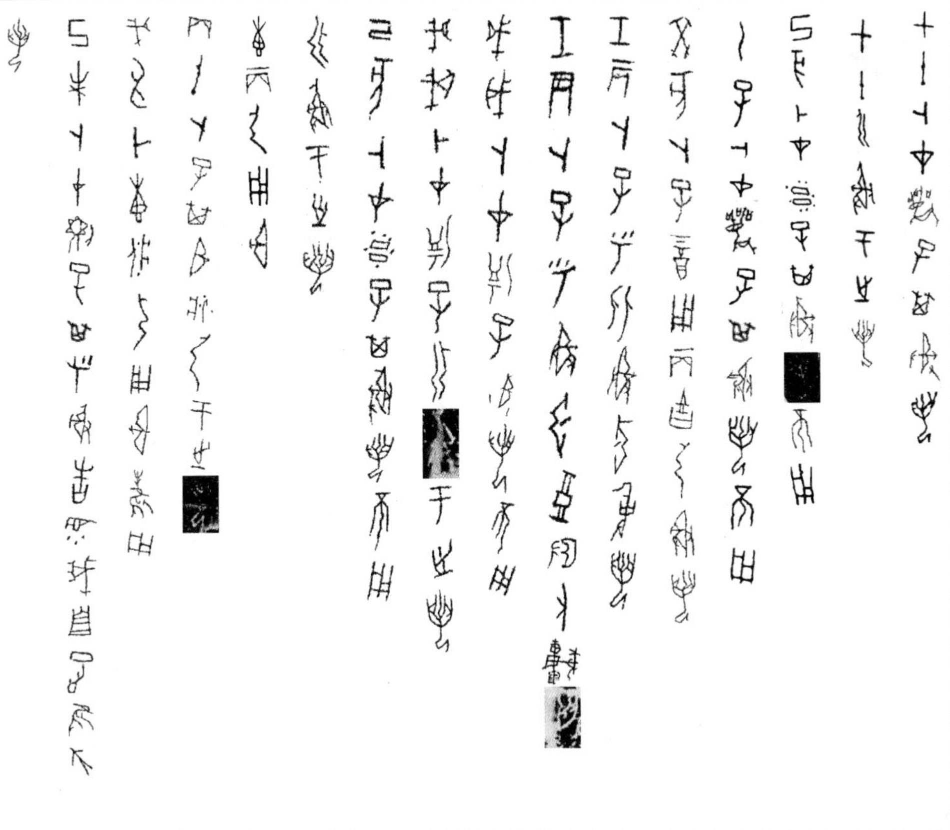

37.6	甲午卜，在麄：子其射，若。
37.7	甲午：弜射，于之若。
37.10	己亥卜，在吕：子其射，若。不用。
37.14	己巳卜，在麄：子其射，若。不用。
149.11	癸亥卜：子氣（迄）用丙吉弓射，若。
416.8	壬辰卜：子呼比射發旋，若。
416.10	壬辰卜：子呼射發復取有車，若。
467.2	戊戌卜，在濘：子射，若。不用。
467.3	戊戌卜，在濘：子弜射，于之若。
467.4	己亥卜，在吕：子其射，若。不用。
467.5	弜射，于之若
37.16	叀丙弓用射。
37.18	丙午卜：子其射疾弓，于之若。
37.19	戊申卜：叀疾弓用射萑。用。
264.4	己未卜，在𡧊：子其呼射告眔我南征，唯矢（昃）若。

引

53.4	戊卜：冊妣庚，在引自衩。
53.5	戊卜：冊妣庚，在引自衩。
110.2	庚申卜：引其死。
118	壬午卜：引其死，在圉，亡其事。
206.2	子弜叀舞戉，于之若。用。多万有災，引棘（急）。
288.6	戊子卜：其匄馬，又力引。

弜

2.2	戊子卜，在麗：子弜射，于之若。
3.9	庚卜：弜禦子馘，絞（瘳）。
7.10	乙卯夕卜：子弜往田。用。
7.11	乙卯夕卜：子弜酓（飲）。用。
11.1	孜乃往[又祉，若。用]。□□□□
13.3	弜巳祝，叀之用于祖乙。用。

14.6		弜叡（虤）。
26.4		戠（待），弜出宜。用。
28.7		戊卜：戠（待），弜酌（酒）子興妣庚。
34.10		乙巳卜：丁各，子弜巳爯。不用。
37.7		甲午：弜射，于之若。
37.15		己巳卜，在麗：子弜遲彝弓，出日。
39.21		庚卜：弜𡴘，子耳鳴，亡小艱。
107		弜示。
113.6		弜耊（速）丁。
113.9		弜耊（速）丁。
113.22		弜入肉。
114.2		丙卜：子弜𩳁于歲禦事。
116		豖弜𤞞。
124.4		戊卜：弜□。
124.5		弜又。
130.1		己卯卜：子用我瑟，若，弜屯（純）𢼄用，侃。舞商。

130.2		[弜]屯（純）敗瑟。不用。
137.2		弜往鄘。
146.5		庚戌卜：弜匄禾馬。
157.2		𢦏（待），弜告。
179.4		弜匄。
179.7		弜匄黑馬。用。
180.4		乙丑卜：子弜𡚬（速）丁。用。
181.5		甲卜：弜𢦏（待）。𢦏（待）祼，子其往田。
181.7		己卜：弜又于妣庚，其忒衩。
181.14		己卜：子其疫，弜往學。
187.4		□丁□子□弜□。
191.3		弜日用，不𢀛。
196.3		戊申卜：弜日用馬，于之力。
196.5		弜又𠧟。用。
206.2		子弜叀舞戉，于之若。用。多万有災，引棘（急）。
211.1		辛巳：子其告行于婦，弜以。

211.2	弜告行于丁。
214.1	辛未卜：子弜祝。用。
214.2	辛未卜：子弜祝。用。
220.5	弜又𠂤。用。
223.2	戌卜：子弜入黄𠆢。
228.7	丁亥卜：翻（待），弜酌（酒）羊，又𠂤癸子。用。
228.19	戊子卜：有吉牛，弜隮于宜。
236.15	戌卜：弜子往。
236.19	己卜：家弜屰丁。
236.20	弜屰。
236.21	己卜：翻（待），弜往禦妣庚。
237.14	弜告丁，肉弜入丁。用。
237.15	入肉丁。用。不率。
239.1	丁巳卜：子弜往𫳯。用。
239.2	丁巳卜：子弜往𫳯。用。
239.3	癸酉卜：弜勿（刎）新黑馬，有剢。

239.4		癸酉卜：弜勿（刎）新黑□。
240.7		子腹疾，弜禦□。
247.3		癸丑卜：大叙弜禦子口疾于妣庚。
247.6		癸亥卜：弜禦子口疾，告妣庚。曰：絞（瘳），告。
248.4		甲寅卜：弜叀（速）丁。用。
249.4		在𦎫卜：弜呼人歸。
249.5		[在𦎫]卜：弜呼人歸，□丁，若。
249.6		己卜：弜告季于今日。
249.7		己卜：弜告季今日[歸]。
255.1		甲寅卜：弜宜丁。
255.2		甲寅卜：弜言來自西，祖乙口又伐。
255.3		弜呼發燕。
255.5		乙亥卜：弜呼𡉚（徵）燕。用。
255.6		乙亥卜：弜呼多賈見（獻）。用。
256.9		己卜：弜□□作丁□。
257.26		己卜：暀庚□弜□。

260		[戊]戌：叀亞[奠]戠（待），弜告。
262.3		癸卜：子弜擇，燕受丁祼。
264.5		弜呼罘南，于若。
278.2		戠（待），弜又妣庚。
283.5		弜□。
286.11		壬卜：朿彔弜若巳，唯有辭。
286.14		癸卜：戠（待），弜尞于妣庚。
286.27		庚卜：子弜猷其[彡（易）] 𠙵 父丙。
289.4		丙卜：子其往于田，弜由𢀛，若。用。
293.4		辛未卜：子弜告奏。不用。
294.2		壬子卜：子戠（待）弜告妣既𦥑于[丁]，若。
294.3		壬子卜：子寢于妣，弜告于丁。
294.8		乙卯卜：歲祖乙牢，子其自，弜𡆥（速）。用。
296.4		癸卯卜：子弜告婦好，若。用。
296.5		癸卯卜：弜告婦好。用。
304.3		乙卜：弜又于庚。

304.7		丙：弜宜。
305.2		甲子卜：子戠（待），弜舞。用。
322		甲卜：弜孜于妣庚。
324.2		己亥卜：弜巳[馲]眔𩡧黑。
324.5		弜食多[工]。用。
345.4		弜。
349.2		□弜卯于□。
349.4		□于□弜□于□，乙□其丁有疾。
356.3		甲[卜]：暒乙弜□丁。
370.3		丁丑卜：弜合［發］眔［剢］。
370.4		丁丑卜：弜合□。
371.4		子弜告其秉（梨）。
391.2		弜巳𩰫燕。
391.3		弜巳𩰫燕。用。
391.6		弜子舞。用。
391.11		甲午卜：子作戚分卯，子弜告丁。用。若。

395.3	辛未卜：子其往于田，弜戠（待）𦎫。用。
395.4	辛未卜：弜入麑，其[叡。用]。
409.5	丙卜：弜禦子戠。
412.1	乙卜：弜歸馬。
416.1	己丑卜：鼺畫友卲□□畫□子弜示，若。
416.6	庚寅卜：子弜[往]祼，叀子畫。用。
416.9	弜比旋。不用。
427.1	丁丑卜：在茲往𡉚（徵）禦癸子弜于𡛷。用。
428.6	庚申卜：弜□鹿□。用。
437.1	庚申卜：弜取在𡛷𣂔，延成。
437.2	庚申卜：取在𡛷𣂔，弜延。
446.7	乙卜：弜巳𡔈（速）丁。
446.22	壬卜：弜巳𡔈（速）丁。
446.28	弜牛𢽾，叀□。
449.7	乙亥：弜巳叡𥁕（𣦼）龜于室。用。
450.2	壬戌卜：子弜𠭰。用。

454.2		庚戌卜：弜呼多臣燕。
454.3		乙卯卜：子其自畬（飲），弜餗（速）。用。
454.4		乙卯卜：子其畬（飲），弜餗（速）。用。
465.3	□ □	□弜□。
467.3		戊戌卜，在濘：子弜射，于之若。
467.5		弜射，于之若。
472.3		弜又羊。
472.8		弜又羊。
472.9	□	[戠（待）]，弜又。
473.2		狄乃弜往又祉，若。用。
475.10		壬子卜：子弜餗（速），呼畬（飲）。用。
484.2		弜彡（酒），毋正祖乙。
		乃
11.1	□□□□	狄乃弜往[又祉，若。用]。
16.1		丙卜：子其往呂，攺乃畬（飲），于作𨸏迺來。

137.4	羌入，孜乃叀入炋。用。
204.2	□乃□。
377.1	新𨘢（鑊）乃孜。
377.2	乃𠦪𢻮。
391.8	庚辰卜：叀乃馬。不用。
391.9	叀乃馬眔賈視。用。
458	孜［乃］先𣪊妍，迺入炋。用。
473.2	孜乃弜往又砯，若。用。

益

87.1	丁巳卜：子益妫，若，侃。用。
87.2	庚申卜：子益商，日不雨。孚。
87.3	庚申卜：叀今庚益商，若，侃。用。
247.5	庚申卜：子益商，侃。
53.6	戊卜：子其益𢦏［舞］，酉□。
53.7	戊卜：子其益𢦏舞，酉二牛妣庚。

皿

249.2		在亳卜：乎皿歸，戌束。

盂

178.4		癸卯夕：歲妣庚黑牝一，在入，陟盂。
178.5		陟盂。用。

236.11		丁卜：子□改宰□□，[若]。

盜

449.7		乙亥：弜巳叡盜（毖）黽于室。用。
294.1		壬子卜：子其告妣既圉丁。子曾告曰：丁族盜（毖）[illegible]宅，子其作丁雝（宮）于妣。
450.3		[癸]亥：子往于𡚸，肇子丹一、盜（毖）黽二。

字	释文	出处
䀇	新䀇（鑊）乃孜。	377.1
𠱓	辛未：歲祖乙黑牡一，衩（祐）𠰼一，子祝。曰：毓（戚）祖非曰云兕正，祖唯曰彔𠱓不又𩚩（擾）。	161.1
盜	甲卜：叀盜具丁。用。	92.1
酉	戊卜：以酉（酒）㯱𣐈。	53.9
奠	戊卜：叀奠禦往妣己。	162.1

162.2		[戊]卜：叀奠禦往妣己。
186		貞：奠不死。
295.4		壬戌奠卜：擒。子占曰：其[一鹿]。用。
387.3		□奠[用]□[己]□。
		酓（飲）
7.11		乙卯夕卜：子弜酓（飲）。用。
16.1		丙卜：子其往呂，改乃酓（飲），于作𨸏迺來。
355.1		乙巳卜：子其[叀]多尹令酓（飲），若。用。
355.2		乙巳卜：于□酓（飲），若。用。
355.3		乙巳卜：于入酓（飲）。用。
420.5		壬子卜：子丙壴（速）。用。□各，呼酓（飲）。
454.3		乙卯卜：子其自酓（飲），弜壴（速）。用。
454.4		乙卯卜：子其酓（飲），弜壴（速）。用。
475.10		壬子卜：子弜壴（速），呼酓（飲）。用。
501.2		丁卜：今庚其作豊，壴（速）丁酓（飲），若。

501.3	丁卜：今庚其作豊，㚔（速）丁畬（飲），若。
495	丁未卜：宜𣪘祖乙，丁畬（飲）。用。

配

5.2	乙亥卜：叀子配使于婦好。
5.4	叀配使曰婦□。
5.5	叀配使□。
41.1	[庚]卜：□庛于或、配□。
220.6	甲申卜：叀配呼曰婦好告伯屯（純）。用。
379.1	丙辰卜：子其匄黍于婦，叀配呼用。
441.2	配貞。

猷

286.27	庚卜：子弜猷其[彡（易）]ㄩ父丙。

醴

出處	釋文
161.1	辛未：歲祖乙黑牡一，衩（祐）鬯一，子祝。曰：毓（戚）祖非曰云兕正，祖唯曰彔畋不又釀（擾）。

酌

出處	釋文
28.6	戊卜：六〈今〉其酌（酒）子興妣庚，告于丁。用。
28.7	戊卜：戠（待），弜酌（酒）子興妣庚。
39.18	己卜：其酌（酒）子興妣庚。
53.17	己卜：其酌（酒）禦妣庚。
113.26	傳五牛酌（酒）發以[生]于庚。
149.4	丁未卜：其禦自祖甲、祖乙至妣庚，𠕋二牢，麥（來）自皮酌（酒）興。用。
149.6	庚戌卜：雨禦宜，暒壬子延酌（酒），若。用。
176.1	丁丑卜：子禦于妣甲，𠕋牛一，又鬯一，亡災，入商酌（酒）。在麗。
226.6	戊：往裸酌（酒）伐祖乙，卯牡一，衩（祐）鬯一，口又伐。

228.7	丁亥卜：戠（待），弜酌（酒）羊，又鬯癸子。用。
236.3	丁卜：酌（酒）伐兄丁卯宰，又鬯。
236.4	酌（酒）伐兄丁告妣庚，又祼。
236.5	酌（酒）伐兄丁告妣庚，又歲。
236.6	酌（酒）伐兄丁告敔一牛妣庚。
236.7	酌（酒）伐兄丁告妣庚，又伐妣庚。
243	乙亥夕：酌（酒）伐一[于]祖乙，卯玨五，豼五，衩（祐）一鬯，子肩禦往。
278.10	夕：白豕、玨，酌（酒）二宰。
286.21	己卜：其酌（酒）三牛作祝，叀之用妣庚。用。
286.22	己卜：其酌（酒）三牛作祝，叀之用妣庚。用。
290.7	甲午卜：其禦宜矢（昃），乙未矢（昃），暨酌（酒）大乙。用。
310.2	甲戌夕：酌（酒）伐一祖乙，卯□。
340.3	莫（暮）酌（酒），宜一宰，伐一人。用。
394.3	庚申：酌（酒）甾宜。用。

457	己酉夕：翌日乇歲妣庚黑牡一。庚戌酢（酒）牝一。
472.4	于庚夕酢（酒）。
472.5	于辛亥酢（酒）。
474.5	率酢（酒）革。不用。
474.6	子叀𡚸田，言妣庚眔一宰，酢（酒）于𡚸。用。
484.1	酢（酒）。
484.2	弜酢（酒），毋正祖乙。
484.3	酢（酒）。
487.3	甲戌：酢（酒）上甲，旬歲祖甲𢓊一，歲祖乙𢓊一，歲妣庚㲋一。
491	庚午：酢（酒）革妣庚二小宰，衩（祐）𠭯一。在𡚸，來自狩。

覃

370.1	辛未卜：子往𨚕，子利［作］子□叀覃。

編號	釋文
289.4	丙卜：子其往于田，弜由[illegible]，若。用。
395.3	辛未卜：子其往于田，弜戠（待）[illegible]。用。
178.13	庚戌卜：其畀旛尹[illegible]，若。

䀀

編號	釋文
149.11	癸亥卜：子䀀（迄）用丙吉弓射，若。
363.1	□卜，在[illegible]京：䀀（迄）𢦏（虣）大[聯]獸□□[用]。
363.2	[䀀（迄）]𢦏（虣）大獸□。

鼎

編號	釋文
149.4	丁未卜：其禦自祖甲、祖乙至妣庚，冊二牢，麥（來）自皮鼎彰（酒）興。用。
249.24	鼎。
550.1	□來自皮鼎彰（酒）□。

貞

446.8	乙卜：入脛丁，貞：[又]肉。

鬻（肆）

236.25	庚卜：丁饗鬻（肆）。
236.26	庚卜：丁弗饗鬻（肆）。

具

6.2	乙丑卜：有吉夸（辛），子具[illegible]，其以入，若，侃，有彭值。用。
92.1	甲卜：叀盜具丁。用。
333	乙丑卜：有吉夸（辛），子具[illegible]，其以入，若，侃，有彭值。用。
342	乙丑[卜]：有吉夸（辛），子具□。
481.1	乙丑卜：有吉夸（辛）子具[illegible]，其以入，若，侃，

有髟值。用。

爵

93.2 癸巳：爵。

449.3 貞：子畵爵祖乙，庚亡艱。

449.4 癸酉卜，貞：子利爵祖乙，辛亡艱。

𠾃

205.1 𠾃。

349.9 𠾃貞。

441.8 貞：𠾃。

㰈

53.9 戊卜：以酉（酒）㰈柛。

53.10 戊卜：其㰈柛。

斝

編號	釋文
51	斝。
312.1	戊午卜：我人擒。子占曰：其擒。用。在斝。
312.2	戊午卜，在斝：子立于彔中𠕋。子占曰：企梋。
363.3	辛卜：歲祖□𤘲，登自丁[黍]。在斝，祖甲延。
363.4	丁卯卜：子勞丁，爯黹[圭一、聯九]。在[illegible]，狩□斝。
480.1	丙寅卜：丁卯子勞丁，爯黹圭一聯九。在[illegible]。來狩自斝。
480.3	癸酉，子炅在[illegible]：子呼大子禦丁宜，丁丑王入。用。來狩自斝。
480.6	丙子：歲祖甲一牢，歲祖乙一牢，歲妣庚一牢。在𠛬(絕)，來自斝。

皀

編號	釋文
25.3	□[歲]祖乙小宰、𤉲，又皀。

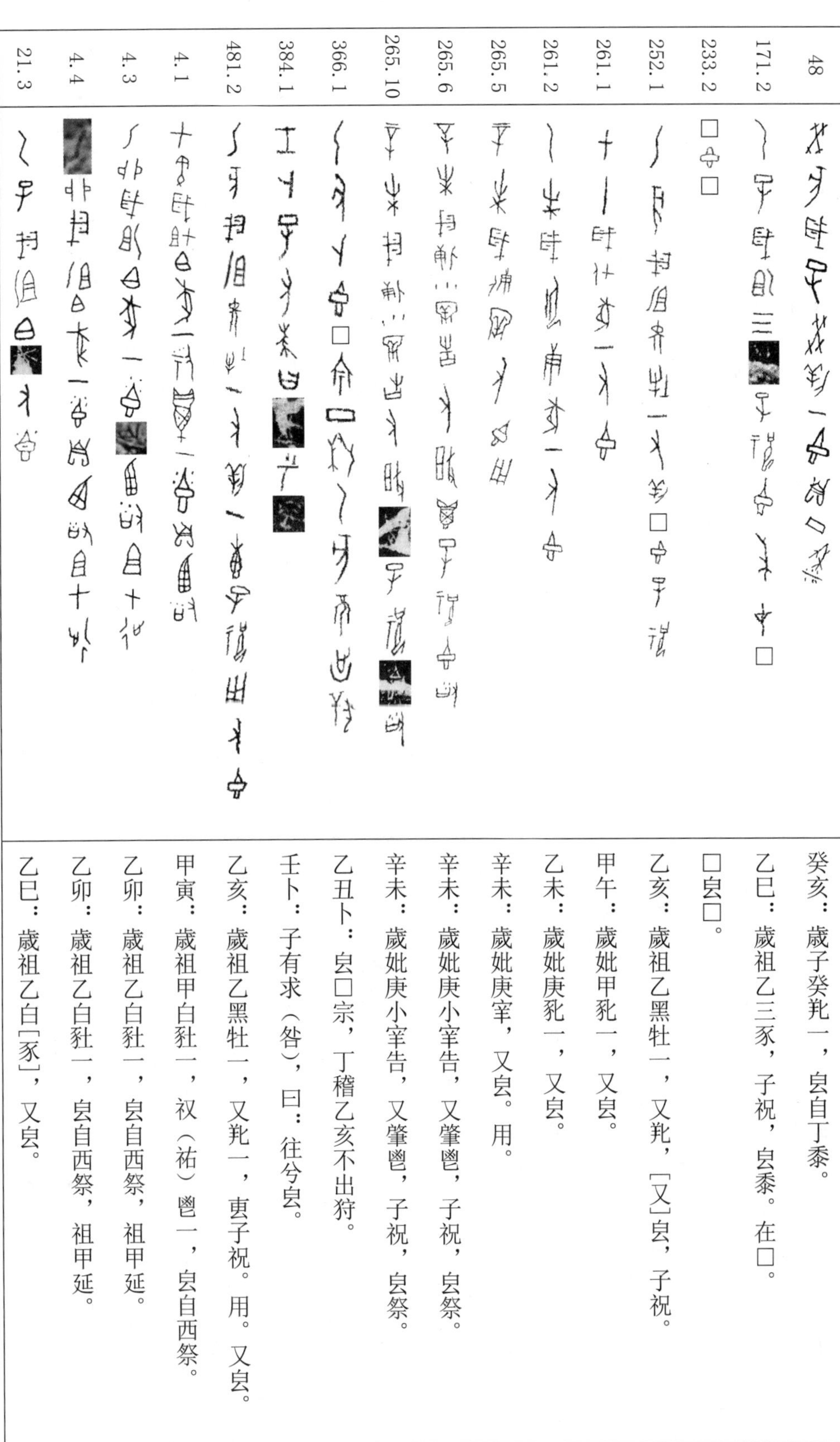

編號	釋文
48	癸亥：歲子癸羌一，𠂤自丁黍。
171.2	乙巳：歲祖乙三豕，子祝，𠂤黍。在□。
233.2	□𠂤□。
252.1	乙亥：歲祖乙黑牡一，又羌，[又]𠂤，子祝。
261.1	甲午：歲妣甲豭一，又𠂤。
261.2	乙未：歲妣庚豭一，又𠂤。
265.5	辛未：歲妣庚宰，又𠂤。用。
265.6	辛未：歲妣庚小宰告，又肇鬯，子祝，𠂤祭。
265.10	辛未：歲妣庚小宰告，又肇鬯，子祝，𠂤祭。
366.1	乙丑卜：𠂤□宗，丁稽乙亥不出狩。
384.1	壬卜：子有求（咎），曰：往兮𠂤。
481.2	乙亥：歲祖乙黑牡一，又羌一，叀子祝。用。又𠂤。
4.1	甲寅：歲祖甲白豭一，衩（祐）鬯一，𠂤自西祭。
4.3	乙卯：歲祖乙白豭一，𠂤自西祭，祖甲延。
4.4	乙卯：歲祖乙白豭一，𠂤自西祭，祖甲延。
21.3	乙巳：歲祖乙白[豕]，又𠂤。

29.5	乙巳：歲祖乙白彘，又皀，祖乙侃。
149.10	甲寅：歲祖甲白豼，衩（祐）鬯一，又皀。
170.2	甲寅：在入，皀。用。
170.3	甲寅：歲祖甲白豼一，衩（祐）鬯一，皀自西祭。
296.7	乙巳：歲祖乙白彘，又皀。
296.8	丁未：歲妣庚豝一，皀。
	食
35.2	壬申卜：既呼食，子其往田。用。
37.23	癸丑卜：歲食牝于祖甲。用。
63.5	癸丑卜：歲食牝于祖甲。用。
286.28	辛：于既呼食廼宜。
324.5	弜食多[工]。用。
	壴
102.1	乙卜，貞：賈壴有口，弗死。

出處	釋文
201	壴。
264.2	 己未卜，貞：賈壴有疾，亡延。
11.2	 [illegible]椿壴彭。

彭

出處	釋文
11.2	 [illegible]椿壴彭。

豊

出處	釋文
501.2	 丁卜：今庚其作豊，逿（速）丁酓（飲），若。
501.3	 丁卜：今庚其作豊，逿（速）丁酓（飲），若。
505.1	 子貞：□豊亡至憂。

[illegible]

出處	釋文
493.6	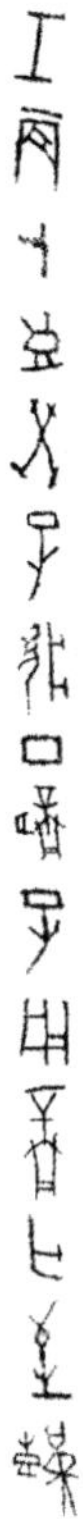 壬辰卜：[illegible]（向）癸子夢丁裸，子用瓚，亡至艱。 

戓

41.1	[庚]卜：□庇于戓、配□。
81.5	丙子卜：戓駜于賈視。

咎

183.17	癸卜：我人其舟咎。
183.18	癸卜：我人其舟咎。

伐

29.1	丙寅卜：其禦，唯賈視馬于癸子，叀一伐、一牛、一鬯，酉夢。用。
75.6	戊卜：叀五宰，卯伐妣庚，子禦。
144.3	三伐。
144.4	五伐。
149.5	于麥（來）自伐迺敀牝于祖甲。用。
154.1	辛酉卜：丁先狩，迺又伐。
154.2	辛酉卜：丁其先又伐，迺出狩。

178.8		己酉夕：伐羌一，在入。庚戌宜一牢，發。
178.9		己酉夕：伐羌一，在入。
223.16		庚卜：于翌日夙攺伐。
226.6		戊：往裸酌（酒）伐祖乙，卯牡一，衩（祐）鬯一，口又伐。
266.8		庚申：禦壴（徵）目癸子，冊伐一人，卯宰。
236.3		丁卜：酌（酒）伐兄丁卯宰，又鬯。
236.4		酌（酒）伐兄丁告妣庚，又裸。
236.5		酌（酒）伐兄丁告妣庚，又歲。
236.6		酌（酒）伐兄丁告攺一牛妣庚。
236.7		酌（酒）伐兄丁告妣庚，又伐妣庚。
236.8		丁卜：攺二牛禦伐作賓妣庚。
237.7		辛未卜：丁唯好令比伯或伐卲。
243		乙亥夕：酌（酒）伐一[于]祖乙，卯牡五，牝五，衩（祐）一鬯，子肩禦往。
247.2		己酉卜：禦口，在[illegible]又伐，若，侃。

255.2		甲寅卜：弜言來自西，祖乙囗又伐。
275.3		辛未卜：丁唯子令比伯或伐卲。
275.4		辛未卜：丁唯多囗比伯或伐卲。
276.1		乙卜：其又伐，于呂作，妣庚各。
276.2		乙卜：其又伐，于呂作，妣庚各。
289.6		丙寅：其禦，唯賈視馬于癸子，叀一伐、一牛、一鬯，卌夢。用。
310.2		甲戌夕：酌（酒）伐一祖乙，卯囗。
340.2		甲午：宜一牢，伐一人。在入。囗。
340.3		莫（暮）酌（酒），宜一牢，伐一人。用。
343.1		甲戌卜：其夕又伐祖乙，卯鷹。
343.2		甲戌卜：其又囗伐祖乙。不用。
376.3		己酉夕：伐羌一。在入。庚戌宜一牢，發。
446.11		丙卜：夕又伐妣庚。
449.2		辛未卜：丁弗其比伯或伐卲。

	戠
5.1	乙亥卜：戠（待），于之若。
26.4	戠（待），弜出宜。用。
28.7	戊卜：戠（待），弜彰（酒）子興妣庚。
157.2	戠（待），弜告。
181.4	甲卜：戠（待）□。
181.5	甲卜：弜戠（待）。戠（待）祼，子其往田。
228.7	丁亥卜：戠（待），弜彰（酒）羊，又鬯癸子。用。
236.21	己卜：戠（待），弜往禦妣庚。
260	[戊]戌：叀亞[奠]戠（待），弜告。
265.2	戠（待）。用。
265.4	戠（待）。用。
278.2	戠（待），弜又妣庚。
286.14	癸卜：戠（待），弜尞于妣庚。
395.3	辛未卜：子其往于田，弜戠（待）𠧞。用。

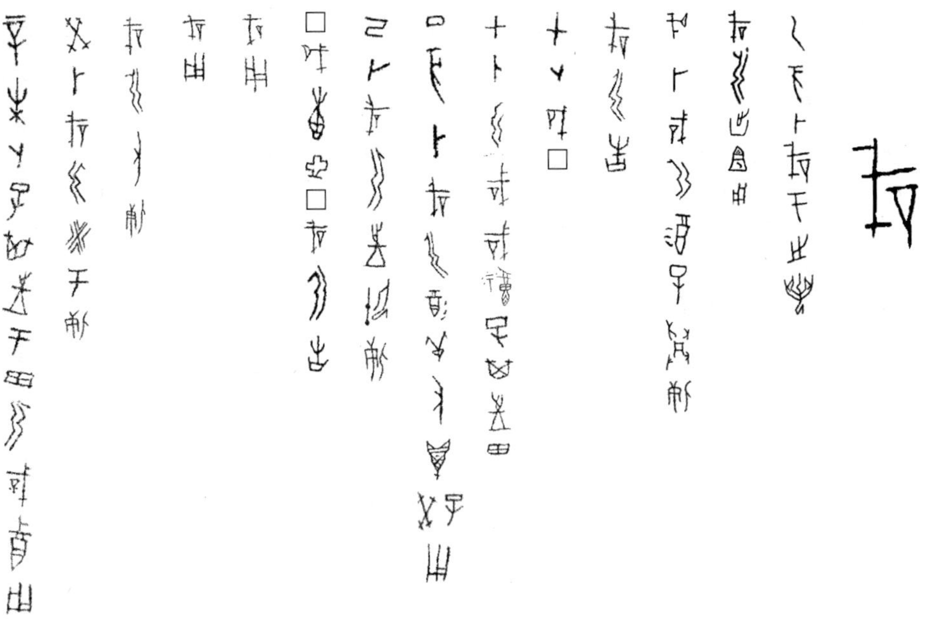

552	丁卜：戠（待），于□□□。
	戋
316.2	壬子卜：其攺，戋友若。用。
	戊
103.2	丁卯卜：雨其至于夕。子占曰：其至，亡睯戊。用。
125.1	丁卜：子令庚侑有母，呼求囟，索尹子人。子曰：不于戊，其于壬人。
220.1	丁丑：歲祖乙黑牝一，卯駶。子占曰：未（妹）其有至艱，其戊。用。
	忒
181.7	己卜：弜又于妣庚，其忒杈。
	戌

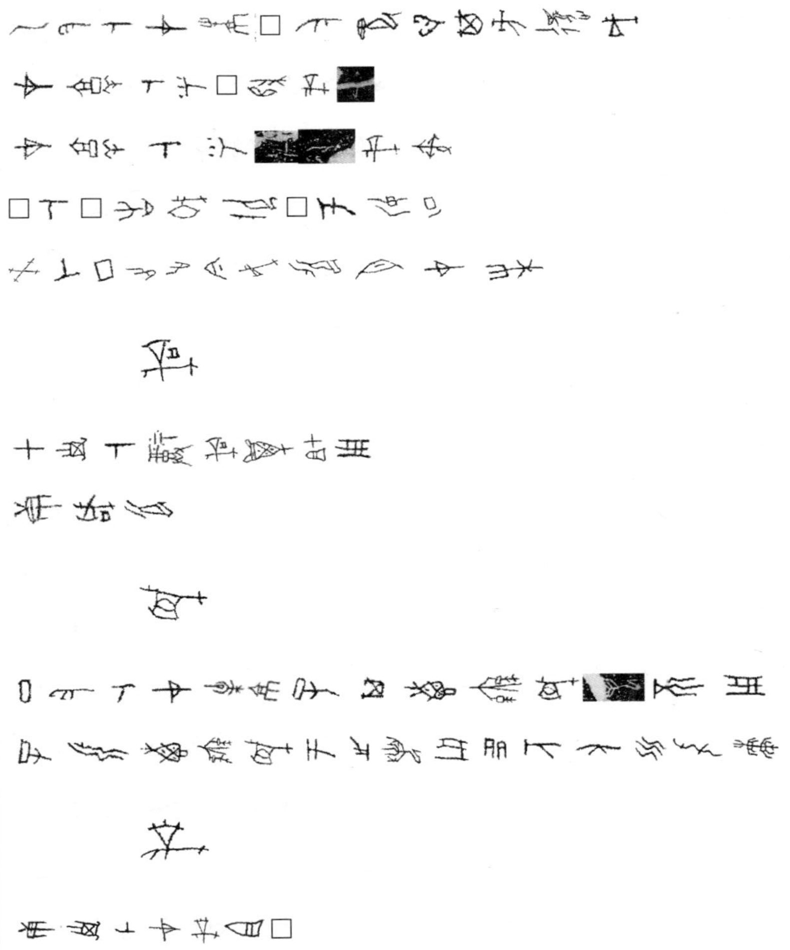

88.14		乙丑卜，在𠂤：[子]有鬼心，其方遇戉。
249.1		在𦎫卜：乎□歸，戉束。
249.2		在𦎫卜：乎皿歸，戉束。
257.3		□卜：□告戉禦□于𠂤。
262.2		癸卜：丁步今戉。卲月，在𠂤。

咸

318.5		甲子卜：祼咸𩁹祖甲。用。
403.3		庚咸卲。

戉

206.1		丁丑卜，在𠂤：子其叀舞戉，若。不用。
206.2		子弜叀舞戉，于之若。用。多万有災，引棘（急）。

我

7.5		庚子卜：在我祖□。

34.4		甲辰：宜丁牝一，丁各，夨（昃）于我，翌[日]于大甲。用。
130.1		己卯卜：子用我瑟，若，弜屯（純）敃用，侃。舞商。
157.11		辛巳卜：我[illegible]□丁敀。用。
169.1		甲辰卜：丁各，夨（昃）于我，[翌日]于大甲。
183.16		癸卜：其舟𣪊我人。
183.17		癸卜：我人其舟砮。
183.18		癸卜：我人其舟砮。
264.4		己未卜，在[illegible]：子其呼射告眔我南征，唯夨（昃）若。
312.1		戊午卜：我人擒。子占曰：其擒。用。在斝。
335.2		甲辰：宜[丁]牝一，[丁]各，夨（昃）于我，翌日于大甲。
420.1		甲辰卜：[丁]各，夨（昃）于我。用。
420.2		甲辰：宜丁牝一，丁各，夨（昃）于我，翌日于大甲。

455.3	乙丑卜：我人甾友子戾。
470	我五。

歲

3.5	歲妣庚牡。
4.1	甲寅：歲祖甲白⿰豕土一，衩（祐）鬯一，皀自西祭。
4.2	甲寅：歲祖甲白⿰豕土一。
4.3	乙卯：歲祖乙白⿰豕土一，皀自西祭，祖甲延。
4.4	乙卯：歲祖乙白⿰豕土一，皀自西祭，祖甲延。
6.1	甲辰夕：歲祖乙黑牡一，叀子祝，若，祖乙侃。用。翌日舌。
7.1	丁酉：歲祖甲羌一、鬯一、在麗，子祝。
13.1	甲午：歲祖甲⿰豕土一，子祝。在□。
13.2	乙未：歲祖乙⿰豕土，子祝。在□。
13.4	叀子祝，歲祖乙⿰豕土。用。
13.5	丁酉：歲妣丁⿰豕土一。在□。

13.6	乙巳：歲祖乙犯，子祝。在𠂤。
13.7	乙巳：歲祖乙犯一，子祝。在𠂤。
13.8	□歲□。
17.1	甲辰：歲祖甲一牢，子祝。
17.2	乙巳：歲祖乙一牢，叕祝。
21.3	乙巳：歲祖乙白[豕]，又𠭰。
26.7	丙：歲妣庚牡，衩（祐）鬯，告夢。
26.8	丙：歲妣庚牡，衩（祐）鬯，告夢。
27	庚卜，在𪊽：歲妣庚三牡，又鬯二，至禦，𠕋百牛又五。
29.2	庚寅：歲祖□牝一，叕祝。
29.5	乙巳：歲祖乙白彘一，又𠭰，祖乙侃。
31.2	□歲□犯[一]□。
32.1	庚卜，在𪊽：歲妣庚三牡，又鬯二，至禦，𠕋百牛又五。
34.3	甲辰：歲祖甲牢，衩（祐）一鬯。

34.6		乙巳卜：歲祖乙牢，衩（祐）鬯一，祖甲□丁各。
34.13		戊申卜：歲祖甲豕一，𣬉一。
37.1		癸酉卜：叀勿（物）牡歲祖甲。用。
37.2		癸酉卜：叀勿（物）牡歲祖甲。用。
37.8		丁酉：歲祖甲𣬉一，衩（祐）鬯一。在麗。
37.9		丁酉：歲祖甲𣬉一，衩（祐）鬯一。在麗。
37.12		甲辰：歲妣庚𣬉一，衩（祐）鬯。在麗。
37.13		甲辰：歲祖甲牡一，𦍋一。在麗。
37.23		癸丑卜：歲食牝于祖甲。用。
37.25		乙卯：歲祖乙𧱓，衩（祐）鬯一。
39.4		乙：歲妣庚牡，又鬯。
39.5		乙：歲妣庚牡。
39.12		乙：歲妣庚牡，又鬯。
39.14		歲妣庚。
39.19		夕：歲小宰暨妣庚。
48		癸亥：歲子癸𣬉一，皀自丁黍。

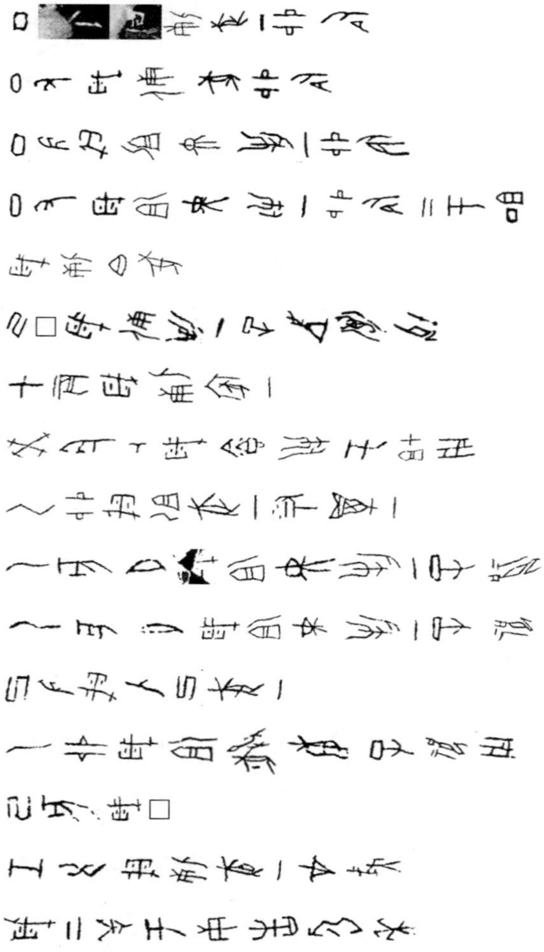

49.1	丁[丑]：歲妣庚豭一，卯衕。
49.2	丁丑：歲妣庚豭一，卯衕。
49.3	丁丑：歲祖乙黑牝一，卯衕。
49.4	丁丑：歲祖乙黑牝一，卯衕二于祖丁。
53.23	歲妣庚白彘。
55.4	己[丑]：歲妣庚牝一，子往澫禦。
61.3	甲辰：歲妣庚家一。
63.5	癸丑卜：歲食牝于祖甲。用。
63.7	乙卯：歲祖乙豭一，衩（祐）鬯一。
67.1	乙亥夕：歲祖乙黑牝一，子祝。
67.2	乙亥夕：歲祖乙黑牝一，子祝。
67.3	己丑：歲妣己彘一。
76.1	乙卯：歲祖乙豰，叀子祝。用。
80.3	己亥：歲□。
81.3	壬申：歲妣庚豝一，在㹜。
85.5	歲二羊于庚，告發來。

編號	原文	釋文
88.10		甲子：歲妣甲靯一，冊三小宰又置一。
115.2		乙巳：歲祖乙宰、牝，衍于妣庚小宰。
115.3		甲寅：歲祖甲牝，歲祖乙宰、白豕，歲妣庚宰，祖甲衍𡴂卯。
123.1		辛酉昃：歲妣庚黑牝一，子祝。
123.2		辛酉昃：歲妣庚黑牝一，子祝。
132.1		庚戌卜：辛亥歲妣庚麡、牝一，妣庚侃。用。
132.2		辛亥：歲妣庚麡、牝一，齒禦歸。
132.3		辛亥：歲妣庚麡、牝一，齒禦歸。
136.1		丁未：歲妣丁彘一。
139.11		歲妣庚豼。
139.12		歲妣庚豣。
142.3		祝，于白一牛用，∧歲祖乙用，子祝。
142.4		祝，于二牢用，∧歲祖乙用，子祝。
142.5		乙亥：∧歲祖乙二牢、勿（物）牛、白豣、衩（祐）鬯一，子祝。

142.6	戊子：歲妣庚一犬。
149.1	甲午：歲祖甲牝一，祝（祐）鬯一，□祝大牝。
149.9	甲寅：歲白豼。
149.10	甲寅：歲祖甲白豼，祝（祐）鬯一，又皀。
149.12	甲戌：歲祖甲牢、幽廌，祖甲侃子。用。
157.5	丁丑：歲妣丁小宰。
157.6	丁丑：歲妣丁小宰。
161.1	辛未：歲祖乙黑牡一，祝（祐）鬯一，子祝。曰：毓（戚）祖非曰云兕正，祖唯曰彔眣不又醆（擾）。
161.2	乙亥夕：歲祖乙黑牡一，子祝。
162.3	歲妣庚豼。
167	丁未：歲妣丁豼一。
169.2	甲辰卜：歲祖乙牢，叀牡。
170.3	甲寅：歲祖甲白豼一，祝（祐）鬯一，皀自西祭。
170.4	甲寅：歲祖甲白豼一。
171.2	乙巳：歲祖乙三豕，子祝，皀黍。在□。

173.5		丙申卜：子往[illegible]，歲妣庚羊一。在[illegible]。
175		辛酉昃：歲妣庚黑牝一，子祝。
176.3		乙酉：歲□。
178.4		癸卯夕：歲妣庚黑牝一，在入，陟盂。
178.10		庚戌：歲妣庚[羊土]一。
179.2		甲辰卜：歲蒐友祖甲彘，叀子祝。用。
180.6		庚：歲妣庚牝一。
181.11		歲牡于妣庚，又鬯。
181.12		歲牡于妣庚，又鬯。
181.13		歲牡于妣庚，又鬯。
181.32		歲子癸小宰。
181.33		歲子癸小宰。
183.6		歲妣丁小宰。
183.12		癸：歲妣庚牡。
183.13		歲妣庚豕。
195.6		乙卯：歲[豕土]，衩（祐）鬯祖乙。用。

196.4	己酉：歲祖甲靯一，歲[祖乙]靯一，入自麤。
196.6	庚戌：歲妣庚靯一，入自麤。
198.1	乙亥：歲祖乙□，祝（祐）㽞一。
204.1	又歲牛于妣己。
209	庚申[卜：歲]妣庚牝一，子臀禦往。
214.3	癸酉：歲子癸靯，圭（徵）目禦。
214.5	戊寅卜：歲祖甲小宰，祖乙小宰，登自西祭，子祝。
215.3	庚辰：歲妣庚豭一，豼一，子祝。
217.1	丁未：歲妣丁彘一。在𠂤。
217.2	丁未：歲妣丁彘一。在𠂤。
220.1	丁丑：歲祖乙黑牝一，卯胴。子占曰：未（妹），其有至艱，其戊。用。
220.3	甲申：歲祖甲豼一，叀𢦏祝。用。
220.4	甲申：歲祖甲豼一。
223.9	己卜：歲牛妣己。用。
223.10	己卜：歲[牡妣己]。用。

223.11		己卜：歲牡妣己。用。
226.2		丁酉：歲妣丁牝一。
226.3		丁酉：歲妣丁牝一。
226.4		丁酉：歲妣丁牝一。
226.5		丁巳：歲祖乙牡一，舌祖丁彡。
226.7		庚申：歲妣庚牡一。子占曰：面[illegible]自來多臣毁。
228.2		甲申：叀大歲又于祖甲。不用。
228.3		甲申卜：叀小歲𢼄于祖甲。用。一羊。
228.4		甲申卜：歲祖甲牝一。用。
228.5		乙酉：歲祖乙牝一。
228.6		乙酉：歲祖乙牝一。
236.5		酌（酒）伐兄丁告妣庚，又歲。
236.12		丁卜：歲妣庚牡又二彘。
236.13		丁卜：歲妣庚牡又二彘。
236.23		歲妣己牝。
236.24		歲妣己牝。

236. 29		歲子癸牝。
237. 1		甲寅：歲祖甲□。
237. 3		丁巳：歲祖乙⿰羊土一，舌祖丁彡。
237. 4		甲子：歲祖甲白⿰豕土，衩（祐）鬯一。
237. 7		甲戌：歲祖甲牢，幽鷹，白⿰豕土，衩（祐）一鬯。
237. 8		甲戌：歲祖甲牢，幽鷹，白⿰豕土，衩（祐）二鬯。
237. 9		乙亥：歲祖乙牢，幽鷹，白⿰豕土，衩（祐）二鬯。
237. 10		乙亥：歲祖乙牢，幽鷹，白⿰豕土，衩（祐）鬯二。
237. 11		乙：歲延祖乙。用。
237. 12		庚寅：歲祖甲牝一，子雍見（獻）。
237. 13		庚寅：歲祖甲牝一，子雍見（獻）。
240. 3		戊辰：歲妣庚⿰羊匕一。
240. 4		戊辰：歲妣庚⿰羊匕一。
240. 9		庚午：歲妣庚⿰豕土一，衩（祐）鬯一。
240. 10		庚午：歲妣庚⿰豕土一，衩（祐）鬯一。
241. 13		辛亥：歲妣庚⿰羊匕一。

241.14	癸丑：歲子癸豖一。
247.15	己丑：歲妣庚牝一，子往澫禦。
247.17	庚寅：歲妣庚豼一。
248.1	癸丑：將妣庚示，歲妣庚牢。在妭。
249.8	叀牛歲妣庚。
249.10	歲妣庚宰，在[臺]。
249.12	在臺卜：叀牝歲妣庚。
249.22	乙卜：叀牝歲[妣庚]。
251	己未：歲妣己豖一。
252.1	乙亥：歲祖乙黑牡一，又羘，[又]㞢，子祝。
252.2	乙亥：歲祖乙黑牡一，又羘一，又㞢，子祝。
253.2	癸巳：歲癸子羘一。
253.3	癸巳：歲癸子羘一。
255.8	己丑：歲妣庚一牝，子往澫禦，興。
257.5	甲□：歲妣庚[□禦甾其□于]丁□。
258.3	庚辰：歲妣庚豕。

261.1		甲午：歲妣甲𧲜一，又皀。
261.2		乙未：歲妣庚𧱓一，又皀。
264.1		乙巳：歲祖乙𤘘一，子祝。在𠣫。
265.5		辛未：歲妣庚宰，又皀。用。
265.6		辛未：歲妣庚小宰告，又肇𠫑，子祝，皀祭。
265.7		辛未：歲妣庚，先莫（暮）牛𢼄，廼𢼄小宰。用。
265.8		辛未：宜𤘘一，在入卯，又肇𠫑。
265.9		辛未：歲妣庚小宰，□。用。
265.10		辛未：歲妣庚小宰告，又肇𠫑，子祝，皀祭。
267.2		庚子：歲妣庚，在𣞤，牢。子曰：卜未子𢒉。
274		乙巳：歲妣庚𤜓，舌祖乙𨐣。
275.6		歲妣庚二𤜓。
276.4		乙夕卜：歲十牛妣庚，衩（祐）𠫑五。用。在呂。
276.7		己卜：歲牛妣庚。用。
276.10		戊卜：歲牛子癸。用。
280.2		癸巳：歲妣癸一牢，𡆥祝。

282.1		庚子：歲妣庚⿰豕土。
284.1		戊卜：歲十豕妣庚。在呂。
289.2		癸亥：歲子癸子豼一。
289.3		癸亥：歲子癸。
291.1		庚辰：歲妣庚小宰，子祝。在麄。
291.2		甲申：歲祖甲小宰，衩（祐）鬯一，子祝。在麄。
291.3		乙酉：歲祖乙小宰、⿰豕土，衩（祐）鬯一。
291.4		乙酉：歲祖乙小宰、⿰豕土，衩（祐）鬯一，㠯祝。在麄。
294.8		乙卯卜：歲祖乙宰，子其自，弜耋（速）。用。
296.2		庚子：歲妣庚⿰豕土。
296.6		甲辰：歲祖甲羊一。
296.7		乙巳：歲祖乙白彘，又皀。
296.8		丁未：歲妣庚⿰豕土一，皀。
302		乙亥：歲祖乙宰，[衩（祐）]鬯一唯禦狩往。
304.4		乙：歲于妣庚[彘]。
304.5		乙：歲于妣庚彘。

309.2	壬子：歲祖甲□于□亞。
310.1	甲戌夕：歲牝一祖乙，舌彡□。
311	庚午：歲妣庚牢、牝，祖乙延𢼄。在[夶]。
313.1	戊戌卜：叀羊歲妣己。用。
313.3	己亥：歲妣己羊。用。
314.1	甲戌卜：莫（暮）𢼄祖乙歲。用。
314.4	丙子：歲妣庚𪊩，告夢。
314.7	己卯：歲妣己豼一。
314.8	己卯：歲妣己豼一。
316.1	戊申：歲祖戊犬一。
318.2	甲子卜：二鬯祼祖甲□歲鬯三。
319.1	乙丑：歲祖乙黑牡一，子祝，肩禦𡍬（徵）。在[illegible]。
319.2	乙丑：歲祖乙黑牡一，子祝，肩禦𡍬（徵）。在[illegible]。
320.6	庚卜，在䨲：歲妣庚三𪊩，又鬯二，至禦，𠕋百牛又五。
321.1	甲辰：歲癸子牡一。

321.2	甲辰：歲癸子牡一。
321.4	庚申：歲妣庚小宰，衩（祐）鬯一，祖乙延，子饗。
324.4	己巳：歲妣己豼。
330	甲子：歲祖甲𩰫，子祝。在[illegible]。
336.2	丙辰：歲妣己豼一，告子臀。
336.3	丙辰：歲妣己豼一，告子臀。
337.1	乙：歲羊妣庚。
338.1	甲辰：歲莧祖甲，又友。用。
338.2	甲辰：歲祖甲莧一，友[彘]一。
338.3	甲辰：歲祖甲莧一，友彘一。
350	甲辰夕：歲祖乙黑牡一，子祝，翌日舌。
352.1	己丑：歲妣庚牝一，子往于溝禦。
353.1	己酉：歲妣己靯一。
354.1	乙亥：歲祖乙小䍧，子祝。在麗。
354.4	甲申：歲祖[甲]小宰。衩（祐）鬯一，子祝。在麗。
355.5	戊申：歲祖戊犬一。

363.3		辛卜：歲祖□羌，登自丁[黍]。在㽙，祖甲延。
372.6		甲午卜：歲祖□叀祝。
392.1		辛未：歲祖乙黑牡，衩（祐）鬯一，子祝。
394.2		乙卯：歲祖[乙]豭一。
397.1		丙戌：歲□。在□。
397.2		庚子：歲□。
401.9		乙夕卜：歲十牛妣庚于呂。用。
401.15		戊卜：其先敀歲妣庚。
405.1		□午歲□。
409.13		歲妣丁豕。
416.4		庚寅：歲妣庚小宰登自丁黍。
416.5		庚寅：歲妣庚小宰登自丁黍。
420.3		甲辰卜：于祖乙歲牢又一牛，叀□。
426.1		癸巳卜：暨甲歲祖甲牡一，衩（祐）鬯一，于日出。用。
426.2		甲午：歲祖甲牡一，衩（祐）鬯一。
426.3		甲午卜：歲祖乙牝一，于日出敀。用。

426.4		甲午卜：歲祖乙牝一，于日出饮。用。
426.5		乙未：歲祖乙牝一，叙（祐）鬯一。
427.5		庚辰：歲妣庚牝彡舌。
427.6		丁亥：歲妣丁豝一。
427.7		己丑：歲妣己豝一。
428.2		[丙戌]：歲祖甲羊一，[歲祖乙牡一。在]甘，子祝。
428.4		丙戌：[歲祖甲]牡，歲祖乙羊一。在甘，子祝。
428.5		庚戌：歲妣庚牝一，入自麗。
432		庚子：歲□。
433		辛酉昃：歲妣庚□。
437.7		辛酉昃：歲妣庚黑牝一，子祝。
443.7		一入人□于□牛，歲又□。
446.1		甲卜：乙歲牡妣庚。
446.2		甲卜：乙歲牡妣庚。
446.9		乙卜：其歲牡母、祖丙。
446.17		歲妣庚豭。

446.18		己卜，貞：歲卜亡吉，亡憂。
446.20		歲妣庚一豝。
446.21		歲妣庚豭一。
449.6		甲戌：歲祖甲䝘，衩（祐）鬯。
449.8		乙亥：歲祖乙，雨禦，舌彡牢牝一。
451.1		己巳卜：暯庚歲妣庚黑牛又羊，莫（暮）𢼸。用。
451.2		庚午：歲妣庚黑牡又羊，子祝。
451.4		庚辰：歲妣庚豼一。
451.6		壬午夕：歲犬一妣庚。
451.7		壬午夕：歲犬一妣庚。
452		[庚]戌：歲妣庚䝘一，子祝。在麗。
455.1		甲子卜：歲妣甲豜一，𣇄三小宰又置一。在[illegible]。
457		己酉夕：翌日舌歲妣庚黑牡一。庚戌彡（酒）牝一。
459.5		乙卯：歲祖乙豭一，衩（祐）鬯一。
459.6		甲子：歲祖甲白豭一，衩（祐）鬯一。
459.8		癸酉卜：歲子癸豕。用。

459.10		己卯：歲妣己彘一。
459.11		己卯：歲妣己彘一。
463.1		癸卯：歲祖乙牝一，衩（祐）鬯一。在麗，子祝。
463.5		甲辰：歲祖甲牡一、羊一。在麗。
463.6		乙巳：歲祖乙三豕。在麗。
468.2		歲彘妣丁。用。
474.2		甲子卜：夕歲祖乙，祼告妣庚。用。
474.8		辛未：歲祖乙彘，子舞衩。
480.6		丙子：歲祖甲一牢，歲祖乙一牢，歲妣庚一牢。在𦃡（絕），來自畀。
481.2		乙亥：歲祖乙黑牡一，又牝一，叀子祝。用。又皀。
487.3		甲戌：酚（酒）上甲，旬歲祖甲牝一，歲祖乙牝一，歲妣庚彘一。
488.4		歲三□[來]。
490.7		庚辰：歲妣庚牢，舌彡牝，後改。
490.10		庚戌：歲妣庚牝一，入自麗。

493.3		庚寅：歲妣庚犱一。
493.4		庚寅：歲妣庚牝一。在𡚤。
493.5		庚寅：歲妣庚犱一。
493.7		甲午：歲祖甲豼一。唯𢍰。
493.8		甲午：歲祖甲豼一。唯𢍰。
496.1		丙卜：其將妣庚示，歲裖（脤）。
502.5		戊：歲妣庚牡一。在𡧊。
526		庚寅：歲□。
531		歲。
114.1		丙卜：子其𢾅于歲禦事。
114.2		丙卜：子弜𢾅于歲禦事。
		其
1.8		甲卜：其□妣庚。
2.1		戊子卜，在䵼：子其射，若。
3.1		丙卜：𡠧有由女，子其告于婦好，若。

3.13		壬卜：子其延休。
3.14		壬卜：子其往田，丁不𣞤（虞）。
3.17		其宅北室，王𦳝（瘁）。
5.15		丙子卜，在[illegible]曰：其奏。
6.2		乙丑卜：有吉夸（辛），子具[illegible]，其以入，若，侃，有彭禃。用。
7.6		丁未卜：新馬其于賈視，右用。
7.7		丁未卜：新馬其于賈視，右不用。
10.2		乙未卜，在[illegible]：丙[不雨]。子占曰：不其雨。孚。
10.3		其雨。不用。
14.1		乙酉卜：子又之阬南小丘，其罿，獲。
14.2		乙酉卜：弗其獲。
14.7		遘阬鹿。子占曰：其遘。
16.1		丙卜：子其往吕，𢼄乃畬（飲），于作𨸏廼來。
21.2		丁丑卜：其禦子往田于小示。用。
26.2		子其出宜。不用。

26.3		甲戌卜：子其出宜。不用。
26.5		甲申卜：子其見（獻）婦好□。
28.6		戊卜：六〈今〉其彡（酒）子興妣庚，告于丁。用。
28.8		戊卜：子其告于□。
29.1		丙寅卜：其禦，唯賈視馬于癸子，叀一伐、一
		牛、一鬯，𠭯夢。用。
35.2		壬申卜：既呼食，子其往田。用。
36.1		丁卜，在㐭：其東狩。
36.2		丁卜：其二。
36.3		不其狩，入商。在[illegible]。
36.4		丁卜：其涉河狩。
36.6		其涿河狩，至于糞。
36.7		不其狩。
37.6		甲午卜，在麗：子其射，若。
37.10		己亥卜，在呂：子其射，若。不用。
37.14		己巳卜，在麗：子其射，若。不用。

37.18		丙午卜：子其射疾弓，于之若。
38.1		乙卜：其禦[子疾]肩妣庚，曹三十□。
38.2		壬卜：其禦子[疾]肩妣庚，曹三豕。
38.3		壬卜：其禦子疾肩妣庚，曹三豕。
38.4		壬卜：子其入鳶、牛于丁。
39.17		戊卜：子其取吴于夙，丁弗作。
39.18		己卜：其彭（酒）子興妣庚。
50.3		乙未卜：子其田从圭，求豕，遘。用。不豕。
50.4		乙未卜：子其[往]田，叀豕求，遘。子占曰：其遘。不用。
50.5		乙未卜：子其往田，若。用。
50.6		乙未卜：子其往田叀鹿求，遘。用。
53.1		丙卜：子其往吕。曰有求（咎）。曰往吕。
53.6		戊卜：子其益[舞]，曹□。
53.7		戊卜：子其益舞，曹二牛妣庚。
53.10		戊卜：其櫛艸。

53.17		己卜：其彫（酒）禦妣庚。
59.1		辛未卜：子其亦豢（遼），往田，若。用。
59.2		壬申卜：目喪火言曰，其水，允其水。
59.3		壬申卜：不允水。子占曰：不其水。
60.4		亡其[剢]賈馬。
60.5		唯左馬其有剢。
60.6		右馬其有剢。
60.7		自賈馬其有死。子曰：其有死。
63.2		辛亥卜：子其以婦好入featured，子呼多禦正見（獻）于婦好，肇紤十，往𩰫。
69.9		子其□牛，黑□。
75.1		戊卜：子作丁臣茄，其作子艱。
76.2		乙卯卜：其禦大于癸子，冊䖵一，又鬯。用。有疾。
80.1		癸卜：子告官于丁，其取田。
81.1		壬子[卜：其將□□示]，▇于東官。用。

81.4	癸酉：其右鷸于賈[視]。
85.1	其呼作𢁹北。
86.2	己巳卜：其宜[犯]□[用]。
87.4	其雨。不孚。
90.6	戚、念其入于，若。
95	壬申卜，在𢓊：其禦于妣庚，冊十宰，[又]十鬯。用。在麓。
98.1	其買，叀右駐。
103.2	丁卯卜：雨其至于夕。子占曰：其至，亡𣌭戊。用。
103.4	己巳卜：雨其延。子占曰：其延終日。用。
103.5	己巳卜，在𣎳：其雨。子占曰：今夕其雨，若。己雨，其于𣌭庚亡司（嗣）。用。
103.6	己巳卜，在𣎳：庚不雨。子占曰：其雨，亡司（嗣）夕雨。用。
108.1	辛丑卜：子妹其獲狼。孚。
108.4	辛丑卜：其逐狼，獲。

108.5		辛丑卜：其逐狼，弗其獲。
108.6	□	辛丑卜：暨王，子其以□周于㞢。子曰：不其屮。孚。
110.1	□	戊申卜：其□。
110.2		庚申卜：引其死。
113.17		曹四十牛妣庚，囟[奉（禱）]其于狩，若。
113.28		其作官饞東。
114.1		丙卜：子其鬾于歲禦事。
114.3		己卯卜，在[illegible]：子其入則，若。
117		其延疾。
118		壬午卜：引其死，在圉，亡其事。
122.2		子炅貞：其有艱。
123.3	□	辛酉卜：子其攺黑牝，唯徝往，不雨。用。妣庚□。
124.6	□ □	戊卜：[于]多母興其□。
124.14		辛卜：其疐（速）丁。
124.16		甲卜：暨乙，其亙，丁侃。

126.1		丁卜：子令庚侑有母，呼求囟，索尹子人。子曰：不于戊，其于壬人。
126		貞：右馬其死。
139.8		辛卜：其宜，叀豕。
139.9		辛卜：其宜，叀大入豕。
142.1		甲戌：其□，叀豻。用。
146.4		庚戌卜：其匄禾馬賈。
146.6		庚戌卜：其匄禾馬賈。
149.4		丁未卜：其禦自祖甲、祖乙至妣庚，冊二牢，麥（來）自皮鼎彭（酒）興。用。
150.3		甲寅卜：乙卯子其學商，丁侃，用。子贊。
154.2		辛酉卜：丁其先又伐，廼出狩。
157.1		己巳卜：子其告[妣]既刕丁，若。
157.7		己卯卜，貞：𪓊不死。子曰：其死。
157.8		己卯卜，貞：𪓊不死。子曰：其死。
157.9		貞：其死。

157.10	貞：其死。
159.1	癸未卜：今月六日□于生月有至南。子占 曰：其有至，⿱卩巳月叕。
159.2	癸未卜：亡其至南。
168.1	其右賈馬于新。
168.2	其右𦏧于賈視。
173.2	丙申卜：丁□曜。子占曰：其賓。孚。
173.4	丙申卜：子其往[illegible]，攺妣庚用羊。
173.6	丙申卜：子其往于[illegible]，侃。用。
178.13	庚戌卜：其畀旛尹[illegible]，若。
179.1	己亥卜：其有至艱。
179.3	丙午卜：其敕火匄賈[illegible]（禾馬）。用。
181.1	甲卜：子其延休，曜乙，若。
181.2	甲卜：子其延休，曜乙，若。
181.3	甲卜：子其往田。曰有求（咎），非櫛（虞）。
181.5	甲卜：弜戠（待）。戠（待）祼，子其往田。

181.6	己卜：其又妣庚。
181.7	己卜：弜又于妣庚，其忒杈。
181.14	己卜：子其疫，弜往學。
181.20	辛卜：其禦子馘于妣庚。
181.22	辛卜：其禦子馘于妣己眔妣丁。
181.23	辛卜：子其舞杈，丁侃。
183.14	翌甲，其呼多臣舟。
183.15	翌甲，其呼多臣舟。
183.16	癸卜：其舟股我人。
183.17	癸卜：我人其舟耇。
183.18	癸卜：我人其舟耇。
191.2	戊卜：其日用騩，不砙。
191.4	騩其砙。
191.6	其砙。
195.5	癸丑卜：其將妣庚示于𡚬東官。用。
196.1	丙午卜，在麗：子其呼多尹入璧，丁侃。

206.1		丁丑卜，在⿱⿻⿰⿱⿱：子其叀舞戉，若。不用。
211.1		辛巳：子其告行于婦，弜以。
214.4		其㞢（徵）禦往。
215.1		壬申卜：子其以羌㛋曹于婦，若，侃。
217.3		己卜：其□。
218.2		丙辰卜：子炅其匄黍于婦，若，侃。用。
220.1		丁丑：歲祖乙黑牝一，卯胴。子占曰：未（妹）其有至艱，其戊。用。
220.7		□□卜：子其入伯屯（純），若。
221.3		丁：庚其出。
223.3		戊卜：子其入黃□。
223.7		戊卜：其宜卯牛。
227		癸亥夕卜：日延雨。子占曰：其延雨。用。
228.11		吉牛其于宜，子弗艱。
228.16		戊子卜：吉牛其于示，亡其⿰戈丿于宜，若。
229.2		壬卜：子其入[黃□]□，丁侃。

234.3		辛未卜：擒。子占曰：其擒。用。三麑。
235.2		其在𢓊若。
236.1		丙卜：其[彭（酒）妣庚，若]。
236.14		戊卜：子其往。
236.16		己卜：家其有魚，其屰丁，侃。
236.17		己卜：家其有魚，其屰丁，侃。
236.18		己卜：家其有魚，其屰丁，侃。
236.22		己卜：其往禦妣庚。己[illegible]。
236.28		壬卜：子弗其有憂。
241.1		壬寅卜：子有擒。子占曰：其有擒。
241.2		其有。
241.4		其有。
241.7		丁未卜：子其妝用，若。
241.11		辛亥卜，貞：戚羌有疾，不死。子占曰：羌 其死唯今，其[illegible]〈又〉絞（瘳）亦唯今。
241.12		辛亥卜：其死。

244	丁卯卜：既雨，子其往于田，若。孚。
247.13	丁丑卜：子其往田。亡害。
247.14	丁亥卜：子炅其往，亡災。
248.1	癸丑：將妣庚示，歲妣庚牢。在𫹉。
248.5	戊申卜：其將妣庚[示]，于[𫹉]東官。用。
249.13	己卜：其告季于丁，侃。
249.14	己卜：其[告]季于丁，侃。
249.23	戊卜：子其往曼。曰：有求（咎），非𣞤（虞）。
252.3	丁丑卜：其彈于𡧊，叀入人，若。用。子占曰：毋有孚，雨。
256.6	□丁□其□。
257.19	辛卜：子其有肇臣自□。
257.21	辛卜：丁曰：其肇子臣。允。
257.22	辛卜：子其有□臣自□寮。
262.1	毋其步。
264.3	己未卜，在[illegible]：其延有疾。

264.4		己未卜，在[illegible]：子其呼射告眔我南征，唯夨（昃）若。
265.1		戊辰卜：子其以磬妾于婦好，若。
265.3		庚午卜：子其以磬妾于婦好，若。
266.1		其稽五旬□。
269.6		癸卜：其宜[又牛]。
269.8		[乙亥卜：子]其入白一于[丁]。
271.1		甲夕卜：日雨。子曰：其雨小。用。
273.2		子戠[illegible]，其塞妣己眔妣丁。
273.3		其禦子戠妣己眔妣丁。
275.2		其死。
275.9		乙亥卜：其呼多賈見（獻），丁侃。
276.1		乙卜：其又伐，于吕作，妣庚各。
276.2		乙卜：其又伐，于吕作，妣庚各。
276.3		乙卜：其又十鬯妣庚。
276.8		戊卜：其잘牛妣己。

277.4		其稽五旬。
280.1		丁亥：子其學𡣪（?）𡕰。用。
283.4		己卜：□在□其□。
284.2		戊卜：其呼□敃豖于吕。
284.3		戊卜：侯奠其作子齒。
286.2		其宜叀牝。
286.4		辛卜：其宜叀牝。
286.9		壬卜：其尞妣庚，于兹束告，有彔，亡延[illegible]。
286.13		癸卜：甲其尞十羊妣庚。
286.15		癸卜：其尞羊妣庚。
286.21		己卜：其彡（酒）三牛作祝，叀之用妣庚。用。
286.22		己卜：其彡（酒）三牛作祝，叀之用妣庚。用。
286.23		己卜：其三牛妣庚。
286.24		己卜：其在用，卯三牛妣庚。
286.27		庚卜：子弜猷其[彡（易）][illegible]父丙。
286.31		癸卜：子其告人亡由于丁，亡以。

288.5	戊子卜：其呼子畫匄馬，不死。用。
288.6	戊子卜：其匄馬，又力引。
288.7	甲午卜：子疐（速），不其各。子占曰：不其各，呼饗。用。舌祖甲彡。
288.8	甲午卜：丁其各，子叀衍戚肇丁。不用。舌祖甲彡。
288.9	乙未卜：子其往阣，獲。不鼄，獲三鹿。
288.10	乙未卜：子其往于阣，獲。子占曰：其獲。用。獲三鹿。
288.11	乙未卜：子其入三弓，若，侃。用。
288.12	己亥卜：毋往于田，其有事。子占曰：其有事。用。有宜。
289.4	丙卜：子其往于田，弜由[illegible]若。用。
289.6	丙寅：其禦，唯賈視馬于癸子，叀一伐、一牛、一鬯，𠕋夢。用。
289.7	丁卯卜：子其往田，从阣西[illegible]，遘獸。子占曰：不三其一。孚。

290.5		亡其至南。
290.7		甲午卜：其禦宜矢，乙未矢（昃），晵酌（酒）大乙。用。
290.12		乙未卜：子其使崖（徵）往西兴子媚，若。
292.1		叀大紤其作宗。
293.3		辛未卜：子其告舞。用。
294.1		壬子卜：子其告妣既圉丁。子曾告曰：丁族盗（毖）[illegible]宅，子其作丁雝（宫）于妣。
294.4		壬子卜：子丙其作丁雝（宫）于妣。
294.8		乙卯卜：歲祖乙牢，子其自，弜[illegible]（速）。用。
295.3		辛酉卜：从曰昔斴，擒。子占曰：其擒。用。三鹿。
295.4		壬戌莫卜：擒。子占曰：其[一鹿]。用。
296.3		癸卯卜：其入鴭，侃。用。
297.		己未卜：子其尋宜，叀往于日。用。往[illegible]。
299.6		其延。
300.1		丙寅卜，在[illegible]：甾友有同，唯其有吉。
301.2		巳其雨。

303		癸酉夕卜：乙丁出。子占曰：丙其。
305.1		甲子卜：子其舞，侃。不用。
312.1		戊午卜：我人擒。子占曰：其擒。用。在斝。
316.2		壬子卜：其敀，𢦏友若。用。
316.3		癸丑卜：㘸甲寅往田。子占曰：其往。用。从西。
320.3		其艱。
320.4		其圉何。
320.5		丁卜：弗其比何，其艱。
321.6		甲子卜：䖵其死。
324.1		戊戌卜：其宜，子𩱦[丙]。用。
331.1		辛卜，婦母曰子，丁曰：子其有疾。允其有。
331.2		其寎，若。
333		乙丑卜：有吉夸（辛），子具𡉚，其以入，若，侃，有彭徝。用。
336.1		甲寅卜：乙卯子其學商，丁侃。子占曰：其有𦥑艱。用。子臀。

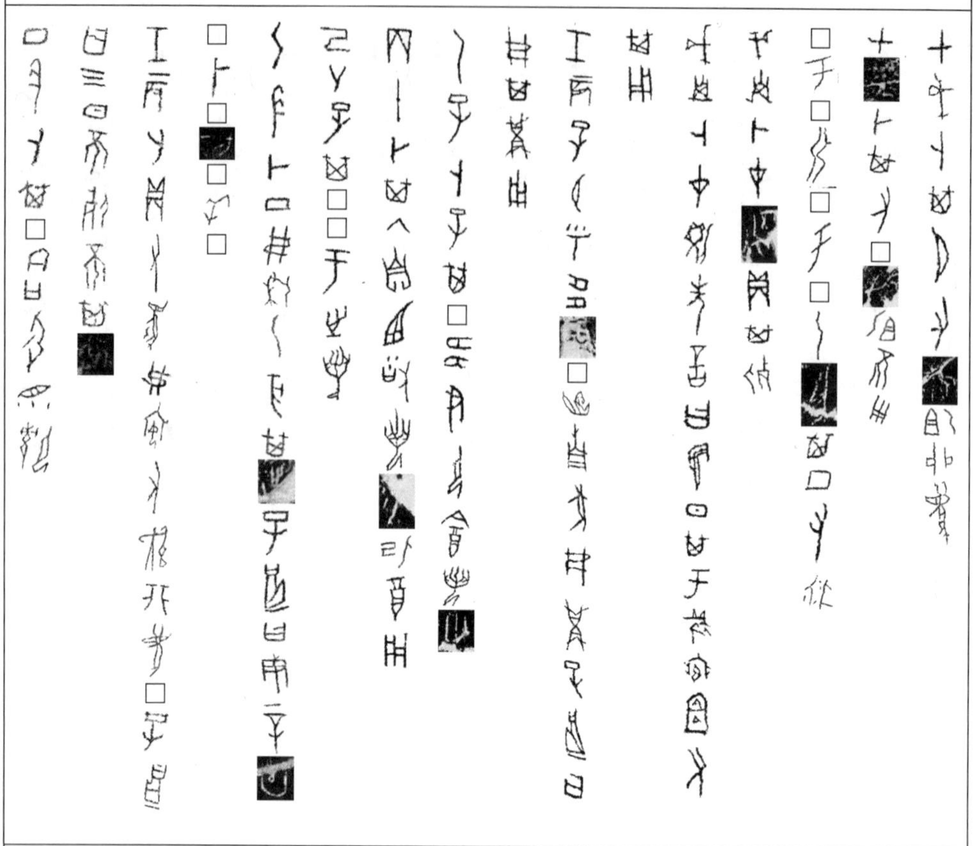

343.1	甲戌卜：其夕又伐祖乙，卯鷹。
343.2	甲戌卜：其又□伐祖乙。不用。
349.4	□于□弜□于□，乙□其丁有疾。
351.4	戊子卜，在[illegible]，貞：其死。
351.5	戊子卜，在[illegible]，[illegible]言曰：翌日其于舊官宜。允其。用。
352.2	壬辰：子夕呼多尹□阞南豕，弗遘。子占曰：弗其遘。用。
355.1	乙巳卜：子其[叀]多尹令酓（飲），若。用。
355.4	丙午卜：其入自西祭，若，于妣己彡（酒）。用。
356.1	己卜：子其□□，于之若。
366.2	乙丑卜：丁弗稽乙亥其出。子占曰：庚、辛出。
368.4	□卜：□其□羊□。
369	壬辰卜，貞：右駐弗安，有�非鷹□。子占 曰：三日不死，不其死。
370.2	丁丑卜：其□合發罘㓝。

371.1	己亥卜：甲其𨊨（速）丁，往。
371.2	己亥卜：丁不其各。
371.3	庚子卜：子告其𣏟（梨）于婦。
371.4	子弜告其𣏟（梨）。
373.2	不其吉，右史其死。
375.2	乙丑卜：𠚤又其延有同，其艱。
378.1	戊戌夕卜：𣅀[己]，子[求]豕，遘，擒。
378.2	子占曰：不三其一。用。弗其擒。
378.3	擒豕。子占曰：其擒。用。
379.1	丙辰卜：子其匄黍于婦，叀配呼用。
379.3	不其往。
381.1	戊戌夕卜：𣅀己，子其[逐]，从𡊄人嚮（向）㪤（虢），遘。子占曰：不三其一。其二，其有𨗥（奔馬）。用。
384.5	壬卜：其𢻱牛妣庚。
387.1	戊卜：其□。
387.5	□，其有疾。

391.10		甲午卜：子作戚分卯，其告丁，若。
395.1		辛未卜：其延馭麑。
395.3		辛未卜：子其往于田，弜戠（待）卣。用。
395.4		辛未卜：弜入麑，其[馭。用]。
395.5		壬申卜：子其往于田，从昔斾用。
395.8		癸酉卜：子其往于田，从剃（絕），擒。用。
395.9		癸酉卜：子其擒。子占曰：其擒。用。四麑、六龟。
395.10		癸酉卜：既呼，子其往于田，囟亡事。用。
398.7		□其于□。
400.2		乙亥夕卜：其雨。子占曰：今夕雪，其于丙雨，其多日。用。
400.4		丁[卜：雨]其[延于庚]。子占曰：□。用。
401.8		乙卜：其改五牛妣庚。
401.10		乙卜：其改三牛妣庚。
401.11		乙卜：其改七牛妣庚。
401.13		丙卜：子其往䙴。曰：有[咎]，非榭（虞）。

401.14	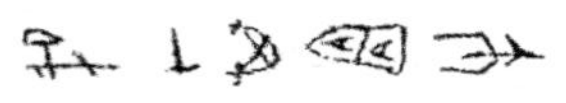	戊卜：其宜牛。
401.15		戊卜：其先𢼄歲妣庚。
401.16		戊卜：其宜牛。
401.17		戊卜：其𢼄䍧，[肉入]于丁。
409.1	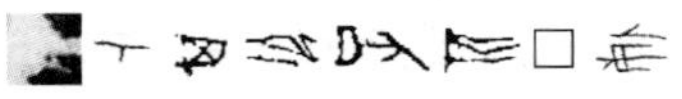	丙卜：其禦子𢧀[于]妣庚。
409.4	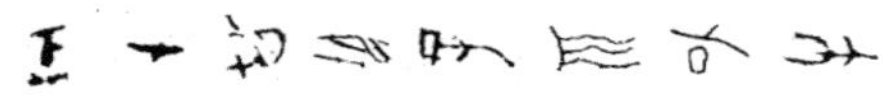	丙卜：其禦子𢧀妣丁牛。
409.9	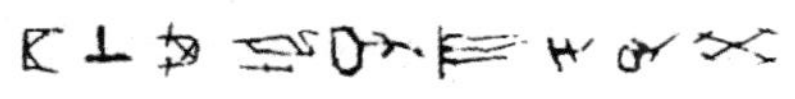	丙卜：其禦子𢧀于子癸。
409.12		丙[卜]：子其𥙷妣庚，亡冊。
409.15	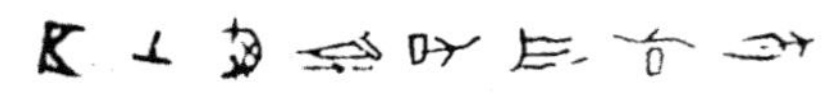	丙卜：其禦子𢧀妣丁牛。
409.28		壬卜：子其屰𦘔丁。
409.30		[甲]卜：子其延休，㽙乙，若。
409.31	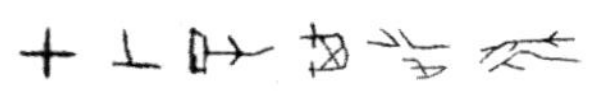	甲卜：子其延休。
409.32	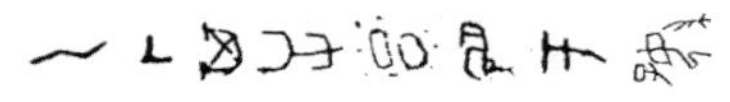	乙卜：其屰呂多子于婦好。
410.2		壬卜，在𪊨，丁曰：余其肇子臣。允。
412.3		己卜：不吉，唯其有艱。
416.14		庚子卜：子利其[有]至艱。

編號	摹本	釋文
419.3		其作雝（宫）東。
421.1		壬辰夕卜：其宜羌一于妣，若。用。
421.2		壬辰夕卜：其宜羌一于妣，若。用。
427.2		戊寅卜：翌己巳其見（獻）戚于丁，侃。用。
431.3		其死。
437.5		庚申夕卜：子其呼刞絜于，若。用。
439.4		大庚于夕，其。
443.8		其買馬。
446.6		甲卜：子其往，子首亡延。
446.9		乙卜：其歲牡母祖丙。
449.2		辛未卜：丁弗其比伯或伐卲。
450.4		丁卯卜：子其入學，若，侃。用。
450.5		丁卯卜：子其入學，若，侃。用。
451.3		戊寅卜：自帶其見（獻）于婦好。用。
451.8		丙戌卜：子其往于，若。用。子不宿雨。
454.3		乙卯卜：子其自畬（飲），弜耋（速）。用。

454.4		乙卯卜：子其畣（飲），弜疐（速）。用。
455.2		[乙丑卜]：延有同，甾友其艱。
467.1		子肩未（妹）其絞（瘳）。
467.4		己亥卜，在吕：子其射，若。不用。
468.3		戊卜：其□禦□。
473.1		甲申：子其學羌，若，侃。用。
474.4		己巳卜：子祼告，其柬革于妣庚。
474.7		庚午卜：子其祼于癸子。
475.8		辛亥卜，丁曰：余不其往。毋疐（速）。
478		乙卯卜：其禦大于癸子，冊𢦏一，又鬯。用。有疾子炅。
480.2		癸酉卜，在[illegible]：丁弗賓祖乙彡。子占曰：弗其賓。用。
481.1		乙丑卜：有吉夸（辛）子具[illegible]，其以入，若，侃，有彭值。用。
484.8		壬卜：其遘雨。

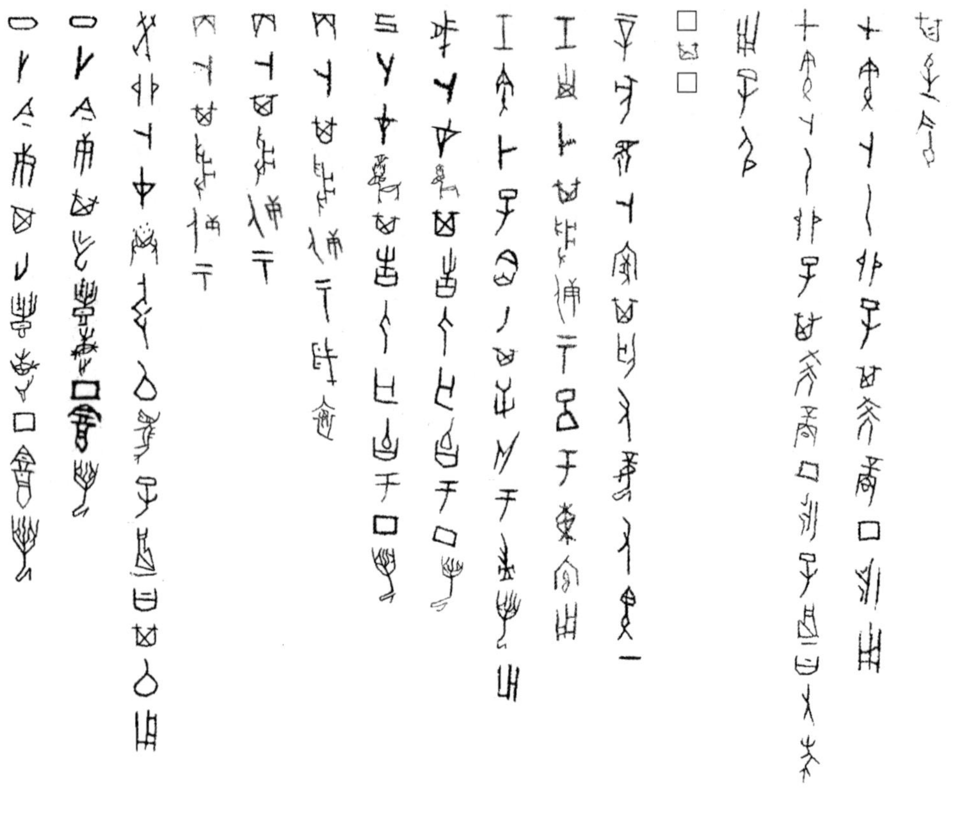

486.1	其至令。
487.1	甲寅卜：乙卯子其學商，丁侃。用。
487.2	甲寅卜：乙卯子其學商，丁侃。子占曰：有求（咎）。用。子臀。
488.13	□其□。
490.11	辛亥老卜：家其匄有妾，有畀一。
490.12	壬子卜：其將妣庚示，[illegible]于東官。用。
492	壬寅卜，子炅：子其屰〃于婦，若。用。
494.1	戊卜，在麓：其告人亡由于丁，若。
494.3	己卜，在麓：其告人亡由于丁，若。
496.1	丙卜：其將妣庚示，歲裖（脤）。
496.2	丙卜：其將妣庚示。
496.3	丙卜：其將妣庚示。
498	癸卯卜，在糞：發以馬。子占曰：其以。用。
501.2	丁卜：今庚其作豊，𨒪（速）丁酓（飲），若。
501.3	丁卜：今庚其作豊，𨒪（速）丁酓（飲），若。

505.2	貞：畫亡其艱。
505.3	□貞：目[illegible]，亡其又甘。
522	賈馬其朿。

冀

36.6	其涿河狩，至于冀。
498	癸卯卜：在冀，發以馬。子占曰：其以。用。

擒

35.1	壬申卜：子往于田，从昔斾。用。擒四鹿。
234.3	辛未卜：擒。子占曰：其擒。用。三麑。
241.1	壬寅卜：子有擒。子占曰：其有擒。
295.3	辛酉卜：从曰昔斾，擒。子占曰：其擒。用。三鹿。
295.4	壬戌奠卜：擒。子占曰：其[一鹿]。用。
312.1	戊午卜：我人擒。子占曰：其擒。用。在斝。
312.2	戊午卜：[illegible]擒。

378.1		戊戌夕卜：暒[己]，子[求]豕，遘，擒。子占曰：不三其一。用。
378.2		弗其擒。
378.3		擒豕。子占曰：其擒。用。
395.8		癸酉卜：子其往于田，从刹（絕），擒。用。
395.9		癸酉卜：子其擒。子占曰：其擒。用。四麑、六㲋。
9.7		辛未卜：擒。用。
9.9		辛未卜：擒□。
10.1		乙未卜：子宿在□，終夕□圭自□。子占曰：不[擒]。

鬯

4.1		甲寅：歲祖甲白豭一，衩（祐）鬯一，皀自西祭。
7.1		丁酉：歲祖甲𤘲一、鬯一，在麗，子祝。
26.7		丙：歲妣庚牡，衩（祐）鬯，告夢。
26.8		丙：歲妣庚牡，衩（祐）鬯，告夢。
27		庚卜，在麄：歲妣庚三牡，又鬯二，至禦，冊百

		牛又五。
29.1		丙寅卜：其禦，唯賈視馬于癸子，叀一伐、一牛、一鬯，冊夢。用。
32.1		庚卜，在麄：歲妣庚三𤘘，又鬯二，至禦，冊百牛又五。
32.2		庚卜，在麄：叀五𤘘，又鬯二用，至禦妣庚。
34.3		甲辰：歲祖甲牢，衩（祐）一鬯。
34.6		乙巳卜：歲祖乙牢，衩（祐）鬯一，祖甲□丁各。
37.4		以一鬯見（獻）丁。用。
37.8		丁酉：歲祖甲𬌗一，衩（祐）鬯一。在麗。
37.9		丁酉：歲祖甲𬌗一，衩（祐）鬯一。在麗。
37.11		叀牝又鬯祖甲。
37.12		甲辰：歲妣庚𬌗一，衩（祐）鬯。在麗。
37.25		乙卯：歲祖乙𤘘，衩（祐）鬯一。
39.4		乙：歲妣庚牡，又鬯。
39.12		乙：歲妣庚牡，又鬯。

63.7		乙卯：歲祖乙豭一，衩（祐）鬯一。
69.4		己□鬯□。
76.2		乙卯卜：其禦大于癸子，冊豭一，又鬯。用。有疾。
95		壬申卜，在𢓊：其禦于妣庚，冊十宰，[又]十鬯。用。在麓。
124.11		子夢𢦏，用牡告、又鬯妣庚。
142.5		乙亥：㞢歲祖乙二牢、勿（物）牛、白豭、衩（祐）鬯一，子祝。
149.1		甲午：歲祖甲牝一，衩（祐）鬯一，□祝大牝。
149.10		甲寅：歲祖甲白豭，衩（祐）鬯一，又㞢。
157.3		甲戌卜：衩（祐）鬯[祖甲]一。用。
157.4		甲戌卜：衩（祐）鬯祖甲二。用。
161.1		辛未：歲祖乙黑牡一，衩（祐）鬯一，子祝。曰：毓（戚）祖非曰云兕正，祖唯曰彔畋不又釀（擾）。
170.3		甲寅：歲祖甲白豭一，衩（祐）鬯一，㞢自西祭。

176.1		丁丑卜：子禦于妣甲，酉牛一，又𠬝一，亡災，入商彡（酒）。在𢊁。
176.2		丁丑卜：子禦妣甲，𠬝牛一，𠬝一。用。
181.9		己卜：叀白豕于妣庚，又𠬝。
181.11		歲牡于妣庚，又𠬝。
181.12		歲牡于妣庚，又𠬝。
181.13		歲牡于妣庚，又𠬝。
181.24		辛卜：禦子舞权，𢼄一牛妣庚，酉宰，又𠬝。
181.25		辛卜：禦子舞权，𢼄一牛妣庚，酉宰，又𠬝。
195.6		乙卯：歲豼，𥛚（祐）𠬝祖乙。用。
196.5		弜又𠬝。用。
198.1		乙亥：歲祖乙□，𥛚（祐）𠬝一。
220.5		弜又𠬝。用。
226.6		戊：往裸彡（酒）伐祖乙，卯牡一，𥛚（祐）𠬝一，口又伐。
228.7		丁亥卜：戠（待），弜彡（酒）羊，又𠬝癸子。用。

236.3		丁卜：酌（酒）伐兄丁卯宰，又鬯。
237.4		甲子：歲祖甲白豭，衩（祐）鬯一。
237.7		甲戌：歲祖甲牢，幽廌，白豭，衩（祐）一鬯。
237.8		甲戌：歲祖甲牢，幽廌，白豭，衩（祐）二鬯。
237.9		乙亥：歲祖乙牢，幽廌，白豭，衩（祐）二鬯。
237.10		乙亥：歲祖乙牢，幽廌，白豭，衩（祐）鬯二。
240.9		庚午：歲妣庚豭一，衩（祐）鬯一。
240.10		庚午：歲妣庚豭一，衩（祐）鬯一。
243		乙亥夕：酌（酒）伐一[于]祖乙，卯牡五，靯五，衩（祐）一鬯，子肩禦往。
248.2		癸丑卜：子祼新鬯于祖甲。用。
249.15		甲卜，在𦎫：皆見（獻）鬯于丁。
249.16		鬯□[牝]。
249.20		甲卜，在𦎫：鬯見（獻）于丁。
249.21		乙卜：□鬯妣庚。
249.23		戊卜：子其往曼。曰：有求（咎），非橆（虞）。

265.6		辛未：歲妣庚小宰告，又肇鬯，子祝，皀祭。
265.8		辛未：宜羌一，在入卯，又肇鬯。
265.10		辛未：歲妣庚小宰告，又肇鬯，子祝，皀祭。
268.6		□鬯印妣庚□。
276.3		乙卜：其又十鬯妣庚。
276.4		乙夕卜：歲十牛妣庚，衩（祐）鬯五。用。在呂。
278.9		白一豕，又鬯。
278.14		叀一白豕，又鬯。
289.6		丙寅：其禦，唯賈視馬于癸子，叀一伐、一牛、一鬯，冊夢。用。
291.2		甲申：歲祖甲小宰，衩（祐）鬯一，子祝。在麗。
291.3		乙酉：歲祖乙小宰、豼，衩（祐）鬯一。
291.4		乙酉：歲祖乙小宰、豼，衩（祐）鬯一，妝祝。在麗。
314.6		子从㪅犾，又鬯妣庚夢。用。
318.2		甲子卜：二鬯祼祖甲歲鬯三。
318.3		甲子[卜]：二鬯祼祖甲。用。

318.4	甲子卜：二卣裸祖甲。用。
318.5	甲子卜：裸咸卣祖甲。用。
320.6	庚卜，在麄：歲妣庚三豼，又卣二，至禦，冊百牛又五。
321.4	庚申：歲妣庚小牢，衩（祐）卣一，祖乙延，子饗。
344	乙亥：歲祖乙牢，[衩（祐）]卣一唯禦狩往。
354.3	甲申：又卣。用。
354.4	甲申：歲祖[甲]小宰。衩（祐）卣一，子祝。在麄。
392.1	辛未：歲祖乙黑牡，衩（祐）卣一，子祝。
409.2	丙卜：叀羊又卣禦子馘于子癸。
409.3	丙卜：叀牛又卣禦子馘于子癸。
409.11	丙卜：叀五羊又卣禦子馘于子癸。
409.21	己：又三卣。
409.25	己卜：又卣又五置禦子馘妣庚。
426.1	癸巳卜：曌甲歲祖甲牡一，衩（祐）卣一，于日出。用。
426.2	甲午：歲祖甲牡一，衩（祐）卣一。

426.5	乙未：歲祖乙牝一，衩（祐）鬯一。
428.1	庚辰卜：于[既□]宰攺牝一，鬯妣庚。用。彡舌。
449.6	甲戌：歲祖甲𦍌，衩（祐）鬯。
459.3	癸丑卜：子祼新鬯于祖甲。用。
459.5	乙卯：歲祖乙豼一，衩（祐）鬯一。
459.6	甲子：歲祖甲白豼一，衩（祐）鬯一。
463.1	癸卯：歲祖乙𦍌一，衩（祐）鬯一。在麗，[子]祝。
463.2	甲辰：歲妣庚𦍌一，衩（祐）鬯一。在麗。
478	乙卯卜：其禦大于癸子，冊豼一，又鬯。用。有疾子炅。
491	庚午：酌（酒）革妣庚二小宰，衩（祐）鬯一。在犾，來自狩。

𦉾

14.1	乙酉卜：子又之阞南小丘，其𦉾，獲。

⿱罒叟

286.8 壬卜：子有求（咎），曰：往⿱罒叟。

401.13 丙卜：子其往⿱罒叟。曰：有[求（咎）]，非𪲔（虞）。

𠀠

124.16 甲卜：暒乙，其𠀠，丁侃。

丹

450.3 [癸]亥：子往于𡧊，肇子丹一、㿽（𪔅）龜二。

同

300.1 丙寅卜，在𦎧：甾友有同，唯其有吉。

375.2 乙丑卜：甾又其延有同，其艱。

455.2 [乙丑卜]：延有同，甾又其艱。

		興
124.6		戊卜：[于]多母興其□。
149.4		丁未卜：其禦自祖甲、祖乙至妣庚，冊二牢，麥（來）自皮鼎彰（酒）興。用。
28.6		戊卜：六〈今〉其彰（酒）子興妣庚，告于丁。用。
236.2		丙：子夙興又羏妣庚。
255.8		己丑：歲妣庚一牝，子往澫禦，興。
512		興。
		賈
7.7		丁未卜：新馬其于賈视，右不用。
26.1		自賈[气]。
29.1		丙寅卜：其禦唯賈視馬于癸子，叀一伐、一牛、一鬯，冊夢。用。
63.1		自賈气（乞）。

81.4	癸酉：其右䴏于賈[視]。
81.5	丙子卜：或駜于賈視。
102.1	乙卜，貞：賈鞎有口，弗死。
146.4	庚戌卜：其匄禾馬賈。
146.6	庚戌卜：其匄禾馬賈。
168.2	其右䴏于賈視。
179.3	丙午卜：其敕火匄賈（禾馬）。用。
179.5	丁未卜：叀卲呼匄賈（禾馬）。
179.6	叀䖵呼匄賈（禾馬）。
246.2	□于賈□。
249.19	甲卜，在𦎫：賈并□子□見（獻）丁。
255.6	乙亥卜：弜呼多賈見（獻）。用。
259.2	辛巳卜：子叀賈視用逐。用。獲一鹿。
264.2	己未卜，貞：賈壴有疾，亡延。
289.5	丙寅卜：賈[異]弗馬。
289.6	丙寅：其禦，唯賈視馬于癸子，叀一伐、一牛、一

		皀，冊夢。用。
352.3		于賈視。
367.2		癸亥卜：新馬于賈視。
443.8		其賈馬。

南

14.1		乙酉卜：子又之阣南小丘，其𦨶，獲。
14.3		乙酉卜：子于曌丙求阣南丘豕，遘。
18.3		南。
38.6		南弗死。
47.1		南。
264.4		己未卜，在𦎫：子其呼射告眔我南征，唯仄（昃）若。
264.5		弜呼眔南，于若。
270.1		己巳：宜牝一于南。
270.2		己巳：宜牝一于南。
290.4		癸巳卜：自今三旬有至南。弗𠬝（及）三旬，二旬

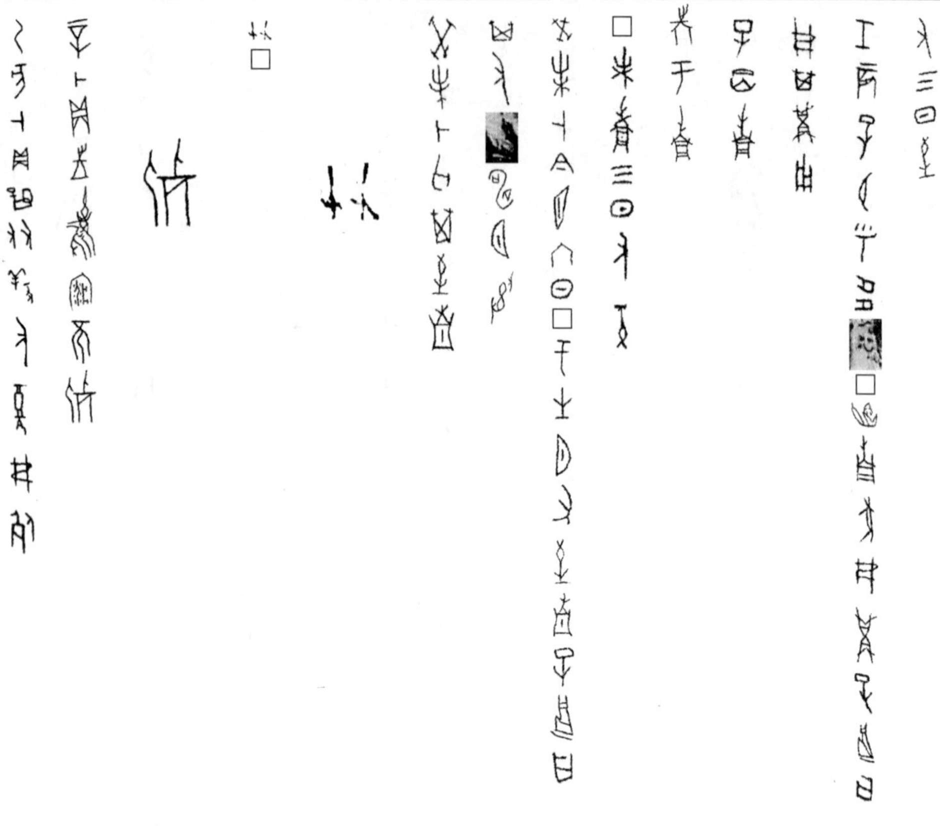

	又三日至。
352.2	壬辰：子夕呼多尹□𨸏南豕，弗遘。子占曰：弗其遘。用。
455.4	子𡿺南。
502.3	㞢（臺）于南。
144.2	□未，南三日有至。
159.1	癸未卜：今月六日□于生月有至南。子占曰：其有[illegible]至，𣅔月𡚤。
159.2	癸未卜：亡其至南。

卤

166.2	卤□。

死

3.10	辛卜，貞：往𩾏，𤶈不死。
21.1	乙亥卜，貞：子雍友敹有復，弗死。

38.6		南弗死。
39.7		死。
60.7		自賈馬其有死。子曰：其有死。
78.2		貞：𠒎不死。
102.1		乙卜，貞：賈𡋡有口，弗死。
102.2		乙卜，貞：中周有口，弗死。
110.2		庚申卜：引其死。
118		壬午卜：引其死，在圉，亡其事。
126		貞：右馬其死。
157.7		己卯卜，貞：𪓐不死。子曰：其死。
157.8		己卯卜，貞：𪓐不死。子曰：其死。
157.9		貞：其死。
157.10		貞：其死。
186		貞：奠不死。
215.2		甲戌卜，貞：羌弗死子臣。
241.11		辛亥卜，貞：戚羌有疾，不死。子占曰：羌

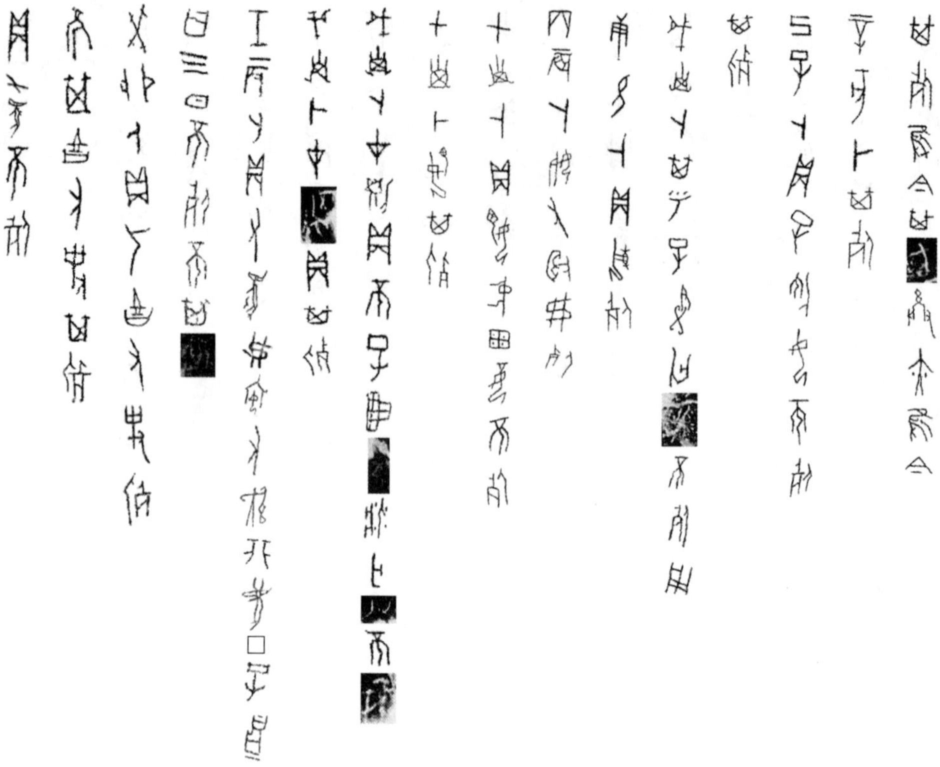

		其死唯今，其[illegible]〈又〉絞（瘳）亦唯今。 
241.12		辛亥卜：其死。
275.1		己巳卜：貞：子利女不死。
275.2		其死。
288.5		戊子卜：其呼子畵句馬，不死。用。
294.9		庚午卜，貞：執死。
321.3		丙辰卜：妙有取，弗死。
321.5		甲子卜，貞：[illegible]中周妾不死。
321.6		甲子卜：[illegible]其死。
351.3		戊子卜，在[illegible]，貞：不子[illegible][illegible]有疾，亡延，不死。  
351.4		戊子卜，在[illegible]，貞：其死。
369		壬辰卜，貞：右馹弗安，有[illegible]，非鷹□。子占
		曰：三日不死，不其死。
373.1		癸卯卜，貞：引吉，右史死。
373.2		不其吉，右史其死。
431.2		貞：右馬不死。

431.3	其死。
	## ⿱比日（皆）
228.9	丁亥卜：吉牛皆于宜。
249.15	甲卜，在𦎫：皆見（獻）⿱罒皿于丁。
401.3	乙卜：皆彘母、二妣丙。
	## 殁
26.6	甲申卜：子叀豕殁眔魚見（獻）丁。用。
	## 黹
363.4	丁卯卜：子勞丁，爯[黹圭一、聯九]。在[illegible]，狩□⿱罒单。
480.1	丙寅卜：丁卯子勞丁，爯黹圭一聯九。在[illegible]。來狩自⿱罒单。
	## 帶

451.3	戊寅卜：自𡧊帶其見（獻）于婦好。用。

亞

42.7	□亞□告□子。
149.7	庚戌卜：子于辛亥告亞休，若。用。
309.1	辛亥卜：在□亞于商。
309.2	壬子：歲祖甲□于□亞。
349.6	□亞□。
500	亞。

亞奠

28.1	丙卜：唯亞奠作子齒。
61.1	癸卯卜，亞奠貞：子占曰：䟽用。
61.2	卜用。[戊]戌：叀亞[奠]戠（待），弜告。
260	□亞□。

录

161.1 辛未：歲祖乙黑牡一，衩（祐）𢀛一，子祝。曰：毓（戚）祖非曰云兕正，祖唯曰录𢦏不有𩁹（擾）。

286.11 壬卜：束录弜若巳，唯有辭。

312.3 戊午卜，在𣆪。子立于录中𠕀。子占曰：企梠。

中

28.5 丙卜：丁𣚍（虞）于子，由从中。

75.9 癸卜：子臣中。

102.2 乙卜，貞：中周有口，弗死。

198.6 壬辰卜：子𨻰宜。右、左叀鳶用，中叀馯用。

286.20 己卜：于日羞中𢼂三牛妣庚。

312.3 戊午卜，在𣆪。子立于录中𠕀。子占曰：企梠。

史

5.2	乙亥卜：叀子配史于婦好。
5.4	叀配使曰婦□。
5.5	叀配使□。
5.10	乙亥卜：婦好有事，子唯妹。于丁曰婦好。
114.1	丙卜：子其㪟于歲禦事。
114.2	丙卜：子弜㪟于歲禦事。
118	壬午卜：引其死，在圉，亡其事。
257.1	丙卜：□事于丁，□。
288.12	己亥卜：毌往于田，其有事。子占曰：其有事。事。用。有宜。
290.12	乙未卜：子其使𡒊（徵）往西𠬝子媚，若。
373.1	癸卯卜，貞：引吉，右史死。
373.2	不其吉，右史其死。
395.10	癸酉卜：既呼，子其往于田，囟亡事。用。

史入

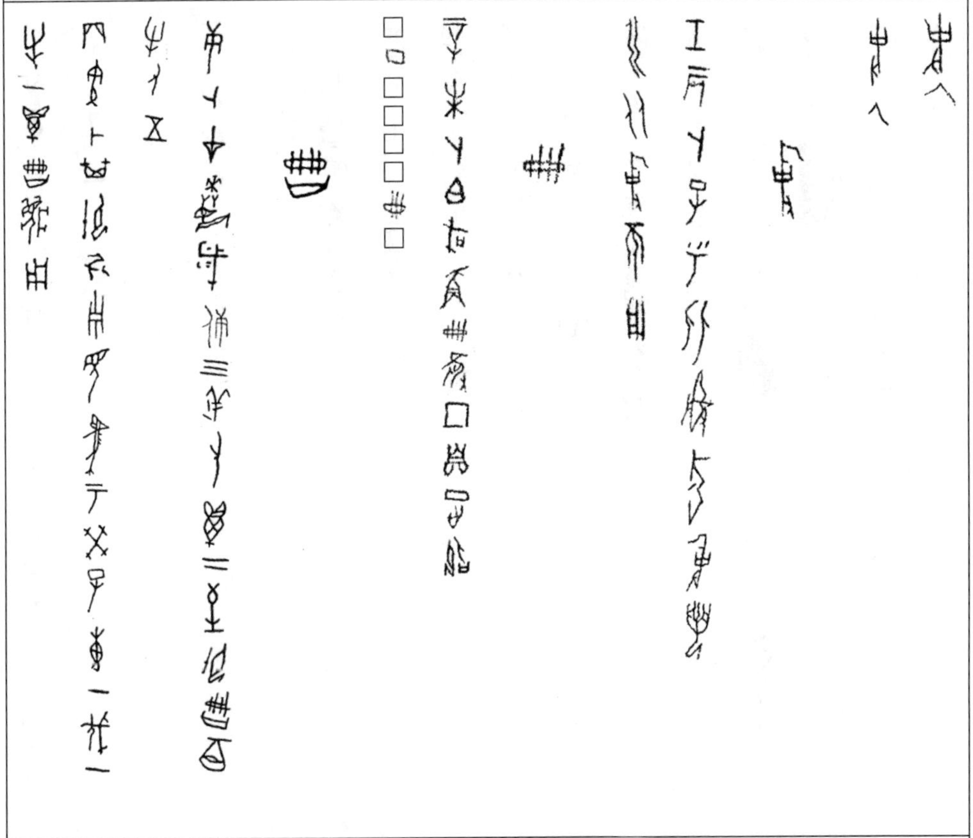

133	史入。
231	史入。

旋

416.8	壬辰卜：子呼比射發旋，若。
416.9	弜比旋。不用。

冊

449.1	辛未卜：伯或爯冊，唯丁自征卲。
477.2	□丁□二□冊□。

𠕋

27	庚卜，在麄：歲妣庚三牡，又鬯二，至禦，𠕋百牛又五。
29.1	丙寅卜：其禦，唯賈視馬于癸子，叀一伐、一牛、一鬯，𠕋夢。用。

32.1		庚卜，在𪊨：歲妣庚三牡，又㲋二，至禦，冊百牛又五。
38.1		乙卜：其禦[子疾]肩妣庚，冊三十□。
38.2		壬卜：其禦子[疾]肩妣庚，冊三豕。
38.3		壬卜：其禦子疾肩妣庚，冊三豕。
53.2		戊卜：冊妣庚，𩠒于𣏂。
53.3		戊卜：冊妣庚，𩠒于𣏂。
53.4		戊卜：冊妣庚，在引自𣏂。
53.5		戊卜：冊妣庚，在引自𣏂。
53.6		戊卜：子其益𢆶[舞]，冊□。
53.7		戊卜：子其益𢆶舞，冊二牛妣庚。
53.11		戊卜：冊妣庚，在並。
56		辛丑卜：禦丁于祖庚至□一，冊羌一人、二牢；至牡一祖辛禦丁，冊羌一人、二牢。
76.2		乙卯卜：其禦大于癸子，冊𤘘一，又㲋。用。有疾。

88.10	甲子：歲妣甲牡一，𠕋三小宰又置一。
95	壬申卜，在律：其禦于妣庚，𠕋十宰，[又]十鬯。用。在麗。
113.17	𠕋四十牛妣庚，囟[𠦪（禱）]其于狩，若。
149.4	丁未卜：其禦自祖甲、祖乙至妣庚，𠕋二牢，麥（來）自皮鼎耏（酒）興。用。
149.8	辛亥卜：子告有口疾妣庚，亡𠕋。
163.1	庚午卜，在[illegible]：禦子齒于妣庚，[𠕋]牢，勿（物）牝，白豕。用。
163.2	□又齒于妣庚，𠕋牢，勿（物）牝，白豕至豝一。用。
176.1	丁丑卜：子禦于妣甲，𠕋牛一，又鬯一，亡災，入商耏（酒）。在麗。
176.2	丁丑卜：子禦妣甲，𠕋牛一，鬯一。用。
181.24	辛卜：禦子舞权，改一牛妣庚，𠕋宰，又鬯。
181.25	辛卜：禦子舞权，改一牛妣庚，𠕋宰，又鬯。
183.2	丙卜：用二卜，𠕋五宰妣庚。

編號	釋文
215.1	壬申卜：子其以羌嗳曹于婦，若，侃。
220.2	戊寅卜：子禦有[口]疾于妣庚，曹牝。
226.8	庚申：禦𡌥（徵）目癸子，曹伐一人，卯宰。
289.6	丙寅：其禦，唯賈視馬于癸子，叀一伐、一牛、一鬯，曹夢。用。
320.6	庚卜，在麤：歲妣庚三牡，又鬯二，至禦，曹百牛又五。
409.12	丙[卜]：子其祓妣庚，亡曹。
455.1	甲子卜：歲妣甲牡一，曹三小宰又置一。在𨙵。
459.9	戊寅卜：子祼小示，曹牡，禦往。田。
478	乙卯卜：其禦大于癸子，曹牡一，又鬯。用。有疾子炅。
488.7	□三十豕曹妣丁□。
550.2	□曹□。

叀

3.6		己卜：叀豕于妣庚。
3.7		己卜：叀牝于妣庚。
5.2		乙亥卜：叀子配使于婦好。
5.3		乙亥卜：叀□。
5.4		叀配使曰婦□。
5.5		叀配使□。
5.13		叀子曰婦。
5.14		叀子曰婦。
6.1		甲辰夕：歲祖乙黑牡一，叀子祝，若，祖乙侃。用。 翌日舌。
7.2		叀一羊于二祖用，入自麗。
11.3		狩，叀新止。用。
13.3		弜巳祝，叀之用于祖乙。用。
13.4		叀子祝，歲祖乙豼。用。
26.6		甲申卜：子叀豕殁眔魚見（獻）丁。用。
29.1		丙寅卜：其禦，唯賈視馬于癸子，叀一伐、一

	牛、一鬯，冊夢。用。
29.3	庚寅卜：叀子祝。不用。
32.2	庚卜，在麓：叀五羊，又鬯二用，至禦妣庚。
32.3	庚卜，在麓：叀七羊［用，至］禦妣庚。
32.4	庚卜，在麓：叀五羊用，至禦妣庚。
34.1	辛卯卜：子隮宜，叀幽廌。用。
34.2	辛卯卜：子隮宜，叀[刴]□。不用。
37.1	癸酉卜：叀勿（物）牡歲祖甲。用。
37.2	癸酉卜：叀勿（物）牡歲祖甲。用。
37.11	叀牝又鬯祖甲。
37.16	叀丙弓用射。
37.17	叀丙弓用。不用。
37.19	戊申卜：叀疾弓用射萑。用。
37.24	乙卯卜：叀白豕祖乙。不用。
37.26	叀三人。
39.1	叀豼于妣己。

编号	摹本	释文
39.6		叀羌妣庚。
39.7		叀宰。
39.8		叀牛。
39.13		丙卜：叀豕妣庚。
39.15		叀豜于妣丁。
39.16		丙卜：叀豜于妣丁。
39.20		叀羌妣庚。
50.4		乙未卜：子其[往]田，叀豕求，遘。子占曰：其遘。
		不用。
54.6		乙未卜：子其往田叀鹿求，遘。用。
53.12		己卜：叀豕于妣庚。
53.13		己卜：叀彘妣庚。
53.14		己卜：叀牝于妣庚。
53.15		己卜：叀牝于妣庚。
53.16		己卜：叀宰于妣庚。
53.18		己卜：叀丁作子興，尋丁。

53.19		己卜：叀子興往妣庚。
53.21		己卜：叀多臣禦往妣庚。
63.4		辛亥卜：叀發見（獻）于婦好。不用。
63.6		乙卯卜：叀白豕祖甲。不用。
75.6		戊卜：叀五宰，卯伐妣庚，子禦。
76.1		乙卯：歲祖乙豭，叀子祝。用。
84.1		羌入，叀妍[寎]用，若，侃。用。
87.3		庚申卜：叀今庚益商，若，侃。用。
88.11		甲子：歲妣甲牡一，冊三小宰又置一。
92.1		甲卜：叀盜具丁。用。
98.1		其買，叀右馸。
98.2		叀右駜。
108.2		辛丑卜：叀今逐狼。
113.27		叀三牛于妣庚。
115.4		叀□。
124.3		叀小豼一。

137.3		叀𣅀口用[illegible]。
137.4		羌入，孜乃叀入炋。用。
139.5		己卜：叀二牡□。
139.6		己卜：叀鷹、牛妣庚。
139.7		庚卜：在𦎫叀牛妣庚。
139.8		辛卜：其宜，叀豕。
139.9		辛卜：其宜，叀大入豕。
142.1		甲戌：其□，叀[illegible]。用。
149.2		己亥卜：叀今夕爯戚[illegible]，若，侃。用。
162.1		戊卜：叀奠禦往妣己。
162.2		[戊]卜：叀奠禦往妣己。
166.4		叀三□。
169.2		甲辰卜：歲祖乙牢，叀牡。
173.3		丙申卜，子占曰：亦叀兹孚，亡賓。
178.1		庚子卜：子轉（鬻），叀𢍰眔良（琅）肇。用。
178.2		庚子卜：子轉（鬻），叀𢍰眔良（琅）肇。用。

178.3		庚子卜：子韓（鬻），叀舁眔良（琅）肇。用。
179.2		甲辰卜：歲莧友祖甲彘，叀子祝。用。
179.5		丁未卜：叀卲呼匄賈𩡧（禾馬）。
179.6		叀䰡呼匄賈𩡧（禾馬）。
180.3		叀黃璧眔𠙵。
181.8		己卜：叀多臣禦往于妣庚。
181.9		己卜：叀白豕于妣庚，又鬯。
181.10		叀牝于妣庚。
181.15		己卜：丁各叀新□舞，丁侃。
181.16		己卜：叀三羊于妣庚。
181.18		己卜：叀𤜜。
181.21		叀㞷禦子馘妣庚。
181.31		壬卜：叀子興往于子癸。
181.34		叀豕于子癸。
193		乙亥：子叀白圭爯用，唯子見（獻）。
195.4		辛亥卜：叀入人。用。

198.4		辛卯卜：叀口宜□⿸虍匕、牝，亦叀牡用。
198.5		辛卯卜：子隮宜，叀幽廌用。
198.6		壬辰卜：子隮宜。右、左叀廌用，中叀⿰馬土用。
198.7		壬辰卜：子亦隮宜，叀⿰馬土，于左、右用。
198.8		壬辰卜：子隮宜，叀隹□用。
198.9		癸巳卜：叀璧肇丁。
198.11		癸巳：叀戚肇丁。不用。
203.8		丙卜：叀十牛肇丁。用。
203.11		丙卜：叀子𩰫圭用眔聯爯丁。用。
218.1		丙辰卜：子炅叀今日匄黍。于婦，若。用。
220.3		甲申：歲祖甲𤙭一，叀𢦏祝。用。
220.6		甲申卜：叀配呼曰婦好告伯屯（純）。用。
223.12		己卜：叀牝敀妣己。
223.14		叀牡于妣己。
237.2		乙卯卜：叀□豕。不用。
237.5		叀白𤙭□祖甲。

239.5		癸酉卜：叀召[呼]勿（刎）馬。
249.8		叀牛歲妣庚。
249.12		在臺卜：叀牝歲妣庚。
249.22		乙卜：叀牝歲[妣庚]。
252.3		丁丑卜：其彈于𡨧，叀入人，若。用。子占曰：毋有孚，雨。
252.4		叀剢（絕）人呼先奏，入人迺往。用。
252.5		叀剢（絕）人呼先奏，入人迺往。用。
252.6		叀入人呼。用。
259.2		辛巳卜：子叀賈視用逐。用。獲一鹿。
260		[戊]戌：叀亞[奠]戠（待），弜告。
267.3		庚子：歲妣庚，在𣲫宰。子曰：卜未子彭。
267.8		戊申卜：叀子祝。用。
267.9		戊申卜：叀子祝。用。
276.5		乙夕卜：叀今𢼄妣庚。
278.4		叀小宰、白豼。

278.7		叀二黑牛。
278.11		叀二勿（物）牢□白豕妣庚。
278.14		叀一白豕，又鬯。
286.2		其宜叀牝。
286.3		辛卜：叀牝宜。
286.4		辛卜：其宜叀牝。
286.12		叀七羊尞妣庚。
286.16		叀三羊尞妣庚。
286.17		叀五羊尞妣庚。
286.18		丙卜：叀絞（皎）吉圭爯丁。
286.19		丙卜：叀玄圭爯丁，亡聯。
286.21		己卜：其彰（酒）三牛作祝，叀之用妣庚。用。
286.22		己卜：其彰（酒）三牛作祝，叀之用妣庚。用。
288.8		甲午卜：丁其各，子叀彷戚肇丁。不用。舌祖甲彡。
289.1		叀皇□又璽，若。
289.6		丙寅：其禦，唯賈視馬于癸子，叀一伐、一牛、

		一卣，冊夢。用。
292.1		叀大紤其作宗。
292.2		叀小紤。
293.1		叀[嬳]舞。
293.2		庚午卜：叀权先舞。用。
297		己未卜：子其尋宜，叀往于日。用。往𡧊。
299.1		丁卯卜：乙亥叀禦往。
299.2		有吉牛，叀之敀。
299.3		叀白一牛。
313.1		戊戌卜：叀羊歲妣己。用。
314.2		乙亥卜：叀賈視眔比。用。
324.3		己亥卜：子叀今□用，唯亡豖。
345.3		叀一牛。
345.6		叀牝一。
345.7		叀一牛。
359		丙卜：叀小白圭[子]□。

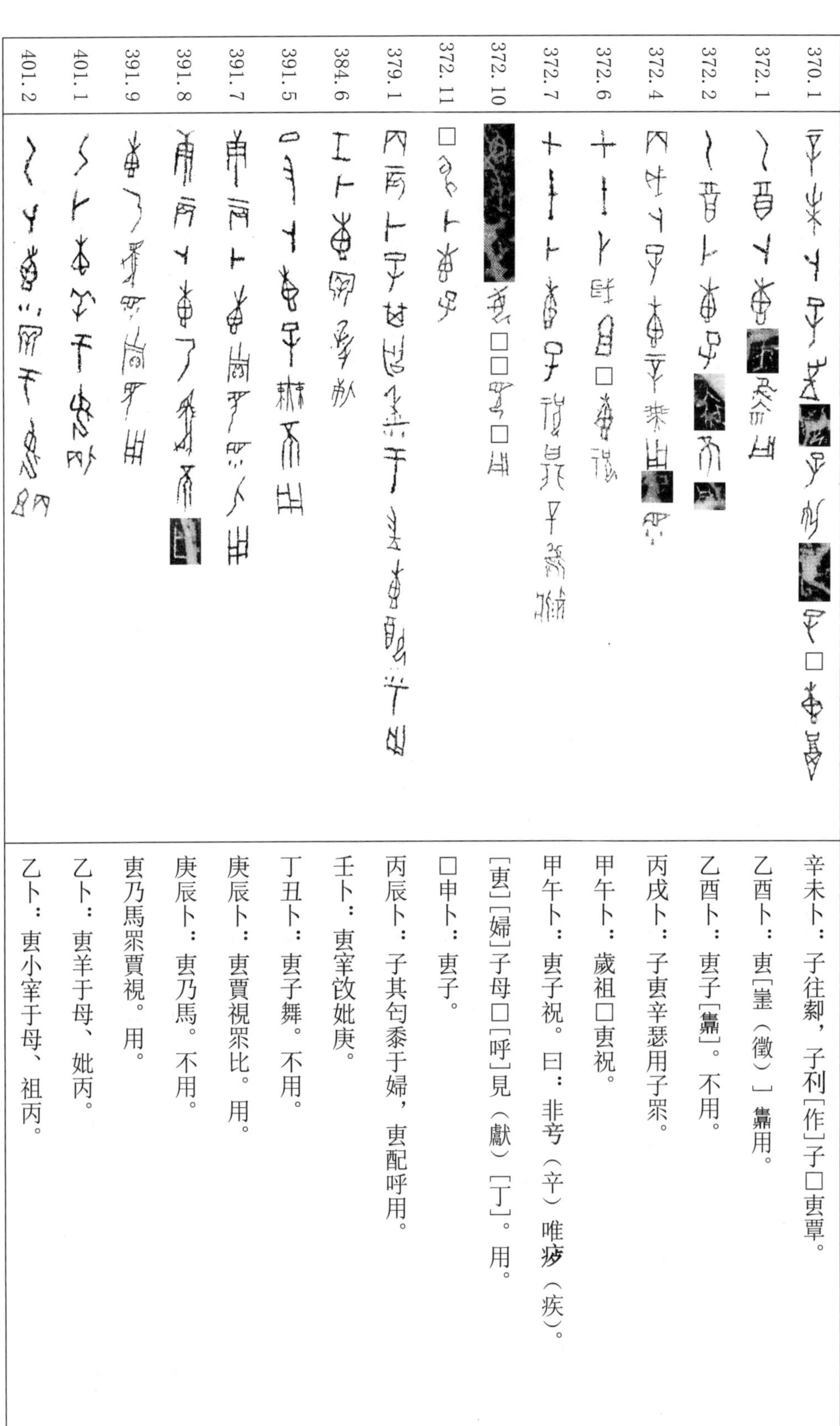

370.1	辛未卜：子往𡛥，子利[作]子□叀覃。
372.1	乙酉卜：叀[𡨄（徵）]鼐用。
372.2	乙酉卜：叀子[鼐]。不用。
372.4	丙戌卜：子叀辛瑟用子眔。
372.6	甲午卜：歲祖□叀祝。
372.7	甲午卜：叀子祝。曰：非䇂（辛）唯疠（疾）。
372.10	[叀][婦]子母□[呼]見（獻）[丁]。用。
372.11	□申卜：叀子。
379.1	丙辰卜：子其匄黍于婦，叀配呼用。
384.6	壬卜：叀宰攺妣庚。
391.5	丁丑卜：叀子舞。不用。
391.7	庚辰卜：叀賈視眔比。用。
391.8	庚辰卜：叀乃馬。不用。
391.9	叀乃馬眔賈視。用。
401.1	乙卜：叀羊于母、妣丙。
401.2	乙卜：叀小宰于母、祖丙。

409.2	丙卜：叀羊又鬯禦子戠于子癸。
409.3	丙卜：叀牛又鬯禦子戠于子癸。
409.6	丙卜：叀小宰又𠬝妾禦子戠妣丁。
409.8	丙卜：叀子興往于妣丁。
409.9	丙卜：叀羊于妣丁。
409.11	丙卜：叀五羊又鬯禦子戠于子癸。
409.14	丙卜：叀羊于妣丁。
409.20	己卜：叀丁作子興，尋丁。
409.23	己卜：叀三牛禦子戠妣庚。
409.24	己卜：叀子興往妣庚。
409.27	己卜：叀𠬝臣又妾禦子戠妣庚。
416.6	庚寅卜：子弜[往]裸，叀子畫。用。
416.11	癸巳卜：子叀大命，呼比發取有車，若。
420.3	甲辰卜：于祖乙歲牢又一牛，叀□。
446.15	己卜：叀牝妣庚。
446.28	弜牛改，叀□。

編號	釋文
459.1	癸丑卜：叀二牢于祖甲。不用。
459.2	癸丑卜：叀一牢又牝于祖甲。不[用]。
459.4	甲寅：叀牝一祖乙。不用。
459.7	叀黑豕祖甲。不用。
467.8	戊卜：叀卲呼匄。不用。
467.9	戊申卜：叀騩呼匄馬。用。在麗。
467.10	叀𦎫呼匄。不用。
467.11	叀𦎫呼匄。不用。
472.10	叀豕，□。
472.11	叀一豕。
474.6	子叀𤝔田，言妣庚眔一宰，彭（酒）。于𤝔。用。
475.1	癸卯卜：㬎祼于昃。用。
475.2	乙巳卜：叀璧。用。
475.3	乙巳卜：叀良（琅）。
475.4	乙巳卜：有圭，叀之畀丁，聯五。用。
475.5	庚戌卜：子叀發呼見（獻）丁，眔大亦燕。用。昃。

編號	釋文
181.2	乙亥：歲祖乙黑牡一，又羌一，叀子祝。用。又㞢。
488.9	□叀牡妣庚。
488.12	□癸叀□子□[[illegible]]□。
488.14	甲午：叀□。
493.1	戊子卜：叀子畫呼匄馬。用。
507.2	乙亥卜：叀□。
206.1	丁丑卜，在[illegible]：子其叀舞戉，若。不用。
206.2	子弜叀舞戉，于之若。用。多万有災，引棘（急）。

東

編號	釋文
18.1	東。
28.11	辛卜：丁涉，从東兆狩。
36.1	丁卜，在[illegible]：其東狩。
113.28	其作官饗東。
419.3	其作䧹（宫）東。

東官

81.1 壬子[卜：其將]妣庚[示]，[illegible]于東官。用。

195.5 癸丑卜：其將妣庚示于㚸東官。用。

248.5 戊申卜：其將妣庚[示]，于[㚸]東官。用。

490.12 壬子卜：其將妣庚示，[illegible]于東官。用。

帚

211.1 辛巳：子其告行于婦，弜以。

371.3 庚子卜：子告其秉（梨）于婦。

5.4 叀配使曰婦□。

5.7 乙亥卜：婦侃。

5.13 叀子曰婦。

5.14 叀子曰婦。

122.1 丁□子亦唯侃于僕□丁婦。

215.1 壬申卜：子其以羌嗳𠕋于婦，若，侃。

218.1	丙辰卜：子炅叀今日勻黍。于婦，若。用。
218.2	丙辰卜：子炅其勻黍于婦，若，侃。用。
290.1	辛卯卜，貞：婦母有言，子从𡈼（徵），不从子臣。
320.2	于母婦。
331.1	辛卜，婦母曰子，丁曰：子其有疾。允其有。
379.1	丙辰卜：子其勻黍于婦，叀配呼用。
492	壬寅卜，子炅：子其屰〆于婦，若。用。
507.1	乙亥卜：婦侃。
509	婦。

婦好

3.1	丙卜：𡛷有由女，子其告于婦好，若。
5.2	乙亥卜：叀子配使于婦好。
5.10	乙亥卜：婦好有事，子唯妹，于丁曰婦好。
5.11	□今日曰婦好。
5.12	□子曰婦好。

26.5		甲申卜：子其見（獻）婦好□。
28.3		丙卜：唯婦好作子齒。
37.20		壬子卜：子以婦好入于𤞷，肇㲋三，往䔲。
37.21		壬子卜：子以婦好入于𤞷，子呼多賈見（獻）于婦好，肇紤八。
37.22		壬子卜：子以婦好入于𤞷，子呼多禦正見（獻）于婦好，肇紤十，往䔲。
63.2		辛亥卜：子其以婦好入𤞷，子呼多禦正見（獻）于婦好，肇紤十，往䔲。
63.3		辛亥卜：發肇婦好紤三，㞢（徵）肇婦好紤二。用。往䔲。
63.4		辛亥卜：叀發見（獻）于婦好。不用。
195.1		辛亥卜：子以婦好入于𤞷。用。
195.2		辛亥卜：子肇婦好㲋，往䔲。在𤞷。
195.3		辛亥卜：呼㞢（徵）面見（獻）于婦好。在𤞷。用。
220.6		甲申卜：叀配呼曰婦好告伯屯（純）。用。

265.1		戊辰卜：子其以磬妾于婦好，若。
265.3		庚午卜：子其以磬妾于婦好，若。
286.30		壬卜：婦好告子于丁，弗𠳿。
288.2		乙酉卜：㚸婦好六人，若，侃。用。
288.3		乙酉卜：□㚸婦好□。
294.5		甲寅卜：子屰卜母孟于婦好，若。
296.4		癸卯卜：子弜告婦好，若。用。
296.5		癸卯卜：弜告婦好。用。
409.32		乙卜：其屰呂多子于婦好。
451.3		戊寅卜：自帶其見（獻）于婦好。用。
475.9		辛亥卜，子曰：余丙𨒿（速）。丁命子曰：往眔婦好于曼麥。子𨒿（速）禦。
480.5		甲戌卜，子呼𨙶㚸婦好。用。在𠂤。

[illegible]

391.1		己巳卜：子[illegible]燕。用。庚。

編號	釋文
391.2	弜巳𩁹燕。
391.3	弜巳𩁹燕。用。
391.4	辛未卜：𩁹燕。不用。

歸

編號	釋文
132.2	辛亥：歲妣庚䴥、牝一，𠧟禦歸。
132.3	辛亥：歲妣庚䴥、牝一，𠧟禦歸。
249.1	在𩫖卜：乎□歸，戌束。
249.2	在𩫖卜：乎皿歸，戌束。
249.3	[在]𩫖[卜]：呼人歸。
249.4	在𩫖卜：弜呼人歸。
249.5	[在𩫖]卜：弜呼人歸，□丁，若。
412.1	乙卜：弜歸馬。
412.2	歸。

𠂤

236.30 魚白。

逊（奔）

295.1 戊午卜：子又呼逐鹿，不逊（奔）馬。用。

381.1 戊戌夕卜：曌己，子其[逐]，从圭人響（向）敝（虤），遘。子占曰：不三其一。其二，其有遘（奔馬）。用。

⿰方口

75.1 戊卜：子作丁臣⿰方口，其作子艱。

75.2 戊卜：子作丁臣⿰方口，弗作子艱。

族

294.1 壬子卜：子其告𡚸既𡆥丁。子曾告曰：丁族盜（毖）𡨦宅，子其作丁雝（宫）于𡚸。

旟

178.13	庚戌卜：其畀旟尹[illegible]，若。

狩

363.1	□卜，在[illegible]京：氰（迄）䖵（虣）大[聯]獸□□用。
480.1	丙寅卜：丁卯子勞丁，爯黹圭一聯九。在[illegible]。來狩自斝。
11.3	狩，叀新止。用。
28.11	辛卜：丁涉，从東兆狩。
36.1	丁卜，在[illegible]：其東狩。
36.3	不其狩，入商。在[illegible]。
36.4	丁卜：其涉河狩。
36.5	丁卜：不狩。
36.6	其涿河狩，至于糞。
36.7	不其狩。
113.17	冊四十牛妣庚，囟[桒（禱）]其于狩，若。
154.1	辛酉卜：丁先狩，廼又伐。

154.2	辛酉卜：丁其先又伐，迺出狩。
289.7	丁卯卜：子其往田，从𨸏西彇遘獸。子占曰：不三其一。孚。
302	乙亥：歲祖乙牢，[衩（祐）]𠂤一唯禦狩往。
337.5	十月丁出狩。
363.2	□氰（迄）我（虢）大獸□。
363.4	丁卯卜：子勞丁，爯黹圭一、聯九。在■，狩□畢。
366.1	乙丑卜：㿝□宗，丁稽乙亥不出狩。
491	庚午：酓（酒）革妣庚二小宰，衩（祐）𠂤一。在䍌，來自狩。

疾

37.18	丙午卜：子其射疾弓，于之若。
37.19	戊申卜：叀疾弓用射萑。用。
38.1	乙卜：其禦[子疾]肩妣庚，曹三十□。
38.2	壬卜：其禦子[疾]肩妣庚，曹三豕。

38.3		壬卜：其禦子疾肩妣庚，冊三豕。
40		疾入。
76.2		乙卯卜：其禦大于癸子，冊𣪘一，又鬯。用。有疾。
113.24		庚卜：子興有疾，子□。
117		其延疾。
149.8		辛亥卜：子告有口疾妣庚，亡冊。
181.19		庚卜：子心疾，亡延。
220.2		戊寅卜：子禦有[口]疾于妣庚，冊牝。
240.7		子腹疾，弜禦□。
241.9		唯之疾子腹。
241.11		辛亥卜，貞：戚羌有疾，不死。子占曰：羌其死唯今，其[illegible]〈又〉絞（瘳）亦唯今。
247.3		癸丑卜：大叡弜禦子口疾于妣庚。
247.6		癸亥卜：弜禦子口疾，告妣庚。曰：絞（瘳），告。
264.2		己未卜，貞：賈壴有疾，亡延。

264.3		己未卜，在[illegible]：其延有疾。
299.5		戊辰卜：大有疾，亡延。
304.1		甲卜：子疾首，亡延。
304.2		子疾首，亡延。
331.1		辛卜，婦母曰子，丁曰：子其有疾。允其有。
349.4		□于□弜□于□，乙□其丁有疾。
351.3		戊子卜，在[illegible]，貞：不子[illegible]有疾，亡延，不死。
387.5		□，其有疾。
446.4		甲卜：子疾。
446.5		甲卜：子首疾，亡延。
446.12		丙卜：五日子目既疾。
446.14		子弗艱目疾。
478		乙卯卜：其禦大于癸子，冊紤一，又鬯。用。 有疾子炅。
69.6		己卜：丁終𣚍（虞）于子疾。
69.7		己卜：丁終不𣚍（虞）于子疾。

372.7 甲午卜：叀子祝。曰：非䇂（辛）唯㾓（疾）。

寐

3.10 辛卜，貞：往𮍦，寐不死。

331.2 其寐，若。

葬

195.7 壬戌卜：在𡚬葬韋。用。

195.8 于襄葬韋。不用。

疚

257.20 辛卜：唯疚畀子。

疫

181.14 己卜：子其疫，弜往學。

夢

	釋文
5.16	癸巳卜：子夢弅告，非艱。
26.7	丙：歲妣庚𦍒，衩（祐）㞢，告夢。
26.8	丙：歲妣庚𦍒，衩（祐）㞢，[告]夢。
29.1	丙寅卜：其禦，唯賈視馬于癸子，叀一伐、一牛、一㞢，冊夢。用。
53.24	癸□：子夢，子于吉[叕]。
113.10	乙卜：丁有鬼夢，亡憂。
113.11	丁有鬼夢，[illegible]在田。
124.9	戊卜：子夢[illegible]，亡艱。
124.10	子夢[illegible]□。
124.11	子夢[illegible]，用牡告、又㞢妣庚。
149.3	己亥卜：子夢[人]見（獻）子戚，[亡]至艱。
165.1	子有夢，唯□吉。
279.1	□子有鬼夢，[亡]憂。

289.6	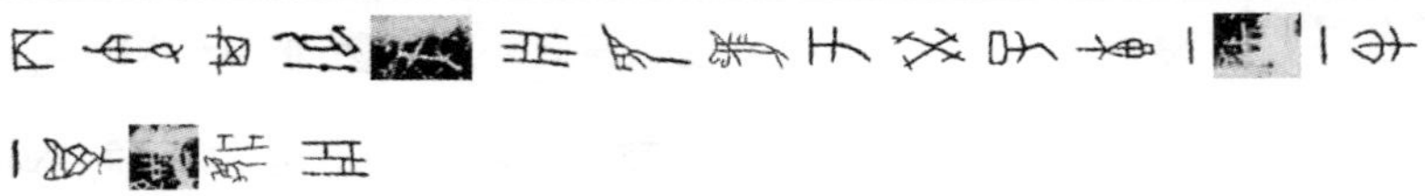	丙寅：其禦，唯賈視馬于癸子，叀一伐、一牛、一鬯，冊夢。用。
314.4		丙子：歲妣庚𤘘，告夢。
314.6		子从𢼸𤘘，又鬯妣庚夢。用。
349.19		子夢丁，亡憂。
349.20	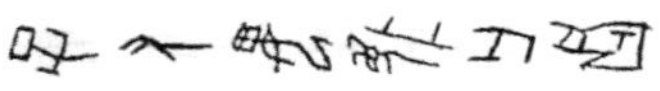	子有鬼夢，亡憂。
352.6		丙申夕卜：子有鬼夢，祼告于妣庚。用。
403.1	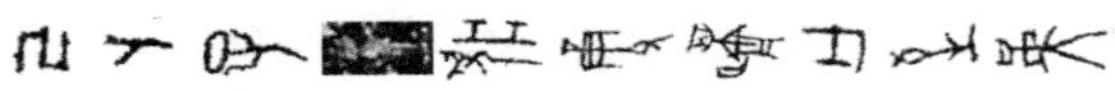	己卜：子有夢，𣪘祼，亡至艱。
493.6	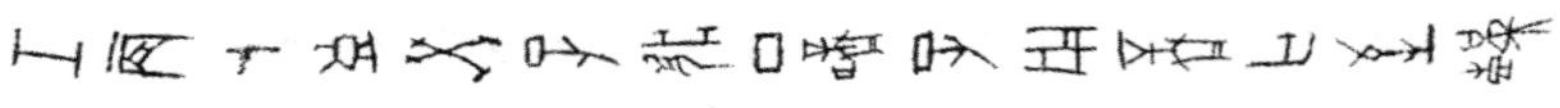	壬辰卜：[illegible]（向）癸子夢丁祼，子用瓚，亡至艱。

124.9	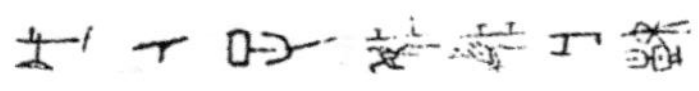	戊卜：子夢[illegible]，亡艱。
124.10	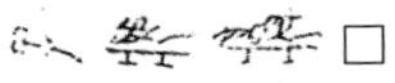	子夢[illegible]□。
124.11	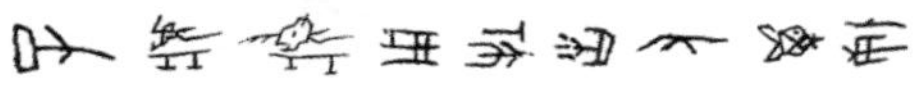	子夢[illegible]，用牡告、又鬯妣庚。
		妝

241.7	丁未卜：子其妝用，若。
241.8	勿妝用。

蒻（痒）

3.17	其宅北室，王蒻（痒）。

畫

247.10	乙丑卜：呼畫告子，弗艱。
416.1	己丑卜：酪畫友卲□□畫□子弜示，若。
416.2	己丑卜：子畫示。
416.6	庚寅卜：子弜[往]祼，叀子畫。用。
505.2	貞：畫亡其艱。

爯

34.7	乙巳卜：子大爯，不用。
34.8	乙巳卜：丁各，子爯小。用。

34.9		乙巳卜：丁各，子爯。用。
34.10		乙巳卜：丁各，子弜巳爯。不用。
34.11		乙巳卜：丁各，子[于庭]爯。用。
34.12		乙巳卜：子于[寢]爯。不用。
180.1		甲子：丁[各]，子爯□。
193		乙亥：子叀白圭爯用，唯子見（獻）。
203.11		丙卜：叀子[illegible]圭用眔聯爯丁。用。
286.18		丙卜：叀絞（皎）吉圭爯丁。
286.19		丙卜：叀玄圭爯丁，亡聯。
363.4		丁卯卜：子勞丁，爯黹[圭一、聯九]。在[illegible]，狩□斝。
363.5		丁卯卜：爯于丁，[illegible]在庭迺爯，若。用。 在[illegible]。
449.1		辛未卜：伯或爯冊，唯丁自征卲。
480.1		丙寅卜：丁卯子勞丁，爯黹圭一聯九。在[illegible]。來狩自斝。

		爯戚
29.4		己亥卜：于庭爯戚。用。
149.2		己亥卜：叀今夕爯戚，若，侃。用。
149.3		己亥卜：子夢[人]見（獻）子戚，[亡]至艱。
		遘
14.3		乙酉卜：子于㬁丙求（咎）阸南丘豕，遘。 以人，遘豕。
14.4		
14.5		乙酉卜：既𩫖往敀（虢），遘豕。
14.7		遘阸鹿。子占曰：其遘。
50.3		乙未卜：子其田从圭，求豕，遘。用。不豕。
50.4		乙未卜：子其[往]田，叀豕求，遘。子占曰：其遘。 不用。
50.6		乙未卜：子其往田叀鹿求，遘。用。
289.7		丁卯卜：子其往田，从阸西㱿，遘獸。子占曰：

编号	释文
	不三其一。孚。
352.2	壬辰：子夕呼多尹□卬南豕，弗遘。子占曰：弗其遘。用。
378.1	戊戌夕卜：翌［己］，子［求］豕，遘，擒。子占曰：不三其一。用。
381.1	戊戌夕卜：翌己，子其［逐］，从圭人嚮（向）敝（虤），遘。子占曰：不三其一。其二，其有邁（奔馬）。用。
468.1	西遘□。
484.8	壬卜：其遘雨。

万

编号	释文
206.2	子弜叀舞戉，于之若。用。多万有災，引棘（急）。
226.1	万家見（獻）。

方

编号	释文
88.14	乙丑卜，在[illegible]：［子］有鬼心，其方遇戉。

舟

編號	釋文
183.14	翌甲，其呼多臣舟。
183.15	翌甲，其呼多臣舟。
183.16	癸卜：其舟㱿我人。
183.17	癸卜：我人其舟沓。
183.18	癸卜：我人其舟沓。
255.7	戊寅卜：舟嚨告啚，丁弗𣟴（虞），侃。

朕

編號	釋文
119	朕。
173.1	朕。
367.1	朕。

受

編號	釋文
191.1	受貞。

編號	釋文
262.3	癸卜：子弜擇，燕受丁裸。

車

編號	釋文
416.10	壬辰卜：子呼射發復取有車，若。
416.11	癸巳卜：子叀大命，呼比發取有車，若。

玄

編號	釋文
286.19	丙卜：叀玄圭爯丁，亡聯。

率

編號	釋文
34.17	己酉卜：翌日庚，子呼多臣燕見（獻）丁。用。不率。
237.15	入肉丁。用。不率。
454.1	庚戌卜：子呼多臣燕見（獻）。用。不率。
474.5	率酌（酒）革。不用。

允

78.2		貞：允不死。
78.3		貞：允。
464.1		允貞。
464.2		允貞。

茲

173.3		丙申卜，子占曰：亦叀茲孚，亡賓。
269.1		癸卜：在茲入□。
286.9		壬卜：其尞妣庚，于茲束告，有彔，亡延𣂔。
427.1		丁丑卜：在茲往崔（徵）禦癸子弜于㚤。用。

幽

34.1		辛卯卜：子隮宜，叀幽廌。用。
149.12		甲戌：歲祖甲牢、幽廌，祖甲侃子。用。
198.5		辛卯卜：子隮宜，叀幽廌用。
237.7		甲戌：歲祖甲牢，幽廌，白豭，祣（祐）一鬯。

237.8	甲戌：歲祖甲牢，幽廌，白豼，衩（祐）二卣。
237.9	乙亥：歲祖乙牢，幽廌，白豼，衩（祐）二卣。
237.10	乙亥：歲祖乙牢，幽廌，白豼，衩（祐）卣二。

嗳

215.1	壬申卜：子其以羌嗳冊于婦，若，侃。

絧

450.1	壬戌卜，在□利：子耳鳴，唯有絧，亡至艱。

鳶

3.10	辛卜，貞：往鳶，寐不死。

索

125.1	丁卜：子令庚侑有母，呼求囟，索尹子人。子曰：不于戊，其于壬人。

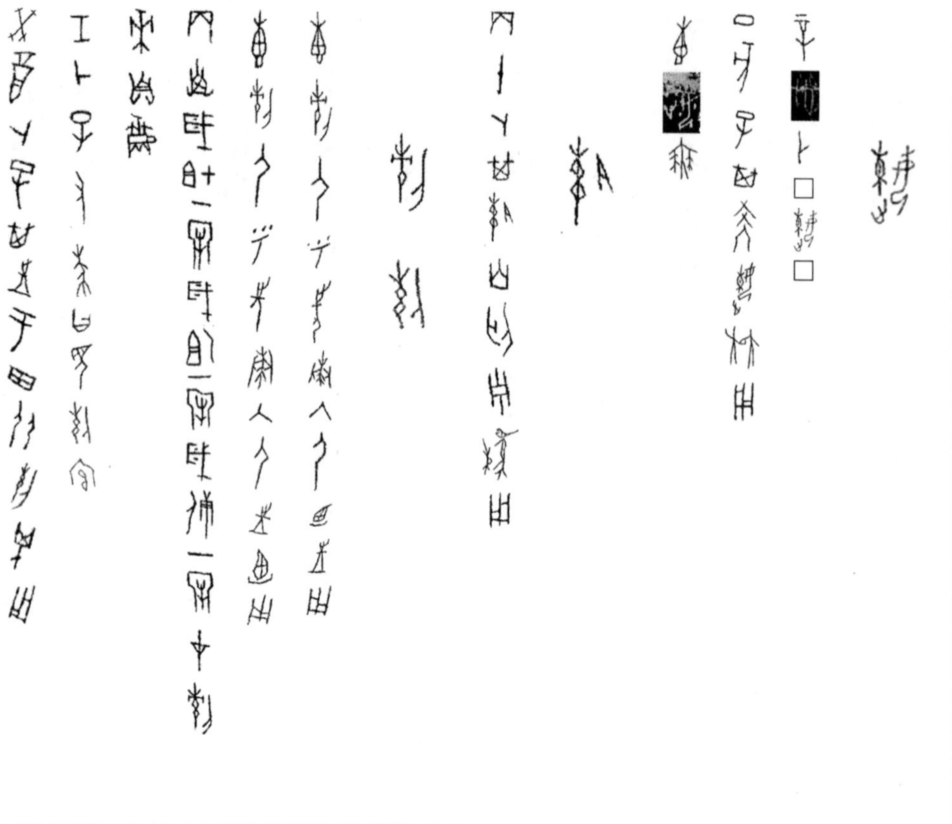

嬞

253.1 辛未卜：□嬞□。

280.1 丁亥：子其學嬞殀。用。

293.1 叀[嬞]舞。

敕

179.3 丙午卜：其敕火匄賈㚤（禾馬）。用。

㓷（絕）

252.4 叀㓷（絕）人呼先奏，入人迺往。用。

252.5 叀㓷（絕）人呼先奏，入人迺往。用。

480.6 丙子：歲祖甲一牢，歲祖乙一牢，歲妣庚一牢。在㓷（絕），來自斝。

286.7 壬卜：子有求（咎），曰：視㓷（絕）官。

395.8 癸酉卜：子其往于田，从㓷（絕），擒。用。

⿰⿱丯糸卩

34.2	辛卯卜：子隮宜，叀[⿰⿱丯糸卩□]。不用。
226.9	辛酉：宜⿰⿱丯糸卩牝罘㞷（徵）⿰豕土，昃攺。
226.10	辛酉：宜⿰⿱丯糸卩牝罘㞷（徵）⿰豕土。
370.1	辛未卜：子往⿰⿱丯糸卩，子利［乍］子□叀覃。
370.2	丁丑卜：其□合發罘⿰⿱丯糸卩。
370.3	丁丑卜：弜合［發］罘［⿰⿱丯糸卩］。
437.5	庚申夕卜：子其呼㱿⿰⿱丯糸卩于𠨘，若。用。
480.5	甲戌卜，子呼⿰⿱丯糸卩妨婦好。用。在𠨘。
174.1	⿰⿱丯糸卩貞。

⿰束⿱酋廾（鬻）

37.5	癸巳卜：子⿰束⿱酋廾（鬻），叀白璧肇丁。用。
178.2	庚子卜：子⿰束⿱酋廾（鬻），叀异罘良（琅）肇。用。
178.3	庚子卜：子⿰束⿱酋廾（鬻），叀异罘良（琅）肇。用。

編號	釋文
178.1	庚子卜：子䡞（鸞），叀异眔良（琅）肈。用。
	叡
247.3	癸丑卜：大叡弜禦子口疾于妣庚。
247.7	乙丑卜：叡弔子弗臣。
449.7	乙亥：弜巳叡盜（毖）龜于室。用。
	學
473.1	甲申：子其學羌，若，侃。用。
181.14	己卜：子其疫，弜往學。
150.3	甲寅卜：乙卯子其學商，丁侃。用。子瞽。
150.4	甲寅卜：丁侃于子學商。用。
280.1	丁亥：子其學爐訞。用。
336.1	甲寅卜：乙卯子其學商，丁侃。子占曰：其有丠艱。用。子瞽。
487.1	甲寅卜：乙卯子其學商，丁侃。用。

487.2		甲寅卜：乙卯子其學商，丁侃。子占曰：有求（咎）。用。子臀。
450.4		丁卯卜：子其入學，若，侃。用。
450.5		丁卯卜：子其入學，若，侃。用。
		王
480.3		癸酉，子炅在：子呼大子禦丁宜，丁丑王入。用。來狩自畀。
420.4		庚戌卜：唯王命余呼燕，若。
		戚
29.4		己亥卜：于[庭]再戚。用。
37.3		己卯卜：子見（獻）䀠以戚丁。用。
90.5		乙卜：𣥠（速）丁，以戚。
90.6		戚，念其入于，若。
149.2		己亥卜：叀今夕再戚，若，侃。用。

編號	釋文
149.3	己亥卜：子夢[人]見（獻）子戚，[亡]至艱。
427.2	戊寅卜：翌己巳其見（獻）戚于丁，侃。用。
490.1	己卯：子見（獻）晌以璧、戚于丁。用。
490.4	己卯：子見（獻）晌以戚丁，侃。用。
180.2	甲子卜：乙，子肇丁璧眔戚。
241.11	辛亥卜，貞：戚羌有疾，不死。子占曰：羌其死唯今，其[illegible]〈又〉絞（瘳）亦唯今。
372.8	甲午卜：子作戚分卯，[告]于丁，亡[以]。用。
391.10	甲午卜：子作戚分卯，其告丁，若。
391.11	甲午卜：子作戚分卯，子弜告丁。用。若。
288.8	甲午卜：丁其各，子叀衍戚肇丁。不用。舌祖甲彡。

力

編號	釋文
196.2	戊申卜：日用馬，于之力。
196.3	戊申卜：弜日用馬，于之力。
288.6	戊子卜：其匄馬，又力引。

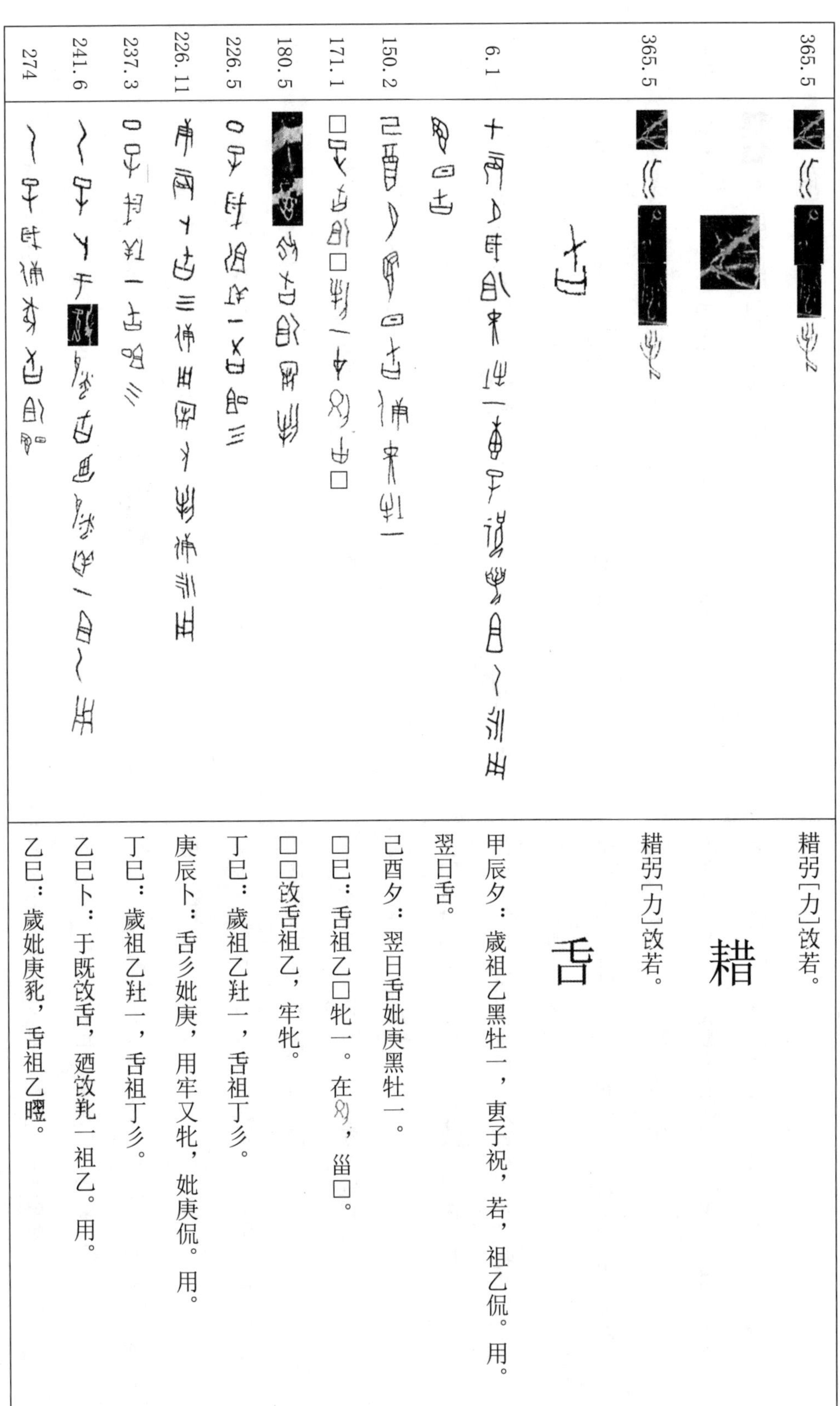

365.5	藉弜[力]改若。
	藉
365.5	藉弜[力]改若。
	舌
6.1	甲辰夕：歲祖乙黑牡一，叀子祝，若，祖乙侃。用。 翌日舌。
150.2	己酉夕：翌日舌妣庚黑牡一。
171.1	□巳：舌祖乙□牝一。在𠂤，畓□。
180.5	□□改舌祖乙，牢牝。
226.5	丁巳：歲祖乙𪊨一，舌祖丁彡。
226.11	庚辰卜：舌彡妣庚，用牢又牝，妣庚侃。用。
237.3	丁巳：歲祖乙𪊨一，舌祖丁彡。
241.6	乙巳卜：于既改舌，迺改𪊱一祖乙。用。
274	乙巳：歲妣庚豼，舌祖乙暒。

275.7		乙亥卜：舌祖乙彡宰、一牝，子亡肈丁。
275.8		乙亥卜：舌祖乙彡牢、一牝，子亡肈丁。
288.7		甲午卜：子𧻚（速），不其各。子占曰：不其各，呼饗。用。舌祖甲彡。
288.8		甲午卜：丁其各，子叀𢓊戚肈丁。不用。舌祖甲彡。
310.1		甲戌夕：歲牝一祖乙，舌彡□。
350		甲辰夕：歲祖乙黑牡一，子祝，翌日舌。
353.2		庚戌卜：小子舌妣庚。
427.3		己卯卜：庚辰舌彡妣庚，先改牢，後改牝一。用。
427.4		己卯卜：庚辰舌彡妣庚，先改牢，後改牝。用。
427.5		□辰：歲妣庚牝彡舌。
428.1		庚辰卜：于[既□]宰改牝一，𠭰妣庚。用。彡舌。
449.8		乙亥：歲祖乙，雨禦，舌彡牢牝一。
457		己酉夕：翌日舌歲妣庚黑牡一。庚戌彭（酒）牝一。
490.7		庚辰：歲妣庚牢，舌彡牝，後改。
530		舌祖□。

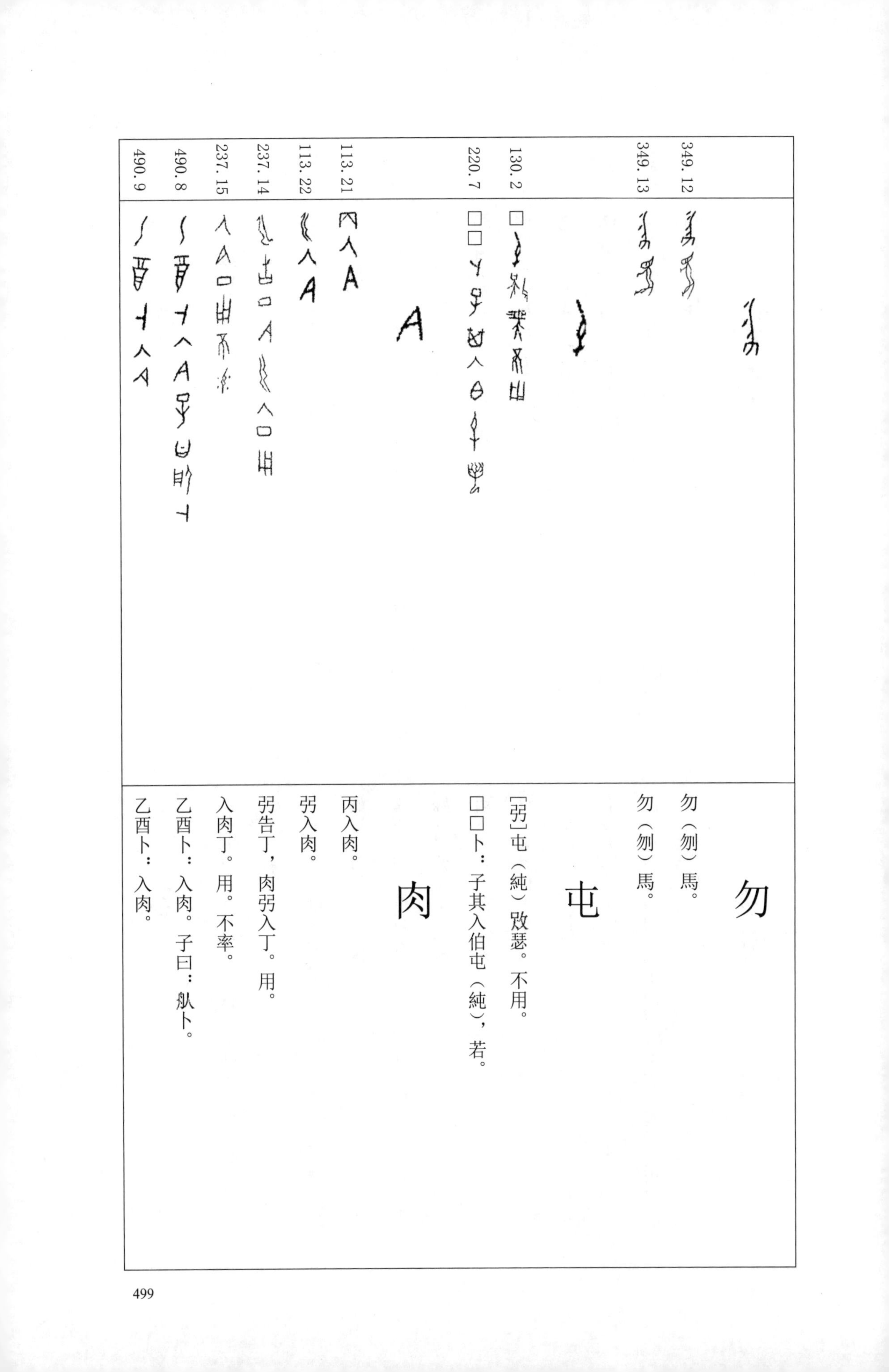

		勿
349.12		勿（刎）馬。
349.13		勿（刎）馬。
		屯
130.2		[弜]屯（純）敚瑟。不用。
220.7		□□卜：子其入伯屯（純），若。
		肉
113.21		丙入肉。
113.22		弜入肉。
237.14		弜告丁，肉弜入丁。用。
237.15		入肉丁。用。不率。
490.8		乙酉卜：入肉。子曰：𠂤卜。
490.9		乙酉卜：入肉。

多

37.21		壬子卜：子以婦好入于妣，子呼多賈見（獻）于婦好，肇紤八。
37.22		壬子卜：子以婦好入于妣，子呼多禦正見（獻）于婦好，肇紤十，往𨭉。
63.2		辛亥卜：子其以婦好入妣，子呼多禦正見（獻）于婦好，肇紤十，往𨭉。
113.12		丙卜，貞：多尹亡憂。
113.13		貞：多尹亡害。
113.14		多左在田，肩若。
113.15		面多尹四十牛妣庚。
400.2		乙亥夕卜：其雨。子占曰：今夕雪，其于丙雨，其多日。用。

多母

編號	釋文
124.6	戊卜：[于]多母興其□。

多臣

編號	釋文
34.14	己酉卜：翌日庚，子呼多臣燕見（獻）丁。用。不率。
53.21	己卜：叀多臣禦往妣庚。
92.2	甲卜：呼多臣見（獻）𦣞丁。用。
181.8	己卜：叀多臣禦往于妣庚。
183.14	翌甲，其呼多臣舟。
183.15	翌甲，其呼多臣舟。
226.7	庚申：歲妣庚牡一。子占曰：面[illegible]自來多臣殹。
401.12	丙卜：丁呼多臣復，囟非心、于不若，唯吉，呼行。
453.2	甲卜：呼多臣見（獻）𦣞于丁。用。
454.1	庚戌卜：子呼多臣燕見（獻）。用。不率。
454.2	庚戌卜：弜呼多臣燕。
488.3	□多臣禦于妣庚□。

多賈

編號	釋文
37.21	多賈見（獻）于婦好，肇紒八。
255.6	乙亥卜：弜呼多賈見（獻）。用。
275.9	乙亥卜：其呼多賈見（獻），丁侃。
275.10	呼多賈眔辟，丁侃。
290.8	乙未卜：呼多賈㱿西饗。用。矢（昃）。
290.9	乙未卜：呼多賈㱿西饗。用。矢（昃）。

多尹

編號	釋文
113.12	丙卜，貞：多尹亡憂。
113.13	貞：多尹亡害。
113.15	面多尹四十牛妣庚。
196.1	丙午卜，在麗：子其呼多尹入璧，丁侃。
352.2	壬辰：子夕呼多尹□卬南豕，弗遘。子占曰：弗其遘。用。

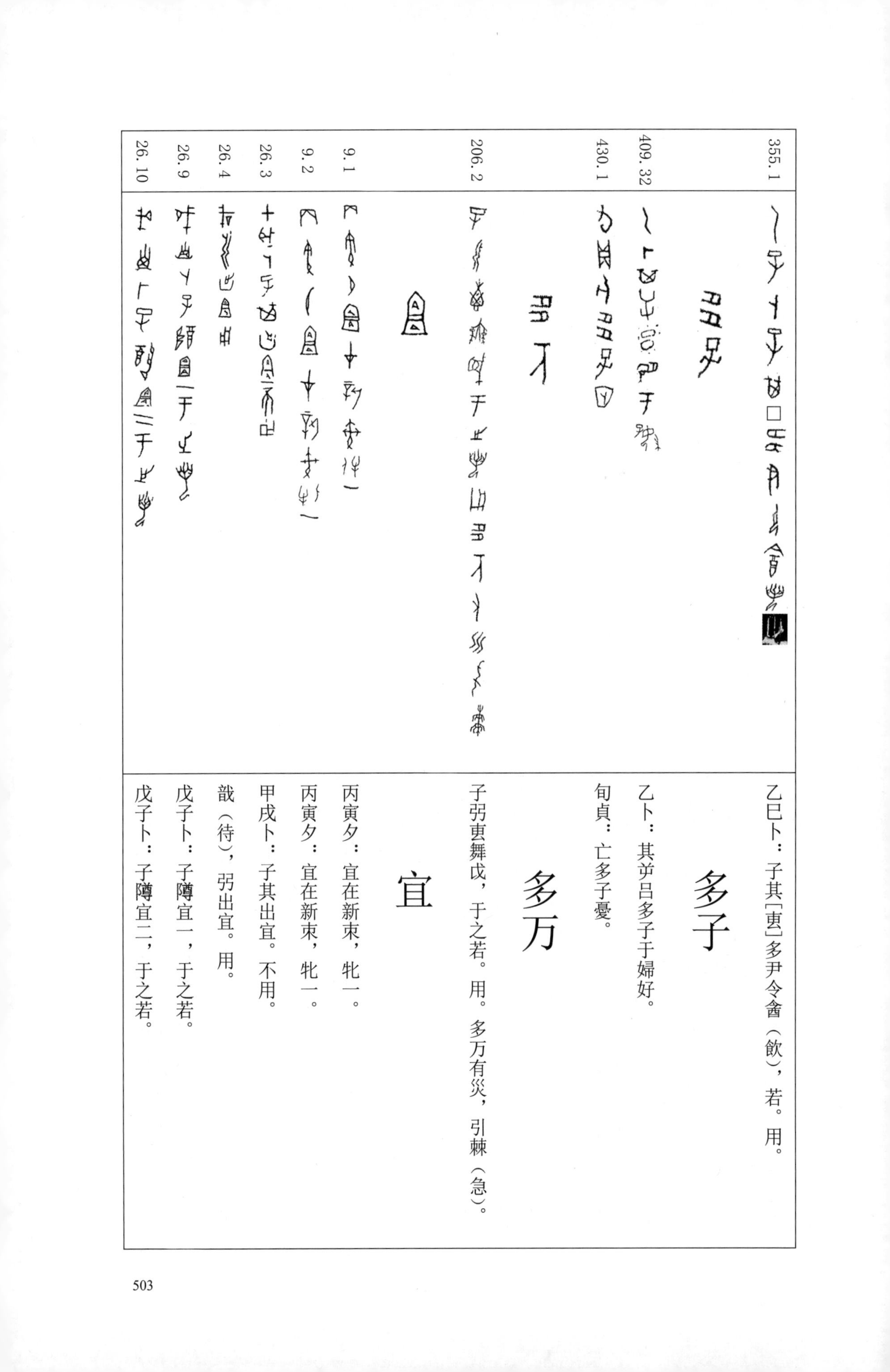

355.1	乙巳卜：子其[叀]多尹令畲（飲），若。用。

多子

409.32	乙卜：其屰吕多子于婦好。
430.1	旬貞：亡多子憂。

多万

206.2	子弜叀舞戉，于之若。用。多万有災，引棘（急）。

宜

9.1	丙寅夕：宜在新束，牝一。
9.2	丙寅夕：宜在新束，牝一。
26.3	甲戌卜：子其出宜。不用。
26.4	戠（待），弜出宜。用。
26.9	戊子卜：子障宜一，于之若。
26.10	戊子卜：子障宜二，于之若。

34.1		辛卯卜：子隮宜，叀幽廌。用。
34.2		辛卯卜：子隮宜，叀[㓞]□。不用。
34.4		甲辰：宜丁牝一，丁各，矢（昃）于我，翌[日]于大甲。用。
47.2		癸亥：宜牝一，在□。
86.2		己巳卜：其宜[羌]□[用]。
97		乙卯夕：宜羌一。在入。
139.8		辛卜：其宜，叀豕。
139.9		辛卜：其宜，叀大入豕。
139.10		辛：宜羌妣庚。
142.7		辛卯：宜豕一。在入。
149.6		庚戌卜：雨禦宜，䁗壬子延彰（酒），若。用。
170.1		癸丑：宜鹿。在入。
178.8		己酉夕：伐羌一，在入。庚戌宜一牢，發。
178.11		庚戌：宜一牢，在入，發。
178.12		庚戌：宜一牢，在入，發。

198.2		辛卯卜：子隮宜，至二日。用。
198.3		辛卯卜：子隮宜，至三日。不用。
198.4		辛卯卜：叀口宜□䵼、牝，亦叀牡用。
198.5		辛卯卜：子隮宜，叀幽廌用。
198.67		壬辰卜：子隮宜。右左叀廌用，中叀䵼用。
198.8	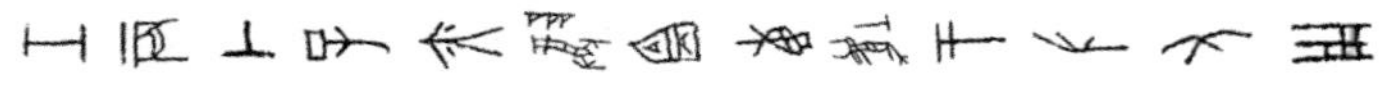	壬辰卜：子亦隮宜，叀䵼，于左右用。
198.9		壬辰卜：子隮宜，叀隹□用。
223.7	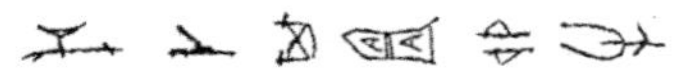	戊卜：其宜卯牛。
226.9	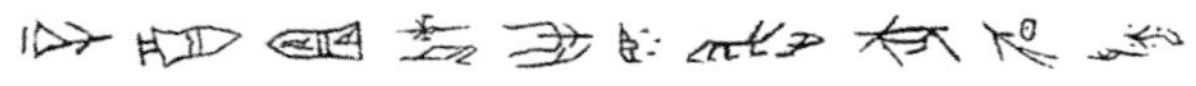	辛酉：宜䵻牝眔崖（徵）豭，昃敔。
226.10		辛酉：宜䵻牝眔崖（徵）豭。
228.1		辛巳卜：吉牛于宜。
228.8		丁亥卜：吉牛柬于宜。
228.9	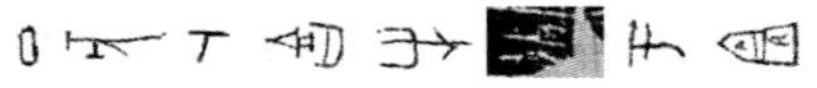	丁亥卜：吉牛皆于宜。
228.10	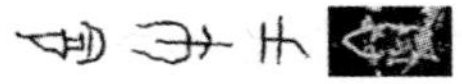	吉牛于宜。
228.11		吉牛其于宜，子弗艱。
228.12	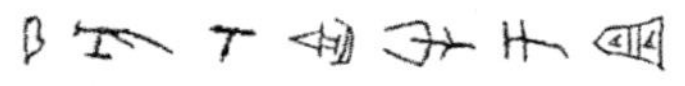	丁亥卜：吉牛于宜。

228.13		吉牛于宜。
228..14		丁亥卜：吉牛于宜。
228.16		戊子卜：吉牛其于示，亡其剢于宜，若。
228.19		戊子卜：有吉牛，弜隮于宜。
240.1		癸亥：宜牝。在入。
240.2		癸亥：宜牝一。在入。
240.5		戊辰：宜□□奠。用。在入。
240.6		于妣庚宜𦍩。不用。
252.7		戊寅夕：宜𦍩一。在入。
252.8		戊寅夕：宜𦍩一。在[入]。
255.1		甲寅卜：弜宜丁。
265.8		辛未：宜𦍩一，在入卯，又肇啚。
269.6		癸卜：其宜[又牛]。
270.1		己巳：宜𦍩一于南。
270.2		己巳：宜𦍩一于南。
278.13		先敀白𧱏宜黑二牛。

282.2		辛丑：宜羌。在㓞。
286.1		辛卜：㔿入牡宜。
286.2		其宜叀牝。
286.3		辛卜：叀牝宜。
286.4		辛卜：其宜叀牝。
286.28		辛：于既呼食迺宜。
286.29		壬卜：卜宜不吉，子弗条（遭）有鄭。
288.12		己亥卜：毋往于田，其有事。子占曰：其有事。
		用。有宜。
290.7		甲午卜：其禦宜矢（昃），乙未矢（昃），䜌彡（酒）
		大乙。用。
297		己未卜：子其尋宜，叀往于日。用。往㓞。
304.6		丙：宜羊。
304.7		丙：弜宜。
324.1		戊戌卜：其宜，子鼒[丙]。用。
335.2		甲辰：宜[丁]牝一，[丁]各，矢（昃）于我，翌日于

	大甲。
338.4	甲辰卜：子往宜上甲，掔用𦎫。
340.1	癸巳：宜牝一，在入。
340.2	甲午：宜一牢，伐一人。在入。
340.3	莫（暮）彡（酒），宜一牢，伐一人。用。
351.5	戊子卜，在[illegible]：[illegible]言曰：翌日其于舊官宜。允其。用。
376.3	己酉夕：伐羌一。在入。庚戌宜一牢，發。
394.3	庚申：彡（酒）甾宜。用。
401.14	戊卜：其宜牛。
401.16	戊卜：其宜牛。
420.2	甲辰：宜丁牝一，[丁]各，夨（昃）于我，翌日于大甲。
421.1	壬辰夕卜：其宜羌一于𡚽，若。用。
421.2	壬辰夕卜：其宜羌一于𡚽，若。用。
480.3	癸酉，子炅在[illegible]，子呼大子禦丁宜，丁丑王入。用。來狩自畀。

493.2	戊子：宜羌一妣庚。在入。
495	丁未卜：宜羌一祖乙，丁酓（飲）。用。

良

178.1	庚子卜：子䡅，叀𢍰眔良（琅）肇。用。
178.2	庚子卜：子䡅，叀𢍰眔良（琅）肇。用。
178.3	庚子卜：子䡅，叀𢍰眔良（琅）肇。用。
475.3	乙巳卜：叀良（琅）。
484.5	良泉。

气

63.1	自賈气（乞）。
79	𧊒气（乞）。
440	[𧊒] 气（乞）。
444	[𧊒] 气（乞）。
483	𧊒气（乞）。

彡

226.5		丁巳：歲祖乙𤘔一，舌祖丁彡。
226.11		庚辰卜：舌彡妣庚，用牢又牝，妣庚侃。用。
237.3		丁巳：歲祖乙𤘔一，舌祖丁彡。
275.7		乙亥卜：舌祖乙彡宰、一牝，子亡肈丁。
275.8		乙亥卜：舌祖乙彡牢、一牝，子亡肈丁。
288.7		甲午卜：子𡕜（速），不其各。子占曰：不其各，呼饗。用。舌祖甲彡。
288.8		甲午卜：丁其各，子叀㣤琡肈丁。不用。舌祖甲彡。
310.1		甲戌夕：歲牝一祖乙，舌彡□。
427.3		己卯卜：庚辰舌彡妣庚，先𢻱牢，後𢻱牝一。用。
427.4		己卯卜：庚辰舌彡妣庚，先𢻱牢，後𢻱牝。用。
427.5		□辰：歲妣庚牝彡舌。
428.1		庚辰卜：于[既]宰𢻱牝一，𠬝妣庚。用。彡舌。
449.8		乙亥：歲祖乙，雨禦，舌彡牢牝一。

480.2		癸酉卜，在𠂤：丁弗賓祖乙彡。子占曰：弗其賓。用。
490.7		庚辰：歲妣庚牢，𠯑彡牝，後改。
		小
14.1		乙酉卜：子又之阬南小丘，其罞，獲。
34.8		乙巳卜：丁各，子爯小。用。
271.1		甲夕卜：日雨。子曰：其雨小。用。
292.2		叀小紤。
354.1		乙亥：歲祖乙小𤘍，子祝。在麗。
359		丙卜：叀小白圭[子]□。
386.4		于小𩡧（禾馬）。
		小示
21.2		丁丑卜：其禦子往田于小示。用。
459.9		戊寅卜：子祼小示、𠕋𤘍，禦往田。

	小子
205.5	三小子貞。
353.2	庚戌卜：小子舌妣庚。
	小臣
28.2	丙卜：唯小臣作子齒。
	小宰
25.3	□[歲]祖乙小宰、豭，又𠬝。
39.19	夕：歲小宰𥁕妣庚。
70.2	三小宰。
70.4	五小宰。
88.10	甲子：歲妣甲𤘽一，冊三小宰又置一。
115.2	乙巳：歲祖乙牢、牝，𠂢于妣庚小宰。
157.5	丁丑：歲妣丁小宰。

157.6		丁丑：歲妣丁小宰。
181.32		歲子癸小宰。
181.33		歲子癸小宰。
181.35		卜：不吉，貞：亡憂，妣庚小宰。用。
183.6		歲妣丁小宰。
214.5		戊寅卜：歲祖甲小宰，祖乙小宰，登自西祭，子祝。
256.5		□小宰□妣庚。
265.6		辛未：歲妣庚小宰告，又肇鬯，子祝，㠯祭。
265.7		辛未：歲妣庚，先莫（暮）牛𢽟，迺𢽟小宰。用。
265.9		辛未：歲妣庚小宰，□。用。
265.10		辛未：歲妣庚小宰告，又肇鬯，子祝，㠯祭。
278.4		叀小宰、白豕。
291.1		庚辰：歲妣庚小宰，子祝。在麗。
291.2		甲申：歲祖甲小宰，衩（祐）鬯一，子祝。在麗。
291.3		乙酉：歲祖乙小宰、豼，衩（祐）鬯一。
291.4		乙酉：歲祖乙小宰、豼，衩（祐）鬯一，𢦏祝。在麗。

321.4	庚申：歲妣庚小牢，衩（祐）卺一，祖乙延，子饗。
323	□子□□妣庚小宰，[illegible]祝。在𤞷。
354.4	甲申：歲祖甲小宰。衩（祐）卺一，子祝。在麗。
401.2	乙卜：叀小宰于母、祖丙。
409.6	丙卜：叀小宰又艮妾禦子䖒妣丁。
416.4	庚寅：歲妣庚小宰登自丁黍。
416.5	庚寅：歲妣庚小宰登自丁黍。
455.1	甲子卜：歲妣甲豼一，世三小宰又置一。在[illegible]。
491	庚午：酓（酒）革妣庚二小宰，衩（祐）卺一。在𤞷，來自狩。

小豼

124.3	叀小豼一。

小艱

39.21	庚卜：弜𦥑，子耳鳴，亡小艱。

才（在）

	釋文
2.1	戊子卜，在麗：子其射，若。
2.2	戊子卜，在麗：子弜射，于之若。
5.15	丙子卜，在[illegible]曰：其奏。
7.1	丁酉：歲祖甲[illegible]一、鬯一，在麗，子祝。
7.3	己亥卜，在呂：子[其射，若。不用]。
7.5	庚子卜，在我：祖□。
9.1	丙寅夕：宜在新束，牝一。
9.2	丙寅夕：宜在新束，牝一。
10.1	乙未卜：子宿在[illegible]，終夕□圭自□。子占曰：不[擒]。
10.2	乙未卜，在[illegible]：丙[不雨]。子占曰：不其雨。孚。
13.1	甲午：歲祖甲[illegible]一，子祝。在[illegible]。
13.2	乙未：歲祖乙[illegible]，子祝。在[illegible]。
13.5	丁酉：歲妣丁[illegible]一。在[illegible]。

13.6		乙巳：歲祖乙⿰羊乚，子祝。在■。
13.7		乙巳：歲祖乙⿰羊乚一，子祝。在[illegible]。
15.3		□在入。
27		庚卜，在麓：歲妣庚三⿰羊土，又鬯二，至禦，𠕋百牛又五。
30		□妣己⿰豕乚一。在[illegible]。
32.1		庚卜，在麓：歲妣庚三⿰羊土，又鬯二，至禦，𠕋百牛又五。
32.2		庚卜，在麓：叀五⿰羊土，又鬯二用，至禦妣庚。
32.3		庚卜，在麓：叀七⿰羊土［用，至］禦妣庚。
32.4		庚卜，在麓：叀五⿰羊土用，至禦妣庚。
36.1		丁卜，在[illegible]：其東狩。
36.3		不其狩，入商。在■。
37.6		甲午卜，在麗：子其射，若。
37.8		丁酉：歲祖甲⿰羊乚一，衩（祐）鬯一。在麗。
37.9		丁酉：歲祖甲⿰羊乚一，衩（祐）鬯一。在麗。

37.10		己亥卜，在吕：子其射，若。不用。
37.12		甲辰：歲妣庚羓一，衩（祐）𠁁。在麗。
37.13		甲辰：歲祖甲牡一，㞢一。在麗。
37.14		乙巳卜，在麗：子其射，若。不用。
37.15		乙巳卜，在麗：子弜遲彝弓，出日。
47.2		癸亥：宜牝一，在□。
53.4		戊卜：冊妣庚，在引自叙。
53.5		戊卜：冊妣庚，在引自叙。
53.11		戊卜：冊妣庚，在並。
81.3		壬申：歲妣庚豼一，在䖵。
88.14		乙丑卜，在[illegible]：[子]有鬼心，其方遇戌。
95		壬申卜，在𢓊：其禦于妣庚，冊十宰，[又]十𠁁。用。在麓。
97		乙卯夕：宜羓一。在入。
103.5		己巳卜，在䖵：其雨。子占曰：今夕其雨，若。己雨，其于𣋡庚亡司（嗣）。用。

编号	卜辞	释文
103.6		己巳卜，在妖：庚不雨。子占曰：其雨，亡司（嗣）夕雨。用。
113.11		丁有鬼夢，[illegible]在田。
113.14		多左在田，肩若。
114.3		己卯卜，在[illegible]：子其入則，若。
118		壬午卜：引其死，在圉，亡其事。
139.7		庚卜：在𦎫叀牛妣庚。
142.7		辛卯：宜豕一。在入。
163.1		庚午卜，在[illegible]：禦子齒于妣庚，[𠕋]牢，勿（物）牝，白豕。用。
170.1		癸丑：宜鹿。在入。
170.2		甲寅，在入：皀。用。
171.1		□巳：舌祖乙□牝一。在[illegible]，甾□。
171.2		乙巳：歲祖乙三豕，子祝，皀黍。在□。
176.1		丁丑卜：子禦于妣甲，𠕋牛一，又鬯一，亡災，入商𨠦（酒）。在麗。

178.4		癸卯夕：歲妣庚黑牝一，在入，陟盂。
178.8		己酉夕：伐羌一，在入。庚戌宜一牢，發。
178.9		己酉夕：伐羌一，在入。
178.11		庚戌：宜一牢，在入，發。
178.12		庚戌：宜一牢，在入，發。
195.1		辛亥卜：子以婦好入于𡚤。用。
195.2		辛亥卜：子肇婦好𠭁，往𤅲。在𡚤。
195.7		壬戌卜：在𡚤葬韋。用。
196.1		丙午卜，在麗：子其呼多尹入璧，丁侃。
206.1		丁丑卜，在𣎆：子其叀舞戉，若。不用。
217.1		丁未：歲妣丁彘一。在𠂤。
217.2		丁未：歲妣丁彘一。在𠂤。
234.1		丙寅夕卜：子有言在宗，唯侃。
240.1		癸亥：宜牝。在入。
240.2		癸亥：宜牝一。在入。
240.5		戊辰：宜□□㚔。用。在入。

247.2		己酉卜：禦□，在𤕫又伐，若，侃。
248.1		癸丑：將妣庚示，歲妣庚牢。在𡚤。
249.1		在𦎫卜：乎□歸，戌束。
249.2		在𦎫卜：乎皿歸，戌束。
249.4		在𦎫卜：弜呼人歸。
249.9		妣庚宰，在𦎫。
249.10		歲妣庚宰，在[𦎫]。
249.12		在𦎫卜：叀牝歲妣庚。
249.15		甲卜，在𦎫：皆見（獻）𠣪于丁。
249.18		在𦎫卜：尞[妣庚]□。
249.19		甲卜，在𦎫：賈并□子□見（獻）丁。
249.20		甲卜，在𦎫：𠣪見（獻）于丁。
252.7		戊寅夕：宜㲋一。在入。
252.8		戊寅夕：宜㲋一。在[入]。
259.1		辛巳卜：新䭾于以，舊在麗入。用。子占曰： 奏艱。孚。

262.2		癸卜：丁步今戌。卲月，在[illegible]。
264.1		乙巳：歲祖乙羌一，子祝。在[[illegible]]。
264.3		己未卜，在[illegible]：其延有疾。
264.4		己未卜，在[illegible]：子其呼射告罘我南征，唯矢（昃）若。
265.8		辛未：宜羌一，在入卯，又肇𠧟。
267.2		庚子：歲妣庚，在𬚉，牢。子曰：卜未子䰜。
269.1		癸卜：在茲入□。
276.4		乙夕卜：歲十牛妣庚，衩（祐）𠧟五。用。在呂。
282.2		辛丑：宜羌。在[illegible]。
283.4		己卜：□在□其□。
284.1		戊卜：歲十豕妣庚。在呂。
286.24		己卜：其在用，卯三牛妣庚。
291.1		庚辰：歲妣庚小宰，子祝。在𪊨。
291.2		甲申：歲祖甲小宰，衩（祐）𠧟一，子祝。在𪊨。
291.4		乙酉：歲祖乙小宰、豼，衩（祐）𠧟一，[illegible]祝。在𪊨。

300.1	丙寅卜，在□：甾友有同，唯其有吉。
309.1	辛亥卜：在□亞于商。
311	庚午：歲妣庚牢、牝，祖乙延𢼄。在[⿰女犬]。
312.1	戊午卜：我人擒。子占曰：其擒。用。在斝。
312.3	戊午卜，在斝：子立于彔中□。子占曰：企梠。
319.1	乙丑：歲祖乙黑牡一，子祝，肩禦崖（徵）。在□。
319.2	乙丑：歲祖乙黑牡一，子祝，肩禦崖（徵）。在□。
320.6	庚卜，在麄：歲妣庚三牡，又鬯二，至禦，冊牛百又五。
323	□子□□妣庚小宰，□祝。在⿰女犬。
330	甲子：歲祖甲𩰫，子祝。在□。
340.1	癸巳：宜牝一，在入。
340.2	甲午：宜一牢，伐一人。在入。
351.3	戊子卜，在□，貞：不子□有疾，亡延，不死。
351.4	戊子卜，在□，貞：其死。
351.5	戊子卜，在□：□言曰：翌日其于舊官宜。允

	其。用。
354.1	乙亥：歲祖乙小[illegible]，子祝。在麗。
354.4	甲申：歲祖[甲]小[illegible]。衩（祐）卣一，子祝。在麗。
363.1	□卜，在[illegible]京：氣（迄）[illegible]（虩）大[聯]獸□□[用]。
363.3	辛卜：歲祖□牝，登自丁[黍]。在[illegible]，祖甲[延]。
363.4	丁卯卜：子勞丁，爯黹[圭一、聯九]。在[illegible]，狩□[illegible]。
363.5	丁卯卜：爯于丁，[illegible]在庭迺爯，若。用。在[illegible]。
375.1	戊卜，在麗，駜有告，曰[illegible]。
376.3	己酉夕：伐羌一。在入。庚戌宜一牢，發。
397.1	丙戌：歲□。在□。
401.5	乙卜：于[illegible]攺妣庚□。在呂。
410.1	壬卜，在麗：丁畀子[illegible]臣。
410.2	壬卜，在麗，丁曰：余其肇子臣。允。
427.1	丁丑卜：在兹往[illegible]（徵）禦癸子弜于[illegible]。用。
428.4	丙戌：[歲祖甲][illegible]，歲祖乙羊一。在甘，子祝。
437.1	庚申卜：弜取在[illegible]。

437.2	庚申卜：取在㚤䜣，弜延。
450.1	壬戌卜，在□利：子耳鳴，唯有㚸，亡至艱。
452	［庚］戌：歲妣庚羌一，子祝。在㽙。
455.1	甲子卜：歲妣甲羖一，曹三小宰又置一。在𣎆。
463.1	癸卯：歲祖乙羌一，衩（祐）𠱿一。在䴡，［子］祝。
463.2	甲辰：歲妣庚羌一，衩（祐）𠱿一。在䴡。
463.3	甲辰：歲祖甲牡一、羖一。在䴡。
463.5	甲辰：歲祖甲牡一、羖一。在䴡。
463.6	乙巳：歲祖乙三豼。在䴡。
467.2	戊戌卜，在澭：子射，若。不用。
467.3	戊戌卜，在澭：子弜射，于之若。
467.4	己亥卜，在吕：子其射，若。不用。
467.6	庚子卜，在［我］：祖□其眔㓞麐。
467.9	戊申卜：叀䮚呼匄馬。用。在䴡。
480.1	丙寅卜：丁卯子勞丁，爯黹圭一聯九。在𠂤。來狩自斝。

480.2	癸酉卜，在[illegible]：丁弗賓祖乙彡。子占曰：弗其賓。用。
480.3	癸酉，子炅在[illegible]：子呼大子禦丁宜，丁丑王入。用。來狩自畀。
480.4	甲戌卜，在[illegible]：子有令[叡]丁告于[illegible]。用。子[illegible]。
480.5	甲戌卜，子呼勸妨婦好。用。在[illegible]。
480.6	丙子：歲祖甲一牢，歲祖乙一牢，歲妣庚一牢。在剢(絕)，來自畀。
491	庚午：彭（酒）革妣庚二小宰，衩（祐）鬯一。在妭，來自狩。
493.2	戊子：宜羌一妣庚。在入。
493.4	庚寅：歲妣庚牝一。在妭。
494.1	戊卜，在麓：其告人亡由于丁，若。
494.2	戊卜，在麓：于商告人亡由于丁，若。
494.3	己卜：在麓：其告人亡由于丁，若。
494.4	己卜，在麓：于商告人亡由于丁，若。

498	癸卯卜，在冀：發以馬。子占曰：其以。用。
502.5	戊：歲妣庚牡一。在[illegible]。
506	庚午卜，在[illegible]：子□。
515	[彘]。在麗。

用

6.1	甲辰夕：歲祖乙黑牡一，叀子祝，若，祖乙侃。用。翌日舌。
6.2	乙丑卜：有吉夸（辛），子具[illegible]，其以入，若，侃，有彭徝。用。
6.4	乙丑卜。用。
7.2	叀一羊于二祖用，入自麗。
7.7	丁未卜：新馬其于賈視，右不用。
7.10	乙卯夕卜：子弜往田。用。
7.11	乙卯夕卜：子弜畲（飲）。用。
9.5	辛未卜：从圭往田。用。

9.6		辛未卜：从圭往田。用。
9.7		辛未卜：擒。用。
10.3		其雨。不用。
11.3		狩，叀新止。用
15.6		用。
15.7		用。
15.8		用。
15.9		用。
19.2		用。
19.3		用。
21.2		丁丑卜：其禦子往田于小示。用。
23.2		己巳卜：子燕田擊。用
24.1		用。
24.2		用。
24.3		用。
26.2		子其出宜。不用。

編號	釋文
26.3	甲戌卜：子其出宜。不用。
26.4	戠（待），弜出宜。用。
26.6	甲申卜：子叀豕殁眔魚見（獻）丁。用。
28.6	戊卜：六〈今〉其彭（酒）子興妣庚，告于丁。用。
29.1	丙寅卜：其禦，唯賈視馬于癸子，叀一伐、一牛、一鬯，𠭁夢。用。
29.3	庚寅卜：叀子祝。不用。
29.4	己亥卜：于[庭]再戚𢀛。用。
32.2	庚卜，在麓：叀五䍧，又鬯二，用，至禦妣庚。
32.3	庚卜，在麓：叀七䍧，[用，至]禦妣庚。
32.4	庚卜，在麓：叀五䍧用，至禦妣庚。
34.1	辛卯卜：子障宜，叀幽廌。用。
34.2	辛卯卜：子障宜，叀[㓞]□。不用。
34.4	甲辰：宜丁牝一，丁各，矢（昃）于我，翌[日]于大甲。用。
34.5	甲辰卜：于來乙，又于祖乙宰。用。

34.7	乙巳卜：子大爯，不用。
34.8	乙巳卜：丁各，子爯小。用。
34.9	乙巳卜：丁各，子爯。用。
34.10	乙巳卜：丁各，子弜巳爯。不用。
34.11	乙巳卜：丁各，子[于庭]爯。用。
34.12	乙巳卜：子于[寢]爯。不用。
34.14	己酉卜：翌日庚，子呼多臣燕見（獻）丁。用。不率。
35.1	壬申卜：子往于田，从昔斮。用。擒四鹿。
35.2	壬申卜：既呼食，子其往田。用。
37.1	癸酉卜：叀勿（物）牡歲祖甲。用。
37.2	癸酉卜：叀勿（物）牡歲祖甲。用。
37.3	己卯卜：子見（獻）晌以戚丁。用。
37.4	以一鬯見（獻）丁。用。
37.5	癸巳卜：子䵼（鬻）叀白璧肇丁。用。
37.10	己亥卜，在吕：子其射，若。不用。
37.14	乙巳卜，在麗：子其射，若。不用。

37.16	叀丙弓用射。
37.17	叀丙弓用。不用。
37.19	戊申卜：叀疾弓用射嶲。用。
37.23	癸丑卜：歲食牝于祖甲。用。
37.24	乙卯卜：叀白豕祖乙。不用。
45.4	用。
45.5	用。
46	呼用馬。
50.3	乙未卜：子其田从圭，求豕，遘。用。不豕。
50.4	乙未卜：子其[往]田，叀豕求，遘。子占曰：其遘。不用。
50.5	乙未卜：子其往田，若。用。
50.6	乙未卜：子其往田叀鹿求，遘。用。
54.1	辛□。用。
54.4	用
58.1	用。

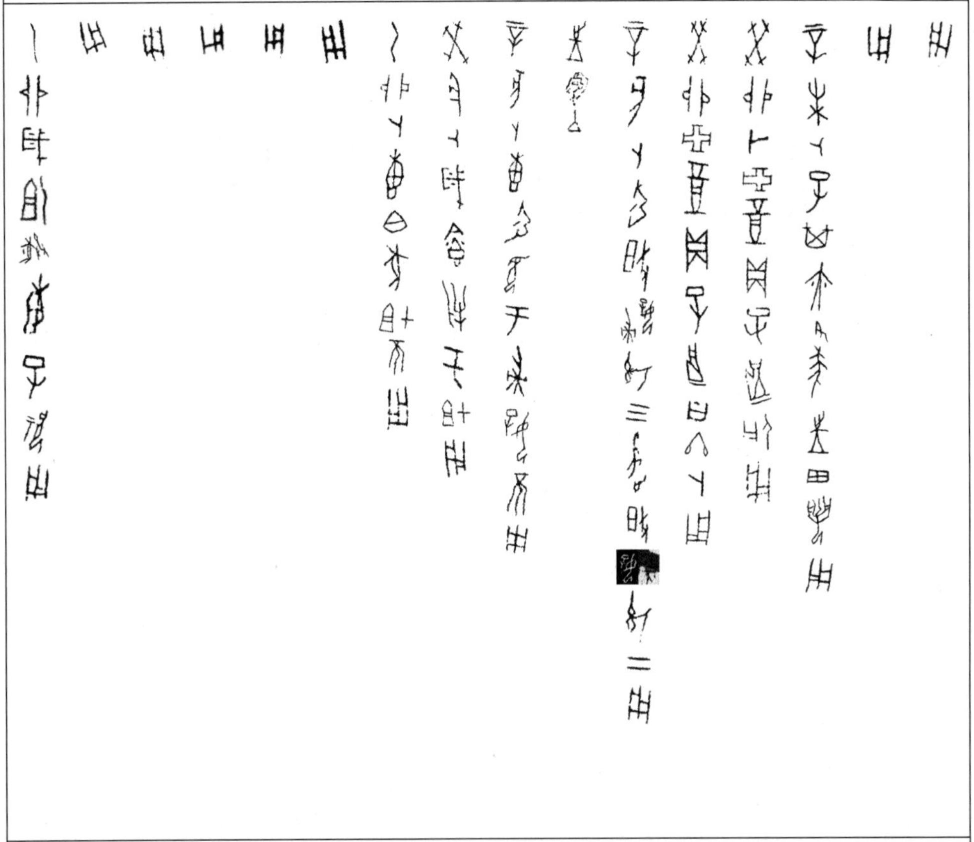

58.2	用。
58.3	用。
59.1	辛未卜：子其亦彖（遼），往田，若。用。
61.1	癸卯卜，亞奠貞，子占曰：舣用。
61.2	癸卯卜，亞奠貞，子占曰：終卜用。
63.3	辛亥卜：發肇婦好紤三，崖（徵）肇婦好紤二。用。往鑿。
63.4	辛亥卜：叀發見（獻）于婦好。不用。
63.5	癸丑卜：歲食牝于祖甲。用。
63.6	乙卯卜：叀白豕祖甲〈乙〉。不用。
66.4	用。
68.1	用。
68.2	用。
68.3	用。
68.4	用。
76.1	乙卯：歲祖乙豰，叀子祝。用。

76.2		乙卯卜：其禦大于癸子，冊𤜵一，又𠷎。 用。有疾。
80.4		用。
81.1		壬子[卜：其將妣庚示]，▨于東官。用。
84.1		羌入，叀妍[叀]用，若，侃。用。
86.1		丙辰卜：延奏商，若。用。
87.1		丁巳卜：子益妫，若，侃。用。
87.3		庚申卜：叀今庚益商，若，侃。用。
92.1		甲卜：叀盜具丁。用。
92.2		甲卜：呼多臣見（獻）𡆥丁。用。
93.1		用。
95		壬申卜，在𢓊：其禦于妣庚，冊十宰，[又]十𠷎。 用。在麓。
103.1		丁卯卜：雨其至于夕。子占曰：其至，亡𡆥戊。用。
103.4		己巳卜：雨其延。子占曰：其延終日。用。
103.5		己巳卜，在𠭯：其雨。子占曰：今夕其雨，若。己雨，

	其于暒庚亡司（嗣）。用。
103.6	己巳卜，在麸：庚不雨。子占曰：其雨，亡司（嗣）
	夕雨。用。
105.4	用。
105.5	用。
105.10	用。
105.12	用。
106.5	用。
106.8	壬卜：于日隹（稱）㪅牝妣庚，入又凾于丁。用。
109	□卜：子呼又□先于𡚸。用。
113.25	夕用五羊，辛迺用五豕。
123.3	辛酉卜：子其㪅黑牝，唯徝往，不雨。用。
	妣庚□。
124.11	子夢𡚸，用牡告、又鬯妣庚。
128.1	□[妣庚]□。用。
130.1	己卯卜：子用我瑟，若，弜[屯（純）]𢼄用，侃。舞商。

130.2		[弜]屯（純）豛瑟。不用。
132.1		庚戌卜：辛亥歲妣庚鷹、牝一，妣庚侃。用。
135.1		用。
137.3		叀旦口用[illegible]。
137.4		羌入，孜乃叀入炋。用。
141.1		用。
141.2		用。
141.3		用。
142.1		甲戌：其□，叀[illegible]。用。
142.3		祝，于白一牛用，丩歲祖乙用，子祝。
142.4		祝，于二牢用，丩歲祖乙用，子祝。
142.8		□丁，壬午丁各。用。
147.2		用。
149.2		己亥卜：叀今夕爯戚[illegible]，若，侃。用。
149.4		丁未卜：其禦自祖甲、祖乙至妣庚，冊二牢，麥（來）自皮鼎彭（酒）興。用。

149.5		于麥（來）自伐迺敀牝于祖甲。用。
149.6		庚戌卜：雨禦宜，暊壬子延彭（酒），若。用。
149.7		庚戌卜：子于辛亥告亞休，若。用。
149.11		癸亥卜：子气（迄）用丙吉弓射，若。
149.12		甲戌：歲祖甲牢、幽廌，祖甲侃子。用。
150.3		甲寅卜：乙卯子其學商，丁侃，用。子臀。
150.4		甲寅卜：丁侃于子學商。用。
150.5		丙辰卜：延奏商。用。
157.3		甲戌卜：衩（祐）𠭯祖甲一。用。
157.4		甲戌卜：衩（祐）𠭯祖甲二。用。
157.11		辛巳卜：我[illegible]□丁敀。用。
160.3		用。
163.1		庚午卜，在[illegible]：禦子齒于妣庚，[冊]牢，勿（物）牝，白豕。用。
163.2		□又齒于妣庚，冊牢，勿（物）牝，白豕至豝一。用。
170.2		甲寅，在入：皀。用。

173.4	丙申卜：子其往□，改妣庚用羊。
173.6	丙申卜：子其往于□，侃。用。
176.2	丁丑卜：子禦妣甲，冊牛一，鬯一。用。
176.1	庚子卜：子𩰫（鬻），叀异眔良（琅）肇。用。
176.2	庚子卜：子𩰫（鬻），叀异眔良（琅）肇。用。
176.3	庚子卜：子𩰫（鬻），叀异眔良（琅）肇。用。
176.5	陟盂。用。
179.2	甲辰卜：歲莧友祖甲彘，叀子祝。用。
179.3	丙午卜：其敕火匄賈□（禾馬）。用。
179.7	弜匄黑馬。用。
180.4	乙丑卜：子弜□（速）丁。用。
181.35	卜：不吉，貞：亡憂，妣庚小宰。用。
183.2	丙卜：用二卜，冊五宰妣庚。
189.1	用。
189.9	用。
191.2	戊卜：其日用騩，不巠。

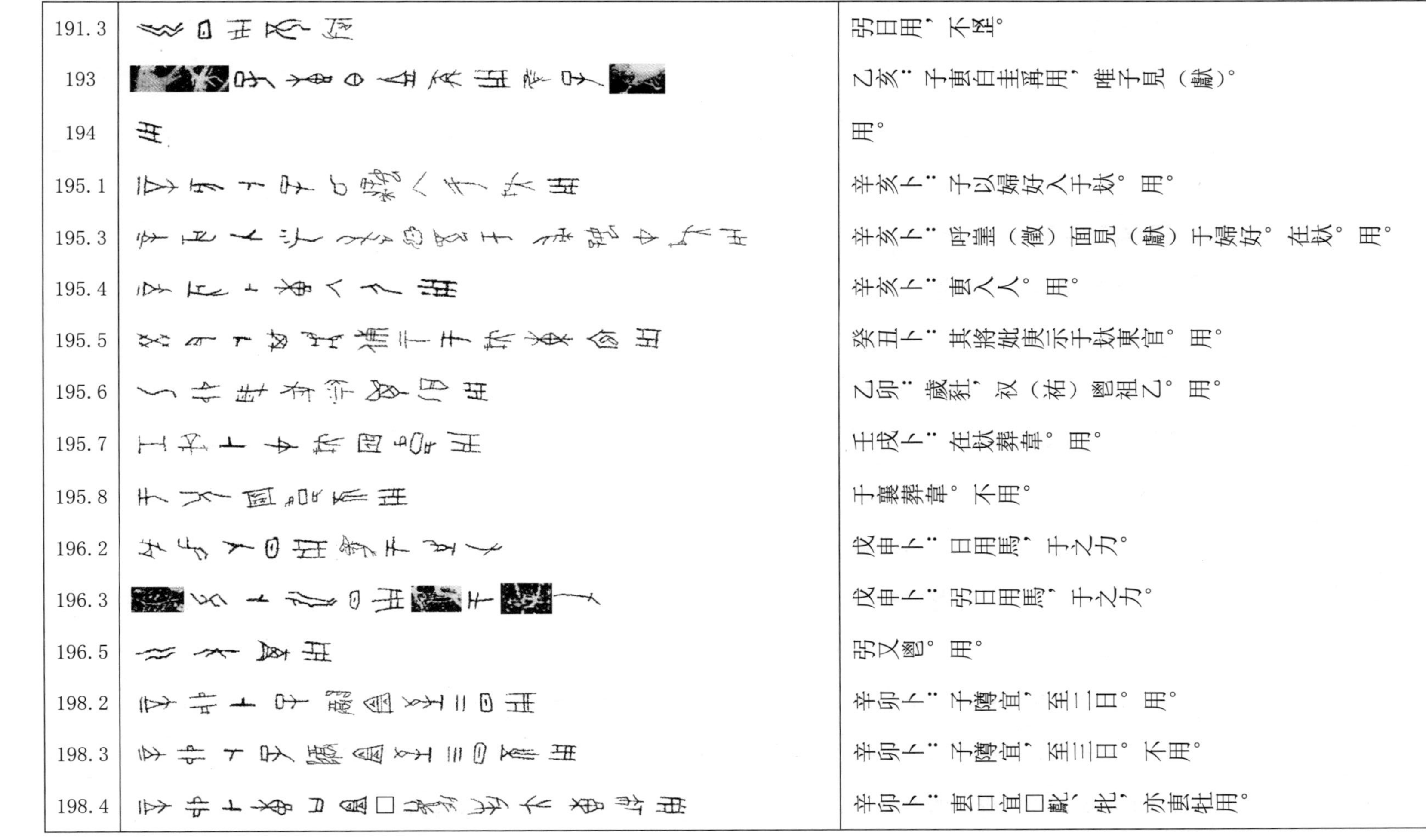

191.3	弜日用，不坚。
193	乙亥：子叀白圭爯用，唯子見（獻）。
194	用。
195.1	辛亥卜：子以婦好入于妝。用。
195.3	辛亥卜：呼崖（徵）面見（獻）于婦好。在妝。用。
195.4	辛亥卜：叀入人。用。
195.5	癸丑卜：其將妣庚示于妝東官。用。
195.6	乙卯：歲豼，衩（祐）鬯祖乙。用。
195.7	壬戌卜：在妝葬韋。用。
195.8	于襄葬韋。不用。
196.2	戊申卜：日用馬，于之力。
196.3	戊申卜：弜日用馬，于之力。
196.5	弜又鬯。用。
198.2	辛卯卜：子障宜，至二日。用。
198.3	辛卯卜：子障宜，至三日。不用。
198.4	辛卯卜：叀口宜□䵼、牝，亦叀牡用。

编号	摹本	释文
198.5		辛卯卜：子隮宜，叀幽鷹用。
198.6.7		壬辰卜：子隮宜。右左叀鷹用，中叀𩣡用。
198.8		壬辰卜：子亦隮宜，叀𩣡，于左右用。
198.9		壬辰卜：子隮宜，叀隹□用。
198.11		子肇丁璧。用。
198.12		癸巳：叀㰞肇丁。不用。
200		□乎□用。
202.7		庚卜：[子其見（獻）]丁，□以。用。
203.7		[丙卜：叀十牛]肇丁。用。
203.8		丙卜：叀十牛肇丁。用。
203.11		丙卜：叀子𢍰圭用眔聯爯丁。用。
206.1		丁丑卜，在⿰⿱：子其叀舞戉，若。不用。
207.4		用。
214.1		辛未卜：子弜祝。用。
214.2		辛未卜：子弜祝。用。
218.1		丙辰卜：子炅叀今日匄黍于婦，若。用。

218.2		丙辰卜：子㞢其㚔黍于婦，若，侃。用。
220.1		丁丑：歲祖乙黑牝一，卯胴。子占曰：未（妹）其有
		至艱，其戊。用。
220.3		甲申：歲祖甲𤘘一，叀𢦏祝。用。
220.5		弜又𩙡。用。
220.6		甲申卜：叀配呼曰婦好告伯屯（純）。用。
220.8		乙酉卜：呼𡧊（徵）𩰫，若。用。
220.9		乙酉卜：呼𡧊（徵）𩰫，若。用。
222		用。
223.8	□□□	[戊卜：歲]牡。用。
223.9		己卜：歲牛妣己。用。
223.10	□	己卜：歲牡[妣己]。用。
223.11		己卜：歲牡妣己。用。
226.11		庚辰卜：舌彡妣庚，用牢又牝，妣庚侃。用。
227		癸亥夕卜：日延雨。子占曰：其延雨。用。
228.2		甲申：叀大歲又于祖甲。不用。

228.3		甲申卜：叀小歲𢼄于祖甲。用。一羊。
228.4		甲申卜：歲祖甲𤉲一。用。
228.7		丁亥卜：戠（待），弜𫑡（酒）羊，又𠭯癸子。用。
234.3		辛未卜：擒。子占曰：其擒。用。三麑。
237.2		乙卯卜：叀□豕。不用。
237.11		乙：歲延祖乙。用。
237.14		弜告丁，肉弜入丁。用。
237.15		入肉丁。用。不率。
239.1		丁巳卜：子弜往𡚬。用。
239.2		丁巳卜：子弜往𡚬。用。
240.5		戊辰：宜□□㲋。用。在入。
240.6		于妣庚宜𤉲。不用。
241.6		乙巳卜：于既𢼄舌，廼𢼄𤉲一祖乙。用。
241.7		丁未卜：子其妝用，若。
241.8		勿妝用。
248.2		癸丑卜：子裸新𠭯于祖甲。用。

248.4		甲寅卜：弜耋（速）丁。用。
248.5		戊申卜：其將妣庚[示]，于[妣]東官。用。
252.3		丁丑卜：其彈于□，叀入人，若。用。子占曰：毋有孚，雨。
252.4		叀劀（絕）人呼先奏，入人迺往。用。
252.5		叀劀（絕）人呼先奏，入人迺往。用。
252.6		叀入人呼。用。
255.4		呼崖（徵）燕。不用。
255.5		乙亥卜：弜呼崖（徵）燕。用。
255.6		乙亥卜：弜呼多賈見（獻）。用。
257.24		用。
257.23		用。
258.2		用。
259.1		辛巳卜：新馳于以，舊在麗入。用。子占曰：奏艱。孚。
259.2		辛巳卜：子叀賈視用逐。用。獲一鹿。

編號	釋文
265.2	戠（待）。用。
265.4	戠（待）。用。
265.5	辛未：歲妣庚宰，又皂。用。
265.7	辛未：歲妣庚，先莫（暮）牛改，廼改小宰。用。
265.9	辛未：歲妣庚小宰，□。用。
267.1	己亥卜：子于𡚸宿，夙改牢妣庚。用。
267.7	乙巳卜：出，子亡肈。用。
267.8	戊申卜：叀子祝。用。
267.9	戊申卜：叀子祝。用。
268.8	□用。
271.1	甲夕卜：日雨。子曰：其雨小。用。
276.4	乙夕卜：歲十牛妣庚，衩（祐）鬯五。用。在呂。
276.6	乙夕卜：于㽙改妣庚。用。
276.7	己卜：歲牛妣庚。用。
276.10	戊卜：歲牛子癸。用。
280.1	丁亥：子其學𡩜𡚸。用。

283.1		己□。不用。□。
283.3		用。
286.21		己卜：其酌（酒）三牛作祝，叀之用妣庚。用。
286.22		己卜：其酌（酒）三牛作祝，叀之用妣庚。用。
286.24		己卜：其在用，卯三牛妣庚。
289.4		丙卜：子其往于田，弜由𡆥，若。用。
289.6		丙寅：其禦，唯賈視馬于癸子，叀一伐、一牛、一鬯，𣪊夢。用。
290.7		甲午卜：其禦宜夨（昃），乙未夨（昃），𣄨酌（酒）大乙。用。
290.8		乙未卜：呼多賈𠬝西饗。用。夨（昃）。
290.9		乙未卜：呼多賈𠬝西饗。用。夨（昃）。
290.10		乙未卜：呼崖（徵）燕見（獻）。用
290.11		乙未卜：呼崖（徵）燕見（獻）。用。
293.1		庚午卜：叀杈先舞。用。
293.3		辛未卜：子其告舞。用。

293.4		辛未卜：子弜告奏。不用。
294.7		乙卯卜：子丙𨙶（速）。不用。
294.8		乙卯卜：歲祖乙牢，子其自，弜𨙶（速）。用。
295.1		戊午卜：子又呼逐鹿，不迖（奔）馬。用。
295.2		庚申卜：于既呼□。用。
295.3		辛酉卜：从曰昔𦖞，擒。子占曰：其擒。用。三鹿。
295.4		壬戌奠卜：擒。子占曰：其[一鹿]。用。
296.3		癸卯卜：其入瑪，侃。用。
296.4		癸卯卜：子弜告婦好，若。用。
296.5		癸卯卜：弜告婦好。用。
297		己未卜：子其尋宜，叀往于日。用。往𡧊。
305.1		甲子卜：子其舞，侃。不用。
305.2		甲子卜：子戠（待），弜舞。用。
312.1		戊午卜：我人擒。子占曰：其擒。用。在斝。
313.1		戊戌卜：叀羊歲妣己。用。
313.2		己亥卜：于妣庚[㲋]亡豕。用。

313.3	己亥：歲妣己羊。用。
314.1	甲戌卜：莫（暮）𢼄祖乙歲。用。
314.2	乙亥卜：叀賈視眔比。用。
314.5	丙子卜：子夢，祼告妣庚。用。
314.6	子从𢼄𤘲，又𠬝妣庚夢。用。
316.2	壬子卜：其𢼄，𢦏友若。用。
316.3	癸丑卜：𠻞甲寅往田。子占曰：其往。用。从西。
318.3	甲子[卜]：二𠬝祼祖甲。用。
318.4	甲子卜：二𠬝祼祖甲。用。
318.5	甲子卜：祼咸𠬝祖甲。用。
318.6	戊辰卜：丁往田。用。
324.1	戊戌卜：其宜，子𪓐[丙]。用。
324.3	己亥卜：子叀今□用，唯亡豕。
324.5	弜食多[工]。用。
325	用。
333	乙丑卜：有吉㞢（辛），子具𢎥，其以入，若，侃，

編號	釋文
	有髟徝。用。
336.1	甲寅卜：乙卯子其學商，丁侃。子占曰：其有𡆥艱。用。子䁥。
336.4	丙辰卜：于妣己禦子䁥。用。
338.1	甲辰：歲莧祖甲，又友。用。
338.4	甲辰卜：子往宜上甲，舉用䰞。
340.3	莫（暮）彡（酒），宜一牢，伐一人。用。
343.2	甲戌卜：其又□伐祖乙。不用。
351.5	戊子卜，在[glyph]，[glyph]言曰：翌日其于舊官宜。允其。用。
352.2	壬辰：子夕呼多尹□阯南豕，弗遘。子占曰：弗其遘。用。
352.6	丙申夕卜：子有鬼夢，祼告于妣庚。用。
354.3	甲申：又𢀛。用。
355.1	乙巳卜：子其[叀]多尹令畣（飲），若。用。
355.2	乙巳卜：于□畣（飲），若。用。

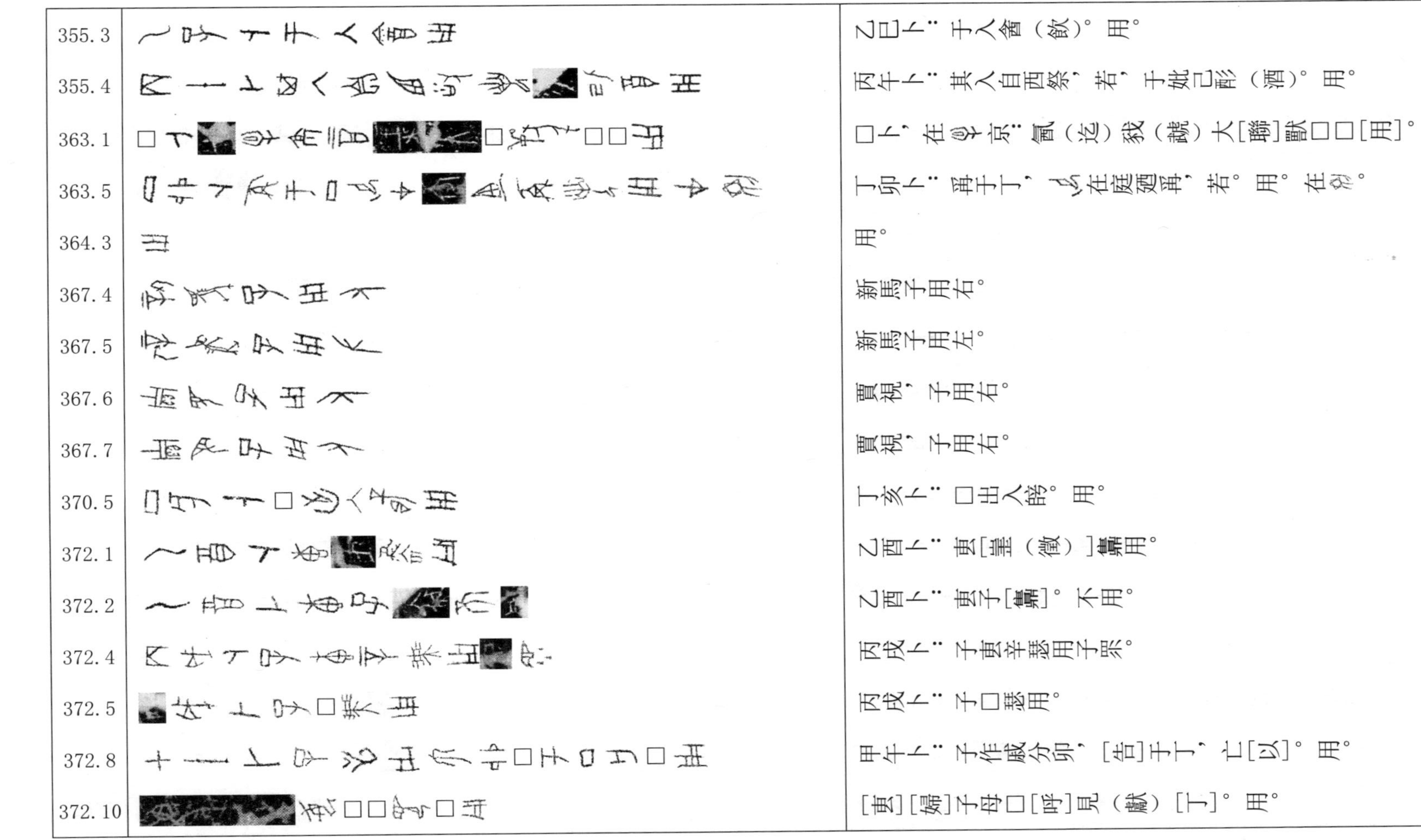

355.3	乙巳卜：于入畣（飲）。用。
355.4	丙午卜：其入自西祭，若，于妣己彡（酒）。用。
363.1	□卜，在[glyph]京：氣（迄）戠（虤）大[聯]獸□□[用]。
363.5	丁卯卜：爯于丁，[glyph]在庭廼爯，若。用。在[glyph]。
364.3	用。
367.4	新馬子用右。
367.5	新馬子用左。
367.6	賈視，子用右。
367.7	賈視，子用右。
370.5	丁亥卜：□出入晵。用。
372.1	乙酉卜：叀[壴（徵）]鼒用。
372.2	乙酉卜：叀子[鼒]。不用。
372.4	丙戌卜：子叀辛瑟用子眔。
372.5	丙戌卜：子□瑟用。
372.8	甲午卜：子作戚分卯，[告]于丁，亡[以]。用。
372.10	[叀][婦]子母□[呼]見（獻）[丁]。用。

374.1	□入一□四□用□。
376.1	戊申卜：子[祼]于妣丁。用。
378.1	戊戌夕卜：瞪[己]，子[求]豕，遘，擒。子占曰：不三其一。用。
378.3	擒豕。子占曰：其擒。用。
379.1	丙辰卜：子其匄黍于婦，叀配呼用。
380	庚戌卜：子于辛亥飫。子占曰：⿰舟人卜。子臀。用。
381.1	戊戌夕卜：瞪己，子其[逐]，从𡈼人鄉（向）敝（虩），遘。子占曰：不三其一。其二，其有邁（奔馬）。用。
381.2	于既呼。用。
382	丙辰卜：延奏商，若。用。
387.3	□奠[用]己□。
391.1	己巳卜：子匾燕。用。庚。
391.3	弜巳匾燕。用。
391.4	辛未卜：匾燕。不用。

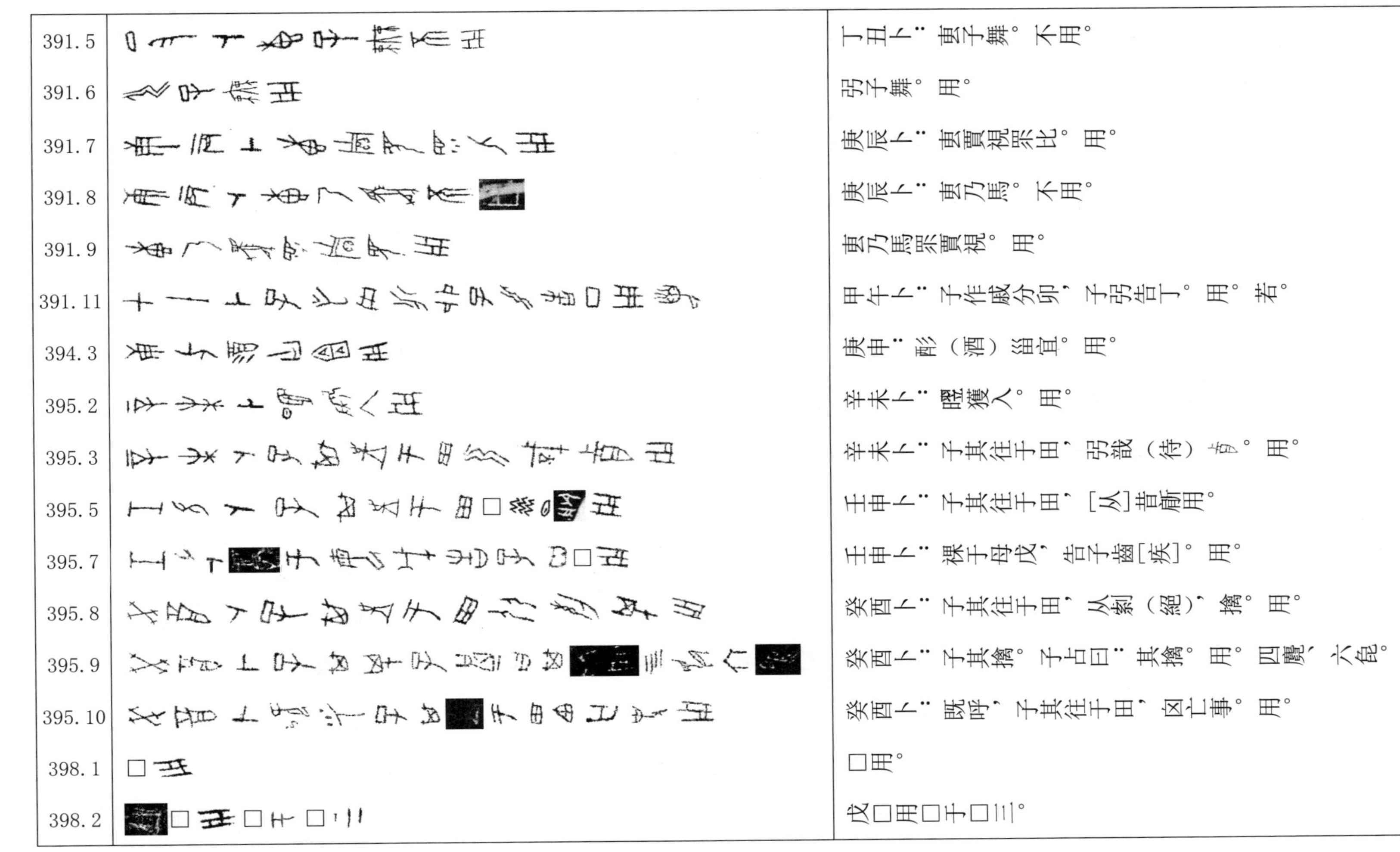

编号	甲骨文	释文
391.5		丁丑卜：叀子舞。不用。
391.6		弜子舞。用。
391.7		庚辰卜：叀賈視罘比。用。
391.8		庚辰卜：叀乃馬。不用。
391.9		叀乃馬罘賈視。用。
391.11		甲午卜：子作戚分卯，子弜告丁。用。若。
394.3		庚申：肜（酒）甾宜。用。
395.2		辛未卜：暒獲入。用。
395.3		辛未卜：子其往于田，弜戠（待）𠭯。用。
395.5		壬申卜：子其往于田，[从]昔斷用。
395.7		壬申卜：祼于母戊，告子齒[疾]。用。
395.8		癸酉卜：子其往于田，从剢（絕），擒。用。
395.9		癸酉卜：子其擒。子占曰：其擒。用。四麑、六龟。
395.10		癸酉卜：既呼，子其往于田，囟亡事。用。
398.1		□用。
398.2		戊□用□于□三。

398.5		□用□。
400.2		乙亥夕卜：其雨。子占曰：今夕雪，其于丙雨，其多日。用。
400.4		丁卜：[雨]其[延]于庚。子占曰：□。用。
401.4		乙卜：于暉[㪅]妣庚。用。
401.9		乙夕卜：歲十牛妣庚于吕。用。
402.1		□用。
416.3		庚寅卜：子往于舞，侃，若。用。
416.6		庚寅卜：子弜[往]裸，叀子畫。用。
416.9		弜比旋。不用。
416.12		甲午：延𠆢妦官。用。
419.2		用。
419.4		用。
420.1		甲辰卜：丁各，矢（昃）于我。用。
420.5		壬子卜：子丙𣪘（速）。用。□各，呼㱃（飲）。
421.1		壬辰夕卜：其宜靯一于妦，若。用。

421.2		壬辰夕卜：其宜羌一于㚔，若。用。
426.1		癸巳卜：暨甲歲祖甲牡一，衩（祐）𢀛一，于日出。用。
426.3		甲午卜：歲祖乙牝一，于日出𢼄。用。
426.4		甲午卜：歲祖乙牝一，于日出𢼄。用。
427.1		丁丑卜：在兹往崖（徵）禦癸子弜于㚔。用。
427.2		戊寅卜：翌己，子其見（獻）戚于丁，侃。用。
427.3		己卯卜：庚辰舌彡妣庚，先𢼄牢，後𢼄牝一。用。
427.4		己卯卜：庚辰舌彡妣庚，先𢼄牢，後𢼄牝。用。
428.1		庚辰卜：于既宰𢼄牝一，𢀛妣庚。用。彡舌。
428.3		馬。用。
428.6		庚申卜：弜□鹿□。用。
435		不用。
437.5		庚申夕卜：子其呼卲㓞于𠂤，若。用。
442.1		用。
442.2		用。
449.7		乙亥：弜巳叡盗（䜌）龜于室。用。

450.2		壬戌卜：子弜[illegible]。用。
450.4		丁卯卜：子其入學，若，侃。用。
450.5		丁卯卜：子其入學，若，侃。用。
451.1		己巳卜：暨庚歲妣庚黑牛又羊，莫（暮）𢼄。用。
451.3		戊寅卜：自[illegible]帶其見（獻）于婦好。用。
451.8		丙戌卜：子其往于[illegible]，若。用。子不宿雨。
453.2		甲卜：呼多臣見（獻）暨于丁。用。
453.5		□用。
454.1		庚戌卜：子呼多臣燕見（獻）。用。不率。
454.3		乙卯卜：子其自畬（飲），弜壼（速）。用。
454.4		乙卯卜：子其畬（飲），弜壼（速）。用。
458		孜乃先𣪊妍，廼入炋。用。
459.1		癸丑卜：叀二牢于祖甲。不用。
459.2		癸丑卜：叀一牢又牝于祖甲。不[用]。
459.3		癸丑卜：子裸新鬯于祖甲。用。
459.4		甲寅：叀牝一祖乙。不用。

459.7		叀黑豕祖甲。不用。
459.8		癸酉卜：歲子癸豕。用。
467.2		戊戌卜，在濘：子射，若。不用。
467.4		己亥卜，在吕：子其射，若。不用。
467.7		唯㞢麃子。不用。
467.8		戊卜：叀卲呼匄。不用。
467.9		戊申卜：叀䰠呼匄馬。用。在麗。
467.10		叀𦎫呼匄。不用。
467.11		叀𦎫呼匄。不用。
468.2		歲彘妣丁。用。
473.1		甲申：子其學羌，若，侃。用。
473.2		孜乃弜往又祉，若。用。
474.2		甲子卜：夕歲祖乙，祼告妣庚。用。
474.5		率彭（酒）革。不用。
474.6		子叀㚤田，言妣庚眔一宰，彭（酒）于㚤。用。
474.9		辛巳卜：于癸攺旬牛。不用。于甲攺。

476.1	用。
476.2	用。
478	乙卯卜：其禦大于癸子，冊⿰豕土一，又鬯。用。有疾子炅。
480.2	癸酉卜，在[illegible]：丁弗賓祖乙彡。子占曰：弗其賓。用。
480.3	癸酉，子炅[金]在[illegible]：子呼大子御丁宜，丁丑王入。用。來狩自斝。
480.4	甲戌卜，在[illegible]：子有令[馭]丁告于[illegible]。用。子[illegible]。
480.5	甲戌卜，子呼剢妨婦好。用。在[illegible]。
481.1	乙丑卜：有吉夸（辛）子具[illegible]，其以入，若，侃，有彭值。用。
481.2	乙亥：歲祖乙黑牡一，又羌一，叀子祝。用。又皀。
487.1	甲寅卜：乙卯子其學商，丁侃。用。
487.2	甲寅卜：乙卯子其學商，丁侃。子占曰：有求（咎）。

	用。子臀。
488.5	□用。
490.1	己卯：子見（獻）晌以璧、戚于丁。用。
490.2	己卯：子見（獻）晌以圭罘[illegible]、璧丁。用。
490.3	己卯：子見（獻）晌以圭于丁。用。
490.4	己卯：子見（獻）晌以戚丁，侃。用。
490.12	壬子卜：其將妣庚示，[illegible]于東官。用。
492	壬寅卜，子炅：子其屰[illegible]于婦，若。用。
493.1	戊子卜：叀子畫呼匄馬。用。
493.6	壬辰卜：[illegible]（向）癸子夢丁裸，子用瓚，亡至艱。
495	丁未卜：宜乳祖乙，丁畬（飲）。用。
498	癸卯卜，在糞：發以馬。子占曰：其以。用。
504	用。
508.2	□。不用。
532	用。
534	□，用。

557	用。

乎（呼）

34.14	己酉卜：翌日庚，子呼多臣燕見（獻）丁。用。不率。
34.2	壬申卜：既呼食，子其往田。用。
37.21	壬子卜：子以婦好入于䖒，子呼多賈見（獻）于婦好，肇紤八。
37.22	壬子卜：子以婦好入于䖒，子呼多禦正見（獻）于婦好，肇紤十，往䨘。
38.5	壬卜：丁聞子呼[視]戎，弗作𣚴（虞）。
48	呼用馬。
63.2	辛亥卜：子其以婦好入于䖒，子呼多禦正見（獻）于婦好，肇紤十，往䨘。
85.1	其呼作䊷北。
85.3	終小甲日，子呼狩。

92.2		甲卜：呼多臣見（獻）𠭁丁。用。
109		□卜：子呼又□先于[illegible]。用。
125.1		丁卜：子令庚侑有母，呼求囟，索尹子人。子曰：不于戊，其于壬人。
179.5		丁未卜：叀卲呼匄賈[illegible]（禾馬）。
179.6		叀䖒呼匄賈[illegible]（禾馬）。
183.14		翌甲，其呼多臣舟。
183.15		翌甲，其呼多臣舟。
195.2		辛亥卜：子肈婦好㲋，往𨸏。在妣。
196.1		丙午卜，在麗：子其呼多尹入璧，丁侃。
200		□乎□用。
220.6		甲申卜：叀配呼曰婦好告伯屯（純）。用。
220.8		乙酉卜：呼𡍬（徵）𩰫，若。用。
220.9		乙酉卜：呼𡍬（徵）𩰫，若。用。
247.8		乙丑卜：呼弔卲，若。
247.9		乙丑卜：呼弔卲，若。

247.10	乙丑卜：呼畫告子，弗艱。
249.1	在𩫖卜：呼□歸，戌束。
249.2	在𩫖卜：呼皿歸，戌束。
249.3	[在]𩫖[卜]：呼人歸。
249.4	在𩫖卜：弜呼人歸。
249.5	[在𩫖]卜：弜呼人歸，□丁，若。
252.4	叀㓷（絕）人呼先奏，入人迺往。用。
252.5	叀㓷（絕）人呼先奏，入人迺往。用。
252.6	叀入人呼。用。
255.3	弜呼發燕。
255.4	呼𡹾（徵）燕。不用。
255.5	乙亥卜：弜呼𡹾（徵）燕。用。
255.6	乙亥卜：弜呼多賈見（獻）。用。
264.4	己未卜，在[glyph]：子其呼射告眔我南征，唯矢（昃）若。
264.5	弜呼眔南，于若。
275.9	乙亥卜：其呼多賈見（獻），丁侃。

275. 10		呼多賈眔辟，丁侃。
284. 2		戊卜：其呼□攺豕于吕。
286. 28		辛：于既呼食廼宜。
288. 5		戊子卜：其呼子畵匄馬，不死。用。
288. 7		甲午卜：子叀（速），不其各。子占曰：不其各，呼饗。用。舌祖甲彡。
290. 2		壬辰卜：呼[𡉚（徵）]禦于又示。
290. 8		乙未卜：呼多賈㞋西饗。用。矢（昃）。
290. 9		乙未卜：呼多賈㞋西饗。用。矢（昃）。
290. 10		乙未卜：呼𡉚（徵）燕見（獻）。用。
290. 11		乙未卜：呼𡉚（徵）燕見（獻）。用。
295. 1		戊午卜：子又呼逐鹿，不䢅（奔）馬。用。
295. 2		庚申卜：于既呼□。用。
352. 2		壬辰：子夕呼多尹□𢓊南豕，弗遘。子占曰：弗其遘。用。
365. 4		□呼□。

379.1		丙辰卜：子其匄黍于婦，叀配呼用。
381.2		于既乎。用。
395.10		癸酉卜：既呼，子其往于田，囟亡事。用。
401.12		丙卜：丁呼多臣復，囟非心、于不若，唯吉，呼行。
416.8		壬辰卜：子呼比射發旋，若。
416.10		壬辰卜：子呼射發復取有車，若。
416.11		癸巳卜：子叀大命，呼比發取有車，若。
420.4		庚戌卜：唯王命余呼燕，若。
420.5		壬子卜：子丙𧉂（速）。用。□各，呼畣（飲）。
437.5		庚申夕卜：子其呼剾𠛱于𠜲，若。用。
453.2		甲卜：呼多臣見（獻）𥌓于丁。用。
454.1		庚戌卜：子呼多臣燕見（獻）。用。不率。
454.2		庚戌卜：弜呼多臣燕。
467.8		戊卜：叀卲呼匄。不用。
467.9		戊申卜：叀䖒呼匄馬。用。在麗。
467.10		叀𩫖呼匄。不用。

467.11	叀辜呼匄。不用。
475.5	庚戌卜：子叀發呼見（獻）丁，眔大亦燕。用。昃。
475.10	壬子卜：子弜𨑩（速），呼畬（飲）。用。
480.3	癸酉，子炅，在𫹉：子呼大子禦丁宜，丁丑王入。用。來狩自斝。
480.5	甲戌卜，子呼㝨妨婦好。用。在𠂤。
482.1	□呼□。
493.1	戊子卜：叀子畵呼匄馬。用。

卜

61.1	癸卯卜，亞奠貞，子占曰：𠆢用。
61.2	癸卯卜，亞奠貞，子占曰：終卜用。
102.3	乙卜，貞：二卜有求（咎），唯見，今有心敫，亡憂。
183.2	丙卜：用二卜，曹五宰妣庚。
236.27	壬：𥁕于室卜（外）。

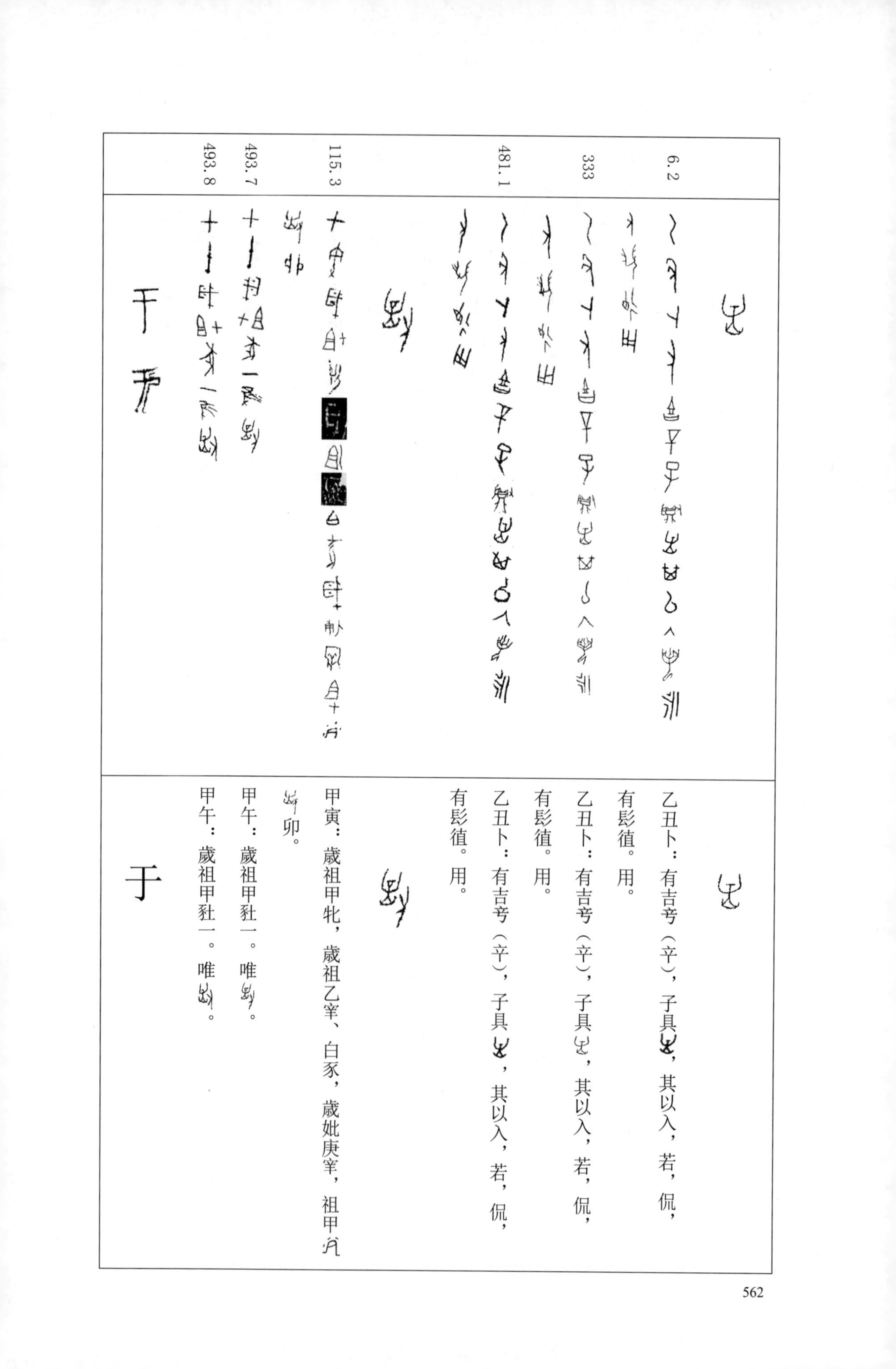

编号	摹本	释文
6.2		乙丑卜：有吉夸（辛），子具[illegible]，其以入，若，侃，有彭值。用。
333		乙丑卜：有吉夸（辛），子具[illegible]，其以入，若，侃，有彭值。用。
481.1		乙丑卜：有吉夸（辛），子具[illegible]，其以入，若，侃，有彭值。用。
115.3		甲寅：歲祖甲牝，歲祖乙宰、白豕，歲妣庚宰，祖甲[illegible][illegible]卯。
493.7		甲午：歲祖甲𧰨一。唯[illegible]。
493.8		甲午：歲祖甲𧰨一。唯[illegible]。

于

2.2		戊子卜，在麤：子弜射，于之若。
3.1		丙卜：𡚬有由女，子其告于婦好，若。
3.6		己卜：叀豕于妣庚。
3.7		己卜：叀牝于妣庚。
3.12		壬卜：于乙延休丁。
3.15		壬卜：于既𦎫廼□。
5.1		乙亥卜：戠（待），于之若。
5.2		乙亥卜：叀子配使于婦好。
5.10		乙亥卜：婦好有事，子唯妹于丁，曰婦好。
7.2		叀一羊于二祖用，入自麤。
7.4		弜射，于之若。
7.6		丁未卜：新馬其于贾視，右用。
7.7		丁未卜：新馬其于贾視，右不用。
9.3		丙寅夕卜：由𣚍（虞）于子。
9.4		丙寅夕卜：侃，不𣚍（虞）于子。
13.3		弜巳祝，叀之用于祖乙。用。

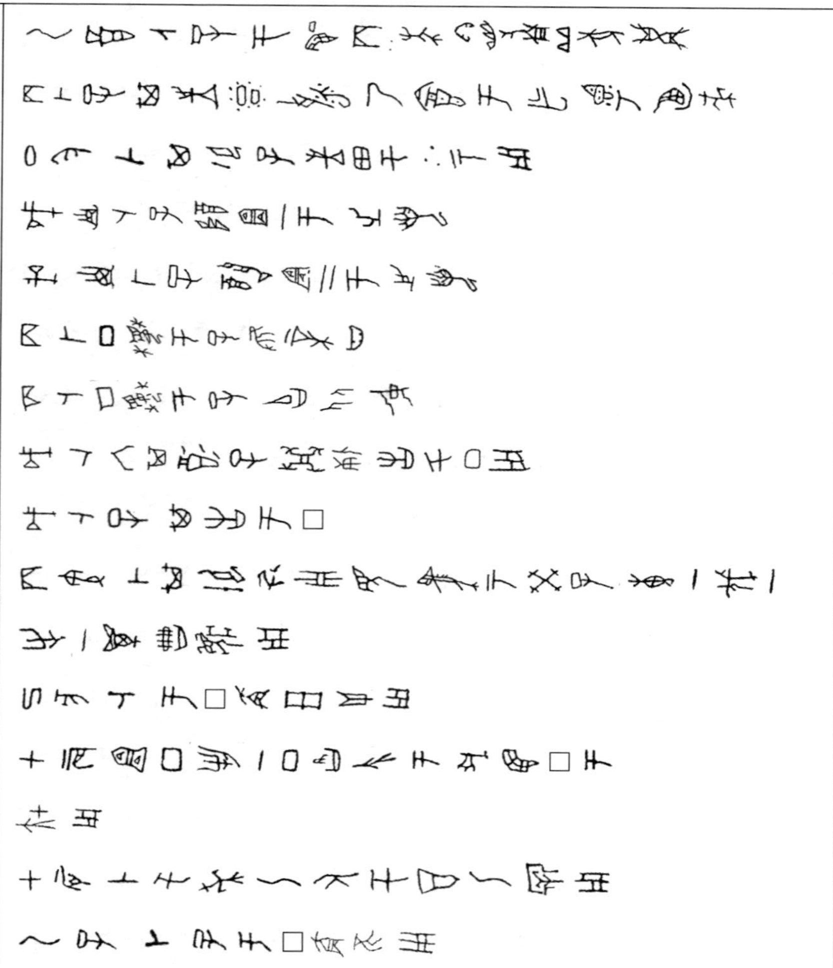

14.3		乙酉卜：子于曒丙求陀南丘豕，遘。
16.1		丙卜：子其往吕，𢼄乃畬（飲），于作𨸏廼來。
21.2		丁丑卜：其禦子往田于小示。用。
26.9		戊子卜：子隮宜一，于之若。
26.10		戊子卜：子隮宜二，于之若。
28.4		丙卜：丁𣚍（虞）于子，唯亲齒。
28.5		丙卜：丁𣚍（虞）于子，由从中。
28.6		戊卜：六〈今〉其彰（酒）子興妣庚，告于丁。用。
28.8		戊卜：子其告于□。
29.1		丙寅卜：其禦，唯賈視馬于癸子，叀一伐、一牛、一鬯，冊夢。用。
29.4		己亥卜：于[庭]爯戚𢆉。用。
34.4		甲辰：宜丁牝一，丁各，夨（昃）于我，翌[日]于大甲。用。
34.5		甲辰卜：于麥（來）乙，又于祖乙宰。用。
34.12		乙巳卜：子于[寢]爯。不用。

35.1	壬申卜：子往于田，从昔斮。用。擒四鹿。
36.6	其涿河狩，至于糞。
37.7	甲午：弜射，于之若。
37.18	丙午卜：子其射疾弓，于之若。
37.20	壬子卜：子以婦好入于㚤，肇戚三，往鏧。
37.21	壬子卜：子以婦好入于㚤，子呼多賈見（獻）于婦好，肇紤八。
37.22	壬子卜：子以婦好入于㚤，子呼多禦正見（獻）于婦好，肇紤十，往鏧。
37.23	癸丑卜：歲食牝于祖甲。用。
38.4	壬卜：子其入鳶、牛于丁。
39.15	叀秋于妣丁。
39.16	丙卜：叀秋于妣丁。
39.17	戊卜：子其取吴于夙，丁弗作。
41.1	庚卜：□庀于戓、配□。
49.1	丁丑：歲祖乙黑牝一，卯胴二于祖丁。

50.1	丁亥卜：子立于右。
50.2	丁亥卜：子立于左。
53.2	戊卜：𠕋妣庚，頪于权。
53.3	戊卜：𠕋妣庚，頪于权。
53.8	戊卜：于暱己[延]休于丁。
53.12	己卜：叀豕于妣庚。
53.14	己卜：叀牝于妣庚。
53.15	己卜：叀牝于妣庚。
53.16	己卜：叀宰于妣庚。
53.20	己卜：于官攺。
53.24	癸□：子夢，子于吉[爰]。
56	辛丑卜：禦丁于祖庚至□一，𠕋羌一人、二牢；至𡉚一祖辛禦丁，𠕋羌一人、二牢。
63.2	辛亥卜：子其以婦好入妋，子呼多禦正見（獻）于婦好，肇紤十，往𨫎。
63.4	辛亥卜：叀發見（獻）于婦好。不用。

63.5	癸丑卜：歲食牝于祖甲。用。
69.6	己卜：丁終𣚬（虞）于子疾。
69.7	己卜：丁終不𣚬（虞）于子疾。
76.2	乙卯卜：其禦大于癸子，𦉢𤘘一，又鬯。用。有疾。
80.1	癸卜：子告官于丁，其取田。
81.1	壬子[卜：其將□示]，[?]于東官。用。
81.4	癸酉：其右𪃔于賈[視]。
81.5	丙子卜：或馹于賈視。
85.5	歲二羊于庚，告發來。
90.6	戚、念其入于，若。
95	壬申卜，在𢔶：其禦于妣庚，𦉢十宰，[又]十鬯。用。在麄。
99.2	□入于丁。
103.1	丁卯卜：雨不至于夕。
103.2	丁卯卜：雨其至于夕。子占曰：其至，亡𡆥戊。用。

103.6		己巳卜，在㚔：庚不雨。子占曰：其雨，亡司（嗣）夕雨。用。
106.8		壬卜：于日隻（稱）攺牝妣庚，入又凿于丁。用。
108.3		辛丑卜：于翌逐狼。
108.6		辛丑卜：曜壬，子其以□周于㚔。子曰：不其[illegible]。孚。
109		□卜：子呼又□先于[illegible]。用。
113.16		五十牛入于丁。
113.17		冊四十牛妣庚，凶[桒（禱）]其于狩，若。
113.20		叙人豭（虤），于若。
113.26		傳五牛彡（酒）發以[生]于庚。
113.27		叀三牛于妣庚。
114.1		丙卜：子其敫于歲禦事。
114.2		丙卜：子弜敫于歲禦事。
115.2		乙巳：歲祖乙牢、牝，[illegible]于妣庚小宰。
122.1		丁□子亦唯侃于僕□丁婦。
125.1		丁卜：子令庚侑有母，呼求凶，索尹

	子人。子曰：不于戊，其于壬人。
142.3	祝，于白一牛用，卜歲祖乙用，子祝。
142.4	祝，于二牢用，卜歲祖乙用，子祝。
149.5	于麥（來）自伐廼攺牝于祖甲。用。
149.7	庚戌卜：子于辛亥告亞休，若。用。
150.4	甲寅卜：丁侃于子學商。用。
159.1	癸未卜：今月六日□于生月有至南。子占
	曰：其有至，𣄼月爰。
163.1	庚午卜，在𨚕：禦子齒于妣庚，[冊]牢，勿（物）牝，
	白豕。用。
163.2	□又齒于妣庚，冊牢，勿（物）牝，白豕至豕一。用。
168.1	其右賈馬于新。
168.2	其右䳓于賈視。
169.1	甲辰卜：丁各，夨（昃）于我，[翌日]于大甲。
173.6	丙申卜：子其往于𤰔，侃。用。
176.1	丁丑卜：子禦于妣甲，冊牛一，又鬯一，亡災，入商

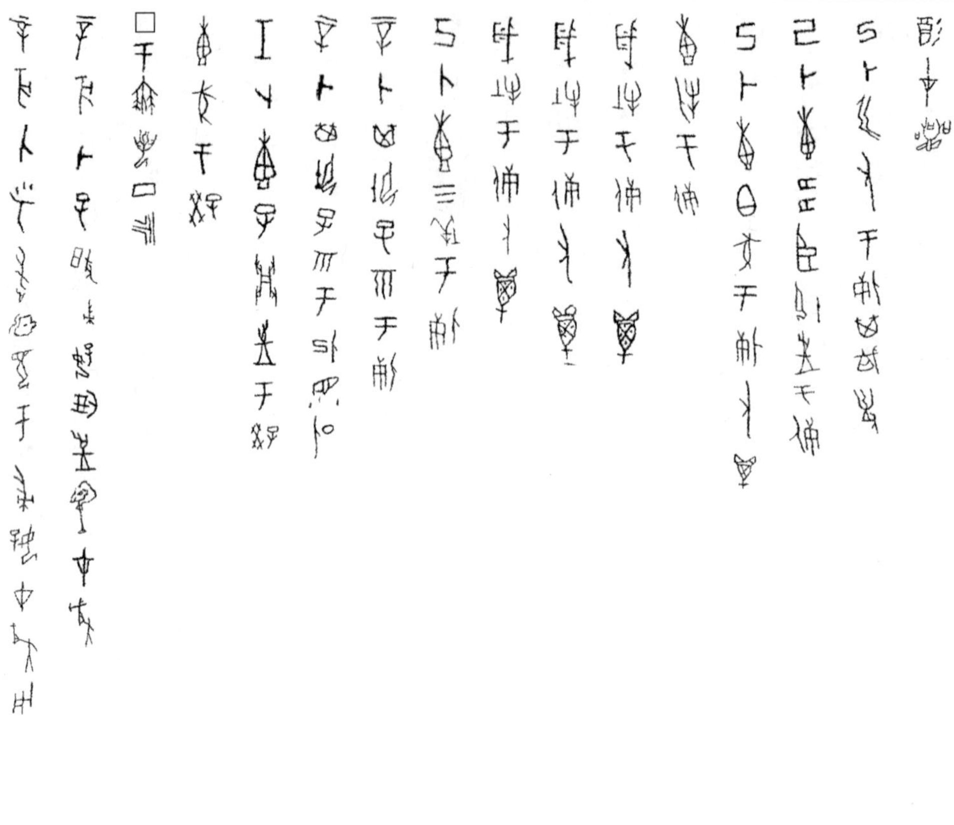

	彡（酒）。在麗。
181.7	己卜：弜又于妣庚，其忒杈。
181.8	己卜：叀多臣禦往于妣庚。
181.9	己卜：叀白豕于妣庚，又皀。
181.10	叀牝于妣庚。
181.11	歲牡于妣庚，又皀。
181.12	歲牡于妣庚，又皀。
181.13	歲牡于妣庚，又皀。
181.16	己卜：叀三羪于妣庚。
181.20	辛卜：其禦子馘于妣庚。
181.22	辛卜：其禦子馘于妣己眔妣丁。
181.31	壬卜：叀子興往于子癸。
181.34	叀豕于子癸。
183.7	往于舞，若，丁侃。
195.2	辛亥卜：子肇婦好㱿，往䢅。在𡧊。
195.3	辛亥卜：呼崖（徵）面見（獻）于婦好。在𡧊。用。

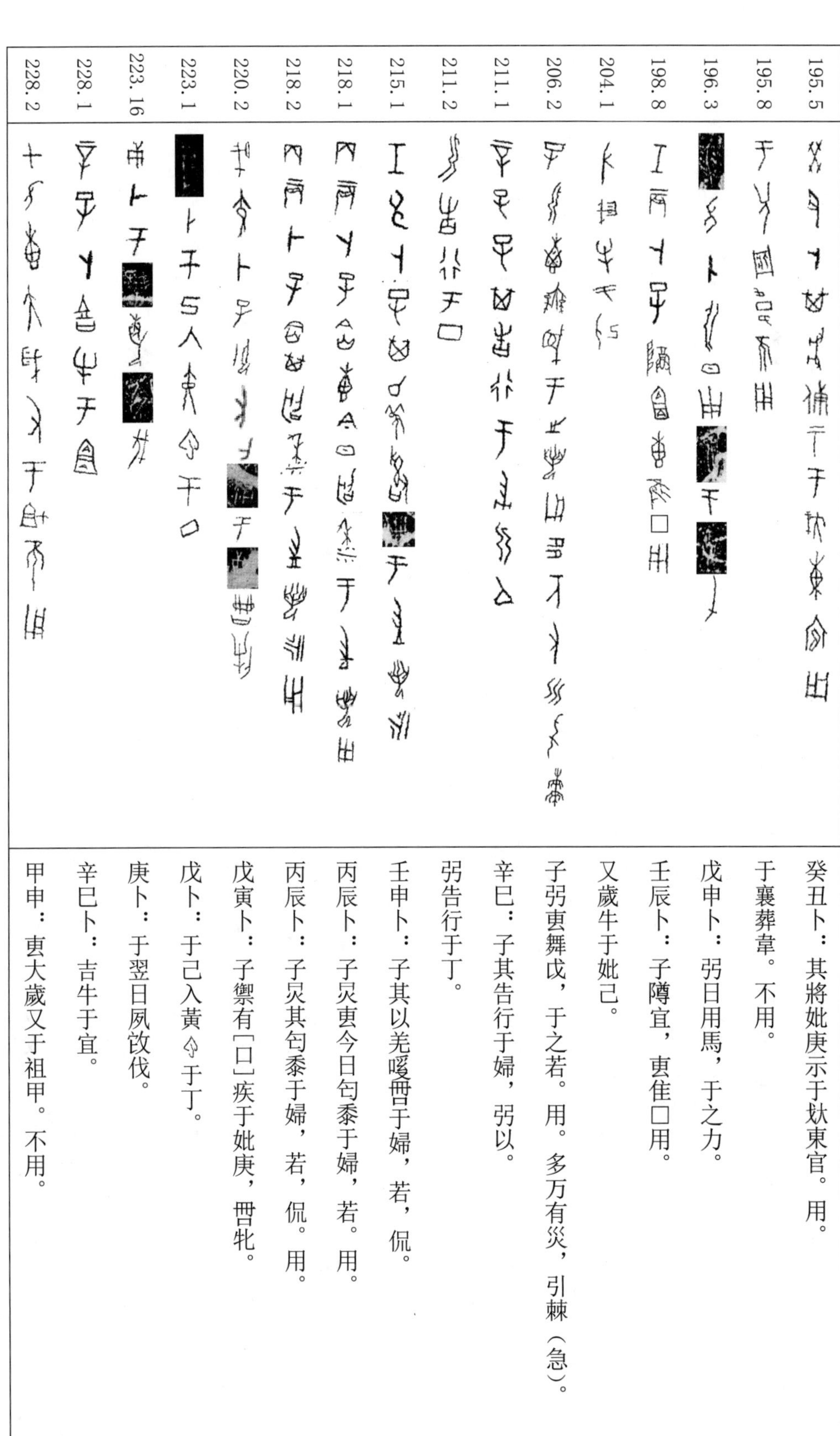

195.5	癸丑卜：其將妣庚示于𡚱東官。用。
195.8	于襄葬韋。不用。
196.3	戊申卜：弜日用馬，于之力。
198.8	壬辰卜：子隮宜，叀隹□用。
204.1	又歲牛于妣己。
206.2	子弜叀舞戉，于之若。用。多万有災，引棘（急）。
211.1	辛巳：子其告行于婦，弜以。
211.2	弜告行于丁。
215.1	壬申卜：子其以羌嗄𠕋于婦，若，侃。
218.1	丙辰卜：子炅叀今日匄黍于婦，若。用。
218.2	丙辰卜：子炅其匄黍于婦，若，侃。用。
220.2	戊寅卜：子禦有[口]疾于妣庚，𠕋牝。
223.1	戊卜：于己入黃[illegible]于丁。
223.16	庚卜：于翌日夙攺伐。
228.1	辛巳卜：吉牛于宜。
228.2	甲申：叀大歲又于祖甲。不用。

228.3	甲申卜：叀小歲攺于祖甲。用。一羊。
228.8	丁亥卜：吉牛束于宜。
228.9	丁亥卜：吉牛皆于宜。
228.10	吉牛于宜。
228.11	吉牛其于宜，子弗艱。
228.12	丁亥卜：吉牛于宜。
228.13	吉牛于宜。
228.14	丁亥卜：吉牛于宜。
228.15	戊子卜：吉牛于示，有剢，來又䍙。
228.16	戊子卜：吉牛其于示，亡其剢于宜，若。
228.17	戊子卜：吉牛于示。
228.19	戊子卜：有吉牛，弜隮于宜。
236.27	壬：盄于室卜（外）。
240.6	于妣庚宜靯。不用
241.6	乙巳卜：于既攺舌，迺攺靯一祖乙。用。
243	乙亥夕：彭（酒）伐一[于]祖乙，卯𤘘五，靯五，衩（祐）

	一𠧞，子肩禦往。
244	丁卯卜：既雨，子其往于田，若。孚。
247.3	癸丑卜：大叡弜禦子口疾于妣庚。
248.2	癸丑卜：子祼新𠧞于祖甲。用。
248.5	戊申卜：其將妣庚[示]，于[㚤]東官。用。
249.6	己卜：弜告季于[今]日。
249.11	□于丁，妣庚。
249.13	己卜：其告季于丁，侃。
249.14	己卜：其[告]季于丁，侃。
249.15	甲卜：在𩫖：皆見（獻）𠧞于丁。
249.20	甲卜，在𩫖：𠧞見（獻）于丁。
252.3	丁丑卜：其彈于𡧊，叀入人，若。用。子占曰：
	毋有孚，雨。
256.8	□于庚□。
257.1	丙卜：□事于丁，□。
257.3	□卜：□告戌禦□于𠂤。于丁雨入。

259.1	辛巳卜：新駜于以，舊在麗入。用。子占曰：奏艱。孚。
264.5	弜呼眔南，于若。
265.1	戊辰卜：子其以磬妾于婦好，若。
267.1	己亥卜：子于㚔宿，夙改牢妣庚。用。
269.5	□[牛]于妣庚。
269.8	[乙亥卜：子]其入白一于[丁]。
270.1	己巳：宜羌一于南。
270.2	己巳：宜羌一于南。
273.1	于母由𥨊子䶂𦬆。
276.1	乙卜：其又伐，于吕作，妣庚各。
276.3	乙卜：其又十𠳋妣庚。
276.6	乙夕卜：于㬇改妣庚。用。
276.9	戊卜：于㬇改牛妣己。
284.2	戊卜：其呼□改豕于吕。
286.9	壬卜：其尞妣庚，于茲束告，有彔，亡延𣳬。

286.14	癸卜：戠（待），弜尞于妣庚。
286.20	己卜：于日羞中攺三牛妣庚。
286.28	辛：于既呼食迺宜。
286.30	壬卜：婦好告子于丁，弗可。
286.31	癸卜：子其告人亡由于丁，亡以。
288.10	乙未卜：子其往于阯，獲。子占曰：其獲。用。獲三鹿。
288.12	己亥卜：毋往于田，其有事。子占曰：其有事。用。有宜。
289.4	丙卜：子其往于田，弜由[illegible]，若。用。
289.6	丙寅：其禦，唯賈視馬于癸子，叀一伐、一牛、一鬯，𠕋夢。用。
290.2	壬辰卜：呼[㞷（徵）]禦于又示。
294.1	壬子卜：子其告𡚬既圉丁。子曾告曰：丁族盜（毖）[illegible]宅，子其作丁雝（宮）于𡚬。
294.2	壬子卜：子戠（待）弜告𡚬既圉于[丁]，若。

294.3		壬子卜：子寢于妣，弜告于丁。
294.4		壬子卜：子丙其作丁雝（宮）于妣。
294.5		甲寅卜：子屰卜母孟于婦好，若。
295.2		庚申卜：于既呼□。用。
296.1		戊戌卜：駹□于[馬]。
297		己未卜：子其尋宜，叀往于日。用。往[glyph]。
302		乙亥：歲祖乙牢，[衩（祐）]卣一唯禦狩往。
304.3		子疾首，亡延。
304.4		乙卜：弜又于庚。
304.5		乙：歲于妣庚[彘]。
309.1		辛亥卜：在□亞于商。
309.2		壬子：歲祖甲□于□亞。
312.2		戊午卜：[glyph]擒。
313.2		己亥卜：于妣庚[豰]亡豕。用。
320.1		何于丁屰。
320.2		于母婦。

320.7	庚寅：子入𠂤四于丁。在麓。
322	甲卜：弜改于妣庚。
335.2	甲辰：宜[丁]牝一，[丁]各，夨（昃）于我，翌日于大甲。
336.3	丙辰：歲妣己豝一，告子臀。
349.2	□弜[卯]于□。
349.4	□于□弜□于□，乙□其丁有疾。
351.5	戊子卜，在[illegible]，[illegible]言曰：翌日其于舊官宜。允其。用。
352.1	己丑：歲妣庚牝一，子往于澫禦。
352.3	于賈視。
352.4	于賈視。
352.5	于𠧢黑左□。
352.6	丙申夕卜：子有鬼夢，祼告于妣庚。用。
355.2	乙巳卜：于□畬（飲），若。用。
355.3	乙巳卜：于入畬（飲）。用。

編號	釋文
355.4	丙午卜：其入自西祭，若，于妣己酉（酒）。用。
356.1	己卜：子其□□，于之若。
363.5	丁卯卜：爯于丁，ㄓ在庭廼爯，若。用。在𠨘。
367.2	癸亥卜：新馬于賈視。
367.3	于賈視。
368.2	□至于□。
371.3	庚子卜：子告其秉（梨）于婦。
372.8	甲午卜：子作戚分卯，[告]于丁，亡[以]。用。
376.1	戊申卜：子[祼]于妣丁。用。
379.1	丙辰卜：子其匄黍于婦，叀配呼用。
379.2	丙辰卜，子炅：丁往于黍。
380	庚戌卜：子于辛亥夙。子占曰：舣卜。子臀。用。
381.2	于既呼。用。
386.4	于小𩥉（禾馬）。
395.3	辛未卜：子其往于田，弜戠（待）肯。用。

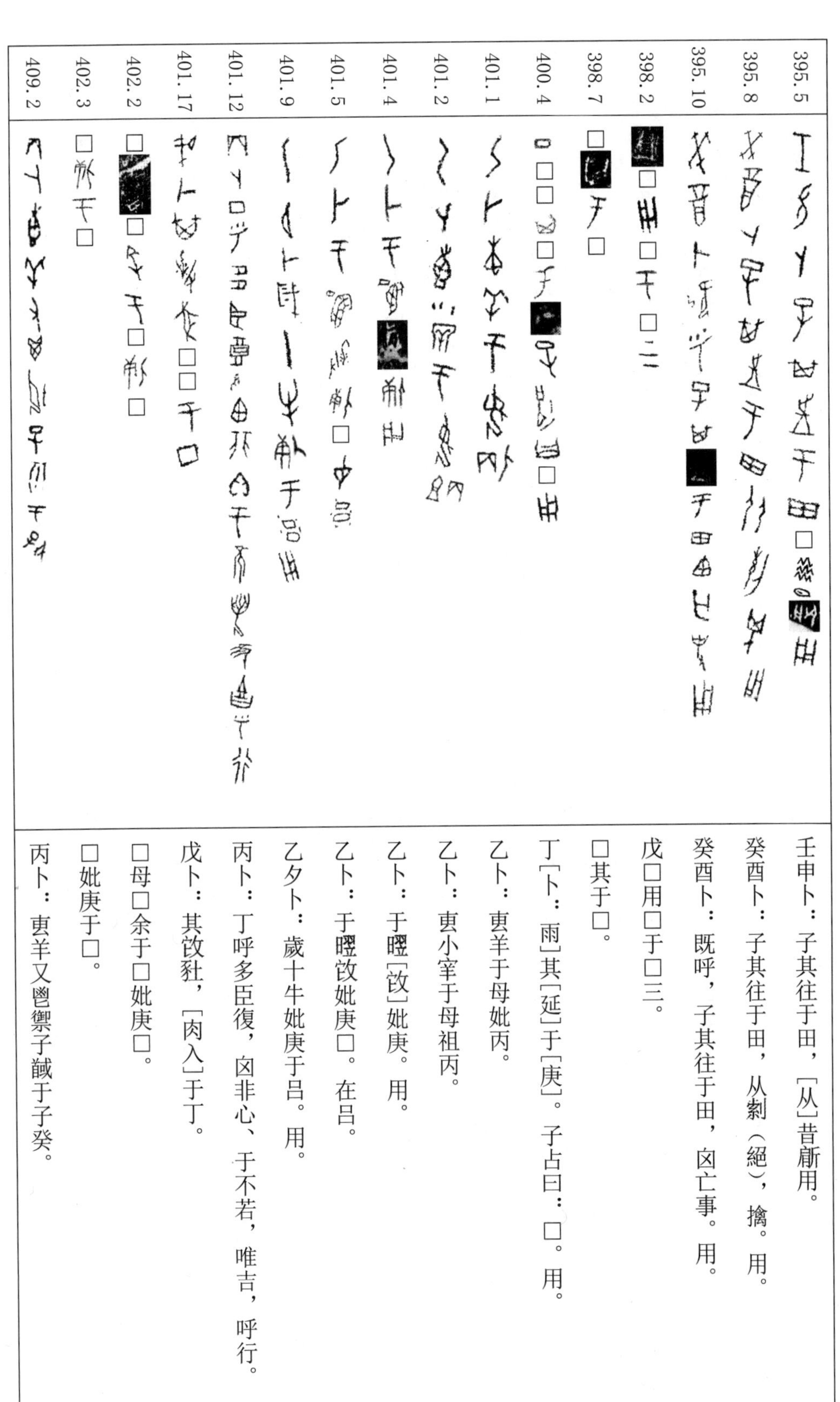

395.5	壬申卜：子其往于田，[从]昔斦用。
395.8	癸酉卜：子其往于田，从剢（絕），擒。用。
395.10	癸酉卜：既呼，子其往于田，囟亡事。用。
398.2	戊□用□于□三。
398.7	□其于□。
400.4	丁[卜：雨]其[延]于[庚]。子占曰：□。用。
401.1	乙卜：叀羊于母妣丙。
401.2	乙卜：叀小宰于母祖丙。
401.4	乙卜：于𣅀[皮攴]妣庚。用。
401.5	乙卜：于𣅀皮攴妣庚□。在吕。
401.9	乙夕卜：歲十牛妣庚于吕。用。
401.12	丙卜：丁呼多臣復，囟非心，于不若，唯吉，呼行。
401.17	戊卜：其皮攴豼，[肉入]于丁。
402.2	□母□余于□妣庚□。
402.3	□妣庚于□。
409.2	丙卜：叀羊又鬯禦子馘于子癸。

409.3		丙卜：叀牛又鬯禦子馘于子癸。
409.7		丙卜：吉，敌于妣丁。
409.8		丙卜：叀子興往于妣丁。
409.9		丙卜：其禦子馘于子癸。
409.10		丙卜：叀羊于妣丁。
409.11		丙卜：叀五羊又鬯禦子馘于子癸。
409.14		丙卜：叀子興往于妣丁。
409.29		壬卜：于乙延休丁。
409.32		乙卜：其屰吕多子于婦好。
416.3		庚寅卜：子往于舞，侃，若。用。
416.8		壬辰卜：子呼比射發旋，若。
420.1		甲辰卜：丁各，夨（昃）于我。用。
420.2		甲辰：宜丁牝一，[丁]各，夨（昃）于我，翌日于大甲。
420.3		甲辰卜：于祖乙歲牢又一牛，叀□。
421.1		壬辰夕卜：其宜靯一于妣，若。用。
421.2		壬辰夕卜：其宜靯一于妣，若。用。

422	于。
426.1	癸巳卜：䎟甲歲祖甲牡一，衩（祐）鬯一，于日出。用。
426.3	甲午卜：歲祖乙牝一，于日出改。用。
426.4	甲午卜：歲祖乙牝一，于日出改。用。
427.1	丁丑卜：在茲往𡎸（徵）禦子癸弜于〓。用。
427.2	戊寅卜：翌己，子其見（獻）弜于丁，侃。用。
428.1	庚辰卜：于既宰改牝一，鬯妣庚。用。彡舌。
437.5	庚申夕卜：子其呼刞剢于〓，若。用。
439.2	己亥八十于。
439.4	大庚〓于夕，其。
443.7	〓入人□于□牛，歲又□。
445.3	□于□丁。
446.10	丙卜：卯牛于䎟日。[用]。
449.7	乙亥：弜巳叙盜（祕）龜于室。用。
451.3	戊寅卜：自〓帶其見（獻）于婦好。用。
451.8	丙戌卜：子其往于〓，若。用。子不宿雨。

453.2	甲卜：呼多臣見（獻）𠬝于丁。用。
453.6	□甲□丁□于□。
459.1	癸丑卜：叀二牢于祖甲。不用。
459.2	癸丑卜：叀一牢又牝于祖甲。不[用]。
459.3	癸丑卜：子祼新鬯于祖甲。用。
465.1	甲[卜：乙]□[告子]□于妣庚□。
465.5	戊卜：于□。
467.3	戊戌卜，在濘：子弜射，于之若。
467.5	弜射，于之若。
472.4	于庚夕彭（酒）。
472.5	于辛亥彭（酒）。
474.4	己巳卜：子祼告，其柬革于妣庚。
474.6	子叀䖵田，言妣庚眔一宰，彭（酒）于䖵。用。
474.7	庚午卜：子其祼于癸子。
474.9	辛巳卜：于癸旼旬牛。不用。于甲旼。
475.1	癸卯卜：𠬝祼于昃。用。

475.9	辛亥卜，子曰：余丙壷（速）。丁命子曰：往眔婦好于曼麥。子壷（速）禦。
478	乙卯卜：其禦大于癸子，𠕋𤕌一，又鬯。用。有疾子炅。
480.4	甲戌卜，在：子有令[㱿]丁告于。用。子。
488.3	□多臣禦于妣庚□。
490.1	己卯：子見（獻）晌以璧、戚于丁。用。
490.3	己卯：子見（獻）晌以圭于丁。用。
490.12	壬子卜：其將妣庚示，于東官。用。
492	壬寅卜，子炅：子其屰于婦，若。用。
494.1	戊卜，在龘：其告人亡由于丁，若。
494.2	戊卜，在龘：于商告人亡由于丁，若。
494.3	己卜：在龘：其告人亡由于丁，若。
494.4	己卜，在龘：于商告人亡由于丁，若。
502.3	𡳿（臺）于南。

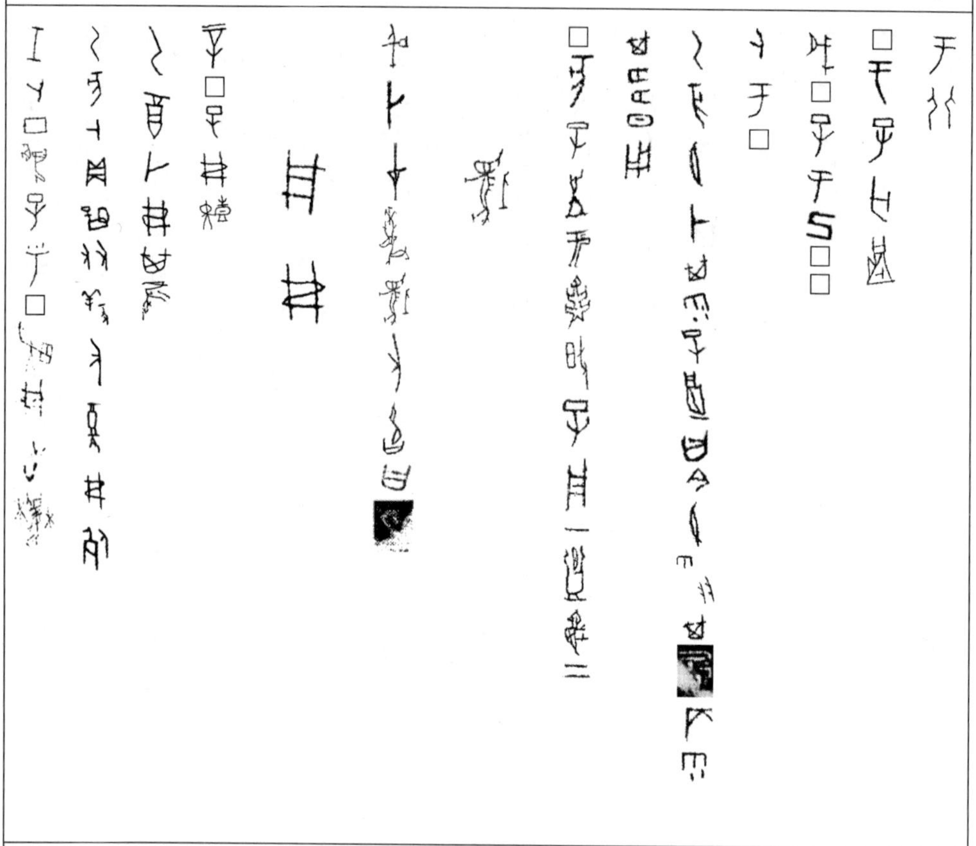

502.4		于北。
518		□于子亡憂。
549		戊[申]：子于己□□。
558		卜：于□。
400.2		乙亥夕卜：其雨。子占曰：今夕雪，其于丙雨，其多日。用。
450.3		癸亥：子往于𢿣，肇子丹一、盜（𢓊）龜二。

駜

375.1		戊卜，在麤，駜有告，曰。

弗

3.11		辛[卜]：子弗艱。
14.2		乙酉卜：弗其獲。
21.1		乙亥卜，貞：子雍友敎有復，弗死。
38.5		壬卜：丁聞子呼[視]戎，弗作𣞤（虞）。

38.6		南弗死。
39.17		戊卜：子其取吴于夙，丁弗作。
75.2		戊卜：子作丁臣旂，弗作子鞎。
108.5		辛丑卜：其逐狼，弗其獲。
113.2		子敳獲，弗蠱。
113.3		子敳獲，弗蠱。
113.4		子敳獲，弗蠱。
215.2		甲戌卜，貞：羌弗死子臣。
221.4		弗□庚出。
228.11		吉牛其于宜，子弗鞎。
236.26		庚卜：丁弗饗鬻（肆）。
236.28		壬卜：子弗其有憂。
247.7		乙丑卜：叙弔子弗臣。
247.10		乙丑卜：呼畵告子，弗鞎。
247.12		弗鞎。
255.8		己丑：歲妣庚一牝，子往澫禦，[興]。

266.3		弗稽五旬。
277.5		弗稽五旬。
286.29		壬卜：卜宜不吉，子弗条（遭）有艱。
286.30		壬卜：婦好告子于丁，弗[illegible]。
289.5		丙寅卜：賈[異]弗馬。
290.4		癸巳卜：自今三旬有至南。弗[illegible]（及）三旬，二旬又至三日。
320.5		丁卜：弗其比何，其艱。
321.3		丙辰卜：妁有取，弗死。
345.5		弗正。
352.2		壬辰：子夕呼多尹□阠南豕，弗遘。子占曰：弗其遘。用。
361.1		丙卜：子既祝，有若，弗左妣庚。
366.2		乙丑卜：丁弗稽乙亥其出。子占曰：庚、辛出。
369		壬辰卜，貞：右馹弗安，有赴，非鷹□。子占曰：三日不死，不其死。

378.2	弗其擒。
446.14	子弗艱目疾。
449.2	辛未卜：丁弗其比伯或伐卲。
480.2	癸酉卜，在[illegible]：丁弗賓祖乙彡。子占曰：弗其賓。用。
102.1	乙卜，貞：賈艱有口，弗死。
102.2	乙卜，貞：中周有口，弗死。

亡

3.17	其宅北室，亡蒴（瘁）。
39.21	庚卜：弜犖，子耳鳴，亡小艱。
60.4	亡其[剢]賈馬。
102.3	乙卜，貞：二卜有求（咎），唯見，今有心敫，亡憂。
103.2	丁卯卜：雨其至于夕。子占曰：其至，亡翌戊。用。
103.5	己巳卜，在𣎳：其雨。子占曰：今夕其雨，若。己雨，其于翌庚亡司（嗣）。用。

103.6		己巳卜，在犾：庚不雨。子占曰：其雨，亡司（嗣）夕雨。用。
113.10		乙卜：丁有鬼夢，亡憂。
113.23		己卜，貞：子亡不若。
118		壬午卜：引其死，在圉，亡其事。
139.1		乙卜：季母亡不若。
149.3		己亥卜：子夢［人］見（獻）子戚，［亡］至艱。
149.8		辛亥卜：子告有口疾妣庚，亡晋。
159.2		癸未卜：亡其至南。
181.19		庚卜：子心疾，亡延。
181.26		壬卜：子舞权，亡言，丁侃。
181.27		壬卜：子舞权，亡言，丁侃。
181.35		卜：不吉。貞：亡憂，妣庚小宰。用。
208.1		戊卜，貞：㞷亡至艱。
228.16		戊子卜：吉牛其于示，亡其剢于宜，若。
241.3		亡。

241.5	亡。
247.13	丁丑卜：子其往田。亡害。
247.14	丁亥卜：子𡧊其往，亡災。
257.11	□妣庚[阩告]亡𣛭（虞）。
264.2	己未卜，貞：賈壴有疾，亡延。
267.7	乙巳卜：出，子亡肇。用。
275.7	乙亥卜：舌祖乙彡窜、一牝，子亡肇丁。
275.8	乙亥卜：舌祖乙彡牢、一牝，子亡肇丁。
279.1	□子有鬼夢，[亡]憂。
286.9	壬卜：其尞妣庚，于茲束告，有彔，亡延[illegible]。
286.10	壬卜：束亡延[illegible]。
286.19	丙卜：叀玄圭爯丁，亡聯。
286.31	癸卜：子其告人亡由于丁，亡以。
290.5	亡其至南。
299.5	戊辰卜：大有疾，亡延。
304.1	甲卜：子疾首，亡延。

304.2		子疾首，亡延。
313.2		己亥卜：于妣庚[𣪕]亡豕。用。
324.3		己亥卜：子叀今□用，唯亡豕。
349.3		子亡□。
349.14		子亡憂。
349.19		子夢丁，亡憂。
349.20		子有鬼夢，亡憂。
351.3		戊子卜，在[illegible]，貞：不子[illegible]有疾，亡延，不死。
364.1		貞：子亡憂。
372.8		甲午卜：子作戚分卯，[告]于丁，亡[以]。用。
395.10		癸酉卜：既呼，子其往于田，囟亡事。用。
398.6		□□亡□。
403.1		己卜：子有夢，𡧊裸，亡至艱。
409.12		丙[卜]：子其[illegible]妣庚，亡𦧃。
430.1		旬貞亡多子憂。
430.2		旬□亡□。

編號	甲骨文	釋文
446.5		甲卜：子首疾，亡延。
446.6		甲卜：子其往[illegible]，子首亡延。
446.18		己卜，貞：歲卜亡吉，亡憂。
450.1		壬戌卜，在□利：子耳鳴，唯有緺，亡至艱。
493.6		壬辰卜：[illegible]（向）癸子夢丁祼，子用瓚，亡至艱。
494.1		戊卜，在麗：其告人亡由于丁，若。
494.2		戊卜，在麗：于商告人亡由于丁，若。
494.3		己卜：在麗：其告人亡由于丁，若
494.4		己卜，在麗：于商告人亡由于丁，若。
505.1.2		子貞：□豊亡至憂。
505.3		貞：畫亡其艱。
505.4		□貞：目[illegible]，亡其又甘。
518		□于子亡憂。

亡害

編號	甲骨文	釋文
53.25		癸卜，貞：子耳鳴，亡害。

53.26	癸卜，貞：子耳鳴，亡害。
113.13	貞：多尹亡害。
247.13	丁丑卜：子其往田。亡害。
501.1	丁卜：子耳鳴，亡害。

亡艱

124.9	戊卜：子夢𢀛，亡艱。
165.3	貞：㠯，亡艱。
165.4	亡艱。
240.8	己巳：利亡艱。
449.3	貞：子晝爵祖乙，庚亡艱。
449.4	癸酉卜，貞：子利爵祖乙，辛亡艱。

亡賓

173.3	丙申卜，子占曰：亦叀茲孚，亡賓。

祖

7.5	庚子卜，在我：祖□。
29.2	庚寅：歲祖□牝一，𠬝祝。
161.1	辛未：歲祖乙黑牡一，衩（祐）𢀛一，子祝。曰：毓（戚）祖非曰云兕正，祖唯曰彔畋不又醴（擾）。
363.3	辛卜：歲祖□𤘒，登自丁[黍]。在𤰔，祖甲延。
372.6	甲午卜：歲祖□叀祝。
439.1	癸巳祖工丯丁。
467.6	庚子卜：在[我]：祖□其眔𠂤鷹。
530	舌祖□。

火

59.1	辛未卜：子其亦彖（邋），往田，若。用。壬申卜：目喪火言曰：其水，允其水。
179.3	丙午卜：其敕火匄賈𩡧（禾馬）。用。

丘

14.1	乙酉卜：子又之阢南小丘，其罧，獲。
14.3	乙酉卜：子于曌丙求阢南丘豕，遘。

炅

2.3	友貞：子炅。
2.4	友貞：子炅。
6.5	子炅貞。
55.1	丁亥卜：子炅。
55.2	丁亥卜：子炅。
75.7	己卜：子炅。
80.2	甲卜：子炅。
122.2	子炅貞：其有艱。
152	友貞：子炅。
183.10	壬卜：子炅。

218.1		丙辰卜：子㚔叀今日匄黍于婦，若。用。
218.2		丙辰卜：子㚔其匄黍于婦，若，侃。用。
235.1		庚卜：子㚔。
247.4		甲寅卜：子㚔。
247.14		丁亥卜：子㚔其往，亡災。
314.3		賈㚔。
337.2		己卜：子㚔。
337.4		庚卜：子㚔。
379.2		丙辰卜：子㚔：丁往于黍。
384.3		壬卜：子㚔。
384.4		壬卜：子㚔。
416.13		庚子卜：子㚔。
419.1		戊卜：子㚔。
455.3		乙丑卜：我人甾友子㚔。
474.1		甲子卜：子㚔。
478		乙卯卜：其禦大于癸子，冊豼一，又鬯。用。

		有疾子𡰥。
480.3		癸酉，子𡰥在[illegible]：子呼大子禦丁宜，丁丑王入。
		用。來狩自斝。
492		壬寅卜，子𡰥：子其屰[illegible]于婦，若。用。
560		庚卜：子𡰥。
		[illegible]
113.11		丁有鬼夢，[illegible]在田。
		臭
240.5		戊辰：宜□□臭。用。在入。
		陟
178.4		癸卯夕：歲妣庚黑牝一，在入，陟盂。
178.5		陟盂。用。

⿰阝企

205.2 ⿰阝企貞。

441.4 貞：⿰阝企。

349.8 ⿰阝企貞。

349.18 ⿰阝企貞。

⿰阝坐

33 子⿰阝坐貞。

阺

14.3 乙酉卜：子于𣅬丙求阺南丘豕，遘。

14.7 遘阺鹿。子占曰：其遘。

289.7 丁卯卜：子其往田，从阺西𤜱，遘獸。子占曰：不三其一。孚。

隮

26.9	戊子卜：子隮宜一，于之若。
26.10	戊子卜：子隮宜二，于之若。
228.19	戊子卜：有吉牛，弜隮于宜。
34.1	辛卯卜：子隮宜，叀幽廌。用。
34.2	辛卯卜：子隮宜，叀[馭]□。不用。
198.2	辛卯卜：子隮宜，至二日。用。
198.3	辛卯卜：子隮宜，至三日。不用。
198.5	辛卯卜：子隮宜，叀幽廌用。
198.67	壬辰卜：子隮宜。右左叀廌用，中叀䮒用。
198.8	壬辰卜：子亦隮宜，叀䮒，于左右用。
198.9	壬辰卜：子隮宜，叀隹□用。

臽

165.3	貞：臽，亡艱。

[illegible]

181.17 己卜：丁[illegible]（虞），不[illegible]。

念

90.6 戚、念其入于，若。

佰（宿）

10.1 乙未卜：子宿在[illegible]，終夕□圭自□。子占曰：不[擒]。

60.2 甲子：丁各宿。

267.1 己亥卜：子于[illegible]宿，夙[illegible]小牢妣庚。用。

451.8 丙戌卜：子其往于[illegible]，若。用。子不宿雨。

圭

193 乙亥：子叀白圭爯用，唯子見（獻）。

203.11	丙卜：叀子圭用罘聯爯丁。用。
286.18	丙卜：叀絞（皎）吉圭爯丁。
286.19	丙卜：叀玄圭爯丁，亡聯。
359	丙卜：叀小白圭[子]□。
363.4	丁卯卜：子勞丁，爯黹[圭一、聯九]。在，狩□畀。
480.1	丙寅卜：丁卯子勞丁，爯黹圭一聯九。在。來狩自畀。
490.2	己卯：子見（獻）晌以圭罘、璧丁。用。
490.3	己卯：子見（獻）晌以圭于丁。用。
475.4	乙巳卜：有圭，叀之畀丁，聯五。用。

吉

6.2	乙丑卜：有吉亐（辛），子具，其以入，若，侃，有彭值。用。
53.24	癸□：子夢，子于吉[爰]。
149.11	癸亥卜：子氰（迄）用丙吉弓射，若。

165.1	子有夢，唯□吉。
181.35	卜：不吉，貞：亡憂，妣庚小宰。用。
228.1	辛巳卜：吉牛于宜。
286.18	丙卜：叀絞（皎）吉圭爯丁。
299.2	有吉牛，叀之攺。
300.1	丙寅卜，在[illegible]：甾友有同，唯其有吉。
333	乙丑卜：有吉夸（辛），子具[illegible]，其以入，若，侃，有彭值。用。
342	乙丑[卜]：有吉夸（辛），子具□。
373.1	癸卯卜，貞：□吉，右史死。
373.2	不其吉，右史其死。
401.12	丙卜：丁呼多臣復，囟非心、于不若，唯吉，呼行。
409.7	丙卜：吉，攺于妣丁。
409.26	己卜：吉，又妣庚。
412.3	己卜：不吉，唯其有艱。
416.7	壬辰卜：子心不吉，侃。

446.18		己卜，貞：歲卜亡吉，亡憂。
481.1		乙丑卜：有吉亏（辛），子具，其以入，若，侃，有彭值。用。
3.1		丙卜：有由女，子其告于婦好，若。

庚

34.14		己酉卜：翌日庚，子呼多臣燕見（獻）丁。用。不率。
85.5		歲二羊于庚，告發來。
87.3		庚申卜：叀今庚益商，若，侃。用。
103.5		己巳卜，在太：其雨。子占曰：今夕其雨，若。己雨，其于暍庚亡司（嗣）。用。
103.6		己巳卜，在太：庚不雨。子占曰：其雨，亡司（嗣）夕雨。用。
113.26		傳五牛彭（酒）發以[生]于庚。

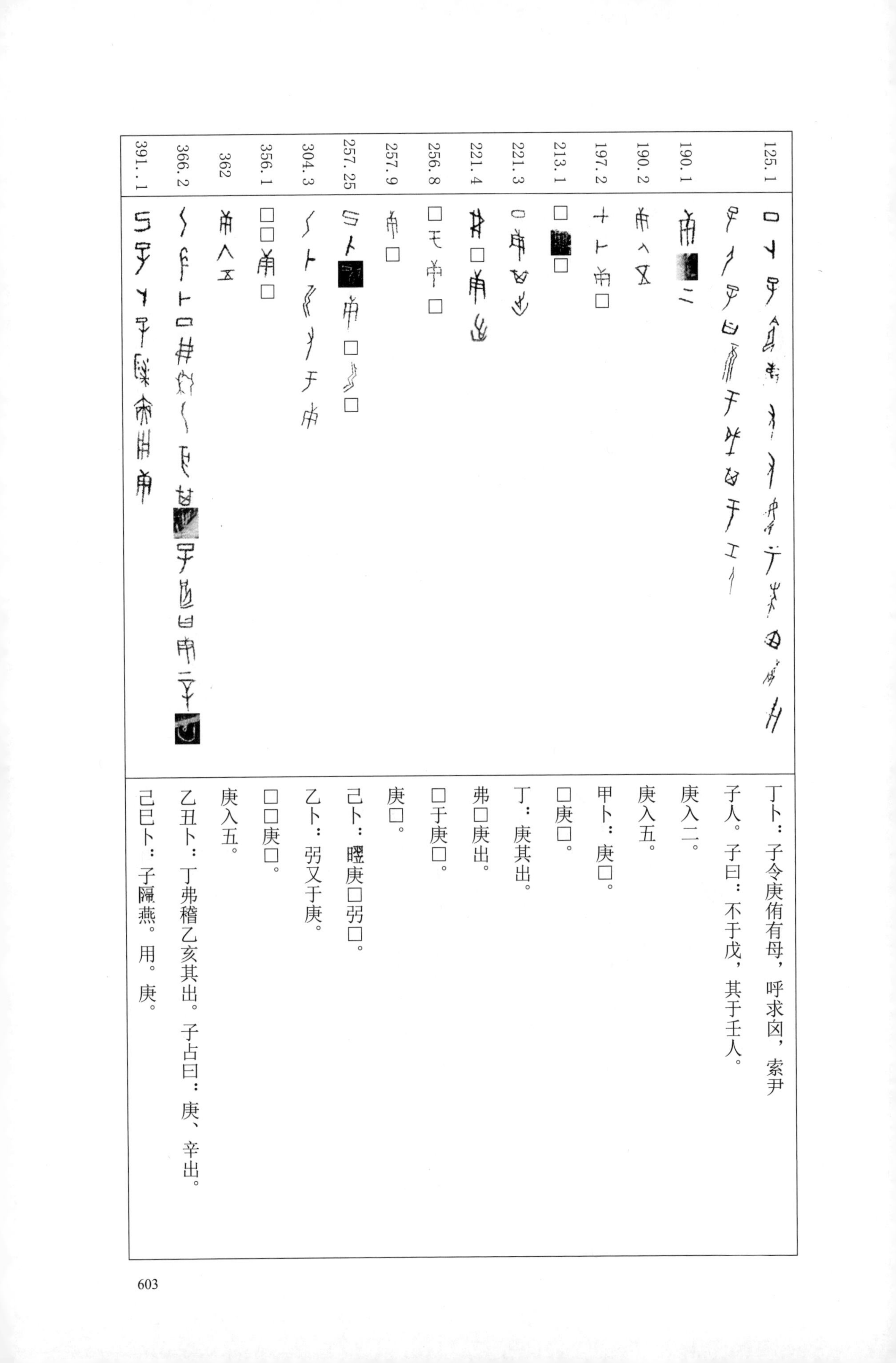

125.1	丁卜：子令庚侑有母，呼求囟，索尹子人。子曰：不于戊，其于壬人。
190.1	庚入二。
190.2	庚入五。
197.2	甲卜：庚□。
213.1	□庚□。
221.3	丁：庚其出。
221.4	弗□庚出。
256.8	□于庚□。
257.9	庚□。
257.25	己卜：曌庚□弜□。
304.3	乙卜：弜又于庚。
356.1	□□庚□。
362	庚入五。
366.2	乙丑卜：丁弗稽乙亥其出。子占曰：庚、辛出。
391..1	己巳卜：子䮄燕。用。庚。

400.3		丁卜：雨不延庚。
400.4		丁卜：雨其[延]于庚。子占曰：□。用。
403.3		庚咸卲。
439.4		大庚𢀛于夕，其。
441.7		貞：又㞢司庚。
445.4		□庚□牛□子呂□。
449.3		貞：子畫爵祖乙，庚亡艱。
451.1		己巳卜：㬎庚歲妣庚黑牛又羊，莫（暮）𢼄。用。
451.2		庚午：歲妣庚黑牡又羊，子祝。
451.4		庚辰：歲妣庚豭一。
472.4		于庚夕彡（酒）。
501.2		丁卜：今庚其作豊，𩁹（速）丁畲（飲），若。
501.3		丁卜：今庚其作豊，𩁹（速）丁畲（飲），若。

敷

403.1		己卜：子有夢，敷祼，亡至艱。

出處	釋文
	圉
294.1	壬子卜：子其告妀既圉丁。子曾告曰：丁族盜（𢝋）𢆶宅，子其作丁雝（宫）于妀。
142.3	祝，于白一牛用，𠬝歲祖乙用，子祝。
142.4	祝，于二牢用，𠬝歲祖乙用，子祝。
142.5	乙亥：𠬝歲祖乙二牢、勿（物）牛、白豭、衩（祐）𠭯一，子祝。
	以
6.2	乙丑卜：有吉咢（辛），子具𠂇，其以入，若，侃，有彭值。用。
14.4	以人，遘豕。
37.3	己卯卜：子見（獻）晌以戚丁。用。

37.4		以一卣見（獻）丁。用。
37.20		壬子卜：子以婦好入于妭，肈戚三，往[illegible]。
37.21		壬子卜：子以婦好入于妭，子呼多賈見（獻）于婦好，肈紒八。
37.22		壬子卜：子以婦好入于妭，子呼多禦正見（獻）于婦好，肈紒十，往[illegible]。
53.9		戊卜：以酉（酒）櫅柛。
63.2		辛亥卜：子其以婦好入妭，子呼多禦正見（獻）于婦好，肈紒十，往[illegible]。
90.5		乙卜：叀（速）丁，以戚。
108.6		辛丑卜：𣆪壬，子其以□周于妭。子曰：不其屮。孚。
113.26		傳五牛彭（酒）發以[生]于庚。
124.8		戊卜：二弓以子田，若。
195.3		辛亥卜：呼䇂（徵）面見（獻）于婦好。在妭。用。
202.7		庚卜：[子其見（獻）]丁，□以。用。
202.8		庚[卜：子其見（獻）]丁，鹵以。

211.1		辛巳：子其告行于婦，弜以。
215.1		壬申卜：子其以羌嘎冊于婦，若，侃。
259.1		辛巳卜：新馳于以，舊在麗入。用。子占曰：奏艱。孚。
265.1		戊辰卜：子其以磬妾于婦好，若。
265.3		庚午卜：子其以磬妾于婦好，若。
286.31		癸卜：子其告人亡由于丁，亡以。
333		乙丑卜：有吉夸（辛），子具□，其以入，若，侃，有彭值。用。
481.1		乙丑卜：有吉夸（辛），子具□，其以入，若，侃，有彭值。用。
490.1		己卯：子見（獻）晌以璧、戚于丁。用。
490.2		己卯：子見（獻）晌以圭眔冐、璧丁。用。
490.3		己卯：子見（獻）晌以圭于丁。用。
490.4		己卯：子見（獻）晌以戚丁，侃。用。
498		癸卯卜，在糞：發以馬。子占曰：其以。用。

29.4	己亥卜：于[庭]再戚[glyph]。用。
197.3	辛卜：子禦[glyph]妣庚，又饗。
492	壬寅卜，子炅：子其屰[glyph]于婦，若。用。
320.7	庚寅：子入[glyph]四于丁。在麓。
	丙
213.3	□丙□。
425	[glyph]入五。

312.3	戊午卜，在𠂤：子立于彔中𠬝。子占曰：企棡。

十

37.22	壬子卜：子以婦好入于𡚬，子呼多禦正見（獻）于婦好，肇紤十，往䜩。
63.2	辛亥卜：子其以婦好入𡚬，子呼多禦正見（獻）于婦好，肇紤十，往䜩。
91	𠂤入十。
95	壬申卜，在𢓊：其禦于妣庚，𠕋十宰，[又]十𠨚。用。在麓。
138	侖十。
172	封十。
203.8	丙卜：叀十牛肇丁。用。
242	侖十。
272	侖十。
276.2	乙卜：其又伐，于吕作，妣庚各。

276.3	乙卜：其又十𠯑妣庚。
284.1	戊卜：歲十豕妣庚。在吕。
286.13	癸卜：甲其尞十羊妣庚。
315	十。
337.5	十月丁出狩。
399	[illegible]入十。
401.9	乙夕卜：歲十牛妣庚于吕。用。
417	[illegible]十。
436	[illegible]入十。
447	[illegible]十。

三十

38.1	乙卜：其禦[子疾]肩妣庚冊三十□。
94	三十。
99.1	十三□。
113.18	三十牛入。

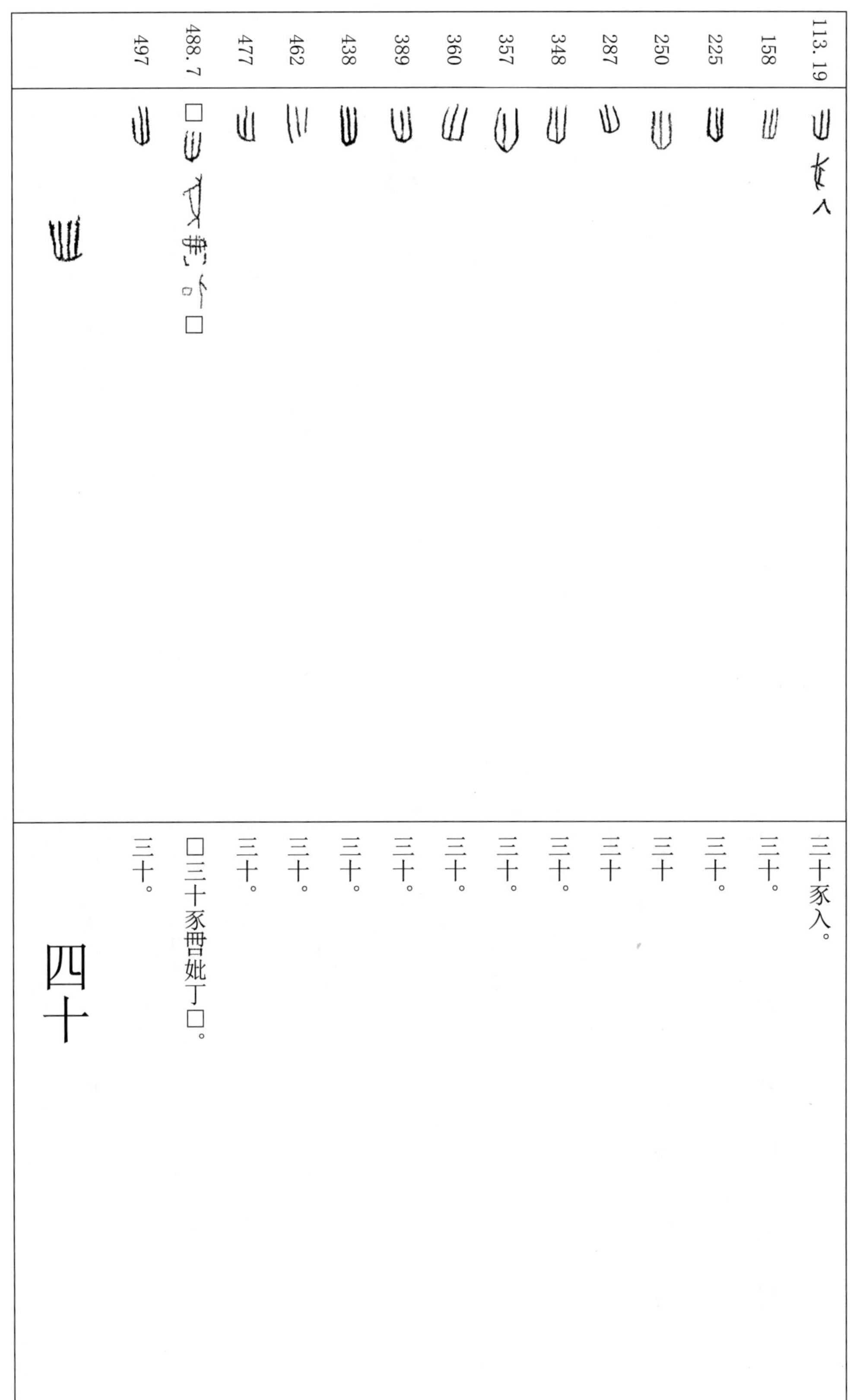

113.19	三十豕入。
158	三十。
225	三十。
250	三十
287	三十
348	三十。
357	三十。
360	三十。
389	三十。
438	三十。
462	三十。
477	三十。
488.7	□三十豕曹妣丁□。
497	三十。

四十

113.15 面多尹四十牛妣庚。

113.17 卌四十牛妣庚，囟[桒（禱）]其于狩，若。

五十

113.16 五十牛入于丁。

八十

439.2 己亥八十于。

百

27 庚卜，在䴥：歲妣庚三豼，又鬯二。至禦，卌百牛又五。

32.1 庚卜，在䴥：歲妣庚三豼，又鬯二。至禦，卌百牛又五。

320.6 庚卜，在䴥：歲妣庚三豼，又鬯二。至禦，卌百牛又五。

386.2	□百。

上甲

23.2	己巳卜：子燕上甲擊。用。
338.4	甲辰卜：子往宜上甲，擊用𩰫。
487.3	甲戌：彡（酒）上甲，旬歲祖甲𤘵一，歲祖乙𤘵一，歲妣庚𡏳一。

大乙

290.7	甲午卜：其禦宜矢（昃），乙未矢（昃），𣌭彡（酒）大乙。用。

大甲

34.4	甲辰：宜丁牝一，丁各，矢（昃）于我，翌[日]于大甲。用。
169.1	甲辰卜：丁各，矢（昃）于我，[翌日]于大甲。

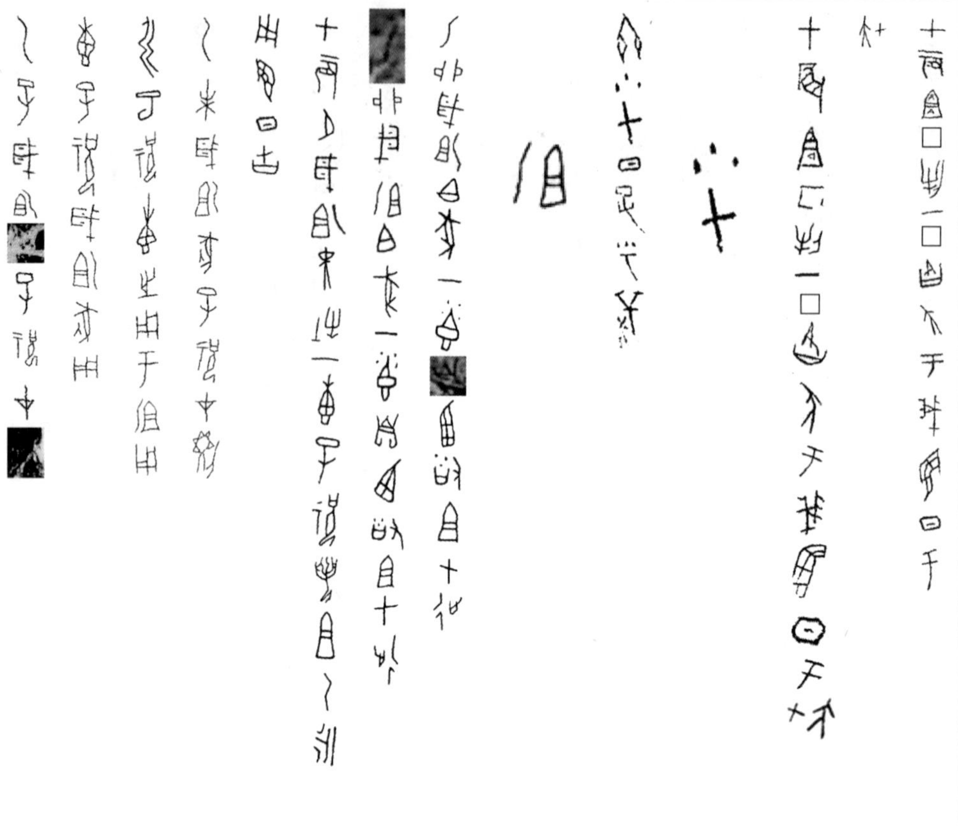

335.2	甲辰：宜[丁]牝一，[丁]各，矢（昃）于我，翌日于大甲。
420.2	甲辰：宜丁牝一，[丁]各，矢（昃）于我，翌日于大甲。

小甲

85.3	終小甲日，子呼狩。

祖乙

4.3	乙卯：歲祖乙白豭一，𠂤自西祭，祖甲延。
4.3	乙卯：歲祖乙白豭一，𠂤自西祭，祖甲延。
6.1	甲辰夕：歲祖乙黑牡一，叀子祝，若，祖乙侃。用。翌日舌。
13.2	乙未：歲祖乙豭，子祝。在[illegible]。
13.3	弜巳祝，叀之用于祖乙。用。
13.4	叀子祝，歲祖乙豭。用。
13.6	乙巳：歲祖乙羌，子祝。在[illegible]。

13.7		乙巳：歲祖乙羌一，子祝。在[illegible]。
17.2		乙巳：歲祖乙一牢，[illegible]祝。
21.3		乙巳：歲祖乙白[豕]，又皀。
25.3		□[歲]祖乙小宰、⿰豕土，又皀。
29.5		乙巳：歲祖乙白彘，又皀，祖乙侃。
34.5		甲辰卜：于麥（來）乙，又于祖乙宰。用。
34.6		乙巳卜：歲祖乙牢，衩（祐）鬯一，祖甲□丁各。
37.24		乙卯卜：叀白豕祖乙。不用。
37.25		乙卯：歲祖乙⿰豕土，衩（祐）鬯一。
49.3		丁丑：歲祖乙黑牝一，卯胴。
49.4		丁丑：歲祖乙黑牝一，卯胴二于祖丁。
63.7		乙卯：歲祖乙⿰豕土一，衩（祐）鬯一。
67.1		乙亥夕：歲祖乙黑牝一，子祝。
67.2		乙亥夕：歲祖乙黑牝一，子祝。
76.1		乙卯：歲祖乙豛，叀子祝。用。
115.2		乙巳：歲祖乙宰、牝，[illegible]于妣庚小宰。

115.3		甲寅：歲祖甲牝，歲祖乙宰、白豕，歲妣庚宰，祖甲[illegible][illegible]卯。
142.3		祝，于白一牛用，乆歲祖乙用，子祝。
142.4		祝，于二宰用，乆歲祖乙用，子祝。
142.5		乙亥：乆歲祖乙二宰、勿（物）牛、白豭、衩（祐）鬯一，子祝。
149.4		丁未卜：其禦自祖甲、祖乙至妣庚，冊二宰，麥（來）自皮鼎彡（酒）興。用。
161.1		辛未：歲祖乙黑牡一，衩（祐）鬯一，子祝。曰：毓（戚）祖非曰云兕正，祖唯曰彔畎不又釀（擾）。
161.2		乙亥夕：歲祖乙黑牡一，子祝。
169.2		甲辰卜：歲祖乙宰，叀牡。
171.1		□巳：舌祖乙□牝一。在[illegible]，畄□。
171.2		乙巳：歲祖乙三豕，子祝，皀黍。在□。
180.5		□□敀舌祖乙，宰牝。
195.6		乙卯：歲豭，衩（祐）鬯祖乙。用。

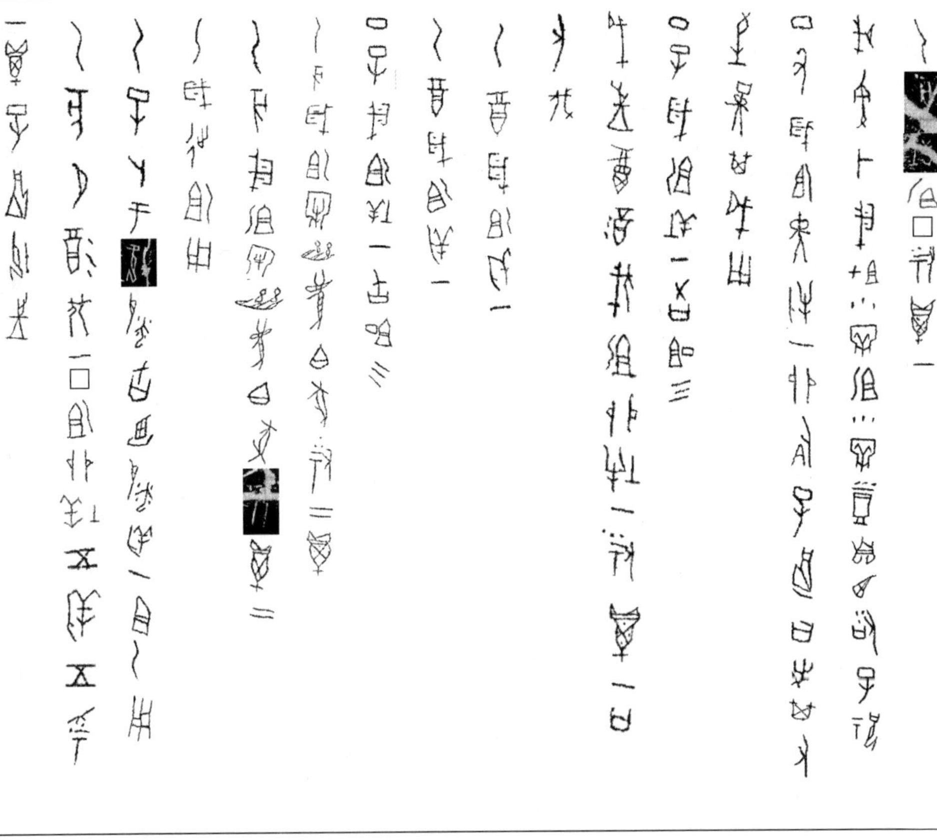

198.1	乙亥：歲祖乙口，衩（祐）鬯一。
214.5	戊寅卜：歲祖甲小宰，祖乙小宰，登自西祭，子祝。
220.1	丁丑：歲祖乙黑牝一，卯胴。子占曰：未（妹）其有至艱，其戊。用。
226.5	丁巳：歲祖乙牡一，舌祖丁彡。
226.6	戊：往裸彭（酒）伐祖乙，卯牡一，衩（祐）鬯一，口又伐。
228.5	乙酉：歲祖乙豼一。
228.6	乙酉：歲祖乙豼一。
237.3	丁巳：歲祖乙牡一，舌祖丁彡。
237.9	乙亥：歲祖乙牢，幽廌，白豭，衩（祐）二鬯。
237.10	乙亥：歲祖乙牢，幽廌，白豭，衩（祐）鬯二。
237.11	乙：歲延祖乙。用。
241.6	乙巳卜：于既妝舌，迺妝豼一祖乙。用。
243	乙亥夕：彭（酒）伐一[于]祖乙，卯牡五，豼五，衩（祐）一鬯，子肩禦往。

252.1		乙亥：歲祖乙黑牡一，又羌，[又]皀，子祝。
252.2		乙亥：歲祖乙黑牡一，又羌一，[又皀]，子祝。
255.2		甲寅卜：弜言來自西，祖乙口又伐。
264.1		乙巳：歲祖乙羌一，子祝。在[[illegible]]。
267.6		乙巳：叉（早）祭祖乙友羌一。
274		乙巳：歲妣庚豕，舌祖乙暒。
275.7		乙亥卜：舌祖乙彡宰、一牝，子亡肇丁。
275.8		乙亥卜：舌祖乙彡宰、一牝，子亡肇丁。
291.3		乙酉：歲祖乙小宰、豼，衩（祐）鬯一。
291.4		乙酉：歲祖乙小宰、豼，衩（祐）鬯一，[illegible]祝。在麗。
294.8		乙卯卜：歲祖乙宰，子其自，弜壴（速）。用。
296.7		乙巳：歲祖乙白彘，又皀。
302		乙亥：歲祖乙宰，衩（祐）鬯一唯禦狩往。
309.4		□祖甲白豕一，祖乙白豕一，妣庚白[豕]一。
309.6		乙卜：□又祭□祖乙。
310.1		甲戌夕：歲牝一祖乙，舌彡□。

310.2	甲戌夕：酌（酒）伐一祖乙，卯□。
311	庚午：歲妣庚牢、牝，祖乙延敌。在[犾]。
314.1	甲戌卜：莫（暮）敌祖乙歲。用。
319.1	乙丑：歲祖乙黑牡一，子祝，肩禦崔（徵）。在𬳿。
319.2	乙丑：歲祖乙黑牡一，子祝，肩禦崔（徵）。在𬳿。
321.4	庚申：歲妣庚小牢，衩（祐）鬯一，祖乙延，子饗。
343.1	甲戌卜：其夕又伐祖乙，卯廌。
343.2	甲戌卜：其又□伐祖乙。不用。
350	甲辰夕：歲祖乙黑牡一，子祝，翌日舌。
354.1	乙亥：歲祖乙小䍧，子祝。在麗。
392.1	辛未：歲祖乙黑牡，衩（祐）鬯一，子祝。
394.2	乙卯：歲祖[乙]豼一。
420.3	甲辰卜：于祖乙歲牢又一牛，叀□。
426.3	甲午卜：歲祖乙牝一，于日出敌。用。
426.4	甲午卜：歲祖乙牝一，于日出敌。用。
426.5	乙未：歲祖乙牝一，衩（祐）鬯一。

片號	釋文
428.2	[丙戌]：歲祖甲羊一，歲祖乙⿰羊土一。[在]甘，子祝。
428.4	丙戌：[歲祖甲]⿰羊土，歲祖乙羊一。在甘，子祝。
449.3	貞：子畫爵祖乙，庚亡艱。
449.4	癸酉卜，貞：子利爵祖乙，辛亡艱。
449.8	乙亥：歲祖乙，雨禦，舌彡牢牝一。
459.4	甲寅：叀牝一祖乙。不用。
459.5	乙卯：歲祖乙⿰豕土一，⿰示又（祐）鬯一。
463.1	癸卯：歲祖乙⿰羊匕一，⿰示又（祐）鬯一。在麗，[子]祝。
463.6	乙巳：歲祖乙三⿰豕匕。在麗。
474.2	甲子卜：夕歲祖乙，祼告妣庚。用。
474.8	辛未：歲祖乙⿰臬戈，子舞⿰示又。
480.2	癸酉卜，在[illegible]：丁弗賓祖乙彡。子占曰：弗其賓。用。
480.6	丙子：歲祖甲一牢，歲祖乙一牢，歲妣庚一牢。在剢（絕），來自畀。
481.2	乙亥：歲祖乙黑牡一，又⿰羊匕一，叀子祝。

用。又皀。

484.2 弜彡（酒），毋正祖乙。

487.3 甲戌：彡（酒）上甲，旬歲祖甲𠬝一，歲祖乙𠬝一，歲妣庚彘一。

495 丁未卜：宜𠬝祖乙，丁酓（飲）。用。

祖辛

56 辛丑卜：禦丁于祖庚至□一，𠕋羌一人、二牢；至𠁁一祖辛禦丁，𠕋羌一人、二牢。

祖甲

4.1 甲寅：歲祖甲白𧱎一，衩（祐）鬯一，皀自西祭。

4.2 甲寅：歲祖甲白𧱏一。

4.3 乙卯：歲祖乙白𧱎一，皀自西祭，祖甲延。

4.4 乙卯：歲祖乙白𧱎一，皀自西祭，祖甲延。

7.1 丁酉：歲祖甲𠬝一、鬯一，在𪊨，子祝。

13.1		甲午：歲祖甲豼一，子祝。在𠡦。
17.1		甲辰：歲祖甲一牢，子祝。
34.3		甲辰：歲祖甲牢，权（祐）一鬯。
34.6		甲辰：宜丁牝一，丁各，矢（昃）于我，翌[日]于大甲。用。
34.13		戊申卜：歲祖甲豕一，𧱓一。
37.1		癸酉卜：叀勿（物）牡歲祖甲。用。
37.2		癸酉卜：叀勿（物）牡歲祖甲。用。
37.8		丁酉：歲祖甲𧱓一，权（祐）鬯一。在䴪。
37.9		丁酉：歲祖甲𧱓一，权（祐）鬯一。在䴪。
37.13		甲辰：歲祖甲牡一，𤘘一。在䴪。
37.23		癸丑卜：歲食牝于祖甲。用。
63.5		癸丑卜：歲食牝于祖甲。用。
63.6		乙卯卜：叀白豕祖甲〈乙〉。不用。
115.3		甲寅：歲祖甲牝，歲祖乙宰、白豕，歲妣庚宰，祖甲𣎵𡭽卯。

149.1		甲午：歲祖甲牝一，衩（祐）㽙一，□祝大牝。
149.4		丁未卜：其禦自祖甲、祖乙至妣庚，丗二牢，麥（來）自皮鼎彭（酒）興。用。
149.5		于麥（來）自伐廼攺牝于祖甲。用。
149.10		甲寅：歲祖甲白豼，衩（祐）㽙一，又㞢。
149.12		甲戌：歲祖甲牢、幽廌，祖甲侃子。用。
157.3		甲戌卜：衩（祐）㽙祖甲一。用。
157.4		甲戌卜：衩（祐）㽙祖甲二。用。
170.3		甲寅：歲祖甲白豼一，衩（祐）㽙一，㞢自西祭。
170.4		甲寅：歲祖甲白豼一。
179.2		甲辰卜：歲莧友祖甲彘，叀子祝。用。
180.7		辛未：歲祖甲黑牡一。日雨。
196.4		己酉：歲祖甲犯一，歲[祖乙]犯一，入自麗。
241.5		戊寅卜：歲祖甲小宰，祖乙小宰，登自西祭，子祝。
220.3		甲申：歲祖甲豼一，叀□祝。用。
220.4		甲申：歲祖甲豼一。

228.2		甲申：叀大歲又于祖甲。不用。
228.3		甲申卜：叀小歲𢼸于祖甲。用。一羊。
228.4		甲申卜：歲祖甲𪊨一。用。
237.1		甲寅：歲祖甲□。
237.4		甲子：歲祖甲白豭，禼（祐）鬯一。
237.5		叀白豭□祖甲。
237.7		甲戌：歲祖甲牢，幽廌，白豭，禼（祐）一鬯。
237.8		甲戌：歲祖甲牢，幽廌，白豭，禼（祐）二鬯。
237.12		庚寅：歲祖甲牝一，子雍見（獻）。
237.13		庚寅：歲祖甲牝一，子雍見（獻）。
248.2		癸丑卜：子祼新鬯于祖甲。用。
267.3		甲辰卜：叀（早）祭祖甲，叀子祝。
267.4		甲辰：叀（早）祭祖甲友𪊨一。
267.5		甲辰：叀（早）祭祖甲友𪊨一。
288.7		甲午卜：子疐（速），不其各。子占曰：不其各，呼饗。用。舌祖甲彡。

288.8		甲午卜：丁其各，子叀䢅戚肈丁。不用。舌祖甲彡。
291.2		甲申：歲祖甲小宰，衩（祐）鬯一，子祝。在麤。
296.6		甲辰：歲祖甲羊一。
309.2		壬子：歲祖甲□于□亞。
309.4		□祖甲白豕一，祖乙白豕一，妣庚白[豕]一。
318.2		甲子卜：二鬯祼祖甲□歲鬯三。
318.3		甲子[卜]：二鬯祼祖甲。用。
318.4		甲子卜：祼咸鬯祖甲。用。
318.5		甲子卜：二鬯祼祖甲。用。
330		甲子：歲祖甲䖵，子祝。在■。
338.1		甲辰：歲萈祖甲，又友。用。
338.2		甲辰：歲祖甲萈一，友[彘]一。
338.3		甲辰：歲祖甲萈一，友彘一。
354.4		甲申：歲祖甲小宰。衩（祐）鬯一，子祝。在麤。
363.3		辛卜：歲祖□豼，登自丁[黍]。在斝，祖甲■。
426.1		癸巳卜：𣌭甲歲祖甲牡一，衩（祐）鬯一，于日出。用。

426.2		甲午：歲祖甲牡一，衩（祐）鬯一。
428.2		[丙戌]：歲祖甲羊一，祖乙⿰羊土一。[在]甘，子祝。
428.4		丙戌：[歲祖甲]⿰羊土，歲祖乙羊一。在甘，子祝。
449.5		癸酉卜：祖甲侃子。
449.6		甲戌：歲祖甲⿰羊匕，衩（祐）鬯。
459.1		癸丑卜：叀二牢于祖甲。不用。
459.2		癸丑卜：叀一牢又牝于祖甲。不[用]。
459.3		癸丑卜：子祼新鬯于祖甲。用。
459.6		甲子：歲祖甲白⿰豕土一，衩（祐）鬯一。
459.7		叀黑豕祖甲。不用。
463.3		甲辰：歲祖甲牡一、⿰羊土一。在麗。
463.5		甲辰：歲祖甲牡一、⿰羊土一。在麗。
480.6		丙子：歲祖甲一牢，歲祖乙一牢，歲妣庚一牢。在剢（絕），來自睪。
487.3		甲戌：⿰酉彡（酒）上甲，旬歲祖甲⿰羊匕一，歲祖乙⿰羊匕一，歲妣庚㲋一。

493.7 甲午：歲祖甲豭一。唯蚑。

493.8 甲午：歲祖甲豭一。唯蚑。

祖丁

49.4 丁丑：歲祖乙黑牝一，卯胴二于祖丁。

226.5 丁巳：歲祖乙牡一，舌祖丁彡。

237.3 丁巳：歲祖乙牡一，舌祖丁彡。

祖庚

56 辛丑卜：禦丁于祖庚至□一，𠕋羌一人、二牢，至牡一祖辛禦丁，𠕋羌一人、二牢。

祖丙

4012 乙卜：叀小宰于母祖丙。

446.9 乙卜：其歲牡母祖丙。

祖戊

316.1	戊申：歲祖戊犬一。
355.5	戊申：歲祖戊犬一。

二祖

7.2	叀一羊于二祖用，入自麤。
162.4	己卜：自又二祖禦雨。

妣甲

88.10	甲子：歲妣甲牡一，冊三小宰又置一。
176.1	丁丑卜：子禦于妣甲，冊牛一，又鬯一，亡災，入商彭（酒）。在麤。
176.2	丁丑卜：子禦妣甲，冊牛一，鬯一。用。
261.1	甲午：歲妣甲豕一，又良。
455.1	甲子卜：歲妣甲牡一，冊三小宰又置一。在□。

妣丙

401.1	乙卜：叀羊于母、妣丙。
401.3	乙卜：皆毚母、二妣丙。

妣丁

13.5	丁酉：歲妣丁豖一。在㲋。
39.15	叀豭于妣丁。
39.16	丙卜：叀豭于妣丁。
136.1	丁未：歲妣丁毚一。
157.5	丁丑：歲妣丁小宰。
157.6	丁丑：歲妣丁小宰。
167	丁未：歲妣丁豖一。
181.22	辛卜：其禦子𢧵于妣己眔妣丁。
183.4	丙卜：□毇妣丁。
183.6	歲妣丁小宰。

217.1	丁未：歲妣丁彘一。在[illegible]。
217.2	丁未：歲妣丁彘一。在[illegible]。
226.2	丁酉：歲妣丁羌一。
226.3	丁酉：歲妣丁羌一。
226.4	丁酉：歲妣丁羌一。
273.2	子戠，其宰妣己眔妣丁。
273.3	其禦子戠妣己眔妣丁。
304.8	戊卜：將妣己示眔妣丁，若。
376.1	戊申卜：子[祼]于妣丁。用。
409.4	丙卜：其禦子戠妣丁牛。
409.6	丙卜：叀小宰又艮妾禦子戠妣丁。
409.7	丙卜：吉，𢼄于妣丁。
409.8	丙卜：叀子興往于妣丁。
409.10	丙卜：叀羊于妣丁。
409.13	歲妣丁豕。
409.14	丙卜：叀子興往于妣丁。

409.15	丙卜：其禦子馘妣丁牛。
427.6	丁亥：歲妣丁豝一。
468.2	歲彘妣丁。用。
488.7	□三十豕冊妣丁□。

妣己

25.2	□妣己□。
30	□妣己豝一。在𡧊。
39.1	叀豝于妣己。
39.2	登妣己友彘。
39.3	登妣己友彘。
67.3	己丑：歲妣己彘一。
162.1	戊卜：叀奠禦往妣己。
162.2	[戊]卜：叀奠禦往妣己。
181.22	辛卜：其禦子馘于妣己眔妣丁。
204.1	又歲牛于妣己。

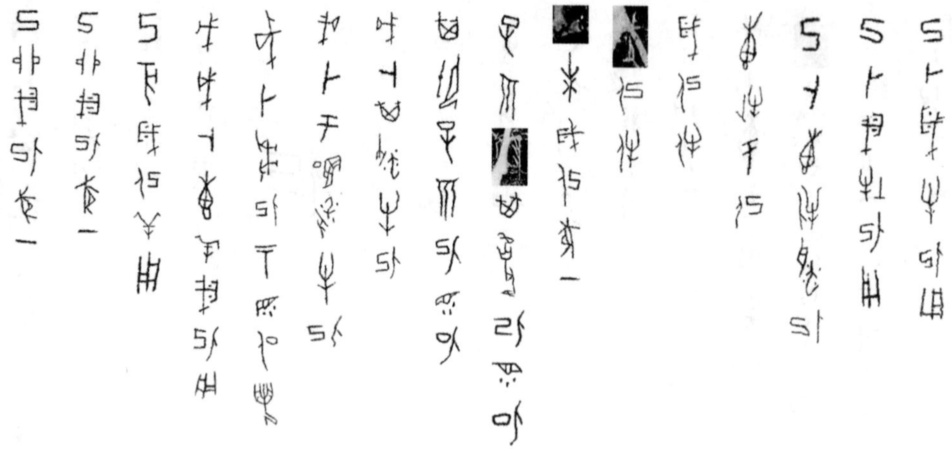

223.9		己卜：歲牛妣己。用。
223.11		己卜：歲牡妣己。用。
223.12		己卜：叀牝旼妣己。
223.14		叀牡于妣己。
236.23		歲妣己牝。
236.24		歲妣己牝。
251		己未：歲妣己豼一。
273.2		子祼[illegible]，其㝬妣己眔妣丁。
273.3		其禦子祼妣己眔妣丁。
276.8		戊卜：其旼牛妣己。
276.9		戊卜：于暒旼牛妣己。
304.8		戊卜：將妣己示眔妣丁，若。
313.1		戊戌卜：叀羊歲妣己。用。
313.3		己亥：歲妣己羊。用。
314.7		己卯：歲妣己豼一。
314.8		己卯：歲妣己豼一。

324.4		己巳：歲妣己豕。
336.2		丙辰：歲妣己豕一，告子臀。
336.3		丙辰：歲妣己豕一，告子臀。
336.4		丙辰卜：于妣己禦子臀。用。
353.1		己酉：歲妣己羌一。
355.4		丙午卜：其入自西祭，若，于妣己彡（酒）。用。
427.7		己丑：歲妣己豕一。
459.10		己卯：歲妣己彘一。
459.11		己卯：歲妣己彘一。

妣庚

1.8		甲卜：其□妣庚。
3.5		歲妣庚牡。
3.6		己卜：叀豕于妣庚。
3.7		己卜：叀牝于妣庚。
26.7		丙：歲妣庚牡，衩（祐）鬯，告夢。

26.8	丙：歲妣庚䍧，𥘅（祐）鬯，[告]夢。
27	庚卜，在麓：歲妣庚三䍧，又鬯。至禦，𠕋百牛又五。
28.6	戊卜：六〈今〉其彡（酒）子興妣庚，告于丁。用。
28.7	戊卜：𢦏（待），弜彡（酒）子興妣庚。
32.1	庚卜，在麓：歲妣庚三䍧，又鬯二。至禦，𠕋百牛又五。
32.2	庚卜，在麓：叀五䍧，又鬯二用，至禦妣庚。
32.3	庚卜，在麓：叀七䍧 [用，至]禦妣庚。
32.4	庚卜，在麓：叀五䍧用，至禦妣庚。
37.12	甲辰：歲妣庚牝一，𥘅（祐）鬯。在麗。
38.1	乙卜：其禦[子疾]肩妣庚，𠕋三十□。
38.2	壬卜：其禦子[疾]肩妣庚，𠕋三豕。
38.3	壬卜：其禦子疾肩妣庚，𠕋三豕。
39.4	乙：歲妣庚牡，又鬯。
39.5	乙：歲妣庚牡。

39.6	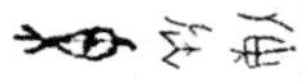	叀犽妣庚。
39.12	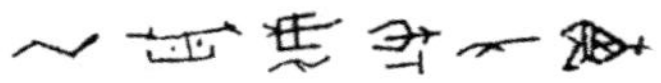	乙：歲妣庚牡，又鬯。
39.13		丙卜：叀豕妣庚。
39.14	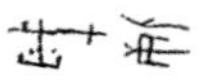	歲妣庚。
39.18	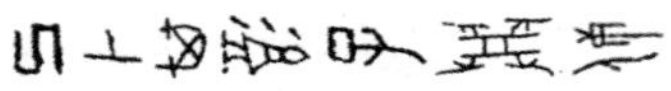	己卜：其彰（酒）子興妣庚。
39.19	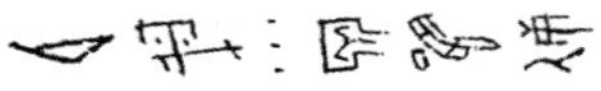	夕：歲小宰暒妣庚。
39.20		叀犽妣庚。
49.1		丁[丑]：歲妣庚�童一，卯胴。
49.2	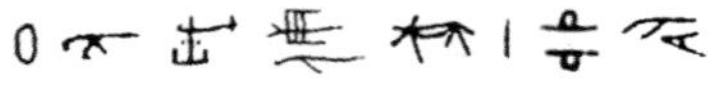	丁丑：歲妣庚豟一，卯胴。
53.2	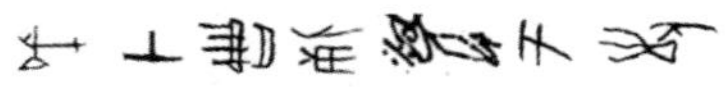	戊卜：㿝妣庚，頪于权。
53.3	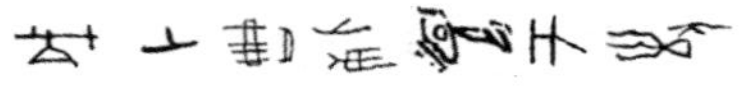	戊卜：㿝妣庚，頪于权。
53.4	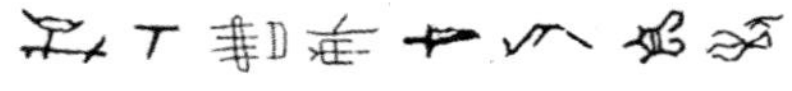	戊卜：㿝妣庚，在引自权。
53.5	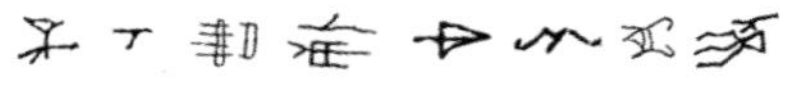	戊卜：㿝妣庚，在引自权。
53.7		戊卜：子其益[illegible]舞，㿝二牛妣庚。
53.11	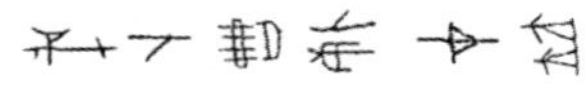	戊卜：㿝妣庚，在並。
53.12	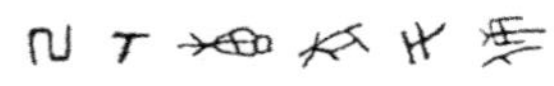	己卜：叀豕于妣庚。

53.13		己卜：叀彘妣庚。
53.14		己卜：叀牝于妣庚。
53.15		己卜：叀牝于妣庚。
53.16		己卜：叀宰于妣庚。
53.17		己卜：其彭（酒）禦妣庚。
53.19		己卜：叀子興往妣庚。
53.21		己卜：叀多臣禦往妣庚。
53.22		己卜：吉，又妣庚。
53.23		歲妣庚白彘。
55.4		己[丑]：歲妣庚牝一，子往澫禦。
61.3		甲辰：歲妣庚家一。
75.6		戊卜：叀五宰，卯伐妣庚，子禦。
81.3		壬申：歲妣庚豝一，在㹸。
95		壬申卜，在𢓊：其禦于妣庚，𠕋十宰，[又]十鬯。用。在麓。
106.1		乙卜□妣庚□。

106.6	□妣庚□。
106.8	壬卜：于日隻（稱）攺牝妣庚，入又圅于丁。用。
113.15	面多尹四十牛妣庚。
113.17	冊四十牛妣庚，囟[𠦪（禱）]其于狩，若。
113.27	叀三牛于妣庚。
115.2	乙巳：歲祖乙宰、牝，宂于妣庚小宰。
115.3	甲寅：歲祖甲牝，歲祖乙宰、白豕，歲妣庚宰，祖甲宂卯。
120.2	乙卜：□妣庚。
123.1	辛酉昃：歲妣庚黑牝一，子祝。
123.2	辛酉昃：歲妣庚黑牝一，子祝。
123.3	辛酉卜：子其攺黑牝，唯徝往，不雨。用。妣庚□。
124.11	子夢，用牡告、又鬯妣庚。
124.12	妣庚求（咎）。
132.1	庚戌卜：辛亥歲妣庚廌、牝一，妣庚侃。用。

132.2		辛亥：歲妣庚鷹、牝一，齒禦歸。
132.3		辛亥：歲妣庚鷹、牝一，齒禦歸。
139.6		己卜：叀鷹、牛妣庚。
139.7		庚卜：在䪞叀牛妣庚。
139.10		辛：宜犯妣庚。
139.11		歲妣庚豝。
139.12		歲妣庚𧱏。
142.6		戊子：歲妣庚一犬。
149.4		丁未卜：其禦自祖甲、祖乙至妣庚，𠕋二牢，麥（來）自皮鼎彫（酒）興。用。
149.8		辛亥卜：子告有口疾妣庚，亡𠕋。
150.2		己酉夕：翌日舌妣庚黑牡一。
162.3		歲妣庚豝。
163.1		庚午卜，在𠨘：禦子齒于妣庚，[𠕋]牢，勿（物）牝，白豕。用。
163.2		□又齒于妣庚，𠕋牢，勿（物）牝，白豕至豝一。用。

173.4	丙申卜：子其往[illegible]，攺妣庚用羊。
173.5	丙申卜：子往[illegible]，歲妣庚羊一。在[illegible]。
175	辛酉昃：歲妣庚黑牝一，子祝。
178.4	癸卯夕：歲妣庚黑牝一，在入，陟盂。
178.10	庚戌：歲妣庚𦍩一。
180.6	庚：歲妣庚牝一。
181.6	己卜：其又妣庚。
181.7	己卜：弜又于妣庚，其忒权。
181.8	己卜：叀多臣禦往于妣庚。
181.9	己卜：叀白豕于妣庚，又鬯。
181.10	叀牝于妣庚。
181.11	歲牡于妣庚，又鬯。
181.12	歲牡于妣庚，又鬯。
181.13	歲牡于妣庚，又鬯。
181.16	己卜：叀三𦍩于妣庚。
181.20	辛卜：其禦子臧于妣庚。

181.21	叀艮禦子馘妣庚。
181.24	辛卜：禦子舞叔，汝一牛妣庚，冊宰，又鬯。
181.25	辛卜：禦子舞叔，汝一牛妣庚，冊宰，又鬯。
181.35	卜：不吉，貞：亡憂，妣庚小宰。用。
183.2	丙卜：用二卜，冊五宰妣庚。
183.12	癸：歲妣庚牡。
183.13	歲妣庚豕。
187.3	□腹，奉（禱）妣庚。
195.5	癸丑卜：其將妣庚示于𣪊東官。用。
196.6	庚戌：歲妣庚羊一，入自麗。
197.3	辛卜：子禦𠂤妣庚，又饗。
209	庚申卜：歲妣庚牝一，子臀禦往。
215.3	庚辰：歲妣庚豭一，豼一，子祝。
220.2	戊寅卜：子禦有[口]疾于妣庚，冊牝。
226.7	庚申：歲妣庚牡一。子占曰：面■自來多臣毀。
226.11	庚辰卜：㕦彡妣庚，用牢又牝，妣庚侃。用。

236.2		丙：子夙興又𦍋妣庚。
236.4		彡（酒）伐兄丁告妣庚，又祼。
236.5		彡（酒）伐兄丁告妣庚，又歲。
236.6		彡（酒）伐兄丁告𢼄一牛妣庚。
236.7		彡（酒）伐兄丁告妣庚，又伐妣庚。
236.8		丁卜：𢼄二牛禦伐作賓妣庚。
236.9		丁卜：𢼄宰妣庚，若。
236.10		丁卜：𢼄宰妣庚，若。
236.12		丁卜：歲妣庚牡又二堯。
236.13		丁卜：歲妣庚牡又二堯。
236.21		己卜：䜴（待），弜往禦妣庚。
236.22		己卜：其往禦妣庚□，己[illegible]。
240.3		戊辰：歲妣庚𦍒一。
240.4		戊辰：歲妣庚𦍒一。
240.6		于妣庚宜𦍒。不用。
240.9		庚午：歲妣庚𦍋一，衩（祐）鬯一。

240.10	庚午：歲妣庚豼一，衩（祐）卺一。
241.13	辛亥：歲妣庚豣一。
247.3	癸丑卜：大叙弜禦子口疾于妣庚。
247.6	癸亥卜：弜禦子口疾，告妣庚。曰：絞（瘳），告。
247.15	己丑：歲妣庚牝一，子往澫禦。
248.1	癸丑：將妣庚示，歲妣庚牢。在狀。
248.5	戊申卜：其將妣庚[示]，于[狀]東官。用。
249.8	叀牛歲妣庚。
249.9	妣庚宰，在𦎫。
249.10	歲妣庚宰，在[𦎫]。
249.11	□于丁，妣庚。
249.12	在𦎫卜：叀牝歲妣庚。
249.17	□見（獻）丁，妣庚□。
249.21	乙卜：□卺妣庚。
255.8	己丑：歲妣庚一牝，子往澫禦，[興]。
256.5	□小宰□妣庚。

257.5	甲□：歲妣庚□[禦甾其于]丁□。
257.10	□妣庚[陕告]亡櫟（虞）。
257.11	己卜：□妣庚□。
258.3	庚辰：歲妣庚豕。
261.2	乙未：歲妣庚豼一，又皀。
265.5	辛未：歲妣庚宰，又皀。用。
265.6	辛未：歲妣庚小宰告，又肇𠑹，子祝，皀祭。
265.7	辛未：歲妣庚，先莫（暮）牛改，廼改小宰。用。
265.9	辛未：歲妣庚小宰，□。用。
265.10	辛未：歲妣庚小宰告，又肇𠑹，子祝，皀祭。
267.1	己亥卜：子于㚤宿，夙改牢妣庚。用。
267.2	庚子：歲妣庚，在㚤牢。子曰：卜未子彭。
267.10	庚戌：叉（早）祭妣庚友白豼一。
268.6	□𠑹印妣庚□。
269.5	□[牛]于妣庚。
273.4	□羊妣庚。

編號	釋文
273.6	□妣庚□。
274	乙巳：歲妣庚豟，舌祖乙暊。
275.6	歲妣庚二豟。
276.1	乙卜：其又伐，于吕作，妣庚各。
276.2	乙卜：其又伐，于吕作，妣庚各。
276.3	乙卜：其又十鬯妣庚。
276.4	乙夕卜：歲十牛妣庚，衩（祐）鬯五。用。在吕。
276.5	乙夕卜：叀今攺妣庚。
276.6	乙夕卜：于暊攺妣庚。用。
276.7	己卜：歲牛妣庚。用。
278.2	畓（待），弜又妣庚。
278.11	叀二勿（物）牢□白豕妣庚。
282.1	庚子：歲妣庚豣。
284.1	戊卜：歲十豕妣庚。在吕。
286.9	壬卜：其尞妣庚，于兹束告，有彔，亡延𢓊。
286.12	叀七羊尞妣庚。

286.13	癸卜：甲其尞十羊妣庚。
286.14	癸卜：戠（待），弜尞于妣庚。
286.15	癸卜：其尞羊妣庚。
286.16	叀三羊尞妣庚。
286.17	叀五羊尞妣庚。
286.20	己卜：于日羞中攺三牛妣庚。
286.21	己卜：其彭（酒）三牛作祝，叀之用妣庚。用。
286.22	己卜：其彭（酒）三牛作祝，叀之用妣庚。用。
286.23	己卜：其三牛妣庚。
286.24	己卜：其在用，卯三牛妣庚。
286.25	己卜：莫（暮）攺，卯三牛妣庚。
286.26	己卜：莫（暮）攺，卯三牛妣庚。
291.1	庚辰：歲妣庚小宰，子祝。在麗。
296.2	庚子：歲妣庚豼。
296.8	丁未：歲妣庚豼一，皀。
304.4	乙：歲于妣庚[彘]。

编号	甲骨文	释文
304.5		乙：歲于妣庚彘。
309.4		□祖甲白豕一，祖乙白豕一，妣庚白[豕]一。
311		庚午：歲妣庚牢、牝，祖乙延汝。在[釱]。
313.2		己亥卜：于妣庚[殺]亡豕。用。
314.4		丙子：歲妣庚豼，告夢。
314.5		丙子卜：子夢，祼告妣庚。用。
314.6		子从汝豼，又皀妣庚夢。用。
320.6		庚卜，在麓：歲妣庚三豼。又皀二，至禦，冊百牛又五。
321.4		庚申：歲妣庚小牢，衩（祐）皀一，祖乙延，子饗。
322		甲卜：弜汝于妣庚。
323		□子□□妣庚小宰，▇祝。在釱。
337.1		乙：歲羊妣庚。
352.1		己丑：歲妣庚牝一，子往于濤禦。
352.6		丙申夕卜：子有鬼夢，祼告于妣庚。用。
353.2		庚戌卜：小子舌妣庚。

编号	甲骨文	释文
361.1		丙卜：子既祝，有若，弗左妣庚。
384.5		壬卜：其㞢牛妣庚。
384.6		壬卜：叀宰㞢妣庚。
394.1		□[妣庚]□。
401.4		乙卜：于𣅳[㞢]妣庚。用。
401.5	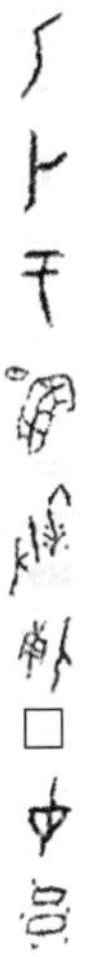	乙卜：于𣅳㞢妣庚□。在吕。
401.6	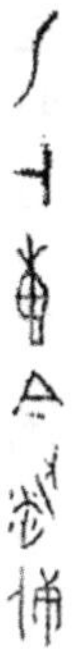	乙卜：叀今㞢妣庚。
401.7		乙卜：叀今㞢妣庚。[在吕]。
401.8		乙卜：其㞢五牛妣庚。
401.9		乙夕卜：歲十牛妣庚于吕。用。
401.10		乙卜：其㞢三牛妣庚。
401.11		乙卜：其㞢七牛妣庚。
401.15		戊卜：其先㞢歲妣庚。
402.2		□母□余于□妣庚□。
402.3	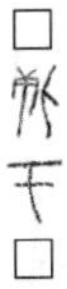	□妣庚于□。
409.1		丙卜：其禦子䖵[于]妣庚。

409.12	丙[卜]：子其祐妣庚，亡𠕋。
409.22	己卜：至禦子戠羌妣庚。
409.23	己卜：叀三牛禦子戠妣庚。
409.24	己卜：叀子興往妣庚。
409.25	己卜：又鬯又五置禦子戠妣庚。
409.26	己卜：吉，又妣庚。
409.27	己卜：叀𠬝臣又妾禦子戠妣庚。
416.4	庚寅：歲妣庚小宰登自丁黍。
416.5	庚寅：歲妣庚小宰登自丁黍。
427.3	己卯卜：庚辰舌彡妣庚，先𢼄牢，後𢼄牝一。用。
427.4	己卯卜：庚辰舌彡妣庚，先𢼄牢，後𢼄牝。用。
427.5	[庚]辰：歲妣庚牝彡舌。
428.1	庚辰卜：于既宰𢼄牝一，鬯妣庚。用。彡舌。
428.5	庚戌：歲妣庚羌一，入自麗。
432	庚子：歲妣庚豝一。
529	辛酉昃：歲妣庚□。

437.7		辛酉𡆥：歲妣庚黑牝一，子祝。
446.1		甲卜：乙歲牡妣庚。
446.2		甲卜：乙歲牡妣庚。
446.3		甲卜：子有心，㪅妣庚。
446.11		丙卜：夕又伐妣庚。
446.15		己卜：叀牝妣庚。
446.17		歲妣庚豭。
446.20		歲妣庚一豭。
446.21		歲妣庚豭一。
451.1		己巳卜：暨庚歲妣庚黑牛又羊，莫（暮）㪅。用。
451.2		庚午：歲妣庚黑牡又羊，子祝。
451.4		庚辰：歲妣庚豕一。
451.6		壬午夕：歲犬一妣庚。
451.7		壬午夕：歲犬一妣庚。
452		[庚]戌：歲妣庚犯一，子祝。在䴡。
457		己酉夕：翌日舌歲妣庚黑牡一。庚戌彡（酒）牝一。

463.2		甲辰：歲妣庚靯一，衩（祐）𠭯一。在鼉。
465.1		甲[卜：乙]□□[告子]于妣庚□。
4742		甲子卜：夕歲祖乙，祼告妣庚。用。
474.4		己巳卜：子祼告，其隶革于妣庚。
474.6		子叀䖵田，言妣庚眔一宰，彡（酒）于䖵。用。
480.6		丙子：歲祖甲一牢，歲祖乙一牢，歲妣庚一牢。在剢(絕)，來自罤。
487.3		甲戌：彡（酒）上甲，旬歲祖甲靯一，歲祖乙靯一，歲妣庚㲋一。
488.3		□多臣禦于妣庚□。
488.9		□叀秙妣庚。
488.10		□[禦]妣庚。
490.6		庚辰：子祼妣庚，有言妣庚，若。
490.6		庚辰：歲妣庚牢，舌彡牝，後攺。
490.10		庚戌：歲妣庚靯一，入自鼉。
490.12		壬子卜：其將妣庚示，[illegible]于東官。用。

491
庚午：酌（酒）革妣庚二小宰，衩（祐）鬯一。在𡚱，來自狩。

493.2
戊子：宜靯一妣庚。在入。

493.3
庚寅：歲妣庚羖一。

493.4
庚寅：歲妣庚牝一。在𡚱。

493.5
庚寅：歲妣庚羖一。

496.1
丙卜：其將妣庚示，歲裖（賑）。

496.2
丙卜：其將妣庚示。

496.3
丙卜：其將妣庚示。

502.5
戊：歲妣庚牡一。在𡱝。

523
妣庚一㲋。

妣癸

280.2
癸巳：歲妣癸一牢，𢀛祝。

父丙

286.27		庚卜：子弜猷其[彭（易）] 𠀠 父丙。
		母戊
395.6		壬申卜：母戊移。
395.7		壬申卜：祼于母戊，告子齒[疾]。用。
		兄丁
236.3		丁卜：酌（酒）伐兄丁卯宰，又𠭯。
236.4		酌（酒）伐兄丁告妣庚，又祼。
236.5		酌（酒）伐兄丁告妣庚，又歲。
236.6		酌（酒）伐兄丁告𢼄一牛妣庚。
236.7		酌（酒）伐兄丁告妣庚，又伐妣庚。
		子癸
48		癸亥：歲子癸犯一，皂自丁黍。
181.31		壬卜：叀子興往于子癸。

181.32	歲子癸小宰。
181.33	歲子癸小宰。
181.34	叀豕于子癸。
214.3	癸酉：歲子癸羌，豈（徵）目禦。
226.8	庚申：禦豈（徵）目子癸，冊伐一人，卯宰。
228.7	丁亥卜：䢅（待），弜酌（酒）羊，又𡆥子癸。用。
236.29	歲子[癸]牝。
241.14	癸丑：歲子癸豝一。
253.2	癸巳：歲子癸羌一。
253.3	癸巳：歲子癸羌一。
275.5	癸酉卜：子耳鳴，唯子癸害。
276.10	戊卜：歲牛子癸。用。
288.1	癸巳：[歲]子癸羌一。
289.2	癸亥：歲子癸 羌一。
289.3	癸亥：歲子癸。
289.6	丙寅：其禦，唯賈視馬于子癸，叀一伐、一牛、一

		𠧟，冊夢。用。
321.1		甲辰：歲子癸牡一。
321.2		甲辰：歲子癸牡一。
409.2		丙卜：叀羊又𠧟禦子馘于子癸。
409.3		丙卜：叀牛又𠧟禦子馘于子癸。
409.9		丙卜：其禦子馘于子癸。
409.11		丙卜：叀五羊又𠧟禦子馘于子癸。
427.1		丁丑卜：在兹往亖（徵）禦子癸弜于𡚤。用。
459.8		癸酉卜：歲子癸豕。用。

主要參考文獻

著録書、工具書

郭沫若：《甲骨文合集》，中華書局，1978—1982。

劉　釗、洪　颺、張新俊：《新甲骨文編》，福建人民出版社，2009。又增訂本，福建人民出版社，2014。

姚孝遂、肖　丁：《殷墟甲骨刻辭類纂》，中華書局，1989。

姚孝遂、肖　丁：《殷墟甲骨刻辭摹釋總集》，中華書局，1988。

中國社會科學院考古研究所：《甲骨文編》，中華書局，1965。

中國社會科學院考古研究所：《殷墟花園莊東地甲骨》，雲南人民出版社，2003。

專著、論文集

白於藍：《殷墟甲骨刻辭摹釋總集校訂》，福建人民出版社，2004。

陳　劍：《甲骨金文考釋論集》，綫裝書局，2007。

陳夢家：《殷墟卜辭綜述》，科學出版社，1956。

黄德寬：《古漢字發展論》，中華書局，2013。

黃天樹：《黃天樹古文字論集》，學苑出版社，2006。
劉　釗：《古文字考釋叢稿》，嶽麓書社，2005。
劉　釗：《古文字構形學》，福建人民出版社，2006。
劉　釗：《書馨集》，上海古籍出版社，2013。
裘錫圭：《裘锡圭学术文集》，復旦大學出版社，2012。
齊航福、章秀霞：《殷墟花園莊東地甲骨刻辭類纂》，綫裝書局，2011。
王建生、朱歧祥：《花園莊東地甲骨論叢》，臺灣聖環圖書股份有限公司，2006。
魏慈德：《殷墟花園莊東地甲骨卜辭研究》，臺灣古籍出版有限公司，2006。
姚　萱：《殷墟花園莊東地甲骨卜辭的初步研究》，綫裝書局，2006。
朱歧祥：《殷墟花園莊東地甲骨校釋》，東海大學中文系，2006。
朱歧祥：《殷墟花園莊東地甲骨論稿》，裏仁書局，2008。

論文

曹定雲：《三論殷墟『花東』H3卜辭中占卜主體『子』》，《殷都學刊》，2009（1）。
蔡哲茂：《花東卜辭『不奄』釋義》，《紀念王懿榮發現甲骨文110周年國際學術研討會論文集》，2009。
陳　劍：《説殷墟甲骨文中的『玉戚』》，《『中央研究院』歷史語言研究所集刊》第七十八本第二分（抽印本），

2007。
陳　劍：《『遼』字補釋》，《古文字研究》第二十七輯，中華書局，2008。
陳年福：《卜辭『禦』字句型試析》，《古漢語研究》，1996（2）。
陳婷珠：《殷商甲骨文字形系統再研究》，華東師範大學博士學位論文，2008。
鄧統湘：《〈殷墟花園莊東地甲骨〉句型研究》，西南大學碩士學位論文，2006。
董蓮池：《『𠦪』字釋禱説的幾點疑惑》，《古文字研究》第二十七輯，中華書局，2008。
方稚松：《釋殷墟花園莊東地甲骨中的瓚、祼及相關諸字》，《中原文物》，2007（1）。
馮洪飛：《殷墟花園莊東地甲骨虛詞初步研究》，首都師範大學碩士學位論文，2007。
郭勝強：《殷墟『花東』甲骨中的『㔾』祭卜辭——殷墟花東卜辭研究》，《殷都學刊》，2005（3）。
韓江蘇：《對『花東』480卜辭的釋讀》，《殷都學刊》，2008（3）。
洪　颺：《〈殷墟花園莊東地甲骨釋文〉校議》，《古籍整理研究學刊》，2008（3）。
洪　颺：《花園莊東地甲骨的否定副詞》，《中國文字研究》第九輯，大象出版社，2008。
黃天樹：《簡論『花東子類』卜辭的時代》，《古文字研究》第二十六輯，中華書局，2006。
黃天樹：《〈殷墟花園莊東地甲骨〉中所見虛詞的搭配和對舉》，《清華大學學報》，2006（2）。
黃天樹：《釋殷墟甲骨文中的『羞』字》，《古文字研究》第二十五輯，中華書局，2004。
黃天樹：《花園莊東地甲骨中所見的若干新資料》，《陝西師範大學學報》，2005（2）。

黃天樹：《殷墟甲骨文白天時稱補説》，《中國語文》，2005（5）。
黃天樹：《讀花東卜辭劄記（二則）》，《南方文物》，2007（2）。
黃天樹：《關於卜骨的左右問題》，《紀念王懿榮發現甲骨文 110 周年國際學術研討會論文集》，2009。
蔣玉斌：《殷墟子卜辭的整理與研究》，吉林大學博士學位論文，2006。
李冬鴿：《花園莊東地甲骨卜辭所見之動詞同義詞》，《河北學刊》，2007（5）。
李學勤：《續釋『尋』字》，《故宫博物院院刊》，2000（6）。
李學勤：《説『茲』與『才』》，《古文字研究》第二十四輯，中華書局，2002。
李學勤：《關於花園莊東地甲骨卜辭所謂『丁』的一點看法》，《故宫博物院院刊》，2004（5）。
林　沄：《豊豐辨》，《古文字研究》第二十一輯，中華書局，1985。
劉一曼：《殷墟花園莊東地甲骨卜辭考釋數則》，《考古學集刊》第十六輯，科學出版社，2006。
劉一曼：《花園莊東地 H3 祭祀卜辭研究》，《三代考古》（二），2006。
劉一曼、曹定雲：《殷墟花園莊東地甲骨卜辭選釋與初步研究》，《考古學報》，1999（3）。
劉一曼、曹定雲：《再論殷墟花東 H3 卜辭中的占卜主體『子』》，《考古學研究》（六），2006。
劉　源：《體例完備，史料珍貴——讀〈殷墟花園莊東地甲骨〉》，《博覽群書》，2005（1）。
劉　源：《殷墟花園莊東地甲骨研究概況》，《歷史研究》，2005（2）。
劉　源：《殷墟花園莊東地甲骨文所見禳祓之祭考》，東海大學中文系編《甲骨學國際學術研討會論文集》，

2005。
羅立方：《殷墟花園莊東地甲骨卜辭考釋三則》，《古文字研究》第二十六輯，中華書局，2006。
孟　琳：《『殷墟花園莊東地甲骨』辭彙研究》，西南大學碩士學位論文，2006。
齊航福：《花東卜辭中所見非祭祀動詞雙賓語研究》，《北方論叢》，2009（5）。
邱　豔：《殷墟花園莊東地甲骨新見文字現象研究》，華東師範大學碩士學位論文，2008。
沈寶春：《論殷墟花園莊東地甲骨『⿰豕乚』字與匕器的形義發展關係》，《古文字與古代史》第一輯，2006。
沈　培：《説殷墟甲骨卜辭的『杋』》，《原學》第三輯，中國廣播電視出版社，1995。
沈　培：《申論殷墟甲骨文『氣』字的虚詞用法》，《北京大學中國古文獻研究中心集刊》第三輯，北京大學出版社，2002。
沈　培：《殷墟花園莊東地甲骨『皀』字用爲『登』證説》，《中國文字學報》第一輯，商務印書館，2006。
沈　培：《談殷墟甲骨文中『今』字的兩例誤刻》，張玉金主編《出土文獻語言研究》，廣東高等教育出版社，2006。
時　兵：《花園莊東地甲骨卜辭考釋三則》，《東南文化》，2005（2）。
施謝捷：《釋『索』》，《古文字研究》第二十輯，中華書局，2000。
王子楊：《甲骨文舊釋『凡』之字絕大多數當釋爲『同』——兼談『凡』、『同』之別》，復旦大學出土文獻與古文字研究中心編《出土文獻與古文字研究》第五輯，上海古籍出版社，2013。

王子楊：《花東甲骨字詞考釋四例》，復旦大學出土文獻與古文字研究中心編《出土文獻與古文字研究》第六輯，上海古籍出版社，2015。

徐寶貴：《殷商文字研究兩篇》，復旦大學出土文獻與古文字研究中心編《出土文獻與古文字研究》第一輯，復旦大學出版社，2006。

徐寶貴：《甲骨文考釋兩篇》，《古文字研究》第二十六輯，中華書局，2006。

姚　萱：《非王卜辭的『瘳』補說》，《河北大學學報》，2012（4）。

姚　萱：《說花東卜辭的『入有函』及相關問題》，《安徽大學學報》，2016（2）。

楊　州：《說殷墟花園莊東地甲骨文『[illegible]』》，《北方論叢》，2007（3）。

尹春潔、常耀華：《讀殷墟花園莊東地甲骨》，《中國社會科學院研究生院學報》，2005（3）。

喻遂生：《花園莊東地甲骨的語料價值》，《花園莊東地甲骨論叢》臺灣聖環圖書股份有限公司，2006。

喻遂生：《〈殷墟花園莊東地甲骨〉中的『疾』字》，《蘭州學刊》，2009（10）。

趙　誠：《花園莊東地甲骨意義探索》，東海大學中文系編《甲骨學國際學術研討會論文集》，2005。

趙　偉：《〈殷墟花園莊東地甲骨·釋文〉校勘》，鄭州大學碩士學位論文，2007。

張世超：《花東卜辭祭牲考》，《南方文物》，2007（2）。

張世超：《花東卜辭中的『延祭』》，《吉林師範大學學報》，2007（6）。

張新俊：《殷墟甲骨文『臀』字補論》，《古文字研究》第二十八輯，中華書局，2010。

朱鳳瀚：《論彭祭》，《古文字研究》第二十四輯，中華書局，2002。
竺海燕：《甲骨構件與甲骨文構形系統研究》，華東師範大學碩士學位論文，2005。
朱歧祥：《論花園莊東地甲骨用詞的特殊風格——以歲字句爲例》，《古文字研究》第二十四輯，中華書局，2002。

後　記

二〇〇五年我跟從劉釗師編纂《新甲骨文編》的時候，就對新出土的花園莊東地甲骨進行了關注，也發現了在字形摹寫和釋文上的一些問題。當時囿於編纂體例和時間限制，《新甲骨文編》僅對花東新見字形以及有别於舊著録所見字形選擇性地收録。《新甲骨文編》的出版（二〇〇九年初版、二〇一四年增訂再版），讓我積累了一定的甲骨文工具書編纂的經驗，彼時也正餘熱未減。所以從二〇〇九年我新一届的研究生入學伊始就選定了花東甲骨卜辭方面写作論文，其中就有如《殷墟花園莊東地甲骨文字編》（朱添，二〇一二年）一類的選題，進而萌發了編纂類似《殷墟甲骨刻辭類纂》工具書的想法，與此同時也就開始了本書的編纂。全部書稿由我負責編排統籌，王譯然同學在前期字形處理上做了較多的工作，王叢慧同學在後期的校訂和填裝表格上協助我做了不少工作。

我們在二〇一一年得見齊航福、章秀霞伉儷的《殷墟花園莊東地甲骨刻辭類纂》出版，是書編撰精細謹嚴，嘉惠學林。時拙書編纂已近於煞尾，在二〇一三年通過我主持的國家社科基金課題驗收。本書在編纂體例上因襲《殷墟甲骨刻辭類纂》，以方便學術界將舊有卜辭和新見材料結合使用。所録甲骨文辭例一律存原篆，採用電腦處理，與齊書不同，讀者可兩者參考對照使用。另外，本書在編纂過程中，儘量吸收了學術界的最新研究成果，并力求擇善而從。

古文字工具書的編纂异常艱辛，本書是繼編纂《新甲骨文編》之後讓我又一次深刻體會了個中滋味。編纂工作本身雖苦，但苦中有樂，給我在繁忙的工作生活之餘留有一塊净土，現在都成了回憶。在書稿整理即將付梓的時候，感謝劉釗師於百忙之中撥冗幫我提出修改意見，爲本書賜下序言。感謝李無未師無論是身在國外還是在厦門的關心和教導。單位領導和同事幫我分擔若干任務，朱添、于荻、馬惠雋同學協助我校訂部分書稿，在此一併致謝。福建人民出版社賴炳偉先生協助策劃、敦促書稿出版，特別感謝。本人學識淺陋，精力有限，書中錯訛粗疏在所難免，希望學術界方家時賢不吝賜正。

洪　颺　二〇一六年五月於大連